高等院校应用型本科财会系列特色教材

审计原理与实务

张瞳光　高建军　主　编
孙海鹏　副主编

上海财经大学出版社

图书在版编目(CIP)数据

审计原理与实务/张瞳光，高建军主编．—上海：上海财经大学出版社，2018.2

(高等院校应用型本科财会系列特色教材)

ISBN 978-7-5642-2918-4/F・2918

Ⅰ.①审…　Ⅱ.①张…②高…　Ⅲ.①审计学-高等学校-教材

Ⅳ.①F239.0

中国版本图书馆 CIP 数据核字(2017)第 330686 号

□ 责任编辑　吴晓群

□ 封面设计　张克瑶

SHENJI YUANLI YU SHIWU

审计原理与实务

张瞳光　高建军　主　编

孙海鹏　副主编

上海财经大学出版社出版发行

(上海市中山北一路 369 号　邮编 200083)

网　　址：http://www.sufep.com

电子邮箱：webmaster @ sufep.com

全国新华书店经销

上海宝山译文印刷厂印刷装订

2018 年 2 月第 1 版　2018 年 2 月第 1 次印刷

787mm×1092mm　1/16　22.25 印张　570 千字

印数：0 001—4 000　定价：48.00 元

前　言

当前，随着全球经济的进一步发展，现代企业制度的全面建立，审计在社会经济生活中的作用越来越重要。如何正确认识、理解和把握审计，无论是对于在校的学生还是从事审计工作的人员都具有非常重要的现实意义。

本教材以注册会计师审计为主线，在保证教材整体架构完整的前提下，力求突出审计的重点理论与实务问题，注重理论联系实际，按审计业务工作流程进行章节设计，使读者在循序渐进的学习中逐步加深对审计理论和实务的理解。本教材视角独特、理论先进、案例新颖，具有以下特色：

(1)遵循应用型人才培养模式导向，贯彻“理论适度够用，强化实践应用”的原则，以审计活动为主线，培养学生德、智、体全面发展，使之具有较系统的审计基本理论、基础知识和专业技能。尤其是对审计基本理论进行了整合，便于初学者快速把握审计学的基本原理。

(2)内容新颖且难度适中，教学适应性强。本教材吸收了注册会计师考试教材的最新动向，并充分考虑了适应本、专科教学的现实需要，力求简洁、生动地表达基本原理和方法，各章节中较多地运用图表对重点、难点问题进行解析。

(3)教材内容系统化、形式多样化。每章节内容由学习目标(含知识目标和能力目标)、引导案例、课堂练习、课堂思考、学生思考、审计实践、知识拓展、阅读材料、本章小结、思考与实训等内容构成，力争达到“用案例阐述深奥的审计理论问题、用课堂思考引导读者主动探究审计问题、用课堂练习促进读者对审计知识的掌握”的目的。在为初学者设计一个科学的知识体系的同时，又可以帮助其更轻松、更有效地学习审计知识。

(4)习题面宽且有一定梯度。每章正文内均有精选出的典型例题以课堂练习的形式出现，便于读者及时检验学习成果。同时，每章均配有思考题和实训题，便于读者检验对章节内容全面把握的情况。题目设计既考虑了对基础知识的测试，又有一定梯度，有利于循序渐进地培养读者的能力。

(5)突出案例教学。各章开篇之前均有引导案例，且贴近实际，有利于展开案例教学，便于读者理解深奥的审计理论，更好地运用审计理论解决实务问题，以进一步掌握审计理论，达到事半功倍的效果。

(6)言简意赅，通俗易懂。文字表述详尽通畅、浅显易懂，在基本概念的引入上注意提示其直观背景和实际意义，在叙述基本概念和基本方法时注意阐明其意义，着力使读者深入理解基本理论和基本方法的内容实质以及了解基本理论和基本方法是怎样用于解决实际问题的，力求使读者在轻松阅读的环境下吸收审计学所应涵盖的整体知识。

本教材按审计工作流程和课程教学规律分为三篇(审计基本理论、审计测试流程和企业主要业务循环审计实务)十二章，各部分内容既独立又相承且相互关联。

本教材由黑龙江工业学院教师张曈光和高建军任主编，孙海鹏任副主编，其中第七、八、九、十章由张曈光编写，第一、四、五、十一、十二章由高建军编写，第二、三、六章由孙海鹏编写。全书由张曈光统稿。

本教材既可用于高等院校会计、财务管理及相关专业教学，也可以作为高职高专相关专业的教学用书，还可以作为注册会计师、审计工作者的培训教材和业务参考用书。由于作者水平有限，不妥之处在所难免，恳请读者批评指正。

编　者

2018 年 1 月

目　录

第一篇

审计基本理论

第一章　审计概述

学习目标

知识目标

1. 理解审计的概念、职能、分类及相互关系；
2. 了解审计的起源与发展；
3. 理解审计准则体系及审计标准；
4. 掌握审计业务要素的内容；
5. 理解财务报表总体审计目标对于审计工作的作用；
6. 理解认定与审计目标和审计程序之间的关系；
7. 掌握审计过程的基本要求。

技能目标

1. 能够根据不同的审计项目指出审计主体和审计对象；
2. 能够根据审计项目的不同提出简单的审计目标；
3. 能够根据具体业务判断管理层在财务报表中做出的明确或隐含的表达；
4. 能够正确理解管理层、治理层的责任与注册会计师的责任之间的关系。

引导案例

小张手上有一笔20万元的多余闲散资金。听说最近股票市场回报率比银行存款高得多，他决定用这笔资金去购买股票。他上网看到那么多的上市公司，不知购买哪一家公司的股票为好。于是问她的同事小王，小王早于她入股市。小王说："可以查看上市公司的业绩，通过其公开的财务报表看哪一家盈利最好，就买哪一家的。""那也不一定"，旁边的小李说，"要是这家上市公司的财务报表有问题呢？最好再看看该公司的审计报告，如果注册会计师对该公司的财务报表持保留意见，那就说明这家公司的财务报表有问题，最好不要立即购买这家公司的股票。"

思考：审计到底是什么呢？注册会计师是做什么的呢？

第一节 审计的概念与保证程度

一、审计的含义

审计是社会经济发展到一定阶段的产物，并随着社会经济的发展而发展。当市场经济发展到一定程度时，人们的社会分工日趋精细。这种精细的社会分工必然会造成不同的社会群体之间形成各种权利与义务的关系，如经济组织之间的财产所有权与经营权的关系、经营权中的管理权与支配权的关系、支配权中的保管权与使用权的关系等。财产的所有权和经营权的分离是审计产生的最直接条件。合伙制企业，特别是股份制企业，所有权和经营权的分离更加明显，虽然各种经济组织将自己的经济行为记录下来并传递给相关利益各方，但这种记录行为毕竟是自己行使的。为了保证记录经济行为的会计信息的真实、可靠，就需要有一批独立的专家，通过专门的方法对会计信息进行鉴定，这就是审计。

审计是被授权或受托的专职机构或人员采用专门方法和程序搜集充分适当的证据，按照确定的标准对被审计单位的财务收支以及经济管理活动的真实性、合法性和效益性进行独立的审查、鉴证和评价，向有关方面提出报告的独立性经济监督活动。

审计的含义揭示了如下内容：

(1)审计的主体，即审计的执行者，是指专门机构或人员。

(2)接受委托主要是指民间审计，国家审计和内部审计主要根据国家或企业的授权进行审计。

(3)审计的客体，即审计的对象，是相对于审计主体(审计执行者)而言的，概括地说是指被审计单位的财政、财务收支及其他经济活动。

(4)审计的目标，用来判断被审计单位经济活动的真实性、合法性和效益性。

(5)审计的基本工作方式，包括审查、鉴证和评价。

审计活动中涉及三方关系人，即审计委托方或授权人(第一关系人)、被审计方(第二关系人)、审计方(第三关系人)。这三方的关系表现为：审计委托方将其财产授权给被审计方经营管理，被审计方则对委托方负有经济责任；审计方接受审计委托方的委托或授权，对被审计方进行审计，并出具审计报告以此向审计委托方证实被审计方的履行情况以及存在的问题。这一审计关系如图1—1所示。

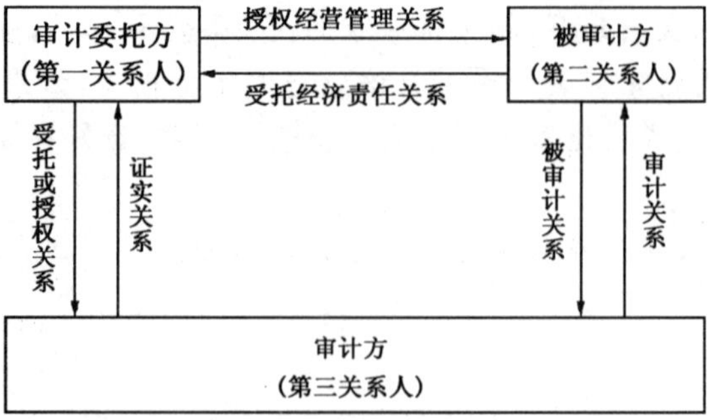

图1—1 审计关系

二、审计的分类

审计的分类是指按照不同的特征、标志，将审计分为各种不同的类型。对审计进行科学的分类，可以帮助人们从不同角度深入了解各种审计的内容和特点，便于审计人员在审计工作中有效地组织和运用各种类型的审计，充分发挥审计的职能作用，提高审计工作效率。审计按不同的标准有不同的分类，各种分类方法分别从不同侧面反映了审计的本质、特征、内容和目的等。

（一）按审计主体分类

审计按其主体不同，可分为国家审计、内部审计和注册会计师审计三类。因国家审计和注册会计师审计都是由被审计单位外部的审计机构和人员实施的审计，故两者统称为外部审计。

1. 国家审计

国家审计又称政府审计，是指由政府审计机关所实施的审计。政府审计机关主要是依法对国务院各部门和地方各级政府及其各部门的财政收支，国家的财政金融机构和企事业组织的财务收支进行审计监督。其主要特点是：(1)法定性和强制性；(2)独立性；(3)综合性和宏观性。

2. 内部审计

内部审计是指由部门和单位内部设置的审计机构或专职审计人员对本部门、本单位及其下属单位进行的审计。它包括部门内部审计和单位内部审计。其主要特点是：(1)服务对象的内向性；(2)审查内容的广泛性；(3)审查工作的及时性、针对性和经常性。

3. 注册会计师审计

注册会计师审计又称社会审计或独立审计，是指经财政部门及注册会计师协会审核批准成立的会计师事务所，在接受委托人的委托后，根据审计业务约定书对被审计单位进行的审计。其特点是受托审计，它们无权自行对企事业单位进行审计，只有在接受委托后，才能对被审计单位进行审计。作为注册会计师审计组织的会计师事务所是由注册会计师组成的，因此，注册会计师审计通常又称民间审计。

（二）按审计内容和目的分类

审计按其内容和目的不同，可分为财务审计、财经法纪审计和经济效益审计三类。

1. 财务审计

财务审计是指以被审计单位的财政收支和财务收支为审查内容，以查证财政财务收支是否真实正确、合理合法为目的而进行的审计。

2. 财经法纪审计

财经法纪审计是指以被审计单位严重违反财经法纪的行为为审查内容，以保障财产的安全完整，维护国家、集体的经济利益和国家财经法纪的贯彻执行为目的而进行的审计。

3. 经济效益审计

经济效益审计是指对被审计单位(或审计项目)资源管理和使用的有效性进行检查和评价的活动。有效性包括经济性、效率性、效果性和合规性。

【课堂练习·多选题】对被审计单位(或项目)资源管理和使用的有效性进行检查和评价的审计类型有(　　)。

A. 财政审计　　B. 财务审计　　C. 财经法纪审计　　D. 效益审计

【正确答案】D

(三)审计的其他分类

1. 按审计范围分类

(1)全部审计。全部审计是指对被审计单位审计期内的全部财务收支及有关经济活动的真实性、合法性和效益性进行审计。全部审计的特点是审查详细、彻底,容易查出问题,有利于促进被审计单位改善经营管理,提高经济效益,但审计的工作量大,费时费力,审计成本较高,一般仅适用于规模较小、业务量较少,或内部控制系统极不健全,存在问题较多的单位。

(2)局部审计。局部审计是指对被审计单位审计期内的部分财务收支及有关经济活动的真实性、合法性和效益性进行审计。局部审计的特点是范围小、审查重点突出、针对性强、省时省力、审计成本较低,但审计覆盖面有限,较容易遗漏问题。

【课堂练习·多选题】按实施审计的范围,可以将审计划分为(　　)。

A. 国家审计、社会审计、内部审计　　B. 全部审计、局部审计

C. 定期审计、不定期审计　　D. 授权审计、委托审计

【正确答案】B

2. 按审计时间分类

(1)按实施审计的时间分类

①事前审计。事前审计可以起到预防的作用,有助于减少决策失误,实现决策的科学化。

②事中审计。事中审计的时效性较强,可以及时查明经济目标和预算的实现程度,有助于被审计单位及时采取措施纠正偏差,改善管理,保证最终目标和预算的实现。

③事后审计。由于事后审计能够审查整个经济活动,因此它的监督作用较强,对于研究问题、纠正错弊,挽回已造成的损失和改进工作,都具有重要意义。

(2)按实施审计的周期分类

①定期审计。实行定期审计,有利于审计工作的经常化、制度化。

②不定期审计。不定期审计是根据特殊需要临时安排的审计。

(3)按审计是否为初次实施分类

按此标准,可以将审计划分为初次审计和再次审计。

3. 按审计的组织方式分类

(1)授权审计。授权审计是指国家审计的上级审计机关将其职责范围内的一些审计事项授权下级审计机关实施。

(2)委托审计。委托审计是指审计机关将其审计范围内的审计事项委托给另一审计机构去办理。另一审计机构是指没有隶属关系的审计机关、内部审计机构或社会审计组织。

【课堂练习·多选题】下列关于审计类型的表述中,正确的有(　　)。

A. 财政审计是指审计机关对各级政府部门的财务收支及有关活动的真实性、合法性进行的审计

B. 无论是全部审计还是局部审计,都可以运用详查法或抽查法

C. 与财政财务审计相比较,财经法纪审计更加突出合法性目标

D. 审计机构在某固定资产投资项目施工过程中,对施工进度、投资完成情况进行的审计是一种事中审计

E. 再次审计不能利用上期审计所形成的审计档案和经验

【正确答案】BCD

三、注册会计师审计与其他审计的关系

(一)注册会计师审计与国家审计的关系

注册会计师审计与国家审计既相互联系,又存在着明显的区别。国家审计和注册会计师审计均是外部审计,都具有较强的独立性。

注册会计师审计与国家审计的区别主要表现在:

第一,审计方式不同。国家审计是强制审计;注册会计师审计则是受托审计。

第二,审计对象不同。国家审计的对象主要是各级政府财政收支情况及国有单位的财务收支情况;注册会计师审计的对象则主要是委托人指定的被审计单位的会计报表及相关资料。

第三,审计权责不同。国家审计可以根据审计结果发表审计处理意见,甚至可以依法强制执行;注册会计师审计则根据其审计结论发表独立、客观、公正的审计意见,以帮助审计报告使用人确立对被审计单位会计报表的信赖。

第四,审计实施手段不同。国家审计是无偿审计;注册会计师审计是有偿审计。

注册会计师审计与国家审计的区别还可以列表概括,如表1—1所示。

表1—1　注册会计师审计与国家审计的区别

比较项目	国家审计	注册会计师审计
审计方式	强制审计	受托审计
审计对象	主要是各级政府及其部门的财政收支情况及公共资金的收支、运用情况	受委托人的委托,对包括一切营利及非营利组织进行审计
审计监督的性质	可以根据审计结果发表审计处理意见,如被审计单位拒不采纳,国家审计部门可以依法强制执行	根据其审计结论发表独立、客观、公正的审计意见,以合理保证审计报告使用人确定已审计的被审计单位会计报表的可靠程度。审计结论不具强制性
审计实施的手段	是行政监督,是政府行为,所以是无偿审计	是由中介组织(会计师事务所)进行的,是有偿审计
审计的独立性	单向独立,即仅独立于审计第二关系人(被审计单位)	双向独立,指既独立于第三关系人(审计委托人),又独立于第二关系人(被审计单位)
所依据的审计准则	依据审计署制定的国家审计准则	依据中国注册会计师协会制定的独立审计准则
法律依据	《中华人民共和国审计法》	《中华人民共和国注册会计师法》

(二)注册会计师审计与内部审计的关系

注册会计师审计与内部审计既有联系,也有区别。在很多时候,注册会计师审计需要考虑利用内部审计工作,以提高审计效率,而内部审计部门也经常要求注册会计师审计提供管理建议。任何一种外部审计在对一个单位进行审计时,都要对其内部审计的情况进行了解并考虑是否利用其审计工作成果,这是因为:

第一,内部审计是单位内部控制的一个重要组成部分。

第二,内部审计和外部审计在工作上具有一致性。

第三,利用内部审计工作成果可以提高工作效率,节约审计费用。

注册会计师审计与内部审计的区别主要表现在:

第一,审计方式不同。内部审计是自觉进行;注册会计师审计则是受托进行。

第二，审计内容和目的不同。内部审计主要是对经济效益进行审查，提出各项改进措施；注册会计师审计主要是审查会计报表，对会计报表发表意见。

第三，审计职能和作用不同。内部审计结果只能作为本部门、本单位改进管理的参考；注册会计师审计报告具有鉴证作用。

注册会计师审计与内部审计的区别还可以列表概括，如表1—2所示。

表1—2　　注册会计师审计与内部审计的区别

比较项目	注册会计师审计	内部审计
审计的独立性	双向独立	相对独立，仅仅强调与所审的其他职能部门独立
审计方式	委托审计	授权审计，根据本部门、本单位经营管理的需要自行安排施行
审计内容和目的	主要围绕会计报表进行，是对会计报表发表审计意见	主要是审查各项内部控制的执行情况、经营管理状况等，提出各项改进措施
审计职能和作用	需要对投资者、债权人及社会公众负责，对外出具的审计报告具有鉴证作用	审计的结果只对本部门、本单位负责，只能作为本部门、本单位改进管理的参考，对外不起鉴证作用，并向外界保密

【课堂练习·多选题】与政府审计和注册会计师审计相比，内部审计的特点有（　　）。

A. 内向性　　B. 及时性　　C. 有偿性　　D. 宏观性

E. 法定性

【正确答案】AB

四、审计的职能

审计的职能是审计本身所具有的内在功能，它由审计本身的特征和地位所决定，是审计本质的客观反映。通常认为审计具有经济监督、经济评价和经济鉴证三项基本职能。

（一）经济监督

监督是指监察并督促。经济监督就是指审计机构或机关监察和督促被审计单位，使其经济活动符合一定的标准和要求，按照预定的合理方向运行。审计产生于两权分离后所有者对经营管理者的监督需要，离开监督，审计就没有存在的必要，经济监督是审计最基本的职能。

经济监督职能体现于我国的审计监督体系之中。政府审计是国家各级政府对被审计单位的财政收支和财务收支及相关的经济活动的合法性、合规性和效益性进行监督，通过审查揭示错弊，督促被审计单位遵守国家法律、法规，履行经济责任，使各项经济活动更加合法和有效。内部审计的主要职责是依照国家法律、法规和本部门、本单位的经营目标及管理规定，对本部门和本单位的经济互动进行监查和督促，确保对经济活动的有效管理，完成既定的管理目标。民间审计是对被审计单位的经济活动进行审查，实现对被审计单位的经济监督。政府审计和内部审计对被审计单位的经济监督方式是直接监督，民间审计对被审计单位的经济监督方式是间接监督。

（二）经济评价

评价是对某一事物做出的评定。经济评价是指通过审查验证，依据确实的数据及资料，对被审计单位经营计划是否可行，内部控制制度是否健全有效，经济活动及其结果是否合法公允、是否完成既定目标等进行评定。

经济评价职能是现代审计的一项重要职能。经济监督保证经济活动的合法、有效，而经济评价是在监督的基础上对被审计单位取得的成绩和存在的不足进行深刻的揭示，为被审计单位提出管理建议，有利于提高被审计单位的管理水平和经营绩效。如政府审计中的经济效益审计、经济责任审计，内部审计中的经营审计，注册会计师对被审计单位的内部控制制度进行评价并提出管理建议，都属于经济评价职能的具体体现。

（三）经济鉴证

鉴证是鉴定和证明。经济鉴证是指根据委托或者授权，通过审核和查验，以证实被审计单位记载经济活动的财务信息及其他资料是否真实可靠，并出具查验报告。注册会计师审计具有鲜明的经济鉴证职能。被审计单位的财务报表等必须经注册会计师审计鉴证后才向财务报表的使用者及社会公众公布。由于审计鉴证是以结果报告的形式将委托单位或授权单位的经济活动及其反映的信息进行披露，因此可以增强信息使用者的信任程度。

审计职能是由审计的本质所决定的，并随着审计的发展而不断丰富，人们对审计职能的认识也会随着审计的发展而不断深化，审计除具有经济监督、经济评价和经济鉴证三项基本职能外，还具有经济调控、管理服务等项职能。

五、保证程度

注册会计师执行的业务分为鉴证业务和相关服务两类。鉴证业务是指注册会计师对鉴证对象信息提出结论，以增强除责任方之外的预期使用者对鉴证对象信息信任程度的业务，包括审计、审阅和其他鉴证业务。相关服务包括税务代理、代编财务信息、对财务信息执行商定程序等。

鉴证业务的保证程度分为合理保证和有限保证。审计属于合理保证的鉴证业务，注册会计师将审计业务风险降至审计业务环境下可接受的低水平，以此作为以积极方式提出审计意见的基础。在财务报表审计中，要求注册会计师将审计风险降至可接受的低水平，对审计后的财务报表提供高水平保证（合理保证），在审计报告中对财务报表采用积极方式提出结论。审阅属于有限保障的鉴证业务，注册会计师将审阅业务风险降至审阅业务环境下可接受的水平，以此作为以消极方式提出审阅结论的基础。在财务报表审阅中，要求注册会计师将审阅风险降至审阅业务环境下可接受的水平（高于财务报表审计中可接受的低水平），对审阅后的财务报表提供低于高水平的保证（有限保证），在审阅报告中对财务报表采用消极方式提出结论。

表 1－3 列示了合理保证的鉴证业务与有限保证的鉴证业务的区别。

表 1－3　　合理保证的鉴证业务与有限保证的鉴证业务的区别

业务类型 区　别	合理保证的鉴证业务 （财务报表审计）	有限保证的鉴证业务 （财务报表审阅）
目标	在可接受的低审计风险下，以积极方式对财务报表整体发表审计意见，提供高水平的保证	在可接受的审阅风险下，以消极方式对财务报表整体发表审阅意见，提供有意义水平的保证。该保证水平低于审计业务的保证水平
证据收集程序	通过一个不断修正的、系统化的执业过程，获取充分、适当的证据，证据收集程序包括检查、观察、询问、函证、重新计算、重新执行、分析程序等	通过一个不断修正的、系统化的执业过程，获取充分、适当的证据，证据收集程序受到有意识的限制，主要采用询问和分析程序获取证据

续表

区别＼业务类型	合理保证的鉴证业务（财务报表审计）	有限保证的鉴证业务（财务报表审阅）
所需证据数量	较多	较少
可接受的检查风险	较低	较高
财务报表的可信性	较高	较低
提出结论的方式	以积极方式提出结论。 如："我们认为，ABC 公司财务报表在所有重大方面按照企业会计准则的规定编制，公允反映了 ABC 公司 20×1 年 12 月 31 日的财务状况以及 20×1 年度的经营成果和现金流量。"	以消极方式提出结论。 如："根据我们的审阅，我们没有注意到任何事项使我们相信，ABC 公司财务报表没有按照企业会计准则的规定编制，未能在所有重大方面公允反映被审阅单位的财务状况、经营成果和现金流量。"

【课堂练习·多选题】关于合理保证的鉴证业务与有限保证的鉴证业务的区别，下列说法中错误的有（　　）。

A. 合理保证的鉴证业务检查风险较低，有限保证的鉴证业务检查风险较高

B. 合理保证的鉴证业务所需证据数量较多，有限保证的鉴证业务所需证据数量较少

C. 合理保证的鉴证业务以积极方式提出结论，有限保证的鉴证业务以消极方式提出结论

D. 合理保证的鉴证业务提供高水平的保证，有限保证的鉴证业务提供较低水平的保证

【正确答案】D

【课堂练习·多选题】下列选项中，属于注册会计师执行的鉴证业务的有（　　）。

A. 税务代理　　B. 审阅

C. 财务信息商定程序　　D. 代编财务信息

【正确答案】B

第二节　审计的产生和发展

一、西方审计的产生与发展

（一）政府审计的产生与发展

据考证，早在奴隶制度下的古埃及、古罗马和古希腊时代就有了官厅审计机构及政府审计的事实。审计人员以"听证"(Audit)的方式对掌管国家财物和赋税的官吏进行考核，成为具有审计性质的经济监督工作。

在西方的封建王朝中也设有审计机构和人员对国家的财政收支进行监督。例如，法国在资产阶级大革命前就设有审计厅，在资产阶级大革命后拿破仑一世创建的审计法院至今仍是法国政府实施事后审计的最高法定机构。

欧洲的许多国家于 19 世纪在宪法或特别法令中规定了审计的法律地位，确立国家审计机关的职权、地位和审计范围，授予其独立地对财政、财务收支进行监督。在现代资本主义国家中，大多实行立法、行政、司法三权分立的国家政权组织形式，议会为国家的最高立法机关，多

数国家在议会下设有专门的审计机构，由议会或国会授权，对政府及国有企事业单位财政财务收支进行审计监督。

美国在1921年公布了《预算和会计法》，并根据该法建立了美国最高审计机关——审计总局，受理政府账目审计，以寻求经济有效方式来管理美国政府的公共款项，除中央情报局和总统办公室不能审查外，凡与公共开支有关的事项都有权审查。审计总局最重要的任务就是向国会提供信息和参考意见，以便有助于国会各委员会的工作。

第二次世界大战以后，西方国家不仅在审计体制上有了较大的发展，更重要的是在审计理论和实务上也有了较大的发展，即把经济监督与经济管理相结合，从传统的财务审计向现代的绩效审计方面发展。

（二）注册会计师审计的产生与发展

注册会计师审计起源于16世纪的意大利合伙企业制度。合伙制企业产生的同时，财产的所有权和经营权分离了，参与经营管理的合伙人有责任向不参与经营管理的合伙人证明合伙契约得到了认真履行，利润的计算与分配是正确、合理的，不参与经营管理者的合伙人也希望监督企业的经营情况，及时掌握企业的财务状况，因此，对经营管理者进行监督成为必要。在16世纪意大利的商业城中出现了一批具有良好的会计知识、专门从事这种查账和公证的专业人员，他们所做的查账与公证就是注册会计师审计的起源。1581年在威尼斯创立了威尼斯会计协会——世界上第一个职业团体。

英国工业革命以后，产业规模日益扩大，以发行股票筹集资金为特征的股份公司大量涌现。公司所有权与经营权相分离的现象十分普遍，对经营管理者进行监督也成为英国社会的普遍需要，因此，现代社会审计制度应运而生。1953年在苏格兰的爱丁堡创立了世界上第一个职业会计团体——爱丁堡会计师协会。英国早期的社会审计没有系统的理论依据和方法体系，只是根据查错防弊的审计目的，对大量账簿记录进行逐笔审查，即采用详细审计方法，后来人们称之为英国式审计。

美国独立战争以后，工业得到发展，为了加强股份公司的会计工作，以代理记账为专业的会计师应运而生。19世纪后半叶，随着英国资本的大量输入，英国的社会审计也传入了美国。1886年纽约公布了《公证会计师法》，1887年成立了美国公共会计师协会，1916年该协会改组为美国会计师协会，后来发展为美国注册会计师协会（American Institute of Certified Public Accountants，AICPA），成为世界上最大的民间审计专业团体。20世纪初，出于银行信贷业发展的需要，有必要对贷款企业的资产负债表进行分析性审计，借以判断企业的偿债能力，于是美国的会计师突破了详细审计的做法，创立了资产负债表审计，即美国式信用审计。美国于1933年颁布了《证券法》，于1934年颁布了《证券交易法》，规定了上市公司必须向证券交易所提交经过公证会计师审查鉴证的财务报表（资产负债表和损益表），这就促使了证券交易审计的诞生，标志着法定审计的出台，使美国审计进入会计报表审计时代。

20世纪40年代以后，民间审计开始走向国际化，出现了国际会计师事务所。目前国际上有四家著名的会计师事务所（常称“四大”），即普华永道（PWC）、德勤（DTT）、毕马威（KPMG）、安永（EY），其机构庞大，人员众多，有统一的工作程序和质量要求，能够适应不同国家和地区的业务环境。它们不但为跨国公司的各个企业服务，而且也为当地的企业服务，其业务收入每年达数十亿美元。它们通过遍设于世界各地的事务所，在国际经济活动中起着重要作用。

（三）内部审计的产生与发展

内部审计的历史几乎与国家审计一样悠久，奴隶社会是内部审计的萌芽时期。封建时代，内部审计继承了早期内部审计的思想，并且有了长足进展，主要标志是出现了独立的内部审计人员。在这一时期，内部审计主要采用了寺院审计、城市审计、行会审计、银行审计和庄园审计等形式。

19 世纪末 20 世纪初，资本主义发展进入垄断阶段，垄断企业经营规模庞大，经营地点分散，经营业务复杂，实行分权管理和多级控制。日常管理职责的履行状况如何，各部门的经营活动是否合规合理，各分支机构的经营目标能否实现，客观上需要有一个专门的职能部门去审查、评价和报告，即进行信息反馈，这样，在企业内部就形成了一个与业务控制并列的相对独立的控制系统——内部审计。

1941 年是现代内部审计发展的一座重要里程碑，在约翰·舍斯顿的领导下，24 位有识之士倡导成立了内部审计师协会，它是目前世界上唯一的致力于推动内部审计和内部审计人员向前发展的国际性组织，通常称之为国际内部审计师协会（IIA）。该组织的成立大大推动了内部审计的发展。到 1995 年为止，该协会已在世界各地拥有 150 多个成员组织，会员约 54 000 人。

20 世纪 40 年代到 70 年代属于现代企业内部审计的初期，以财务审计居于主要地位，企业内部审计的目标与近代企业内部审计相比没有太多的变化。20 世纪 70 年代后，绩效审计、经济责任审计、3E 审计（经济、效率、效果）、5E 审计（经济、效率、效果、合理、环境审计）等新兴审计项目发展起来，逐渐取代了财务审计的主导地位。企业内部审计在企业中受到了前所未有的重视。

二、中国审计的产生与发展

（一）政府审计的产生与发展

中国的政府审计起源很早，早在西周时代就出现了有文字记载的审计活动。根据《周礼》记载，在西周的官僚机构中，就设有专司监督职能的官员——宰夫。宰夫的职责是“考其出入，而定刑赏”，对“凡失财用物辟名者，以官刑诏冢宰而诛之，其足用长财善物者，赏之”。这就是说，宰夫负责审查收入和支出，发现有侵吞损失财物、账实不符等违法违纪行为的人，就越级报告冢宰（天官，主管财政会计的最高长官）依法进行责罚，而对善于理财管物者就进行奖赏，这就是中国政府审计的萌芽。

其后，政府审计就有了一定的发展。秦、汉两代都曾采用“上计制度”，由“三公”之一的御史大夫兼理审计，以审查监督财务收支有无错弊，并借以评价有关官吏的政绩。隋唐时期，在刑部之下设“比部”，建立了比较独立的审计机构。宋初，曾专门设置“审计司”，后改为“审计院”，是中国审计机构定名之始，使“审计”一词正式出现。到了元、明、清时期未设专门的审计机构，政府审计陷于中衰期。

辛亥革命后，北洋政府于 1912 年曾在当时的国务院下设审计处，1914 年改审计处为审计院，颁布了《审计法》。1928 年，国民党政府在监察院下设审计部，同年颁布《审计法》。

在第二次国内革命战争时期，中国共产党领导下的革命根据地于 1932 年成立了中央苏维埃政府审计委员会，颁布《审计条例》，实行审计监督制度。

中华人民共和国成立初期，中央曾设有监察部，各地设有监察厅、局。监察机关的基本职责除负责政纪监察外，还担负财政经济的监察工作，其中也包括审计性质的工作。后来，取消监察部门，对企业的财经监督改由财税、银行等部门通过自身业务工作兼任，也发挥了一定的监督作用。

1982 年第五届全国人民代表大会通过的《中华人民共和国宪法》明确规定国务院、县级以上地方各级人民政府“设立审计机关”，重新确立了审计的历史地位。1983 年 9 月 15 日国家审计署成立，接着各级政府审计机关也建立起来，随后颁布了一系列法规，卓有成效地开展了审计监督工作。1985 年 8 月，国务院颁发《关于审计工作的暂行规定》；1988 年 11 月，国务院又颁发《中华人民共和国审计条例》；1994 年 8 月 31 日第八届全国人民代表大会第九次会议通过了《中华人民共和国审计法》，并于 1995 年 1 月 1 日起实施，这标志着中国的国家审计工作已走向一个新的历史，审计将发挥更大的作用。2006 年 2 月 28 日第十届全国人民代表大会第二十次会议通过了《关于修改中华人民共和国审计法的决定》，自 2006 年 6 月 1 日起施行。1996 年 12 月 16 日颁布了《审计机关审计人员职业道德准则》，2000 年国家审计准则颁布实施，国家审计准则体系由基本准则、单项通用准则及专业准则、审计指南三层次组成。2010 年新修订的国家审计准则参照美国等国审计机关的做法，制定了单一的国家审计准则，并在审计准则之下颁布了若干审计指南和审计手册。自 2011 年 1 月 1 日起，新国家审计准则开始实施。

（二）注册会计师审计的产生与发展

中国注册会计师审计起步较晚。辛亥革命以后，中国民族资本主义工商业有所发展，股份公司纷纷出现。由于所有权与经营权的分离，中国的民间审计应运而生。1918 年 9 月，北洋政府颁布了中国第一部注册会计师法规——《会计师暂行章程》。1921 年，上海成立会计师事务所，之后发展到天津、武汉、重庆等大城市。1980 年，财政部颁布《关于成立会计顾问处的暂行规定》，这标志着中国注册会计师行业开始复苏。1981 年 1 月 1 日，成立了中华人民共和国第一家会计师事务所——上海会计师事务所；1985 年，注册会计师审计被载入《中华人民共和国会计法》；1986 年 7 月，国务院颁布了中华人民共和国第一部注册会计师法规——《中华人民共和国注册会计师条例》；同年还开始建立审计师事务所。1988 年成立了中国注册会计师协会（CICPA），并自 1991 年起正式实行注册会计师全国统一考试制度。1993 年 10 月颁布了《中华人民共和国注册会计师法》；1995 年 12 月正式颁布第一批独立审计准则，并于 1996 年 1 月 1 日起开始施行。1996 年 10 月，中国注册会计师协会加入亚太会计师联合会。1996 年 12 月颁布第二批独立审计准则，并于 1997 年 1 月 1 日起开始施行。1999 年 2 月颁布了第三批独立审计准则，并于 1999 年 7 月 1 日开始施行。2006 年 2 月 15 日颁布的中国审计准则，实现了与当时国际审计准则的实质性趋同。后来，随着审计环境发生重大变化，国际审计准则做出了重大修订，中国审计实务中也面临一些新的需要解决的问题。为了保持与国际准则的持续全面趋同，进一步解决中国审计实务中的新问题，2010 年，中国注册会计师协会对中国注册会计师审计准则进行了全面修订，该准则从 2012 年 1 月 1 日开始执行。

（三）内部审计的产生与发展

中华人民共和国成立后，一大批大型工业、交通等方面的生产单位迅速建立起来，并且在其内部实行了管理责任和权力的纵向与横向的分解，从而为这些单位内部审计的产生创造了主要的内部条件。但由于当时采用苏联管理模式，将内部审计的一部分职能分散到计划、财务等部门，由这些部门结合其本职业务一并实施，只有极少数生产单位和银行系统设有力量不强的内部审计（银行叫财务稽核）机构，开展一部分简单的审计业务。

中国现代内部审计是伴随政府审计的恢复和重建而产生与发展的。1985 年 10 月，审计署发布《关于内部审计工作的若干规定》。在中国企业内部审计的起步阶段，绝大多数企业没有设立专职的企业内部审计机构，只是将审计机构设在财务科(处)，放在统计部门或在厂长、经理的领导下工作，企业内部审计机构的领导多，受限制多，缺乏独立性，在企业中没有地位。

20 世纪 90 年代初期是中国企业内部审计"加强、改进、发展、提高"时期。这一时期，内部控制制度纷纷在各大中型企业中建立并得到健全与发展。此时，中国内部审计涉及的范围与起步阶段相比更广泛，除了开展传统的财务审计外，还有经营决策审计、投资决策审计、经济效益审计、内部控制评审等现代审计内容。

2003 年 3 月，审计署颁布《审计署关于内部审计工作的规定》。经过数十年的发展，中国内部审计已经取得了很大的成绩，内部审计已成为中国审计体系的一个重要组成部分，在中国监督管理体系中成为一支重要的力量。

三、注册会计师审计方法的演进

(一)账项基础审计

在企业发展的早期(19 世纪以前)，由于企业组织结构简单、业务性质单一，注册会计师审计主要是为了满足财产所有者对会计核算进行独立检查的要求，促使受托责任人在授权经营过程中做出诚实、可靠的行为。注册会计师审计的重点在资产负债表，旨在发现错误和舞弊，审计方法是详细审计。详细审计又叫账项基础审计，在此方法下，注册会计师把大部分精力投向详细检查会计凭证和会计账簿。采用这种方法，注册会计师的审计工作主要围绕会计凭证、会计账簿和财务报表的编制过程来进行，通过对账表上的数据进行详细核实来判断是否存在舞弊行为和技术上的错误。随着审计工作的增加，开始采用审计抽样，但抽样数量仍然很大，而且在抽查样本的选择上仍然以判断抽样为主，样本选择有很大的盲目性、随意性。当时，注册会计师花费大量的时间进行检查、核对、加总和重新计算，约 3/4 的时间花在合计和过账上。

账项基础审计无法兼顾审计质量和审计效率两方面的要求，而制度基础审计在吸收账项基础审计的合理内核的基础上，逐步成为主要的审计取证模式。

(二)制度基础审计

19 世纪即将结束时，会计和审计步入了快速发展时期。注册会计师审计重点从检查受托责任人对资产的有效使用转向检查企业的资产负债表和利润表，判断企业的财务状况和经营成果是否公允。随着企业规模的逐步扩大，注册会计师的工作量迅速增大，使得详细审计难以实施，企业对审计费用难以承受。为了在有限的时间内保证审计质量，注册会计师在审计实践中，逐步发现内部控制的可靠性对审计工作具有非常重要的意义。当内部控制设计合理且执行有效时，通常表明财务报表具有较强的可靠性；当内部控制设计不合理或者虽然设计合理但没有得到有效执行时，通常表明财务报表不具有可靠性。因此，注册会计师将审计视角转向企业的内部控制，特别是会计信息赖以生成的内部控制，从而将内部控制与抽样审计结合起来。

制度基础审计方法强调对内部控制的测试和评价。当内部控制设计合理且执行有效时，通常表明财务报表具有较高的可靠性。注册会计师认为内部控制值得信赖，只需对财务报表相关项目抽取少量样本便可以得出审计结论。

制度基础审计的应用在提高审计质量和效率的同时，也间接在促进被审计单位内部控制制度的不断完善。但在审计实践中，制度基础审计也存在一些问题：对内部控制制度检查所增加的工作量与实质性程序工作量的减少相比，有时前者大于后者，效率的改进不明显；由于不同企业的差异，对内部控制制度的有效性的整体评价缺乏统一的标准；内部控制制度可以依赖的程度与实质性程序所需要的业务检查工作之间缺乏量化关系模式；被审计单位虽然建立了较为完善的内部控制制度，但如果其管理人员由于种种原因而有意不予执行，控制制度的有效性也难以保障；不直接处理审计风险问题。

（三）风险导向审计

自20世纪80年代以来，科学技术和政治经济发生急剧变化，对企业经营管理产生重大影响，导致企业竞争更加激烈，经营风险日益增加，倒闭事件不断发生。于是对注册会计师的审计工作提出了更高的要求，注册会计师必须从更高层次综合考虑企业的环境和面临的经营风险，把握企业面临的各方面情况，分析企业经济业务中可能出现的错误和舞弊行为，并以此为出发点制定审计策略，依据审计风险模型制订与企业状况相适应的审计计划，以确保审计工作的效率和效果。

风险导向审计大量运用了分析程序，分析程序贯穿于审计的全过程，使注册会计师能够重视产生审计风险的各个重要环节，使审计过程成为一个不断克服和降低审计风险的过程。根据审计取证模式，一旦注册会计师认为审计风险已经控制在可容忍水平范围内，注册会计师就可以出示审计意见。风险导向审计的优点是：从审计风险的评估入手，促使审计师更加重视社会需要的研究，使有限的审计资源创造出更充分的社会效益。

第三节 审计准则与审计标准

一、审计准则

（一）审计准则的含义、结构与作用

审计准则的产生迎合了两个方面的要求：一是来自审计职业界内部为审计人员提供工作标准和指南，规范审计人员资格、条件和工作方式的要求；二是来源于审计职业界外部为审计服务使用者提供审计工作质量评价依据的要求。

1. 审计准则的含义

审计准则是对审计业务中一般公认的惯例加以归纳而形成的，是审计人员在实施审计过程中必须遵守的行为规范，是评价审计质量的重要依据。

审计准则是审计理论与审计实践联结的“纽带”和“桥梁”，反映了社会对审计实践的需求，是审计实践最佳实务的提炼和升华，同时也是一个国家审计理论水平的体现。审计准则完备、成熟与否，是一个国家审计专业水平的重要标志之一。

审计准则的职能在于提高了审计本身的可信性。审计结论是否客观公正，是否取信于公众，归根结底在于审计人员是否按照审计准则的要求实施审计。

2. 审计准则的结构

（1）不同的审计主体应有不同的审计准则

从审计主体来分，审计组织可分为国家审计机关、内容审计机构和社会审计组织三类。由于各类审计组织服务的对象不同、自身的工作性质不同，其相应的规范要求即审计准则也应各不相同。

（2）不同性质的审计业务应有不同的审计准则

审计业务的性质不同，意味着审计工作的内容和范围不同，审计人员提供的保证程度不同，则其所承担的责任也不同，因此，对于不同性质的审计业务就应制定不同的审计准则。

(3)不同层次的审计行为应有不同层次形式的审计准则

作为复杂的专业行为，在审计过程中会有各种各样的具体问题需要审计人员进行判断。这就要求审计人员在一个审计项目中，既要遵循审计的基本原则和框架，同时在一些具体问题的处理方面，还要遵循相应的判断原则和要求。因此，审计准则必须分层次制定，分成基本准则和具体准则。其中，基本准则是总纲，具体准则是开展具体业务时必须遵循的具体规范。

3. 审计准则的作用

制定、颁布审计准则，公开、明确审计的基本规范要求，是充分、有效地发挥审计作用的必要条件和重要保证。

(1)审计准则是衡量审计质量的尺度

审计是一种特殊的专业服务，其服务质量的高低很难测定。对审计质量的统一社会评价，主要依靠对审计人员和审计过程中专业行为的评价，审计准则提供了这种评价的尺度。没有对审计质量的评价，就不会有高质量的审计服务。

(2)审计准则是确定和解脱审计责任的依据

审计准则规定了审计职业责任的最低要求，审计人员若违背了审计准则，不仅说明未能切实履行应尽的职责，而且应对其所造成的后果承担必要的法律责任。审计人员在开展审计过程中遵循了审计准则，就表明其恰当地履行了审计责任。因此，是否遵循准则是确定和解脱审计人员审计责任的重要依据。

(3)审计准则是审计组织与社会进行沟通的媒介

审计行为是一种专业行为，十分复杂，普通的公众很难真正理解其中的技术细节的要求。借助于审计准则，社会可以了解审计工作的基本内容和审计质量的基本水准；通过让公众参与审计准则的制定，审计职业界可以了解社会对审计的需求及变化。审计组织与社会的这种沟通，可以促进审计更好地满足社会和服务对象的需要。

(4)审计准则是完善审计组织内部管理的基础

审计组织要不断加强、完善内部管理，提高审计的质量与效率，必须以科学、合理、明确的审计准则为基础，审计准则为审计行为提供了基本的规范和指南，是评价审计人员工作的标准，也是对审计人员进行审计职业教育的根据。以审计准则为依据制定出各种内部管理制度，才能保证审计规范化的先进性和合理性。

另外，审计准则的颁布也为解决审计争议提供了仲裁标准，为审计教育明确了方向和目标。

总之，审计准则的作用已远远超出了审计业务工作的范围，客观上起到了促进整个审计事业发展的作用。审计准则的建立和完善是审计事业发展的重要标志和强大动力。

【课堂练习·单选题】 下列关于审计准则的表述中，错误的是(　　)。

A. 审计准则是确定和解脱审计责任的依据

B. 审计准则是衡量审计质量的尺度

C. 审计准则是评价被审计单位的标准

D. 审计准则是审计人员必须遵守的行为规范

【正确答案】 C

(二)我国审计准则的体系

我国审计准则体系包括国家审计准则、内部审计准则和注册会计师执业准则。

1. 国家审计准则

国家审计准则是指由国家制定颁布的，指导国家审计人员实施审计工作时应遵守的行为规范。

审计署自1989年起就着手制定国家审计准则，1996年12月正式颁布了《中华人民共和国国家审计基本准则》，共38个审计规范。2000年1月，审计署修订颁布了《中华人民共和国国家审计基本准则》和一系列通用准则、专业准则。2010年，根据2006年修订颁布的《审计法》和2010年修订颁布的《审计法实施条例》，审计署对国家审计准则进行了修订。

现行国家审计准则正文分为7章，即总则、审计机关和审计人员、审计计划、审计实施、审计报告、审计质量控制和责任、附则，共计200条。

2. 内部审计准则

中国内部审计学会成立于1987年，2002年更名为中国内部审计协会(CIA)，是对企业、事业行政机关和其他事业组织的内审机构进行行业自律管理的全国性社会团体组织。该协会依据《审计法》《审计署关于内部审计工作的规定》《中国内部审计协会章程》开展工作，并于1987年加入国际内部审计师协会。中国是国际内部审计师协会会员排名第四及拥有内部审计人员最多的国家。

内部审计准则是有关规范内部审计工作、提高内部审计工作的质量和效率、促进内部审计发展的准则。中国内部审计准则是中国内部审计工作规范体系的重要组成部分，由内部审计基本准则、内部审计具体准则和内部审计实务指南三个层次组成。自2000年以来至2009年底，中国内部审计协会发布了《内部审计基本准则》、29个内部审计具体准则和4个内部审计实务指南。其中，《内部审计基本准则》是内部审计机构和人员开展内部审计应遵循的基本规范，是制定内部审计具体准则及内部审计实务指南的依据和基础，包括总则、一般准则、作业准则、报告团准则、内部管理准则、附则6章，共27条，适用于企业、事业行政机关和其他事业组织的内部审计机构、内部审计人员及其从事的内部审计活动。

中国内部审计协会发布具体准则的内容涉及审计计划、审计通知书、审计证据、审计工作底稿、内部控制审计、舞弊的预防、检查与报告、审计报告、后续审计、内部审计督导、内部审计与外部审计的协调、结果沟通、遵循性审计、评价外部审计工作质量、利用外部专家服务、分析性复核、风险管理审计、重要性与审计风险、审计抽样、内部审计质量控制、人际关系、内部审计的控制自我评估法、内部审计的独立性与客观性、内部审计机构与董事会或最高管理层的关系、内部审计机构的管理等内容。

除上述准则外，中国内部审计协会还针对建设项目审计、物资采购审计、审计报告和高校内部审计等发布了相关的实务指南。

3. 注册会计师执业准则

中国注册会计师协会于1988年成立，并自1994年5月起开始筹备中国独立审计准则的研究制定。1995年我国颁布了第一批《中国注册会计师独立审计准则》，自1996年1月1日起开始正式实施。此后又有四批独立审计准则陆续颁布并实施。

中国注册会计师协会于2006年2月15日颁布并于2007年1月1日起实施的《中国注册会计师执业准则》，共48项。2010年11月对其中38项准则进行了修订，修订的准则于2012年1月1日起执行。

中国注册会计师执业准则体系包括鉴证业务准则、会计师事务所质量控制准则和相关服务准则。

鉴证业务准则,是指注册会计师在执行鉴证业务的过程中所应遵守的职业规范。由鉴证业务基本准则统领,按照鉴证业务提供的保证程度和鉴证对象的不同,分为中国注册会计师审计准则、中国注册会计师审阅准则和中国注册会计师其他鉴证业务准则(以下分别简称审计准则、审阅准则和其他鉴证业务准则)。其中,审计准则是整个执业准则体系的核心。中国注册会计师执业准则体系如图 1—2 所示。

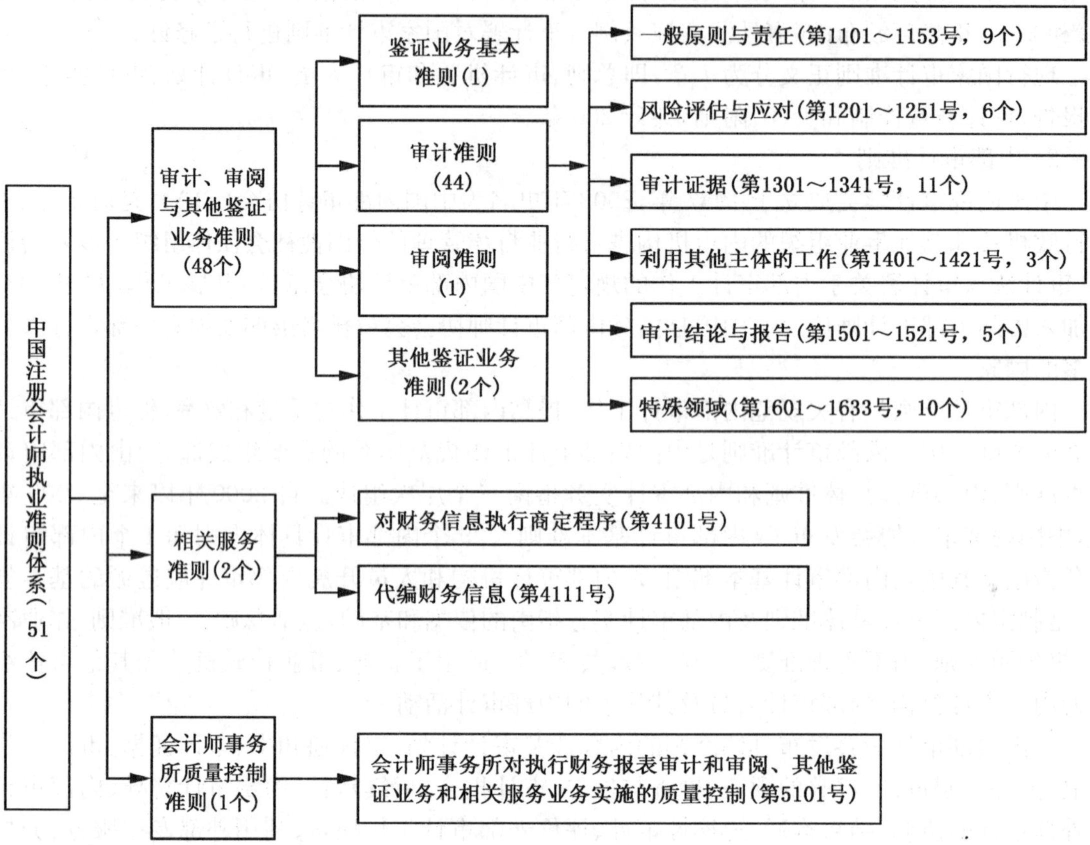

图 1—2　中国注册会计师执业准则体系

会计师事务所质量控制准则,是指会计师事务所在执行各类业务时应当遵守的质量控制政策和程序,是对会计师事务所质量控制提出的制度要求。

相关服务准则,是指注册会计师代编财务信息、执行商定程序、提供管理咨询等其他服务所应遵守的职业规范。在提供相关服务时,注册会计师不提供任何程度的保证。

中国注册会计师职业准则体系的基本框架如图 1—3 所示。

二、注册会计师业务准则的内容

注册会计师业务准则是注册会计师执行各类业务所应遵循的行业标准。

(一)鉴证业务的含义

所谓鉴证业务,是指注册会计师对鉴证对象信息提出结论,以增强除责任方之外的预期使用者对鉴证对象信息信任程度的业务。

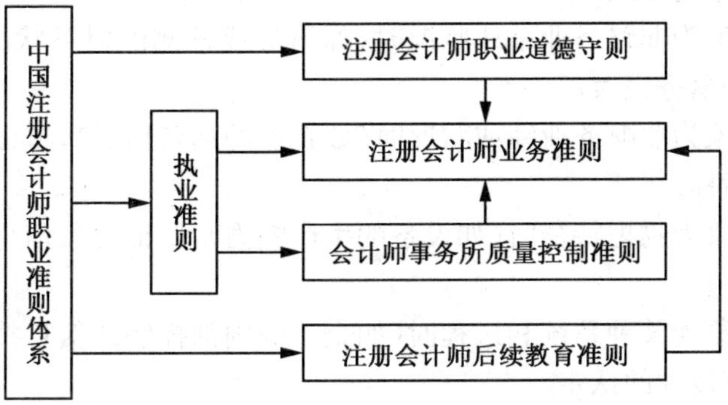

图 1—3　中国注册会计师职业准则体系的基本框架

（二）鉴证业务要素

鉴证业务要素，是指鉴证业务的三方关系、鉴证对象、标准、证据和鉴证报告。

1. 三方关系

三方关系分别是注册会计师、责任方和预期使用者。是否存在三方关系人是判断某项业务是否属于鉴证业务的重要标准之一。如果某项业务不存在除责任方之外的其他预期使用者，那么该业务不构成鉴证业务。鉴证业务还涉及委托人，但委托人不是单独存在的一方，委托人通常是预期使用者之一，委托人也可能由责任方担任。

（1）注册会计师

注册会计师是指取得注册会计师证书并在会计师事务所执业的人员，有时也指其所在的会计师事务所。注册会计师就是执行鉴证业务的主体。

（2）责任方

对责任方的界定与所执行鉴证业务的类型有关。责任方是指下列组织或人员：第一，在直接报告业务中，对鉴证对象负责的组织或人员；第二，在基于责任方认定的业务中，责任方是指对鉴证对象信息负责并可能同时对鉴证对象负责的组织或人员。

责任方可能是鉴证业务的委托人，也可能不是委托人。

（3）预期使用者

预期使用者是指预期使用鉴证报告的组织或人员。责任方可能是预期使用者，但不是唯一的预期使用者。如企业向银行贷款，银行要求企业提供一份与贷款项目相关的预测性财务信息审核报告，那么银行就是该鉴证报告的预期使用者。

【课堂练习 · 多选题】在注册会计师的鉴证业务中，下列选项中，属于“预期使用者”的有（　　）。

A. 股东及潜在投资者　　B. 债权人

C. 管理层　　D. 证券交易机构

【答案】ABCD

2. 鉴证对象

鉴证对象具有多种不同的表现形式，如财务或非财务的业绩或状况、物理特征、系统与过程、行为等。在鉴证业务中存在着不同类型的鉴证对象，相应的鉴证对象信息也具有多种不同的形式，同样，不同的鉴证对象也具有不同的特征。

(1)鉴证对象信息的形式

其一,当鉴证对象为非财务业绩或状况时(如历史或预测的财务状况、经营成果和现金流量),鉴证对象信息是财务报表。

其二,当鉴证对象为非财务业绩或状况时(如企业的运营情况),鉴证对象信息可能是反映效率或效果的关键指标。

其三,当鉴证对象为物理特征时(如设备的生产能力),鉴证对象信息可能是有关鉴证对象物理特征的说明文件。

其四,当鉴证对象为某种系统和过程时(如企业的内部控制或信息技术系统),鉴证对象信息可能是关于其他有效性的认定。

其五,当鉴证对象为一种行为时(如遵守法律法规的情况),鉴证对象信息可能是对法律法规遵守情况或执行效果的声明。

(2)适当的鉴证对象应具备的条件

其一,鉴证对象可以识别。

其二,不同的组织或人员对鉴证对象按照既定标准进行评价或计量的结果合理一致。

其三,注册会计师能够收集与鉴证对象有关的信息,获取充分、适当的证据,以支持其提出适当的鉴证结论。

不适当的鉴证对象可能会误导预期使用者。

3. 标准

标准即用来对鉴证对象进行评价或计量的基准。标准是鉴证业务不可或缺的一项要素。运用职业判断对鉴证对象做出评估或计量,离不开适当的标准。需要指出的是,对同一鉴证对象,进行评估或计量并不一定要选择同一个标准。如果要评价消费者满意度这一鉴证对象,有些责任方或注册会计师可能会以消费者投诉的次数作为衡量标准;而有些责任方或注册会计师可能会选择消费者在初始购买后三个月内重复购买的数量作为衡量的标准。

(1)标准的类型

正式的规定通常是一些“既定的”标准,是由法律法规规定的,或是由政府主管部门或国家认可的专业团体依照公开、适当的程序发布的。非正式的规定通常是一些“专门制定的”标准,是针对具体的业务项目“量身定做”的,包括企业内部制定的行为准则、确定的绩效水平或商定的行为要求等。标准的类型不同,注册会计师在评价标准是否适合于具体的鉴证业务时,所关注的重点也不同。

(2)适当的标准的特征

相关性:相关的标准有助于得出结论,便于预期使用者做出决策。

完整性:完整的标准不应忽略业务环境中可能影响得出结论的相关因素,当涉及列报时,还包括列报的基准。

可靠性:可靠的标准能够使能力相近的注册会计师在相似的业务环境中,对鉴证对象做出合理一致的评价或计量。

中立性:中立的标准有助于得出无偏向的结论。

可理解性:可理解的标准有助于得出清晰、易于理解、不会产生重大歧义的结论。

注册会计师基于自身的预期、判断和个人经验对鉴证对象进行的评估和计量,不构成适当的标准。

4. 证据

获取充分、适当的证据是注册会计师提出鉴证结论的基础。

注册会计师应当以职业怀疑的态度计划和执行鉴证业务，获取有关鉴证对象信息是否不存在重大错报的充分、适当的证据。

职业怀疑态度是指注册会计师以质疑的思维方式评价所获取证据的有效性，并对相互矛盾的证据，以及引起对文件记录或责任方提供的信息的可靠性产生怀疑的证据保持警觉。

职业怀疑态度代表的是注册会计师执业时的一种精神状态，它有助于降低注册会计师在执业过程中可能遇到的风险。

5. 鉴证报告

注册会计师应当针对鉴证对象信息在所有重大方面是否符合适当的标准，以书面报告的形式发布能够提供一定保证程度的结论。

(1)鉴证报告形式

在基于责任方认定的业务中，注册会计师的鉴证结论可以采用下列两种表述形式：

其一，明确提及责任方认定，如“我们认为，责任方做出的‘根据××标准，内部控制在所有重大方面是有效的’这一认定是公允的”。

其二，直接提及鉴证对象和标准，如“我们认为，根据××标准，内部控制在所有重大方面是有效的”。在直接报告业务中，注册会计师应当明确提及鉴证对象和标准。注册会计师可能无法从责任方获取其对鉴证对象评价或计量的认定；即使可以获取这种认定，该认定也无法为预期使用者获取，预期使用者只能通过阅读鉴证报告获取鉴证对象信息，因此，注册会计师应当直接对鉴证对象进行评价并出具报告，明确提及鉴证对象和标准。

(2)注册会计师不能出具无保留结论的情况

这种情况包括：工作范围受到限制；责任方认定未在所有重大方面做出公允表达；鉴证对象信息存在重大错报；标准或鉴证对象不恰当。

(三)鉴证业务的分类

鉴证业务按照保证程度，分为合理保证的鉴证业务与有限保证的鉴证业务；按照预期使用者获取鉴证对象信息的方式不同，分为基于责任方认定的业务和直接报告业务。

(四)鉴证业务的内容

注册会计师鉴证业务准则分为两个层次：第一层次是起统领作用的鉴证业务基本准则，是为了规范注册会计师执行鉴证业务；第二层次分为审计准则、审阅准则和其他鉴证业务。

1. 审计准则

审计准则是审计人员实施审计工作时应遵循的行为规范，是衡量审计工作质量的标准，是规范注册会计师执行审计业务、获取审计证据、形成审计结论、出具审计报告的专业标准，是审计执业规范体系的核心内容和重点所在。中国注册会计师审计准则分为六大类：一般原则与责任、风险评估以及风险的应对、审计证据、利用其他主体的工作、审计结论与报告、特殊领域。

2. 审阅业务准则

审阅业务准则用来规范注册会计师执行历史财务信息审阅业务。在提供审阅服务时，注册会计师对所审阅信息是否不存在重大错报提供有限保证，并以消极方式提出结论。

3. 其他鉴证业务准则

其他鉴证业务准则用来规范注册会计师执行除历史财务信息审计和审阅以外的非历史财务信息的鉴证业务，根据鉴证业务的性质和业务约定的要求，提供有限保证和合理保证。

三、会计师事务所质量控制准则

会计师事务所质量控制准则是规范会计师事务所执行历史财务信息审计和审阅业务、其他鉴证业务及相关服务业务时应遵守的质量控制政策和程序，是明确会计师事务所及其人员的质量控制责任的准则。

（一）质量控制制度的目的

会计师事务所应当根据会计师事务所质量控制准则，制定质量控制制度，以约束会计师事务所与注册会计师在执业时遵守法律法规、职业道德规范及相应的业务准则，合理保证业务质量。因此，质量控制制度的目的有两个方面：

一是会计师事务所及其人员遵守法律法规、职业道德规范以及审计准则、审阅准则、其他鉴证业务准则和相关服务准则的规定。

二是会计师事务所和项目负责人根据具体情况出具恰当的报表。

项目负责人，是指会计师事务所中负责某项业务及其执行，并代表会计师事务所在业务报告上签字的主任会计师或经授权签字的注册会计师。

（二）质量控制制度的要素

会计师事务所的质量控制制度应当包括针对下列7项要素而制定的政策和程序：(1)对业务质量承担的领导责任；(2)职业道德规范；(3)客户关系和具体业务的接受与保持；(4)人力资源；(5)业务执行；(6)业务工作底稿；(7)监控。

会计师事务所应当将质量控制政策和程序形成书面文件，并传达到全体人员。在记录和传达时，应清楚地描述质量控制政策和程序及其拟实现的目标，包括适当信息指明每个人负有的质量责任，并被期望遵守这些政策和程序。

【课堂练习·判断题】注册会计师依照审计准则进行审计，应能发现被审计单位财务报表中存在的所有错误或舞弊，并在审计报告中加以揭示。

【正确答案】×

【课堂练习·单选题】注册会计师执业准则体系的核心是（　　）。

A. 审计准则　　B. 审阅准则

C. 其他鉴证业务准则　　D. 质量控制准则

【正确答案】A

四、审计标准

（一）审计标准的含义

在审计过程中，对与被审计事项有关的事实进行评价时，就会涉及评价依据、评价尺度的问题。这个客观尺度，我们称之为审计标准，也称审计依据。审计标准是进行审计时判断审计事项是非、优劣的准绳，是做出审计决定的依据。审计标准是解决如何进行审计的问题，是审计人员的行动指南和规范，是衡量和评价审计工作质量的权威性标准。

【课堂练习·单选题】审计人员判断审计事项是非、优劣的标准是（　　）。

A. 审计证据　　B. 审计标准　　C. 审计准则　　D. 审计质量控制标准

【正确答案】B

（二）审计标准的分类

1. 按审计标准的来源不同分类

（1）内部制定的审计标准，即被审计单位内部制定审计的标准。

（2）外部制定的审计标准，如国家制定的法律、法规、政策，以及地方政府、上级主管部门颁布的规章制度。

2. 按审计标准的性质和内容分类

按此标准，可分为：法律、法规，规章制度，预算、计划、合同，业务规范和技术经济标准等。

（三）审计标准的特点

1. 层次性

根据适用范围的大小、效力大小、制定单位管辖区域的大小，审计标准具有不同的层次。其顺序如下：（1）国家立法机关制定的法律；（2）国务院颁布的行政法规；（3）地方立法机关和行政机构制定的地方性法律、法规；（4）被审计单位主管部门做出的规定、下达的文件、指示、决定等；（5）被审计单位内部制定的各种规章制度。

2. 时效性

各种审计标准都有一定的时效性，不是永远都能适用。选择审计标准时要考虑时间因素，在判断审计事项是非、优劣时应以审计事项发生时适用的法规、制度等作为衡量标准，不能用已经过时的标准作为评价标准，也不能用新的标准否定过去的经济活动。只有这样，才能对被审计事项做出公正的评价。

3. 地域性

不同的国家、不同的制度，适用的审计标准是不同的；不同的地区、不同的单位，适用的政策、制度、规定有时也会有区别。因此，审计人员必须选择能够制约被审计单位经济的，对其所在地区有效的各种制度和规定作为审计标准。

【课堂练习·多选题】审计标准的特点包括（　　）。

A. 重要性　　B. 层次性　　C. 时效性　　D. 可靠性

E. 地域性

【正确答案】BCE

（四）审计标准的选用

审计人员在选用审计标准时，除了注意审计标准的特点之外，还应当考虑以下四个方面：

1. 审计标准的客观性

这是指审计人员以法律、法规、规章制度等作为审计标准时，应以正式文件为准，而不得以报纸、杂志等消息为依据。

2. 审计标准的适用性

需要考虑审计标准具有的时效性和地域性。

3. 审计标准的相关性

审计标准的相关性是指用作审计标准的文件、资料应与审计事项密切相关，必须是可以用来作为衡量审计事项是否真实、合法、有效的标准。

4. 审计标准的公认性

标准不一致时，采用权威的和公认程度高的标准。

【课堂练习·多选题】审计人员应根据审计目的，从审计事项实际出发，选用适当的审计依据,并考虑审计依据的(　　)。

A. 相关性　　B. 合法性　　C. 层次性　　D. 一贯性

E. 时效性

【正确答案】AE

第四节　审计要素与基本要求

一、审计要素

鉴证业务要素包括鉴证业务的三方关系人、鉴证对象信息、标准、证据和报告。审计是最典型的鉴证业务。审计旨在增进某一鉴证对象信息的可信性。注册会计师通过收集充分、适当的证据来评价财务报表是否在所有重大方面符合会计准则,并出具审计报告,从而提高财务报表的可信性。因此,对财务报表审计而言,审计业务要素包括审计业务的三方关系人、财务报表(鉴证对象信息)、财务报表编制基础(标准)、审计证据和审计报告。

(一)审计业务的三方关系人

三方关系人分别是注册会计师、被审计单位管理层(责任方)、财务报表预期使用者。注册会计师对由被审计单位管理层负责的财务报表发表审计意见,以增强除管理层之外的预期使用者对财务报表的信赖程度。由于财务报表是由被审计单位管理层负责的,因此,注册会计师的审计意见主要是向除管理层之外的预期使用者提供的。在某些情况下,管理层和预期使用者可能来自同一企业,但并不意味着两者就是同一方。例如,某公司同时设有董事会和监事会,监事会需要对董事会和管理层负责编制的财务报表进行监督。由于审计意见有利于提高财务报表的可信性,有可能对管理层有用,因此,在这种情况下,管理层也会成为预期使用者之一,但不是唯一的预期使用者。例如,管理层是审计报告的预期使用者之一,但同时预期使用者还包括企业的股东、债权人、监管机构等。因此,是否存在三方关系是判断某项业务是否属于审计业务或其他鉴证业务的重要标准之一。如果某项业务不存在除责任方之外的其他预期使用者,那么,该业务不构成一项审计业务和其他鉴证业务。

1. 注册会计师

注册会计师是指取得注册会计师证书并在会计师事务所执业的人员,通常是指项目合伙人和项目组其他成员,有时也指其所在的会计师事务所。

按照审计准则的规定对财务报表发表审计意见是注册会计师的责任。为履行这一职责,注册会计师应当遵守相关职业道德要求,按照审计准则的规定计划和实施审计工作,获取充分、适当的审计证据,并根据获取的审计证据得出合理的审计结论,发表恰当的审计意见。注册会计师通过签署审计报告确认其责任。

如果审计业务涉及的特殊知识和技能超出了注册会计师的能力,注册会计师可以利用专家协助执行审计业务。在这种情况下,注册会计师应当确信包括专家在内的项目组整体已具备执行该项审计业务所需的知识和技能,并充分参与该项审计业务和了解专家所承担的工作。

2. 被审计单位管理层(责任方)

责任方是指对财务报表负责的组织或人员,即被审计单位管理层。管理层是指对被审计单位经营活动的执行负有经营管理责任的人员,在某些被审计单位,管理层包括部分或全部治理层成员，如治理层中负有经营管理责任的人员，或参与日常经营管理的业主（以下简称业主兼经理）。治理层是指对被审计单位战略方向以及管理层履行经营管理责任负有监督责任的人员和组织。治理层的责任包括监督财务报告过程。在某些被审计单位，治理层可能包括管理层，如治理层中负有经营管理责任的人员，或业主兼经理。

与管理层和治理层责任相关的执行审计工作的前提（以下简称执行审计工作的前提），是指管理层和治理层认可并理解其应当承担下列责任，这些责任构成注册会计师按照审计准则的规定执行审计工作的基础：(1)按照适用的财务报告编制基础编制财务报表，并使其实现公允反映；(2)设计、执行和维护必要的内部控制，以使财务报表不存在由于舞弊或错误导致的重大错报；(3)向注册会计师提供必要的工作条件，包括允许注册会计师接触与编制财务报表相关的所有信息，向注册会计师提供审计所需的其他信息，允许注册会计师在获取审计证据时不受限制地接触其认为必要的内部人员和其他相关人员。

财务报表审计并不减轻管理层和治理层的责任。财务报表编制和财务报表审计是财务信息生成链条上的不同环节，两者各司其职。法律法规要求管理层和治理层对编制财务报表承担责任，有利于从源头上保证财务信息质量。同时，在某些方面，注册会计师与管理层和治理层之间可能存在信息不对称。管理层和治理层作为内部人员，对企业的情况更为了解，更能做出适合企业特点的会计处理决策和判断，因此，管理层和治理层理应对编制财务报表承担完全责任。尽管在审计过程中，注册会计师可能向管理层和治理层提出调整建议，甚至在不违反独立性的前提下为管理层编制财务报表提供协助，但管理层仍然对编制财务报表承担责任，并通过签署财务报表确认这一责任。如果财务报表存在重大错报，而注册会计师通过审计没能发现，也不能因为财务报表已经被注册会计师审计这一事实而减轻管理层和治理层对财务报表的责任。

3. 财务报表预期使用者

财务报表预期使用者是指预期使用审计报告和财务报表的组织或人员。如果审计业务服务于特定的使用者和具有特定目的，注册会计师可以很容易地识别预期使用者。例如，企业向银行贷款，银行要求企业提供一份反映财务状况的财务报表，那么银行就是该审计报告的预期使用者。

注册会计师可能无法识别使用审计报告的所有组织和人员，尤其在各种可能的预期使用者对财务报表（鉴证对象信息）存在不同的利益需求时。此时，预期使用者主要是指那些与财务报表有重要利益和共同利益的主要利益关系者。例如，在上市公司财务报表审计中，预期使用者主要是指上市公司的股东。当然，除了股东之外，公司债权人、证券监管机构等显然也是预期使用者。注册会计师应当根据法律法规的规定和与委托人签订的协议识别预期使用者。

（二）财务报表（鉴证对象信息）

鉴证对象是否适当，是注册会计师能否将一项业务作为审计业务或其他鉴证业务予以承接的前提条件。适当的鉴证对象应当同时具备下列条件：(1)鉴证对象可以识别；(2)不同的组织或人员对鉴证对象按照既定标准进行评价或计量的结果合理一致；(3)注册会计师能够收集与鉴证对象有关的信息，获取充分、适当的证据，以支持其提出适当的鉴证结论。

在财务报表审计中，鉴证对象是历史的财务状况、经营业绩和现金流量，鉴证对象信息即财务报表。财务报表是指依据某一财务报告编制基础对被审计单位历史财务信息做出的结构性表述，包括相关附注，旨在反映某一时点的经济资源或义务或者某一时期经济资源或义务的变化。相关附注通常包括重要会计政策概要和其他解释性信息。财务报表通常是指整套财务报表,有时也指单一财务报表。整套财务报表的构成应当根据适用的财务报告编制基础的规定确定。

管理层和治理层在编制财务报表时需要:(1)根据相关法律法规的规定确定适用的财务报告编制基础;(2)根据适用的财务报告编制基础编制财务报表;(3)在财务报表中对适用的财务报告编制基础做出恰当的说明。编制财务报表要求管理层根据适用的财务报告编制基础运用判断做出合理的会计估计。

财务报表可以按照某一财务报告编制基础编制,旨在满足下列需求之一:(1)广大财务报表使用者共同的财务信息需求(即通用目的财务报表的目标);(2)财务报表特定使用者的财务信息需求(即特殊目的财务报表的目标)。

适用的财务报告编制基础的规定也决定了整套财务报表的构成。就许多财务报告编制基础而言,财务报表旨在提供有关被审计单位财务状况、经营成果和现金流量的信息。对这些财务报告编制基础,整套财务报表通常包括资产负债表、利润表、现金流量表、所有者权益(或股东权益)变动表和相关附注。对另外一些财务报告编制基础,单一财务报表和相关附注也可能构成整套财务报表,包括:(1)资产负债表;(2)利润表或经营状况表;(3)留存收益表;(4)现金流量表;(5)不包括所有者权益的资产和负债表;(6)所有者权益变动表;(7)收入和费用表;(8)产品线经营状况表。

【课堂练习·多选题】有关适当鉴证对象应当具备的条件,下列说法中正确的有(　　)。

A. 可以识别

B. 不同的组织和人员对鉴证对象按照既定标准进行评价或计量的结果完全一致

C. 注册会计师能够收集与鉴证对象有关的信息,获取充分、适当的证据,以支持其提出适当的鉴证结论

D. 必须具备定量特征

【正确答案】AC

(三)财务报表编制基础(标准)

标准是指用于评价或计量鉴证对象的基准,当涉及列报时,还包括列报的基准。标准是审计业务和其他鉴证业务中不可或缺的一项要素。运用职业判断对鉴证对象做出评价或计量离不开适当的标准。如果没有适当的标准提供指引,任何个人的解释甚至误解都可能对结论产生影响,这样一来,结论必然缺乏可信性。也就是说,标准是对所要发表意见的鉴证对象进行"度量"的"尺子",责任方和注册会计师可以根据这把"尺子",对鉴证对象进行"度量"。

注册会计师在运用职业判断对鉴证对象做出合理一致的评价或计量时,需要有适当的标准。适当的标准应当具备下列所有特征:(1)相关性。相关的标准有助于得出结论,便于预期使用者做出决策。(2)完整性。完整的标准不应忽略业务环境中可能影响得出结论的相关因素。当涉及列报时,还包括列报的基准。(3)可靠性。可靠的标准能够使能力相近的注册会计师在相似的业务环境中,对鉴证对象做出合理一致的评价和计量。(4)中立性。中立标准有助于得出无偏向的结论。(5)可理解性。可理解的标准有助于得出清晰、易于理解、不会产生重大歧义的结论。注册会计师基于自身的预期、判断和个人经验对鉴证对象进行的评价和计量不构成适当的标准。

在财务报表审计中,财务报告编制基础即标准。适用的财务报告编制基础,是指法律法规要求采用的财务报告编制基础,或者管理层或治理层在编制财务报表时,就被审计单位性质和

财务报表目标而言，采用的可接受的财务报告编制基础。

财务报告编制基础分为通用目的编制基础和特殊目的编制基础。通用目的编制基础，旨在满足广大财务报表使用者共同的财务信息需求，主要是自己企业的会计准则和相关会计制度。特殊目的编制基础旨在满足财务报表特定使用者。对财务信息需求的财务报告编制基础，包括计税核算基础、监管机构的报告要求和合同的约定等。

【课堂练习·多选题】 注册会计师在运用职业判断对鉴证对象做出合理一致的评价或计量时，需要有适当的标准。适当的标准应当具备的特征包括（　　）。

A. 相关性　　B. 完整性　　C. 中立性　　D. 适当性

【正确答案】 ABC

（四）审计证据

注册会计师对财务报表提供合理保证是建立在获取充分适当证据的基础上的。审计证据是指注册会计师为了得出审计结论和形成审计意见而使用的必要信息。审计证据在性质上具有累积性，主要是在审计过程中通过实施审计程序获取的。然而，审计证据还可能包括从其他来源获取的信息，如以前审计中获取的信息（前提是注册会计师已确定自上次审计后是否已发生变化，这些变化可能影响这些信息对本期审计的相关性）或会计师事务所接受与保持客户或业务时实施质量控制程序获取的信息。除从被审计单位内部其他来源和外部来源获取的信息外，会计记录也是重要的审计证据来源。同样，被审计单位雇用或聘请的专家编制的信息也可以作为审计证据。审计证据既包括支持和佐证管理层认定的信息，也包括与这些认定相矛盾的信息。在某些情况下，信息的缺乏（如管理层拒绝提供注册会计师要求的声明）本身也构成审计证据，可以被注册会计师利用。在形成审计意见的过程中，注册会计师的大部分工作是获取和评价审计证据。

审计证据的充分性和适当性相互关联。充分性是对审计证据数量的衡量。注册会计师需要获取的审计证据的数量受其对重大错报风险评估的影响（评估的重大错报风险越高，需要的审计证据可能越多），并受审计证据质量的影响（审计证据质量越高，需要的审计证据可能越少）。然而，注册会计师仅靠获取更多的审计证据可能无法弥补其质量上的缺陷。审计证据的适当性是对审计证据质量的衡量，即审计证据在支持审计意见所依据的结论方面具有的相关性和可靠性。审计证据的可靠性受其来源和性质的影响，并取决于审计证据的具体环境。

由于不同来源和不同性质的证据可以证明同一项认定，注册会计师可以考虑获取证据的成本与所获取信息的有用性之间的关系，但不应仅以获取证据的困难和成本为由减少不可替代的程序。在评价证据的充分性和适当性以支持鉴证报告时，注册会计师应当运用职业判断，并保持职业怀疑态度。

【课堂练习·单选题】 关于审慎评价审计证据的理解，下列说法中正确的是（　　）。

A. 审计证据仅包括支持和印证管理层认定的信息

B. 审计证据不包括与管理层认定相互矛盾的信息

C. 审慎评价审计证据包括质疑相互矛盾的审计证据的可靠性

D. 如果评价审计证据的成本过高，出于成本效益原则，不需要对其做进一步的调查

【正确答案】 C

（五）审计报告

注册会计师应当针对财务报表在所有重大方面是否符合适当的财务报表编制基础，以书

面报告的形式发表能够提供合理保证程度的意见。

如果对财务报表发表无保留意见，除非法律法规另有规定，注册会计师应当在审计意见中使用“财务报表在所有重大方面按照适用的财务报告编制基础（如企业会计准则等）编制，公允反应了……”的措辞。

当存在下列情形之一时，注册会计师应当对财务报表清楚地发表恰当的非无保留意见：(1)根据获取的审计证据，得出财务报表整体存在重大错报的结论；(2)无法获取充分、适当的审计证据，不能得出审计报表整体不存在重大错报的结论。

除审计准则规定的注册会计师对财务报表出具审计报告的责任外，相关法律法规可能对注册会计师设定了其他报告责任。如果注册会计师在对财务报表出具的审计报告中履行了其他报告责任，应当在审计报告中将其单独作为一部分，并以“按照相关法律法规的要求报告的事项”为标题。

二、审计的基本要求

（一）遵守审计准则

审计准则是衡量注册会计师执行财务报表审计业务的权威性标准，涵盖从接受业务委托到出具审计报告的整个过程，注册会计师在执业过程中应当遵守审计准则的要求。《中华人民共和国注册会计师法》第 21 条规定，注册会计师执行审计业务，必须按照执业准则、规则确定的工作程序出具审计报告；第 35 条规定，中国注册会计师协会依法拟定注册会计师执业准则、规则，报国务院财政部门批准后施行。

（二）遵守职业道德守则

注册会计师受到与财务报表审计相关的职业道德要求（包括与独立性相关的要求）的约束。相关的职业道德要求通常是指中国注册会计师职业道德守则（以下简称职业道德守则）中与财务报表审计相关的规定。

《中国注册会计师职业道德守则第 1 号——职业道德基本原则》和《中国注册会计师职业道德守则第 2 号——职业道德概念框架》规定了与注册会计师执行财务报表审计相关的职业道德基本原则，并提供了应用这些原则的概念框架。根据职业道德守则，注册会计师应当遵循的基本原则包括(1)诚信；(2)独立性；(3)客观和公正；(4)专业胜任能力和应有的关注；(5)保密；(6)良好的职业行为。

《中国注册会计师职业道德守则第 3 号——提供专业服务的具体要求》和《中国注册会计师职业道德守则第 4 号——审计和审阅业务对独立性的要求》说明了注册会计师执行审计和审阅业务时如何在具体情形下应用概念框架。

就审计业务而言，注册会计师应当独立于被审计单位才是符合公众利益的，因此，职业道德守则对独立性做出要求。职业道德守则规定，独立性包括实质上的独立性和形式上的独立性。注册会计师独立于被审计单位，能够保护其形成适当审计意见的能力，使其在发表审计意见时免受不当影响。独立性能够增强注册会计师诚信行事、保持客观和公正以及职业怀疑的能力。

《质量控制准则第 5101 号——会计师事务所对执行财务报表审计和审阅、其他鉴证和相关服务业务实施的质量控制》规定了会计师事务所建立和保持有关审计业务的质量控制制度的责任，同时规定了会计师事务所应当制定政策和程序，以合理保证会计师事务所及其人员遵守相关职业道德要求（包括与独立性相关的要求）的责任。

《中国注册会计师审计准则第1121号——对财务报表审计实施的质量控制》规定了项目合伙人与相关职业道德要求有关的责任。这些责任包括：通过观察和必要的询问，对项目组成员违反相关职业道德要求的迹象保持警觉；如果注意到项目组成员违反相关职业道德要求，确定采取的适当措施；注意用于审计业务的独立性要求的遵守情况，以便形成结论。该准则还规定，在实施适用于审计业务的质量控制程序时，项目组可以依赖会计师事务所质量控制制度，除非会计师事务所或者其他机构或人员提供的信息表明其不可信赖。

（三）保持职业怀疑

1. 职业怀疑的含义

在计划和实施审计工作时，注册会计师应当保持职业怀疑，认识到可能存在导致财务报表发生重大错报的情形。职业怀疑，是指注册会计师执行审计业务的一种态度，包括采取质疑的思维方式，对可能表明由于舞弊或错误导致错报的情况保持警觉，以及对审计证据进行审慎评价。职业怀疑应当从下列方面理解：

(1)职业怀疑在本质上要求秉持一种质疑的理念。这种理念促使注册会计师在考虑获取的相关信息和得出结论时采取质疑的思维方式。在这种理念下，注册会计师应当具有批判和质疑的精神，摒弃"存在即合理"的逻辑思维，寻求事物的真实情况。同时，职业怀疑与客观和公正、独立性两项职业道德基本原则密切相关。保持独立性可以增强注册会计师在审计中保持客观和公正、职业怀疑的能力。

(2)职业怀疑要求对引起疑虑的情形保持警觉。这些情形包括但不限于：相互矛盾的审计证据；引起对文件记录、对询问的答复的可靠性产生怀疑的信息；表明可能存在舞弊的情况；表明需要实施除审计准则规定外的其他审计程序的情形。

(3)职业怀疑要求审慎评价审计证据。审计证据包括支持和印证管理层认定的信息，也包括与管理层认定相互矛盾的信息。审慎评价审计证据是指质疑相互矛盾的审计证据的可靠性。在怀疑信息的可靠性和存在舞弊迹象时（例如，在审计过程中识别出的情况使注册会计师认为文件可能是伪造的或文件中的某些信息已被篡改），注册会计师需要做进一步调查，并确定需要修改哪些审计程序或实施哪些追加的审计程序。应当指出的是，虽然注册会计师需要在审计成本与信息的可靠性之间进行权衡，但是，审计中的困难、时间或成本等事项本身，不能作为省略不可替代的审计程序或满足于说服力不足的审计证据的理由。

(4)职业怀疑要求客观评价管理层和治理层。由于管理层和治理层为实现预期利润或趋势结果而承受内部或外部的压力，即使以前正直、诚信的管理层和治理层也可能发生变化。因此，注册会计师不应依赖以往对管理层和治理层的诚信形成的判断。即使注册会计师认为管理层和治理层是正直、诚实的，也不能降低保持职业怀疑的要求，不允许在获取合理保证的过程中满足于说服力不足的审计证据。

2. 保持职业怀疑的作用

职业怀疑是注册会计师综合技能不可或缺的一部分，是保证审计质量的关键要素。保持职业怀疑有助于注册会计师恰当运用职业判断，提高审计程序设计及执行的有效性，降低审计风险。在审计过程中，保持职业怀疑的作用包括：

(1)在识别和评估重大错报风险时，保持职业怀疑有助于注册会计师设计恰当的风险评估程序，有针对性地了解被审计单位及其环境；有助于使注册会计师对引起疑虑的情形保持警觉，充分考虑错报发生的可能性和重大程度，有效识别和评估重大错报风险。

(2)在设计和实施进一步审计程序以应对重大错报风险时，保持职业怀疑有助于注册会计师针对评估出的重大错报风险,恰当设计进一步审计程序的性质、时间安排和范围,降低选取不适当的审计程序的风险;有助于注册会计师对已获取的审计证据表明可能存在未识别的重大错报风险的情形保持警觉,并做出进一步调查。

(3)在评价审计证据时,保持职业怀疑有助于注册会计师评价是否已获取充分、适当的审计证据以及是否还需执行更多的工作;有助于注册会计师审慎评价审计证据,纠正仅获取最容易获取的审计证据,忽视存在相互矛盾的审计证据的偏向。

此外,保持职业怀疑对于注册会计师发现舞弊、防止审计失败至关重要。原因是舞弊可能是精心策划、蓄意实施并隐瞒的,只有保持充分的职业怀疑,注册会计师才能对舞弊风险因素保持警觉,进而有效地评估舞弊导致的重大错报风险。保持职业怀疑,有助于使注册会计师认识到存在由于舞弊导致的重大错报的可能性,不会受以前对管理层、治理层正直和诚信形成的判断的影响;使注册会计师对获取的信息和审计证据是否表明可能存在由于舞弊导致的重大错报风险始终保持警惕;使注册会计师在认为文件可能是伪造的或文件中的某些条款可能已被篡改时,做出进一步调查。

【课堂练习·单选题】下列关于职业怀疑的说法中,不正确的是(　　)。

A. 职业怀疑要求对引起疑虑的情形保持警觉并审慎地评价审计证据

B. 在识别和评估重大错报风险时,保持职业怀疑有助于注册会计师针对评估出的重大错报风险,恰当设计进一步审计程序的性质、时间安排和范围

C. 评价审计证据时,保持职业怀疑有助于注册会计师评价是否已获取充分、适当的审计证据

D. 保持职业怀疑对于注册会计师发现舞弊至关重要

【正确答案】B

(四)合理运用职业判断

职业判断,是指在审计准则、财务报告编制基础和职业道德要求的框架下,注册会计师综合运用相关知识、技能和经验,做出适合审计业务具体情况、有根据的行动决策。

职业判断是注册会计师行业的精髓。从本质上讲,无论是财务报表的编制还是注册会计师审计,都是由一系列判断行为构成的。职业判断对于适当地执行审计工作是必不可少的。如果没有运用职业判断将相关知识和经验灵活运用于具体事实和情况,仅靠机械地执行审计程序,注册会计师就无法理解审计准则、财务报告编制基础和相关职业道德要求,难以在整个审计过程中做出有依据的决策。

职业判断涉及注册会计师执业的各个环节。一方面,职业判断贯穿于注册会计师执业的始终,从决定是否接受业务委托到出具业务报告,注册会计师都需要做出职业判断;另一方面,职业判断涉及注册会计师执业中的各类决策,包括与具体会计处理相关的决策、与审计程序相关的决策,以及与遵守职业道德要求相关的决策。

职业判断对于做出下列决策尤为重要:(1)确定重要性,识别和评估重大错报风险;(2)为满足审计准则的要求和收集审计证据的需要,确定所需实施的审计程序的性质、时间安排和范围;(3)为实现审计准则规定的目标和注册会计师的总体目标,评价是否已获取充分、适当的审计证据以及是否还需要执行更多的工作;(4)评价管理层在运用适用的财务报告编制基础时做出的判断;(5)根据已获取的审计证据得出结论,如评价管理层在编制财务报表时做出的会计估计的合理性;(6)运用职业道德概念框架识别、评估和应对对职业道德基本原则不利的影响。

注册会计师职业判断需要在相关法律法规、职业标准的框架下做出，并以具体事实和情况为依据。如果有关决策不被该业务的具体事实和情况所支持或者缺乏充分、适当的审计证据，职业判断并不能作为不恰当决策的理由。注册会计师职业判断的决策过程通常可划分为下列五个步骤：(1)确定职业判断的问题和目标；(2)收集和评价相关信息；(3)识别可能采取的解决方案；(4)评价可供选择的方案；(5)得出职业判断结论并做出书面记录。

注册会计师是职业判断的主体，职业判断能力是注册会计师胜任能力的核心。通常来说，注册会计师具有下列特征可能有助于提高职业判断质量：(1)丰富的知识、经验和良好的专业技能；(2)独立、客观和公正；(3)保持适当的职业怀疑。

衡量职业判断质量可以基于下列三个方面：(1)准确性或意见一致性，即职业判断结论与特定标准或客观事实的相符程度，或者不同职业判断主体针对同一职业判断问题所做判断彼此认同的程度；(2)决策一贯性和稳定性，即同一注册会计师针对同一项目的不同判断问题所做的判断之间是否符合应有的内在逻辑，以及同一注册会计师针对相同的职业判断问题，在不同时点所做的判断是否结论相同或相似；(3)可辩护性，即注册会计师是否能够证明自己的工作，通常，理由的充分性、逻辑的严谨性和程序的合规性是可辩护性的基础。

注册会计师需要对职业判断做出适当的书面记录，而对下列事项进行书面记录有利于提高职业判断的可辩护性：(1)对职业判断问题和目标的描述；(2)解决职业判断相关问题的思路；(3)收集到的相关信息；(4)得出的结论以及得出结论的理由；(5)就决策结论与被审计单位进行沟通的方式和时间。为此，审计准则要求注册会计师编制的审计工作底稿应当使未曾接触该项审计工作的有经验的专业人士了解在对重大事项得出结论时做出的重大职业判断。

【课堂练习·多选题】下列选项中，可以衡量职业判断质量的有(　　)。

A. 稳定和一贯的决策　　B. 重大错报风险的降低程度

C. 决策的可辩护性　　D. 意见的一致性或准确性

【正确答案】ACD

第五节　审计目标

一、审计目标概述

审计目标是在一定历史环境下，审计机构和人员通过审计实践活动所期望达到的境地或最终结果，它是审计实践活动的定向机制。审计目标不仅是审计概念结构体系中不可或缺的组成部分，而且是审计实践工作中起指引作用的客观因素，这个因素制约和影响到审计工作的所有方面，控制着审计工作的各个环节和整个过程，是审计工作的内在规定性。

明确审计目标有助于审计人员有针对性地计划审计工作，控制审计过程，提高审计效率。审计目标可以分为两个层次：总体审计目标和具体审计目标。总体审计目标是指实施审计要实现的最终目的。具体审计目标是总体审计目标的细化，是针对审计项目具体内容所确定的审计目的。审计目标的确定取决于社会需求和审计界自身的能力、水平两个因素。

二、财务报表总体审计目标

财务报表总体审计目标是对财务报表整体是否不存在由于舞弊或错误导致的重大错报获

取合理保证，是注册会计师针对财务报表是否在所有重大方面按照财务报告编制基础编制并实现公允反映发表审计意见。同时，注册会计师要按照审计准则的规定，根据审计结果对财务报表出具审计报告，并与管理层和治理层沟通。

具体而言，《中国注册会计师审计准则第 1101 号——财务报表审计的目标和一般原则》规定，财务报表审计的目标是注册会计师通过执行审计工作，对财务报表的下列方面发表审计意见：(1)财务报表是否按照适用的会计准则和相关会计制度的规定编制；(2)财务报表是否在所有重大方面公允反映被审计单位的财务状况、经营成果和现金流量。

财务报表总体审计目标对注册会计师的审计工作发挥着导向作用，它界定了注册会计师的责任范围，直接影响注册会计师计划和实施审计程序的性质、时间安排和范围，决定了注册会计师如何发表审计意见。财务报表审计目标是对财务报表整体发表审计意见，注册会计师就可以只关注与财务报表编制和审计有关的内部控制，而不对内部控制本身发表鉴证意见。注册会计师关注被审计单位的违反法规行为，是因为这些行为影响到财务报表，而不是对被审计单位是否存在违反法规行为提供鉴证。

三、财务报表具体审计目标

具体审计目标是上述总体审计目标在具体审计项目中的细化。注册会计师了解了认定，就很容易确定每个项目的具体审计目标，并以此作为评估重大错报风险以及设计和实施进一步审计程序的基础。

(一)认定的含义

认定是指管理层在财务报表中做出的明确或隐含的表达，注册会计师将其(明确或隐含的表达)用于考虑可能发生的不同类型的潜在错报。从定义中可以看到，认定是管理层的表达，这种表达包括隐含的或明确的；注册会计师是基于管理层的认定来考虑财务报表的错报，注册会计师识别的错报源于管理层认定中不恰当的表达；管理层的认定在先，注册会计师考虑错报在管理层认定不恰当之后。

(二)认定的类别

1. 与所审期间各类交易和事项相关的认定

(1)发生

发生认定是指记录的交易或事项已发生，且与被审计单位有关。由发生认定所推导出的审计目标是已经记录的交易是真实的。例如，如果没有发生销售交易，但在销售日记账中记录了一笔销售，则违反了该目标。发生认定所要解决的问题是管理层是否把那些不曾发生的项目列入财务报表，它主要与财务报表组成要素的高估有关。

(2)完整性

完整性认定是指所有应当记录的交易和事项均已记录。由完整性认定推导出的审计目标是已经发生的交易确实已经记录。例如，如果发生了销售交易，但没有在销售明细账和总账中记录，则违反了该目标。发生和完整性这两者强调的是相反的关注点，发生目标针对潜在的高估，而完整性目标则针对漏记交易(低估)。

【课堂练习·单选题】财务审计项目中，“完整性”审计目标指的是(　　)。

A. 各项业务记录于正确的会计期间

B. 实际存在或发生的金额均已记录或列报

C. 记录或列报的金额经过正确的计量、计算和分摊

D. 各项记录或列报经过恰当的分类和描述

【正确答案】B

(3)准确性

准确性认定是指与交易和事项有关的金额及其他数据已恰当记录。由准确性认定推导出的审计目标是确认已记录的交易是按正确金额反映的。例如,如果在销售交易中,发出商品的数量与账单上的数量不符,或是开账单时使用了错误的销售价格,或是账单中的乘积或加总有误,或是在销售明细账中记录了错误的金额,则违反了该目标。

准确性与发生、完整性之间存在区别。例如,若已记录的销售交易是不应当记录的(如发出的商品是寄销商品),则即使发票金额是准确计算的,仍违反了发生目标。再如,若已入账的销售交易是对正确发出商品的记录,但金额计算错误,则违反了准确性目标,但没有违反发生目标。在完整性与准确性之间也存在同样的关系。

(4)截止

截止认定是指交易和事项已记录于正确的会计期间。由截止认定推导出的审计目标是确认接近于资产负债表日的交易记录于恰当的期间。例如,如果本期交易推到下期,或下期交易提到本期,均违反了截止目标。

(5)分类

分类认定是指交易和事项已记录于恰当的账户。由分类认定推导出的审计目标是确认被审计单位记录的交易经过适当分类。例如,如果将现销记录为赊销,将出售经营性固定资产所得的收入记录为营业收入,则导致交易分类的错误,违反了分类的目标。

2. 与期末账户余额相关的认定

(1)存在

存在认定是指记录的资产、负债和所有者权益是存在的。由存在认定推导的审计目标是确认记录的金额确实存在。例如,如果不存在某顾客的应收账款,却在应收账款明细表中列入了对该顾客的应收账款,则违反了存在目标。

(2)权利和义务

权利和义务认定是指记录的资产由被审计单位拥有或控制,记录的负债是被审计单位应当履行的偿还义务。由权利和义务认定推导的审计目标是确认资产归属于被审计单位的权利,负债属于被审计单位的义务。例如,将他人寄存商品列入被审计单位的存货中,违反了权利目标;将不属于被审计单位的债务记入账内,违反了义务目标。

(3)完整性

完整性认定是指所有应当记录的资产、负债和所有者权益均已记录。由完整性认定推导的审计目标是确认已存在的金额均已记录。例如,如果存在某顾客的应收账款,在应收账款明细表中却没有列入对该顾客的应收账款,则违反了完整性目标。

(4)计价和分摊

计价和分摊认定是指资产、负债和所有者权益以恰当的金额包括在财务报表中,与之相关的计价或分摊调整已恰当记录。

3. 与列报和披露相关的认定

(1)发生以及权利和义务

发生以及权利和义务是指披露的交易、事项和其他情况已发生,且与被审计单位有关。将没有发生的交易、事项,或与被审计单位无关的交易和事项包括在财务报表中,则违反了该目标。例如，复核董事会会议记录中是否记载了固定资产抵押等事项，询问管理层固定资产是否被抵押，即对列报的权利认定的运用。如果被审计单位拥有被抵押的固定资产，则需要将其在财务报表中列报，并说明与之相关的权利受到限制。

(2)完整性

完整性认定是指所有应当包括在财务报表中的披露均已包括。如果应当披露的事项没有包括在财务报表中，则违反了该目标。例如，检查关联方和关联交易，以验证其在财务报表中是否得到充分披露，即对列报的完整性认定的运用。

(3)分类和可理解性

分类和可理解性是指财务信息已被恰当地列报和描述，且披露内容表述清楚。例如，检查是否将一年内到期的长期负债列为流动负债，即对列报的分类和可理解性认定的运用。

(4)准确性和计价

准确性和计价是指财务信息和其他信息已公允披露，且金额恰当。例如，检查财务报表附注是否分别对原材料、在产品和产成品等存货成本核算方法做了恰当说明，即对列报的准确性和计价认定的运用。

【课堂思考】"存货100万元"这一表述在审计人员眼里要负哪几个方面的责任?

管理层在资产负债表中列报存货及其金额100万元，意味着做出了下列明确的认定：

(1)记录的存货是存在的。"存在或发生"认定所要解决的问题是，管理当局是否把那些不应包括的项目(如不存在的项目或不曾发生的交易结果)记入了会计报表，并不涉及所报告的金额是否正确。可见，"存在或发生"认定主要与会计报表组成要素的高估(也称"夸大错误")有关。

(2)存货以恰当的金额列示于财务报表中，与之相关的计价或分摊调整已恰当记录。"计价或分摊"认定是指各项资产、负债、所有者权益、收入和费用等要素是否按适当的金额列示于会计报表中。

同时，管理层也做出了下列隐含的认定：

(1)所有应当记录的存货均已记录。"完整性"认定所要解决的问题是，管理当局是否把应包括的项目给遗漏或者省略了，而不涉及所报告的金额是否正确。可见，"完整性"认定与"存在或发生"认定正好相反，它主要与财务报表组成要素的低估(也称"缩小错误")有关。

(2)记录的存货都由被审计单位拥有。"权利和义务"认定是指在某一特定日期，各项资产是否确属被审计单位的权利，各项负债是否确属被审计单位的义务。这项认定通常涉及所有权权利和法律义务问题。对列示在资产负债表上的各项资产和负债，管理当局都暗示性地认定：各项资产都属于被审计单位的权利，各项负债都属于被审计单位的义务。这里的"权利和义务"认定只与资产负债表的组成要素有关。

(3)存货的使用不受任何限制。"反映和披露"的认定是指会计报表上的特定组成要素是否被适当地加以分类、说明和披露。在会计报表上，管理当局暗示性地认定所有内容都表达适当，且披露充分。

(三)认定与具体审计目标之间的关系

认定与财务报表各项目的具体审计目标密切相关，注册会计师的基本职责就是确定被审计单位管理层对其财务报表的认定是否恰当。认定与具体审计目标的关系如表1－4和表1－5所示。

表 1—4　　各类交易相关认定与具体审计目标之间的关系

认定分类	各类认定的含义	具体审计目标
发生	记录的交易或事项已发生，且与被审计单位有关	已记录的交易是真实的
完整性	所有应当记录的交易和事项均已记录	已发生的交易确实已经记录
准确性	与交易和事项有关的金额及其他数据已恰当记录	已记录的交易是按正确金额反映的
截止	交易和事项已记录于正确的会计期间	接近于资产负债表日的交易记录于恰当的期间
分类	交易和事项已记录于恰当的账户	被审计单位记录的交易经过适当分类

表 1—5　　期末余额相关认定与具体审计目标之间的关系

认定分类	各类认定的含义	具体审计目标
存在	记录的资产、负债和所有者权益是存在的	记录的金额确实存在
权利和义务	记录的资产由被审计单位拥有或控制，记录的负债是被审计单位应当履行的偿还义务	资产归属于被审计单位，负债属于被审计单位的义务
完整性	所有应当记录的资产、负债和所有者权益均已记录	已存在的金额均已记录
计价和分摊	资产、负债和所有者权益以恰当的金额包括在财务报表中，与之相关的计价或分摊调整已恰当记录	资产、负债和所有者权益以恰当的金额包括在财务报表中，与之相关的计价或分摊调整已恰当记录

（四）认定与审计目标和审计程序之间的关系

认定是确定具体审计目标的基础，注册会计师通常将认定转化为能够通过审计程序予以实现的审计目标。针对财务报表每一项目所表现出的各项认定，注册会计师相应地确定一项或多项审计目标，然后通过执行一系列审计程序获取充分、适当的审计证据以实现审计目标。认定与审计目标和审计程序之间的关系举例见表 1—6。

表 1—6　　认定与审计目标和审计程序之间的关系举例

认定	审计目标	审计程序
存在	资产负债表列示的存货存在	实施存货监盘程序
完整性	销售收入包括所有已发货的交易	检查发货单和销售发票的编号以及销售明细账
准确性	应收账款反映的销售业务是否基于正确的价格和数量，计算是否正确	比较价格清单与发票上的价格，发货单与销售订购单上的数量是否一致，重新计算发票上的金额
截止	销售业务记录在恰当的期间	比较上一年度最后几天和下一年度最初几天的发货单日期与记账日期
权利和义务	资产负债表中的固定资产确实为公司拥有	查阅所有权证书、购货合同、结算单和保险单
计价和分摊	以净值记录应收账款	检查应收账款账龄分析表、评估计提的坏账准备是否充足

在审计过程中,注册会计师应当紧紧围绕具体审计目标收集证据。把这些证据积累下来,注册会计师就可以对被审计单位管理层的各种认定是否有理由下结论。然后,再把对每个认定的结论综合起来,注册会计师就可对整张会计报表的合法性、公允性、一贯性发表意见了。

第六节 审计过程

确定审计目标后,注册会计师就可以开始收集审计证据,以实现总体审计目标和各项具体审计目标。而审计证据的收集是在审计过程中实现的,因此审计目标的实现与审计过程密切相关。所谓审计过程,是指审计工作从开始到结束的整个过程。审计过程大致可分为以下五个阶段。

一、接受业务委托

会计师事务所应当按照执业准则的规定,谨慎决策是否接受或保持某客户关系和具体审计业务。在接受委托前,注册会计师应当初步了解审计业务环境,包括业务约定事项、审计对象特征、使用的标准、预期使用者的需求、责任方及其环境的相关特征,以及可能对审计业务产生重大影响的事项、交易、条件和惯例等其他事项。

只有在了解后认为符合胜任能力、独立性和应有的关注等职业道德要求,并且拟承接的业务具备下列所有特征时,注册会计师才能将其作为审计业务予以承接:(1)考虑客户的诚信,没有信息表明客户缺乏诚信;(2)具有执行业务必要的素质、专业胜任能力、时间和资源;(3)能够遵守职业道德规范。

注册会计师需要做出的最重要的决策之一就是接受和保持客户。一项低质量的决策会导致不能准确确定计酬的时间或未被支付的费用,增加项目负责人和员工的额外压力,使会计师事务所的声誉遭受损失,或者涉及潜在的诉讼。一旦决定接受业务委托,注册会计师就应与客户就审计约定条款达成一致意见。对于连续审计,注册会计师应当根据需要修改业务约定的条款,并提醒客户注意现有的业务约定书。

审计业务约定书的详细内容将在本书第三章介绍。

二、计划审计工作

计划审计工作十分重要,计划不周不仅会导致盲目实施审计程序,无法获取充分、适当的审计证据以将审计风险降至可接受的低水平,影响审计目标的实现,而且还会浪费有限的审计资源,增加不必要的审计成本,影响审计工作的效率。因此,对于任何一项审计业务,注册会计师在执行具体审计程序之前,都必须根据具体情况制订科学、合理的计划,使审计业务以有效的方式得到执行。

一般来说,计划审计工作主要包括:在本期审计业务开始时开展的初步业务活动;制定总体审计策略;制订具体审计计划等。计划审计工作不是审计业务的一个孤立阶段,而是一个持续的、不断修正的过程,贯穿于整个审计过程的始终。

计划审计工作的详细内容将在本书第三章介绍。

三、实施风险评估程序

注册会计师必须实施风险评估程序，以此作为评估财务报表层次和认定层次重大错报风险的基础。所谓风险评估程序，是指注册会计师实施了了解被审计单位及其环境并识别和评估财务报表中的错报风险的程序。风险评估程序是必要程序，了解被审计单位及其环境特别是为注册会计师在许多关键环节做出职业判断提供了重要基础。了解被审计单位及其环境实际上是一个连续和动态地收集、更新与分析信息的过程，贯穿于整个审计过程的始终。

一般来说，实施风险评估程序的主要工作包括：了解被审计单位及其环境；识别和评估财务报表层次以及各类交易、账户余额、列报认定层次的重大错报风险，包括确定需要特别考虑的重大错报风险以及仅通过实施实质性程序无法应对的重大错报风险等。

风险评估程序的详细内容将在本书第七章介绍。同时，本书第八章至第十一章将介绍各业务循环内部控制的内容。

四、实施控制测试和实质性程序

注册会计师实施风险评估程序本身并不足以为发表审计意见提供充分、适当的审计证据，注册会计师还应当实施进一步审计程序，包括实施控制测试和实质性程序。

实施控制测试的目的是测试内部控制在防止、发现并纠正认定层次重大错报方面运行的有效性，从而支持或修正重大错报风险的评估结果，据以确定实质性程序的性质、时间和范围。注册会计师针对评估的重大错报风险实施实质性程序，以发现认定层次的重大错报。实质性程序包括对各类交易、账户余额、列报的细节测试及实质性分析程序。

由此可见，风险评估程序和实质性程序是每次财务报表审计都应实施的必要程序，而控制测试则不是。在财务报表审计业务中，注册会计师必须通过实施风险评估程序、控制测试（必要时或决定测试时）和实质性程序，才能获取充分、适当的审计证据，得出合理的审计结论，作为形成审计意见的基础。

控制测试、实质性程序的内容将在本书第七章介绍。

五、完成审计工作和编制审计报告

完成审计工作和编制审计报告是审计工作的终结阶段，其主要工作包括：将财务报表与其所依据的会计记录相核对；检查财务报表编制过程中做出的重大会计分录和其他会计调整；汇总审计差异，提请被审计单位调整财务报表或做适当披露；对财务报表总体合理性实施分析程序；评价审计结果；形成审计意见并草拟审计报告；与被审计单位治理层沟通审计工作中发现的问题；完成对审计工作底稿的质量控制复核。

本书第十二章将对完成审计工作和出具审计报告的内容展开讨论。

【课堂练习·多选题】关于审计过程的下列说法中，正确的有（　　）。

A. 计划审计工作贯穿于整个审计过程的始终

B. 进一步审计程序包括风险评估程序和实质性程序

C. 风险评估程序可以不实施

D. 在完成审计工作阶段需要获取管理层书面声明

【正确答案】AD

本章小结

本章主要阐述了审计的含义，审计是被授权或受托的专职机构或人员采用专门方法和程序搜集充分、适当的证据，按照确定的标准对被审计单位的财务收支以及经济管理活动的真实性、合法性和效益性进行独立的审查、鉴证和评价，向有关方面提出报告的独立性经济监督活动。财产的所有权和经营权的分离是审计产生的最直接条件。本章介绍了审计的起源与发展，我国审计的分类与组织形式；审计的监督、评价和鉴证职能；国家审计、内部审计及社会审计的审计准则体系与审计标准。

鉴证业务要素是鉴证业务的三方关系人、鉴证对象信息、标准、证据和报告。审计是最典型的鉴证业务。对财务报表审计而言，审计业务要素包括审计业务的三方关系人、财务报表(鉴证对象信息)、财务报表编制基础(标准)、审计证据和审计报告。注册会计师在执业过程中必须遵守审计准则和职业道德守则，保持职业怀疑，合理运用职业判断。

审计目标是在一定历史环境下，审计机构和人员通过审计实践活动所期望达到的境地或最终结果，它是审计实践活动的定向机制。审计目标分为总体审计目标和具体审计目标两个层次。与具体审计目标相联系的是认定，认定是指管理层在财务报表中做出的明确或隐含的表达，注册会计师将其(明确或隐含的表达)用于考虑可能发生的不同类型的潜在错报。认定分为与所审期间各类交易和事项相关的认定、与期末账户余额相关的认定，以及与列报和披露相关的认定。

审计过程是指审计工作从开始到结束的整个过程。审计过程分为接受业务委托、计划审计工作、实施风险评估程序、实施控制测试和实质性程序以及完成审计工作和编制审计报告等几个阶段。

思考与实训

一、思考题

1. 如何理解审计的含义？审计主体、审计对象和审计依据分别指的是什么？
2. 简要说明审计的分类情况。
3. 分析合理保证的鉴证业务与有限保证的鉴证业务的区别。
4. 简要说明审计要素的构成。
5. 如何理解管理层、治理层的责任与注册会计师的责任之间的关系？
6. 什么是管理层认定？它包含哪些内容？
7. 管理层认定与具体审计目标有什么关系？
8. 简要说明审计的过程。

二、实训题

1. 请根据下表中描述的内容即相关认定的含义，填列表中空白栏目。

要求：左起第一空白列填写认定的名称，第二空白列填写该认定归属于三大类认定(与各类交易和事项有关的认定、与期末账户余额有关的认定、与列报有关的认定)中的哪一类认定。

认定的含义	认定名称	所属类别
记录的交易和事项已发生，且与被审计单位有关		
所有应当包括在财务报表中的披露均已包括		
与交易和事项有关的金额及其他数据已恰当记录		
披露的交易、事项和其他情况已发生，且与被审计单位有关		
交易和事项已记录于正确的会计期间		
资产、负债和所有者权益以恰当的金额包括在财务报表中，与之有关的计价或分摊调整已恰当记录		
财务信息和其他信息已公允披露且金额恰当		
所有应当记录的交易和事项均已记录		
记录的资产由被审计单位拥有或控制，记录的负债是被审计单位应当履行的偿还义务		
交易和事项已记录于恰当的账户		
所有应当记录的资产、负债和所有者权益均已记录		
记录的资产、负债和所有者权益是存在的		
财务信息已被恰当的列报和描述，且披露内容表达清楚		

2. 阅读材料，回答问题。

安达信公司(Arthur Andersen)成立于1913年，由美国芝加哥大学教授阿瑟·安达信创建，自成立以来，一直以稳健诚信的形象被公认为同行业中的“最佳精英”，1979年成为全球最大的会计专业服务公司，合伙人多达1 000多名。20世纪90年代以后，与普华永道(PWC)、毕马威(KPMG)、安永(E. Y)、德勤(D. T)一起成为全球最大的五家会计师事务所之一。到2001年，安达信在全球84个国家和地区拥有4 700名合伙人、85 000名员工，业务收入高达93亿美元。

从安然公司成立时起，安达信就开始担任其外部审计工作。20世纪90年代中期，安达信与安然签署了一项补充协议，安达信包揽安然的内部审计工作。不仅如此，安然公司的咨询业务也全部由安达信负责。2001年，安然向安达信支付的费用达5 200万美元，其中2 500万美元是审计费用，2 700万美元是顾问费用，这种做法被指存在利益冲突。

“安然事件”发生后，安然公司承认自1997年以来通过非法手段虚报利润达5.86亿美元，在与关联公司的内部交易中不断隐藏债务和损失，管理层从中非法获益。这一消息传出，立刻引起美国资本市场的巨大动荡，媒体和公众将讨伐的目光对准负责对安然公司提供审计和咨询服务的安达信公司。人们纷纷指责其没有尽到应有的职责，并对其独立性表示怀疑。

安达信的一名合伙人在得知美国证监会将对安然公司展开调查后，下令销毁为数不少有关安然公司的文件和电子邮件，这种行为被指有违职业操守，并涉嫌妨碍司法调查。

在安然公司承认1997～2001年间虚报利润5.86亿美元时，安达信发表声明，称安然公司未向安达信提供有关财务资料。

在有报道称安然公司因为向安达信支付咨询费用，因而安达信忽略了安然公司潜在的利益冲突时，安达信的首席执行官贝拉尔迪诺对此予以坚决否认，并说安达信为安然公司所做的工作在任何情况下都是恰当的，安然公司的董事会和股东对安达信的工作是了解的。

在有媒体指责安达信销毁与安然公司有关的财务资料时，安达信首席执行官召开记者招待会，称销毁安然公司文件的行为仅仅是会计师的个人行为，并不能代表整个公司的行为，他的这种行为也与安达信公司的价值观和职业道德相背离。

在人们指出安然公司的倒闭主要是由于长期财务造假所致时，安达信表示，安然公司的破产是商业经营的失败，并不是因为财务问题。

尽管如此，后来美国国会和政府部门的调查结果表明，安达信的确存在违规行为。

2002年6月15日，法院开庭审理"安达信"一案，陪审团一致认定安达信阻碍政府调查的罪名成立。2002年10月16日，美国休斯敦联邦地区法院对安达信妨碍司法调查做出判决，罚款50万美元，并禁止它在5年内从事审计业务。"安然案"曝光后，安达信的声誉严重受损，业务量也大幅度下降。安达信在陪审团做出决定后就宣布从2002年8月31日起停止从事上市公司的审计业务，此后，2 000多家上市公司客户陆续离开安达信。同时，安达信关闭了全国各地绝大多数办事处，员工人数也从2.8万人下降到目前的不足2 000人，面临破产，最后拍卖却无人收购。

讨论与分析：

(1)从上述资料中能否找出审计的主体和对象？

(2)按审计主体分类，安达信开展的审计工作属于什么类型的审计？

(3)从安达信由兴至衰的过程中，你能得到什么启示？

第二章　注册会计师的职业道德与法律责任

学习目标

知识目标

1. 熟悉注册会计师职业道德的含义、职业道德的基本原则；
2. 掌握影响注册会计师独立性的情形；
3. 掌握注册会计师法律责任产生的原因及承担法律责任的种类；
4. 掌握避免法律诉讼的措施。

技能目标

1. 能够理解独立性的含义并在不同情况下做出是否影响独立性的判断；
2. 能够根据不同案情判断分析注册会计师需承担法律责任的种类。

引导案例

为什么要有职业道德规范

小王和小李是中学同学。高中毕业后，两人选择了不同的大学和专业。小王就读于一所著名大学的会计专业，毕业后进入一家会计师事务所，目前已成为这家会计师事务所的合伙人。小李则选择了广告专业，经过多年打拼，目前也有了自己的广告服务事务所。小李在一次拜访客户的过程中了解到这家公司目前在寻找一家会计师事务所为其申请银行贷款进行会计报表审计。他想到了老同学小王，便主动承揽了这项差事。他打电话给小王，让小王赶紧为这家公司审计，并且说："你就不用付介绍佣金了，谁让我们是老同学呢！不过，你的事务所太没名气了。为什么不让我帮你策划一下，在媒体上做几次广告？好好地宣传一下你们的能力……"

小王回答："按照我们行业的职业道德规范，不管你是不是我的老同学，都不能付佣金给你，至于做广告目前还没有这个必要。此外，按照我们质量控制的要求，能不能做这项审计，还要对该客户进行一些调查。"小李十分纳闷：在广告行业为拉来广告业务委托的人支付佣金是很正常的事情，如果老同学为省钱也就罢了，但哪有对送上门来的业务还挑三拣四也不愿进行广告宣传的公司呢？

思考：职业道德规范做出这样的要求，会计师事务所还能经营下去吗？

第一节 注册会计师的职业道德

一、职业道德的含义和基本原则

中国注册会计师协会自1988年成立以来，一直非常重视注册会计师职业道德规范建设：1992年，发布了《中国注册会计师职业道德守则（试行）》；1996年12月26日，经财政部批准，发布了《中国注册会计师职业道德基本准则》（已经废止）；2002年6月25日，为解决注册会计师职业中违反职业道德的现象，发布了《中国注册会计师职业道德规范指导意见》，于2002年7月1日起施行。2009年10月18日，财政部召开会计师事务所深入学习实践科学发展观活动动员大会。在动员大会上，同时发布《中国注册会计师职业道德守则》（以下简称《职业道德守则》）。《职业道德守则》于2010年7月1日起施行。其发布标志着我国注册会计师行业诚信建设取得又一重大成果。

《职业道德守则》包括五个组成部分，即《中国注册会计师职业道德守则第1号——职业道德基本原则》《中国注册会计师职业道德守则第2号——职业道德概念框架》《中国注册会计师职业道德守则第3号——提供专业服务的具体要求》《中国注册会计师职业道德守则第4号——审计和审阅业务对独立性的要求》和《中国注册会计师职业道德守则第5号——其他鉴证业务对独立性的要求》。

注册会计师的职业道德是指注册会计师在执业过程中应遵循的道德要求和道德标准，包括注册会计师的职业品德、执业纪律、专业胜任能力和职业责任等的总称，是审计人员在执业过程中应遵循的行为规范。

注册会计师为实现执业目标，必须遵守一系列前提或基本原则，这些基本原则包括诚信、保持独立性、客观和公正、获取和保持专业胜任能力和应有的关注、保密、良好的职业行为。

二、诚信

诚信，是指一个人言行与思想一致，不虚假；能够履行与别人的约定而取得对方的信任。诚信原则要求注册会计师应当在所有的职业关系和商业关系中保持正直和诚实，秉公处事、实事求是。诚信的最低要求是当注册会计师在执行业务时认为报告、报表、沟通函件或其他印象存在下列情况时，应拒绝与其发生牵连：(1)含有重大虚假或误导性陈述；(2)含有缺乏充分根据的陈述或信息；(3)存在遗漏、掩盖或含糊其辞的信息，而遗漏或掩盖这些信息将产生误导。

如注册会计师意识到其已经与上诉信息发生牵连，则应采取措施消除与该信息的牵连。

【阅读材料】

T君遇到了几个搞游戏开发的朋友，他们做了一款游戏，准备自己成立公司自己运营，但苦于缺乏投资，找了半年没找到投资商。于是他们拉T君入伙，准备一起找投资商。T君凭借自己多年的人脉关系，很快就找到了一家很大的投资集团愿意投资。其实这个项目不大，总共只有几百万元的规模，对于那家投资集团而言是非常小的项目，但他们之前没搞过游戏，所以准备先试试水。可是那几个人发现，既然已经找到了投资人，T君就变成多余的人了，何苦还要分给他股份呢？于是他们踢走了T君，准备自己去签署合同。

作为一个投资人，这样的合同你敢签么？投资人怕的就是变来变去。在最后关头将中间人一脚踢走，准备自己吃独食，能干出这种事的人一定不可靠，即使有再大的能力、本事都不重要了，因为不能与这样的人签合同。投资其实投的是人和团队，最重要的就是可靠。水平不行还可以花钱雇更强的人，如果人不可靠，那就没法合作了。

三、保持独立性

独立性通常是对注册会计师提出的要求。独立是指不受外来力量控制、支配，按照一定之规行事，是注册会计师执行鉴证业务的“灵魂”。在执行鉴证业务时，注册会计师必须保持独立性。

（一）实质上的独立

实质上的独立是一种内心状态，要求注册会计师与委托人及被审计单位之间必须毫无利害关系，在提出结论时不受有损于职业判断的因素影响，能够诚实、公正行事，保持独立的精神态度和意志以及客观和职业怀疑的态度。例如，某注册会计师拥有被审计单位3%的股权，即注册会计师与被审计单位有直接经济利益关系，实质上不独立，因此注册会计师应回避。

（二）形式上的独立

形式上的独立是一种外表上的独立，是指审计机构和审计人员必须在第三者面前呈现一种独立于委托人和被审计单位的身份，即在他人看来审计机构和审计人员是独立的，以避免一个有理性且掌握充分信息的第三方在权衡这些事实和情况后，推定会计师事务所或项目组成员的诚信、客观或职业怀疑态度已经受到损害。其具体表现为组织上的独立、人员上的独立、工作上的独立、经济上的独立。

组织上的独立是指审计机关与被审计单位没有组织上的隶属关系，审计组织是单独设置的专门机构，不受被审计单位和委托方的干涉和管制。

人员上的独立是指审计人员的指派和任命不受被审计单位和委托方的限制，完全由独立的审计组织管理。审计人员要保持其独立性，要注意不能参与被审计单位的经济活动，不能与被审计单位的主要负责人有伦理上的亲密关系。

工作上的独立是指审计组织和审计人员依法独立执行审计业务，做出职业判断，客观、公正地做出审计结论，不受任何单位和个人的干涉。

经济上的独立是指审计组织或审计人员要有法定的、专门的经济来源，与被审计单位没有财政上受制约的关系。审计机关履行职责所必需的经费应当列入国家预算，由政府予以保证。

【阅读材料】

安达信——环球电讯案例

2002年1月28日，涉嫌财务欺诈的环球电讯公司向美国纽约南区法院和百慕大最高法院申请破产保护。该案以224亿美元公司资产和124亿美元债务，成为全球电信史上最大破产案、美国破产法第11章生效以来的第四大破产案（前三位分别是安然、德士古和美洲金融）。

环球电讯公司于1997年成立，总部位于百慕大首府斯密尔顿，它的电信网络连接全球27个国家的200多个城市，曾在20世纪90年代末领导全球高速通信网络建设风潮。因全球电话和数据服务需求下降，同时宽带产品价格大幅下跌，环球电讯公司最终陷入了财政困境。

有关资料显示，环球电讯2000年向安达信支付的审计费为230万美元，但咨询等其他非审计费用却接近1 200万美元。

该事件爆发后，美国更多关注注册会计师行业的分业经营问题和独立性问题。这一问题已开始得到解决。"四大会计师事务所"纷纷宣布，计划停止以内部和外部审计师身份为同一客户提供服务。德勤宣布要拆分咨询和审计业务，安达信和普华永道宣布将不再为审计客户提供咨询服务，安永将其咨询公司出售，毕马威则将咨询业务分拆上市。

可能威胁独立性的情形包括经济利益、自我评价、关联关系和外界压力等，具体内容如表2—1所示。

表2—1　　威胁独立性的情形

内　容	具体情形
经济利益	(1)与鉴证客户存在专业服务收费以外的直接经济利益或重大间接经济利益；(2)收费主要来源于某一鉴证客户；(3)过分担心失去某项业务；(4)与鉴证客户存在密切的经营关系；(5)对鉴证业务采取或有收费的方式；(6)可能与鉴证客户发生雇佣关系。 例如，鉴证业务项目组成员与鉴证客户存在重要的密切商业关系时，就会形成自身利益的威胁。
自我评价	(1)鉴证小组成员曾是鉴证客户的董事、经理、其他关键管理人员或能够对鉴证业务产生直接重大影响的员工；(2)为鉴证客户提供直接影响鉴证业务对象的其他服务；(3)为鉴证客户编制属于鉴证业务对象的数据或其他记录。 例如，鉴证业务项目组成员现在是或最近曾是客户的董事或高级管理人员时，就会形成自我评价威胁。又如，在鉴证客户与第三方发生诉讼或纠纷时，注册会计师担任该客户的辩护人时，就会形成过度推介威胁。
关联关系	(1)与鉴证小组成员关系密切的家庭成员是鉴证客户的董事、经理、其他关键管理人员或能够对鉴证业务产生直接重大影响的员工；(2)鉴证客户的董事、经理、其他关键管理人员或能够对鉴证业务产生直接重大影响的员工是会计师事务所的前高级管理人员；(3)会计师事务所的高级管理人员或签字注册会计师与鉴证客户长期交往；(4)接受鉴证客户或其董事、经理、其他关键管理人员或能够对鉴证业务产生直接重大影响的员工的贵重礼品或超出社会礼仪的款待。 例如，审计小组成员与客户某成员存在直系亲属或近亲属关系，而该员工所处职位能够对业务对象产生重大影响时，就会形成密切关系威胁。
外界压力	(1)重大会计、审计等问题上与鉴证客户存在意见分歧而受到解聘威胁；(2)受到有关单位或个人不恰当的干预；(3)受到鉴证客户降低收费的压力而不恰当地缩小工作范围。 例如，会计师事务所坚持不同意审计客户对某项交易的会计处理，审计客户可能不将计划中的非鉴证服务合同提供给该会计师事务所时，就会形成外界压力威胁。

【课堂练习·单选题】鉴证业务的独立性将会受"自我评价威胁"影响的是(　　)。

A. 鉴证人员现在是或最近曾经是鉴证客户的董事或经理

B. 鉴证人员的直系亲属或近缘亲属是鉴证客户的员工

C. 在诉讼中作为鉴证客户的辩护人

D. 从鉴证客户处接受礼品或招待

【正确答案】A

【课堂练习·案例分析题】A会计师事务所接受委托，承办H商业银行20×9年度财务报表审计业务，并于20×9年底与H商业银行签订了审计业务约定书。A会计师事务所指派注册会计师B和C为该审计项目负责人。假定存在以下情况：B注册会计师持有H商业银行的股票100股，市值约600元。由于数额较小，B注册会计师未将该股票售出，也未予以回避。

要求：判断B注册会计师是否遇到对职业道德基本原则产生威胁的情形，并简要说明理由。

【分析解答】 B注册会计师遇到对职业道德基本原则产生威胁的情形。B注册会计师持有H商业银行的股票，与H商业银行存在直接经济利益关系，产生自身利益威胁的情形。

【课堂练习·案例分析题】 X银行拟公开发行股票，委托ABC会计师事务所审计其20×5年度、20×6年度和20×7年度的会计报表。双方于20×7年底签订审计业务约定书。假定ABC会计师事务所及其审计小组成员与X银行存在以下情况：

(1)ABC会计师事务所与X银行签订的审计业务约定书约定：审计费用为1 500 000元，X银行在ABC会计师事务所提交审计报告时支付50%的审计费用，剩余的50%视股票能否上市决定是否支付。

(2)20×6年7月，ABC会计师事务所按照正常借款条件和程序向X银行以抵押贷款方式借款10 000 000元，用于购置办公用房。

(3)ABC会计师事务所的合伙人A注册会计师目前担任X银行的独立董事。

(4)审计小组成员C注册会计师自20×6年以来一直协助X银行编制会计报表。

(5)审计小组成员D注册会计师的妻子自20×4年以来一直担任X银行的统计员。

请分别针对上述5种情况，判断ABC会计师事务所或相关注册会计师的独立性是否会受到损害，并简要说明理由。

【分析解答】

情况(1)将损害ABC会计师事务所的独立性。这种收费方式将诱导ABC会计师事务所为了收取剩余50%的审计费用而放弃审计原则，甚至帮助X银行粉饰其状况，使会计师事务所与银行有了直接的经济利益关系，属于“对鉴证业务采取或有收费的方式”，违反职业道德。

情况(2)不损害ABC会计师事务所的独立性。通常，会计师事务所不得接受客户的借款，否则将影响其独立性，但如果借款行为遵循正常的程序和要求，则并不限制会计师事务所向银行或其他类似金融机构的借贷行为。

情况(3)损害注册会计师A的独立性。因为注册会计师A既是ABC会计师事务所的合伙人，又是X银行的独立董事，会影响该注册会计师的独立性。

情况(4)损害C注册会计师的独立性。因为所审计的X银行会计报表是由C注册会计师协助编制的，违反了“没有人能独立地评价自己的工作”的基本假定。

情况(5)不损害D注册会计师的独立性。D的妻子是X银行的职员，在X银行有经济利益，尽管注册会计师的配偶、子女、父母的经济利益应视同注册会计师本人的经济利益，但这种利益属于“工资、薪金”性质的，而非股票、股权性质的，而且注册会计师的妻子所从事的工作内容与审计对象无关，因此不影响D注册会计师的独立性。

【阅读材料】

外界压力：最后公布的年报

当一些上市公司2002年中报已经开始披露的时候，南通纵横国际股份有限公司(600862)的2001年年报在屡遭上海证券交易所谴责的情况下，一直拖到7月18日才公布，成为沪深股市中最后一家公布年报的公司。

该公司将年报“难产”的原因归咎于前任会计师事务所深圳天健信德此前拟对其年报出具“拒绝表示意见”的审计报告。

天健信德出具的这份审计报告长达104页，揭露了该公司存在重大隐患。公司对此不能接受，随后解聘了天健信德，另聘一家事务所。

四、客观和公正

客观和公正是指注册会计师对有关事项的调查、判断和意见的发表应当基于客观的立场，实事求是，不为他人所左右，也不得因个人好恶影响其分析、判断的客观性。注册会计师应当公正处事、实事求是，不因成见或偏见、利益冲突和他人的不当影响而损害自己的职业判断。

五、专业胜任能力和应有的关注

这项基本原则要求注册会计师通过教育、培训和执业实践获取和保持专业胜任能力和应有的关注。专业胜任能力要求注册会计师在应用专业知识和技能时，应当合理运用职业判断。专业胜任能力可分为两个独立的阶段：一是专业胜任能力的获取，二是专业胜任能力的保持。对注册会计师专业胜任能力的要求主要包括：

(1)注册会计师应当遵守独立审计准则等职业规范，合理运用会计准则及国家其他相关技术规范。

(2)注册会计师应当通过教育、培训和执业实践保持和提高专业胜任能力。

(3)注册会计师不得宣称自己具有本不具备的专业知识、技能或经验。

(4)注册会计师不得提供不能胜任的专业服务。如果注册会计师没有能力提供专业服务的某些特定部分，可以向其他注册会计师、律师、精算师、工程师、地质专家、评估师等专家寻求技术建议。同时，应当对专家遵守职业道德的情况进行监督和指导。

【课堂思考】某会计师事务所在审查某单位时，由于该单位的业务非常复杂，审计起来相当困难，因此聘请了几位已退休在家的审计经验非常丰富的专家作为助理人员或作为专家参与审计小组，这可以吗？如果一个会计师事务所接受了一个基建行业的项目审计，因为基建会计是一般注册会计师都不太了解的，所以特别聘用了三位基建行业经验特别丰富的财务人员参与这个项目的审计，这可以吗？

【分析解答】两者都不可以。因为注册会计师不得提供不能胜任的专业服务，在提供专业服务时，注册会计师可以在特定领域利用专家协助其工作。

(5)保持应有的职业谨慎。

应有关注要求注册会计师在执业过程中保持职业谨慎，遵守执业准则和职业道德规范要求，勤勉尽责，认真、全面、及时地完成工作任务。在审计过程中，注册会计师应当以质疑的思维方式评价所获取证据的有效性，并对产生怀疑的证据保持警觉。

六、保密

注册会计师与客户的沟通必须建立在为客户信息保密的基础上。在没有取得客户同意的情况下，不能泄露任何客户的涉密信息。注册会计师有义务对其在专业服务过程中获得的有关客户的信息予以保密。这一保密义务不得因与客户关系的终止而终止。保密原则要求注册会计师除非有专门的信息披露授权，或具有法定或专业披露责任外，应当对在职业活动中获知的涉密信息予以保密，不得有下列行为：(1)未经客户授权或法律法规允许，向会计师事务所以外的第三方披露其所获知的涉密信息；(2)利用所获知的涉密信息为自己或第三方谋取利益。

注册会计师应当警惕无意泄密的可能性，特别是警惕无意中向近亲属或关系密切的人员泄密的可能性。

注册会计师有义务或有权利披露涉密信息的情况有：(1)法律法规允许披露，并且取得客户或工作单位的授权；(2)根据法律法规的要求，为法律诉讼、仲裁出示文件或提供证据，以及向有关监管机构报告发现的违法行为；(3)在法律法规允许的情况下，在法律诉讼、仲裁中维护自己的合法权益；(4)接受注册会计师协会或监管机构的执业质量检查，答复其询问和调查；(5)法律法规、执业准则和职业道德规范规定的其他情形。

七、良好的职业行为

良好的职业行为要求注册会计师应当遵守相关法律法规，避免发生任何有损注册会计师职业声誉的行为。注册会计师在向社会公众传递信息以及推介自己和工作时，应当客观、真实、得体，不得损害职业形象。如果有可能认定某一行为将对职业声誉产生负面影响，注册会计师应当避免这种行为。职业行为要求注册会计师履行对社会公众、客户和同行的责任。

(一)对社会公众的责任

注册会计师应当遵守职业道德准则，履行相应的社会责任，维护社会公众利益。注册会计师行业作为一个肩负重大社会责任的行业，应以维护社会公众利益为根本目标。

(二)对客户的责任

注册会计师应当在维护社会公众利益的前提下，竭诚为客户服务；注册会计师应当按照业务约定履行对客户的责任；注册会计师应当对执行业务过程中知悉的商业秘密保密，并不得利用其为自己或他人谋取利益；除有关法律法规允许的情形外，会计师事务所不得以或有收费形式为客户提供鉴证服务。

【课堂练习·多选题】按照注册会计师职业道德规范的要求，注册会计师对客户所负的责任有(　　)。

A. 按照业务约定书完成审计业务

B. 提交管理建议书

C. 按服务成果的大小决定收费标准

D. 对执行业务过程中知悉的商业秘密保密

【正确答案】AD

(三)对同行的责任

注册会计师应当与同行保持良好的工作关系，配合同行工作；注册会计师不得诋毁同行，不得损害同行利益；会计师事务所不得雇用正在其他事务所执业的注册会计师，注册会计师不得以个人名义同时在两家或两家以上会计师事务所执业；会计师事务所不得以不正当手段与同行争揽业务。

【课堂思考】A会计师事务所想审计某单位2016年会计报表。这家单位2015年会计报表是由其他会计师事务所审计的。在A会计师事务所去与这家单位接洽2016年报表审计业务的时候，发现B会计师事务所先于其两个小时到达被审计单位并且双方交流了两个小时。当A会计师事务所进门的时候，B会计师事务所刚出门，说没有谈成，没有接这个业务。那么B会计师事务所是不是“前任”？

【分析解答】不是前任。

八、其他相关内容

（一）收费与佣金

会计师事务所在确定收费时，一般考虑以下因素：(1)专业服务所需要的知识和技能；(2)所需专业人员的水平和经验；(3)提供专业服务所需的时间；(4)提供专业服务所需承担的责任。

会计师事务所不得以服务成果的大小或实现特定目的来决定收取费用的高低；不得以牺牲审计质量为代价来应对业务竞争；不得为招揽客户而向推荐方支付佣金，也不得因向第三方推荐客户而收取佣金，不得因宣传他人的产品或服务而收取佣金。

（二）与执行鉴证业务不相容的工作

注册会计师不得从事有损于或可能有损于其独立性、客观性、公正性或职业声誉的业务或活动。

第一，有些非鉴证服务与鉴证服务是不相容的。目前，我国不允许会计师事务所为同一家上市公司同时提供编制财务报表服务和审计服务，也不允许同时提供资产评估服务和审计服务。因为自我评价的威胁可能影响注册会计师的独立性。

第二，会计师事务所的高级管理人员或员工不得担任鉴证客户的高级管理人员职务。因为存在重大经济利益威胁可能影响注册会计师的独立性。

（三）广告、业务招揽和宣传

第一，会计师事务所不得利用新闻媒体或以其他方式对其能力进行广告宣传，不得做诋毁同行或自我夸张、抬高自己、内容不实、容易引起误解的广告宣传，但刊登设立、合并、分立、解散、迁址、名称变更、招聘员工等信息以及注册会计师协会为会员所做的统一宣传不在此限。

第二，注册会计师在名片上可以印有姓名、专业资格、职务及其会计师事务所的地址和标识，但不得印有社会职务、专家称谓及所获荣誉等。

第三，会计师事务所和注册会计师不得采用欺诈、强迫、利诱等方式招揽业务。

第四，注册会计师执行的各项业务均应由会计师事务所统一接受委托。注册会计师及其他有关人员不得以个人名义承接业务。

第五，会计师事务所和注册会计师不得允许其他单位和个人借用本所或本人的名义承接、执行业务。

【知识拓展】

美国注册会计师职业界的广告内容

美国注册会计师职业界一般将广告内容限制在：注册会计师的姓名；会计师事务所的名称、地址、电话号码；合伙人、股东以及职工人数，办公时间，外语能力；事务所创建日期；提供服务的种类、收费标准，包括小时收费率与固定收费额；注册会计师受教育程度、学位，包括注册会计师领证的时间与地点、就读学校、毕业时间以及专业协会的会员资格；注册会计师和事务所对有关公众利益的政策与公认会计业务所持的立场。

【课堂练习·案例分析题】诚邀加盟：“河南的岳华会计师事物所有限公司董事长邹源先生（中国注册会计师协会理事会理事、郑州大学兼职教授），竭诚邀请本行业的精英———亚太会计集团资深注册会计师、注册资产评估师王宝娟、靳爱民、谢玉敏、郭德功、侯梅生、马明、李琳……（以下人员省略，共22人）加盟，共谋发展。岳华同仁向亚太精英同仁致以崇高的敬意。”落款为“河南岳华会计师事务所有限公司”。

【分析解答】 省注协惩戒委员会的“一号文件”认定其主要违规事实内容(部分)如下:“经查,河南岳华会计师事务所有限公司及其法定代表人邹源在从未与有关当事人沟通、当事人毫不知情的情况下,在新闻媒体显著位置刊登‘诚邀加盟’广告,故意用容易引起歧义的语言点名‘邀请’有关国家工作人员和其他中介机构正常执业人员加盟该机构,在社会上引起了误解,给有关当事人带来了严重的负面影响,性质极为恶劣,严重损害了行业形象。”

省注协认为,上述行为违反了《中国注册会计师职业道德基本准则》《中国注册会计师职业道德规范指导意见》等有关规定,决定对岳华会计师事务所及其法定代表人邹源予以公开谴责。公开谴责的通告须在有关媒体的显著位置刊出。

【阅读材料】

审计署出台八项规定

经国务院领导同意,审计署于2000年3月制定并下发了《关于加强审计纪律的规定》,提出了外出审计的“八不准”纪律。为了从严治理审计队伍,保证审计机关在经费上不依附于被审计单位,审计署2008年12月9日公布了《审计署关于加强审计纪律的八项规定》,要求署机关及其派出机构自2009年1月1日起遵照执行。

这八项规定是:

第一,不准由被审计单位支付或补贴住宿费、餐费。

第二,不准使用被审计单位的交通工具、通信工具等办公条件办理与审计工作无关的事项。

第三,不准参加被审计单位安排的宴请、旅游、娱乐和联欢等活动。

第四,不准接受被审计单位的任何纪念品、礼品、礼金、消费卡和有价证券。

第五,不准在被审计单位报销任何因公因私费用。

第六,不准向被审计单位推销商品或介绍业务。

第七,不准利用审计职权或知晓的被审计单位的商业秘密和内部信息,为自己和他人谋利。

第八,不准向被审计单位提出任何与审计工作无关的要求。

第二节 注册会计师的法律责任

一、注册会计师承担法律责任的依据

注册会计师的法律责任是指注册会计师或会计师事务所在履行审计职责的过程中因损害法律上的权利义务关系所应承担的法律后果。

注册会计师在执行审计业务时,应当按照审计准则的要求审慎执业,保证执业质量,控制审计风险;否则,一旦出现审计失败,就有可能承担相应的责任。经营失败是指企业由于经济或经营条件的变化而无法满足投资者的预期。经营失败的极端情况是申请破产。审计失败是指注册会计师由于没有遵守审计准则的要求而发表了错误的审计意见。例如,注册会计师可能指派了不合格的助理人员去执行审计任务,未能发现应当发现的财务报表中存在的重大错

报。审计风险是指财务报表中存在重大错报，而注册会计师发表不恰当审计意见的可能性。

在此应当注意的是：第一，经营失败不等于审计失败，但在经营失败的同时，很可能会追究注册会计师是否存在审计失败。第二，审计失败是注册会计师没有执行好审计准则造成的，只要存在审计失败，就意味着注册会计师在执业过程中有过失，有过失就有责任，因此，在发生审计失败的情况下，很可能审计风险就变为实际的损失，进而被追究法律责任。第三，由于审计中的固有限制影响注册会计师发现重大错报的能力，注册会计师不能对财务报表整体不存在重大错报获取绝对保证。特别是，如果被审计单位管理层精心策划和掩盖舞弊行为，注册会计师尽管完全按照审计准则执业，有时还是不能发现某些重大舞弊行为。

二、对注册会计师法律责任的认定标准

注册会计师法律责任产生的原因有违约、过失和欺诈。

（一）违约

所谓违约，是指合同的一方或多方未能达到合同条款的要求。当违约给他人造成损失时，注册会计师应负违约责任。比如，会计师事务所在商定的期间内未能提交纳税申报表，或注册会计师未能在约定的时间内完成审计业务，或违反了与被审计单位订立的保密协议等。

（二）过失

过失是指在一定条件下注册会计师未能保持应有的职业怀疑态度。当过失给他人造成损失时，注册会计师应负违约责任。通常将过失按其程度不同分为一般过失和重大过失。

一般过失又称普通过失，是指注册会计师没有完全遵循审计准则的要求执业，没有保持职业上应有的职业谨慎。比如，未对特定审计项目取得充分、适当的审计证据就出具审计报告的的情况。

重大过失是指注册会计师连起码的职业谨慎都没有保持，是指根本没有遵循专业准则或没有按专业准则的基本要求执行审计。

（三）欺诈

欺诈又称舞弊，是以欺骗或坑害他人为目的的一种故意的错误行为。对注册会计师而言，欺诈就是为了达到欺骗或坑害他人的目的，注册会计师明知已审计的被审计单位财务报表有重大错报，却在审计报告中加以虚假陈述，发表不恰当的审计意见。作案具有不良动机是欺诈的重要特征，也是欺诈与普通过失和重大过失的主要区别之一。

这里通过表2—2来总结和对比注册会计师法律责任的认定标准。

表2—2　　注册会计师法律责任的认定标准

责任种类	通常含义	针对注册会计师而言的含义
违约	合同的一方或多方未能履行合同条款规定的义务	会计师事务所在商定期间内未能履行业务约定书中规定的义务
普通过失	没有保持职业上应有的合理的谨慎	注册会计师没有完全遵循专业准则的要求
重大过失	连起码的职业谨慎都不保持，对业务或事务不加考虑，满不在乎	注册会计师根本没有遵循专业准则或没有按专业准则的基本要求执行审计
欺诈	以欺骗或坑害他人为目的的一种故意的错误行为	注册会计师为了达到欺骗他人的目的，明知委托单位的财务报表有重大错报，却加以虚假陈述，发表不恰当的审计报告

在实务中，关于注册会计师有无过失，是一般过失、重大过失还是欺诈是很难界定的。注册会计师法律责任认定的一般规律如图 2－1 所示。

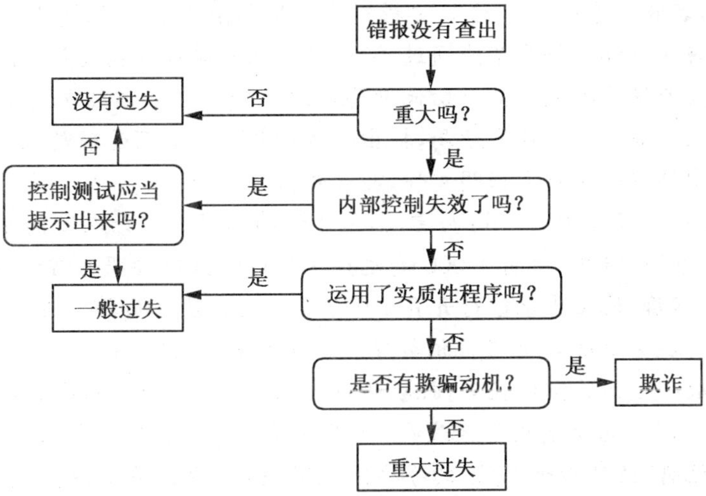

图 2－1　注册会计师法律责任认定的一般规律

【思考分析】如何区分普通过失与重大过失？

【分析提示】

为了准确区分普通过失和重大过失，注册会计师可以结合“重要性”和“内部控制”这两个概念进行分析。

如果会计报表中存在重大错报事项，注册会计师运用标准审计程序通常能发现，但因工作疏忽而未能将重大错报事项查出来，就很可能在法律诉讼中被解释为重大过失。如果会计报表有多处错报事项，每一处都不算重大，但综合起来对会计报表的影响却较大；也就是说，会计报表作为一个整体可能严重失实，在这种情况下，法院一般认为注册会计师具有普通过失，而非重大过失，因为标准审计程序发现每处较小错误事项的概率也小。

注册会计师对会计报表项目的审计是以内部控制结构的研究与评价为基础的。如果内部控制结构不太健全，注册会计师应当扩大抽样的范围，这样一般能揭示由此产生的错报；否则，就具有重大过失的性质。相反的情况是，内部控制制度本身非常健全，但由于员工串通舞弊，导致设计良好的内部控制失效。由于注册会计师查出这种错报事项的可能性相对较小，因此，一般会认为注册会计师没有过失或只具有普通过失。

三、注册会计师承担法律责任的种类

注册会计师因违约、过失或欺诈给被审计单位或其他利害关系人造成损失的，按照有关法律和法规的规定，可能被判承担行政责任、民事责任或刑事责任。一般来说，因违约和一般过失可能使注册会计师及会计师事务所负行政责任和民事责任，因重大过失和欺诈可能使注册会计师及会计师事务所负民事责任和刑事责任。

（一）行政责任

行政责任，是指审计人员违反有关部门法规的规定，并给有关各方造成经济等方面的损害后，政府主管部门或自律组织对其所追究的具有行政性质的责任。

【阅读材料】

香港商人张某在海南省注册成立一家注册资本为1 000万美元的外商独资企业X公司。根据我国外商投资企业管理办法，海南省工商管理局要求外商投资企业办理年检，以审核公司现行的注册资本与实收资本情况。这一举措对于已取得营业执照但尚未投入实收资本的X公司来说，无疑是当头一棒。如果不能通过年检，就意味着要被注销登记，并被吊销营业执照。因此，X公司的总经理张某决定不惜一切代价要通过年检。在对该公司的有关材料做了一番精心整理后，张某来到海南省工商管理局，提出要进行年检。工商管理局人员在审核了材料之后，明确告知材料中缺少一份重要证明文件，即验资报告。

对于注册资本并未投入的X公司而言，如何才能顺利通过审计人员的年检呢？张某绞尽脑汁，终于想出"良策"。首先，他将1 000美元存入银行。银行按照通常手续开具了1 000美元的现金解款单。然后，他又要求银行开具1 000美元的存款证明单。在取得这两张凭证后，张某拿出涂改液，将现金解款单上阿拉伯数字1 000美元改为"US＄1 000万美元"。而在存款证明单上，由于数字后面的空白较多，就轻易地加上了4个0，这样，存款证明单上的金额就变成了"＄10 000 000"。由于使用了涂改液，而现在解款单和证明单上均注明了"此件涂改无效"的字样，因此，他将"此件涂改无效"的字样用纸贴去，然后再用复印机复印，这样就很难看出涂改的痕迹了。美中不足的是，这是两张复印件。但是，张某仍抱着侥幸的心理，开始寻找会计师事务所。几经周折，他找到了海南省ABC会计师事务所，审计人员仅用半个多小时匆匆浏览一遍全部文件，就动手起草验资报告，唰唰几笔，一份证明有1 000万美元实收资本的验资报告草稿拟好。

上述材料中，如果当时审计人员保持了应有的职业谨慎，对验资业务中最重要的证据加以重视，最起码会要求X公司出具两份证明凭证的原件，与此同时，还可以采用其他一些审计常用程序，比如前往开户银行进行查询、核实等，那么，张某的把戏很容易就会被戳穿。即使不采取这些行动，稍有经验的审计人员也会发现现金解款单上的"US＄1 000万美元"一栏存在着可疑之处，即正式凭证上不可能将1 000万元表述成"1 000"与"万元"。但是，该案例中的审计人员连这一破绽也没发现，仅凭X公司提供的一些文件，在并未采取其他任何审计程序的情况下，就出具了验资报告，可谓大意之极。而张某正是用了这份验资报告，开始其骗取商业信用、欺诈以牟取暴利的行动。

（二）民事责任

民事责任，是指审计人员或审计机构因违反合同或法定民事义务所引起的法律后果，依法承担赔偿经济损失的法律责任，如赔偿经济损失、支付违约金等。

【阅读材料】

四川德阳市会计师事务所民事纠纷案是追究注册会计师民事责任的经典案件，尤其是最高人民法院56号函的签发，标志着中国注册会计师涉及民事法律责任的起源。1993年，四川德阳市东方贸易公司（简称贸易公司）和山西省某化工厂（简称化工厂）签订购销合同。化工厂发货后，迟迟未收到货款，后来发现经办人将货物骗到手后即逃之夭夭。化工厂一怒之下，一纸诉状将贸易公司和其主管单位告上法庭。在审理过程中，法庭发现注册会计师的验资报告中有这样一段话："……上述情况属实。如果发现验资不实时，由我单位负责承担证明金额内的赔偿责任。"因此，在法院的建议下，化工厂将德阳市会计师事务所列为第三被告。最高人民法院据此颁布1996年56号函，要求注册会计师承担赔偿责任。这就是著名的56号函的来源。

56 号函发布以后，案件再次审理，德阳市会计师事务所被追究连带责任，要求其承担民事责任，赔偿合同全部价款。

（三）刑事责任

刑事责任，是指注册会计师和会计师事务所由于其重大过失、欺诈行为而违反了刑法所应承担的相应的法律责任，如判处一定的徒刑和处以罚金等。

【阅读材料】

长城公司——中诚会计师事务所

20 世纪 90 年代初，中国企业界发生了两起重大事件：一起是大邱庄的禹作敏落马，另一起是当时国内如日中天的高科技企业家沈太福被捕。

沈太福，吉林省四平市人，酷爱发明。1984 年进京创办了长城机电开发公司。1992 年研制了一种高效节能电机。然而此时没有足够的资金投入生产，而银行对这个有风险的项目也没有兴趣，于是，沈太福想到了民间融资。

沈太福的集资规则是这样的：投资者与公司直接签订“技术开发合同”，集资金额的起点为 3 000 元，高者不限。投资者可随时提取所投资金，按季支付“补偿费”，年“补偿率”达 24%。当时，银行的储蓄利率为 12%左右。长城公司在不到半年的时间里共集资 10 亿多元人民币。而这一大规模、大范围的集资活动未经国家金融管理机构的批准。

在这段时间里，长城公司只售出电机 50 多台，价值仅 600 多万元。为了制造经营业绩良好的假象，沈太福把 3.2 亿元集资款变成公司的营业销售收入，然后向税务部门缴纳了 1 100 多万元的税款。

1993 年，广大的投资者对公司的集资行为产生怀疑，要求长城公司退回投资款。长城公司找到中诚会计师事务所第二分所，要求出具验资报告。该分所有关审计人员接受吃请，收受红包，在未认真履行审计职责的情况下，按照长城公司的要求以中诚会计师事务所总所的名义出具了虚假验资报告。该验资报告的出具为长城公司非法集资提供了便利，对向长城公司索退集资款的投资者起到了搪塞、欺骗的作用，给国家的金融管理带来了不好的影响，造成了严重的后果。

除了审计署、财政部和中国证监会对中诚会计师事务所做出的行政处罚之外，经法院审理裁决，对承办长城公司审计业务的两名注册会计师判处有期徒刑，鉴于其年龄偏大，实行监外执行。

长城公司涉及的是注册会计师首次卷入刑事责任的案件。在本案例中，由于注册会计师的验资报告是部分投资者遭受损失的直接原因，故注册会计师难辞其咎，对社会的金融秩序造成如此重大的恶劣影响后，必须追究其刑事责任。

【课堂练习·案例分析题】

1996 年上半年，某会计师事务所接受某私营建筑公司的委托，对该公司的部分固定资产进行评估，评估目的是抵押贷款。会计师事务所指派注册会计师老林负责此事。在评估中老林发现，评估对象主要是近期购买的施工机械，货款尚未支付，挂在往来账上，但由于合同中有“货到后三个月内付款”的规定，因而他对此也就没有提出疑问，履行完评估程序后就出具了评估价值为 1 000 余万元的评估报告。

银行根据该评估报告向建筑公司发放了一笔巨额贷款。两年以后，银行发现该建筑公司由于经营不善濒临倒闭，根本无力偿还银行贷款，连用于抵押的机器设备也不知去向，遂向公安机关报案。公安机关查明，该建筑公司为了骗取银行贷款，虚拟了设备购买业务，伪造了合同、发票等原始资料和相关会计账目，其用于抵押的机器设备根本就不是该公司的资产。为此，公安机关依法逮捕了该建筑公司的有关责任人，并且认为，依照全国人大常委会《关于惩治违反公司法的犯罪的决定》，应当追究评估人员的刑事责任。

【分析解答】 构成本罪必须符合四个要件：一是犯罪主体是特殊主体，即必须是"承担资产评估、验资、验证、会计、审计、法律服务等职责的中介组织的人员"，其他人不能成为本罪的主体；二是行为人在主观上有犯罪故意，即明知是虚假证明文件而提供；三是行为人在客观上提供了内容与实际情况不符的证明文件；四是情节严重。

注册会计师老林出具评估报告的行为显然符合上述四个要件中的三个，但从上述资料来看，尚不够证明其主观上有犯罪故意。

注册会计师承担法律责任的种类如表2—3所示。

表2—3 注册会计师承担法律责任的种类

责任种类 责任主体	行政责任	民事责任	刑事责任
注册会计师	警告 暂停执业 罚款 吊销注册会计师证书 没收违法所得 吊销有关执业许可证	赔偿经济损失	罚金 没收财产 管制 拘留 有期徒刑 剥夺政治权利
会计师事务所	警告 没收违法所得 罚款 暂停执业 撤销会计师事务所 吊销有关执业许可证	赔偿经济损失	罚金

【课堂练习·判断题】 在注册会计师明知委托单位的财务报表有重大错报的情况下，却加以虚假的陈述，出具无保留意见的审计报告，属于重大过失。（　　）

【正确答案】 ×

四、中国注册会计师的法律责任

（一）会计师事务所侵权责任产生的事由

利害关系人以会计师事务所在从事注册会计师法规定的审计业务活动中出具不实报告并致其遭受损失为由，向人民法院提起民事侵权赔偿诉讼的，人民法院应当依法受理。

1. 不实报告

会计师事务所违反法律法规、中国注册会计师协会依法拟定并经国务院财政部门批准后施行的执业准则和规则以及诚信公允的原则，出具的具有虚假记载、误导性陈述或者重大遗漏的审计业务报告，应认定为不实报告。

2. 利害关系人

因合理信赖或者使用会计师事务所出具的不实报告，与被审计单位进行交易或者从事与被审计单位的股票、债券等有关的交易活动而遭受损失的自然人、法人或者其他组织，应认定为注册会计师法规定的利害关系人。

（二）诉讼当事人的列置

利害关系人未对被审计单位提起诉讼而直接对会计师事务所提起诉讼的，人民法院应当告知其对会计师事务所和被审计单位一并提起诉讼；利害关系人拒不起诉被审计单位的，人民法院应当通知被审计单位作为共同被告参与诉讼。

利害关系人对会计师事务所的分支机构提起诉讼的，人民法院可以将该会计师事务所列为共同被告参与诉讼。

利害关系人提出被审计单位的出资人虚假出资或者出资不实、抽逃出资，且事后未补足的，人民法院可以将该出资人列为第三人参与诉讼。

（三）执业准则的法律地位

《司法解释》第 2 条第 2 款、第 4 条第 2 款、第 6 条和第 7 条等明确规定，将执业准则纳入法律程序范畴，将会计师事务所是否遵循了执业准则的要求作为判断其有无故意和过失的重要依据。

（四）归责原则和举证责任分配

会计师事务所因在审计业务活动中对外出具不实报告给利害关系人造成损失的，应当承担侵权赔偿责任，但其能够证明自己没有过错的除外。

（五）会计师事务所的连带责任

《司法解释》第 5 条规定了会计师事务所在故意情况下，应当与被审计单位承担连带赔偿责任；第 6 条和第 10 条规定了会计师事务所在过失情况下，根据过失大小承担补充责任。连带责任是指债务人为多数的情况下，债权人既有权请求所有的债务人清偿债务，也有权请求其中任何一个债务人单独清偿债务的一部分或者全部。清偿了全部债务的债务人有权就其清偿超过自己应分担的部分要求其他债务人按各自应承担的部分给予补偿。

注册会计师在审计业务活动中存在下列情形之一，出具不实报告给利害关系人造成损失的，应当认定会计师事务所与被审计单位承担连带责任：(1)与被审计单位恶意串通；(2)明知被审计单位对重要事项的财务会计处理与国家有关规定相抵触，而不予指明；(3)明知被审计单位的财务会计处理会直接损害利害关系人的利益，而予以隐瞒或作不实报告；(4)明知被审计单位的财务会计处理会导致利害关系人产生重大误解，而不予指明；(5)明知被审计单位的财务报表的重要事项有不实内容，而不予指明；(6)被审计单位示意作不实报告，而不予拒绝。对被审计单位有前述第(2)至(5)项所列行为，注册会计师按照执业准则、规则应当知道的，人民法院应认定其明知。

（六）会计师事务所的补充责任及过失认定

补充责任是指对主责任的补充清偿责任。所谓主责任，是指行为人本人首先承担的民事责任。当主责任人的财产不足以清偿债务时，不足部分由承担补充责任的人来清偿。

会计师事务所在审计业务活动中因过失出具不实报告，并给利害关系人造成损失的，人民法院应当根据其过失大小确定补充责任。注册会计师的过失分为普通过失和重大过失。普通过失是指注册会计师在执业过程中没有保持应有的职业关注，没有严格按照执业准则的要求从事审计工作。重大过失是指注册会计师在执业活动中缺乏最起码的关注，没有遵守审计准则的最低要求。

注册会计师在审计过程中未保持必要的职业谨慎，存在下列情形之一，并导致报告不实的，人民法院应当认定会计师事务所存在过失：(1)违反《注册会计师法》第 20 条第(二)、(三)项的规定；(2)负责审计的注册会计师以低于行业一般成员应具备的专业水准执业；(3)制订的审计计划存在明显疏漏；(4)未依据执业准则、规则执行必要的审计程序；(5)在发现可能存在错误和舞弊的迹象时，未能追加必要的审计程序予以证实或者排除；(6)未能合理地运用执业准则和规则所要求的重要性原则；(7)未根据审计的要求采用必要的调查方法获取充分的审计证据；(8)明知对总体结论有重大影响的特定审计对象缺少判断能力，未能寻求专家意见而直接形成审计结论；(9)错误判断和评价审计证据；(10)其他违反执业准则、规则确定的工作程序的行为；(11)事务所免除和减轻责任的事由。

(七)会计师事务所免责情形

会计师事务所能够证明存在下列情形之一的，不承担民事责任：(1)已经遵守执业准则、规则确定的工作程序并保持必要的职业谨慎，但仍未能发现被审计单位的会计资料错误；(2)审计业务所必须依赖的金融机构等单位提供虚假或者不实的证明文件，会计师事务所在保持必要的职业谨慎下仍未能发现虚假或者不实；(3)已对被审计单位的舞弊迹象提出警告并在审计报告中予以指明；(4)已经遵照验资程序进行审核并出具报告，但被审验单位在注册登记之后抽逃资金；(5)为登记时未出资或者未足额出资的出资人出具不实报告，但出资人在登记后已补足出资。

上述第(1)、(2)和(3)项属于因没有过错而免责的情形；第(4)和(5)项属于因没有"因果关系"而免责的情形。

(八)会计师事务所减责事由与无效免责

利害关系人明知会计师事务所出具的报告为不实报告而仍然使用的，人民法院应当酌情减轻会计师事务所的赔偿责任。

会计师事务所出具的审计报告，其用途已为法律法规所规定，会计师事务所无权限定审计报告的用途。会计师事务所在报告中注明"本报告仅供年检使用""本报告仅供工商登记使用"等类似内容的，不能作为其免责的事由，是无效免责。

(九)会计师事务所侵权赔偿顺位

如果多个责任主体之间没有连带关系，且存在补充责任，则需要确定这些责任主体之间的赔偿顺序。

1. 会计师事务所与被审计单位之间的责任顺位

审计报告使用人由于信赖不实审计报告，从事了相关交易，导致了损失，从因果关系的角度看，被审计单位的违约或欺诈行为是导致报告使用人损失的直接原因，不实审计报告只是间接原因，对于报告使用人的损失，应当由被审计单位承担第一顺位的责任，会计师事务所承担在后顺位的责任。

2. 会计师事务所与被审计单位、瑕疵出资股东之间的责任顺位

如果被审计单位的出资人虚假出资、不实出资或者抽逃出资，而且在事后未补足的前提下，他们之间的赔偿顺位可以表述为：

(1)依法强制执行被审计单位财产。

(2)依法强制执行被审计单位财产后仍不足以赔偿损失的，出资人应在虚假出资、不实出资或者抽逃出资数额范围内向利害关系人承担补充赔偿责任。

(3)如果对被审计单位、出资人的财产依法强制执行后仍不足以赔偿损失的，由会计师事

务所在其不实审计金额范围内承担相应的赔偿责任。

(十)侵权赔偿责任范围

1. 因故意出具不实报告

会计师事务所因故意出具不实报告而承担连带责任时,没有最高赔偿额的限定,会计师事务所应当承担的赔偿数额由具体案件中利害关系人的损失数额和其他责任主体的赔偿能力决定。

2. 因过失出具不实报告

会计师事务所因过失出具不实报告而承担补充赔偿责任时,会计师事务所就其所出具的不实审计报告承担赔偿责任的最高限额为该审计报告中的不实审计金额。

【阅读材料】

深圳经济特区会计师事务所(下称特区所)对“原野公司”一案,由于会计师事务所出具虚假报告造成严重后果而被撤销、没收财产,有关注册会计师被吊销资格,是追究行政责任的经典案例。

特区所自原野公司成立以来一直担任该公司主要查账验资工作,在5年内先后为公司出具了71份查账和验资报告。在出具的验资报告中,特区所主要存在三个方面的重大过失:第一,原野公司自成立到上市的两年时间内特区所先后3次出具的验资报告中,对存在的投资不实、分配不合理、虚列资产项目等未做任何披露,也未提出任何异议,而是全部予以确认;第二,特区所对原野下属的“原丰”“原野时装”“福华”均存在严重虚假问题未做披露;第三,出具的1989～1991年连续3年原野公司年度财务报表的审计报告严重不实。

根据财政部《关于对深圳经济特区会计师事务所严重失职给予严肃处理的通知》精神和中国注册会计师协会、财政部会计师事务管理司联合调查组的建议处理意见,广东省财政厅于1992年9月18日正式做出处理决定,主要处理意见如下:(1)特区所立即停业整顿,由深圳市财政局冻结特区所一切财产,并派出得力干部组成工作组,负责整顿工作;(2)注销3人的注册会计师资格;(3)对于其他签署过不实查账验资报告的有关人员,待进一步查清责任后再做处理。

“原野”案件发生时,正是注册会计师发展过程中出现的一个新阶段,注册会计师被赋予越来越重大的社会监督职责,并将对其工作结果负有越来越大的经济责任和法律责任。行政责任的出现说明党中央、国务院和各级人民政府以及社会各界对注册会计师的高度期望。

五、注册会计师如何避免法律诉讼

注册会计师的职业性质决定了注册会计师行业极易遭受法律诉讼。注册会计师要避免法律诉讼,就必须在执业时尽可能不发生过失,防止欺诈。

(一)注册会计师减少过失和防止欺诈的措施

注册会计师减少过失和防止欺诈的措施主要包括:(1)增强执业独立性;(2)保持职业谨慎;(3)强化执业监督。

(二)注册会计师避免法律诉讼的具体措施

注册会计师避免法律诉讼的具体措施主要包括:(1)严格遵循职业道德和专业标准的要求;(2)建立健全会计师事务所质量控制制度;(3)与委托人签订业务约定书;(4)审慎选择被审计单位;(5)深入了解被审计单位的业务;(6)提取风险基金或购买责任保险;(7)聘请熟悉注册

会计师法律责任的律师。

本章小结

本章主要介绍了注册会计师的职业道德与法律责任两部分内容。所谓职业道德，是指从事一定职业的人在履行本职工作的过程中应当遵循的职业范围内的特殊道德要求和道德准则。职业道德包括诚信、保持独立性、客观和公正、获取和保持专业胜任能力及应有的关注、保密、良好的职业行为。注册会计师法律责任的认定标准是该法律责任产生的原因，主要有违约、过失和欺诈。注册会计师因违约、过失或欺诈给被审计单位或其他利害关系人造成损失的，按照有关法律和法规的规定，可能承担行政责任、民事责任或刑事责任。

中国注册会计师的法律责任主要包括连带责任和补充责任。连带责任是指债务人为多数的情况下，债权人既有权请求所有债务人清偿债务，也有权请求其中任何一个债务人单独清偿债务的一部分或者全部。补充责任是指对主责任的补充清偿责任。主责任是指行为人本人首先承担的民事责任。当主责任人的财产不足以清偿债务时，不足部分由承担补充责任的人来清偿。会计师事务所在审计业务活动中因过失而出具不实报告，并给利害关系人造成损失的，人民法院应当根据其过失大小确定补充责任。注册会计师必须在执业时采取有效措施避免法律诉讼。

思考与实训

一、思考题

1. 什么是注册会计师职业道德？简述注册会计师职业道德的基本要求。
2. 如何理解保持独立性原则？应从哪些方面保持独立性？
3. 对注册会计师专业胜任能力方面的要求有哪些？
4. 简述注册会计师对社会公众、客户和同行应履行的责任。
5. 简述注册会计师法律责任的成因。
6. 普通过失与重大过失有什么区别？
7. 简述注册会计师可能承担的法律责任的种类。
8. 简述在何种情况下会计师事务所与被审计单位应承担连带责任。
9. 注册会计师应采取哪些措施来避免法律诉讼？

二、实训题

1. A银行拟申请公开发行股票，委托甲会计师事务所审计其20×3年度、20×4年度和20×5年度财务报表，双方于2016年底签订审计业务约定书。

假定甲会计师事务所及其审计小组成员与A银行存在以下情况：

(1)甲会计师事务所与A银行签订的审计业务约定书约定：审计费用为5 000 000元，A银行在甲会计师事务所提交审计报告时支付40%的审计费用，剩余60%视股票能否发行上市决定是否支付。

(2)20×4年5月，甲会计师事务所按照正常借款程序和条件向A银行以抵押贷款方式借款1 000 000元。

(3)甲会计师事务所的合伙人李佳(注册会计师)目前担任A银行的独立董事。

(4)审计小组负责人张某(注册会计师)于20×2年曾担任A银行的审计部经理。

(5)审计小组成员王某(注册会计师)自20×4年以来一直协助A银行编制财务报表。

(6)审计小组成员李某(注册会计师)的妻子自2012年起一直担任A银行的统计员。

要求:请就上述6种情况,分别判断甲会计师事务所或相关注册会计师的独立性是否会受到损害,并简要说明理由。

2. 盛达会计师事务所接受委托,承办甲银行2008～2015年度财务报表审计业务,并于2009～2016年底与甲银行签订了审计业务约定书。盛达会计师事务所指派注册会计师A和B为该审计项目负责人。假定存在以下情况:

(1)甲银行由于财务困难,应付盛达会计师事务所2014年度审计费用100万元一直没有支付。经双方协商,盛达会计师事务所同意甲银行延期至2015年底支付。在此期间,甲银行按银行同期贷款利率支付资金占用费。

(2)甲银行由于财务人员短缺,2015年向大龙会计师事务所借用一名注册会计师,由该注册会计师将经会计主管审核的记账凭证录入计算机信息系统。盛达会计师事务所未将该注册会计师包括在甲银行2015年度财务报表审计项目组。

(3)B注册会计师的姐姐在甲银行财务部从事会计核算工作,但非财务部负责人,B注册会计师未予以回避。

(4)由于计算机专家王先生曾在甲银行信息部工作,且参与了其现行计算机信息系统的设计,盛达会计师事务所特聘王先生协助测试甲银行的计算机信息系统。

(5)盛达会计师事务所与甲银行信贷评审部进行业务合作:由信贷评审部介绍需要审计的贷款客户,盛达会计师事务所负责审计工作,最后由信贷评审部复核审计质量。鉴于双方各自承担的工作,相关审计收费由双方各按50%的比例分配。

(6)A注册会计师妻子的弟弟担任甲银行的独立董事,A注册会计师未予以回避。

要求:根据以上情况,分别判断盛达会计师事务所和注册会计师A、B是否违反中国注册会计师职业道德规范的相关规定,并简要说明理由。

第三章 业务承接与审计计划

学习目标

知识目标

1. 理解初步业务活动的目的及内容；
2. 掌握审计业务约定书的主要内容；
3. 掌握总体审计策略和具体审计计划的主要内容。

技能目标

1. 能够根据被审计单位情况编写审计业务约定书；
2. 能够根据被审计单位情况制订总体审计策略和具体审计计划。

引导案例

嘉佳会计师事务所对实业发展有限责任公司进行审计。该公司成立于20×2年6月，注册资本1 000万元，业务范围包括物流等。至20×8年8月31日，公司资产2 615万元，负债243万元，净资产2 372万元。公司总经理任期为20×2年6月至20×9年8月，需对总经理进行任期经济责任审计。

嘉佳会计师事务所五名从业人员对此项目进行了审计，其中一人负责银行存款审计，审计时间为20×9年11月7日至12日，审计收费5万元。

嘉佳会计师事务所出具了长式审计报告，列示了经审计确认的20×8年8月31日的资产负债表和20×2年6月至20×9年8月的利润表，并对公司内部控制进行了正面评价，未对货币资金内部控制提出疑问。

审计报告出具后不久，该公司发现，出纳采用伪造银行对账单等手段贪污公款80万元，即银行存款少80万元，并将此情况通报嘉佳会计师事务所。

经审查审计工作底稿，发现审计人员主要进行了四个审计程序：编制了银行存款明细表，且核对相符；获取了银行对账单，其余额与明细账相关款项相符；摘录了40笔会计分录，无审计意见；复印了2张会计凭证及其原始单据，无审计意见。

嘉佳会计师事务所在自查过程中发现对该公司银行存款审计的项目组织管理方面存在如下问题：审计计划阶段仅有业务约定书，没有编制审计计划，导致现场审计工作产生了重大失误。

思考：什么是审计计划？为什么要编制审计计划？如何编制审计计划？审计前为什么要签订审计业务约定书，审计业务约定书应对哪些事项进行约定？

计划审计工作对注册会计师顺利完成审计工作和控制审计风险都具有非常重要的意义。如果没有恰当的审计计划，不仅无法获取充分、适当的审计证据，影响审计目标的实现，而且还会浪费有限的审计资源，影响审计工作的效率。充分的审计计划有助于注册会计师关注重点审计领域，及时发现和解决潜在问题，并恰当地组织和管理审计工作，使审计工作更加有效。同时，充分的审计计划还可以帮助注册会计师对项目组成员进行恰当分工和指导监督，并复核其工作，还有助于协调其他注册会计师和专家的工作。计划审计工作十分重要，很多关键决策往往在这个阶段做出，如可接受的审计风险水平和重要性的确定、项目人员的配置等。鉴于计划审计工作的重要性，项目负责人和项目组其他关键成员应参与计划审计工作，利用其经验和见解，提高计划过程的效率和效果。

计划审计工作不是一个孤立的审计业务阶段，而是一个持续的、不断修正的过程，贯穿于整个审计过程始终。计划审计工作的内容主要包括：进行初步业务活动、制定总体审计策略和具体审计计划。

第一节　初步业务活动

注册会计师在制订审计计划之前，首先应当开展初步业务活动，它是控制和降低审计风险的第一道屏障。初步业务活动的核心目的是确定是否接受业务委托。

一、初步业务活动的目的

初步业务活动是指注册会计师在审计业务开始时对审计客户的情况和自身的能力进行了解和评估，确定是否接受或保持审计客户。如果接受或保持审计客户，需要就审计业务约定书的条款进行协商并达成一致，最后签订审计业务约定书。注册会计师在计划审计工作前，需要开展初步业务活动，以实现下列三个目的：(1)确定注册会计师是否已具备执行业务所需要的独立性和专业胜任能力；(2)确定不存在因管理层诚信问题而影响注册会计师保持该项业务意愿的情况；(3)确定与被审计单位不存在对业务约定条款的误解。

【课堂练习·多选题】在计划审计工作前，注册会计师应当开展的初步业务活动的目的包括(　　)。

A. 确定评估财务报表的重大错报

B. 确定不存在因客户管理层的诚信问题而可能影响注册会计师保持该项业务的意愿的事项

C. 确定具备执行业务所需要的独立性

D. 确定与被审计单位不存在对业务约定条款的误解

【正确答案】BCD

二、初步业务活动的内容

注册会计师应当在本期审计业务开始时开展下列初步业务活动：一是针对保持客户关系和具体审计业务实施相应的质量控制程序；二是评价遵守职业道德规范的情况(包括评价独立性)；三是就业务约定条款与被审计单位达成一致理解。

(一)针对保持客户关系和具体审计业务实施相应的质量控制程序

针对保持客户关系和具体审计业务实施相应的质量控制程序,并且根据实施相应程序的结果做出适当的决策是注册会计师控制审计风险的重要环节。

连续审计时,注册会计师通常执行针对保持客户关系和具体审计业务实施相应的质量控制程序,而在首次接受审计委托时,注册会计师需要执行针对建立有关客户关系和承接具体审计业务的质量控制程序。因此,无论是连续审计还是首次接受委托,注册会计师都应当考虑下列主要事项,以确定保持客户关系和具体审计业务的结论是否恰当:(1)被审计单位的主要股东、关键管理人员的诚信和品行;(2)项目组是否具备执行审计业务的专业胜任能力以及必要的时间和资源;(3)会计师事务所和项目组能否遵守职业道德。

由于在连续审计的情况下,注册会计师已经积累了一定的经验,因此在决定是否保持与某一客户的关系时,项目负责人通常重点考虑本期或前期审计中发现的重大事项,及其对保持该客户关系的影响。在确定是否接受新业务时,除了确定是否具有接受新业务所需的必要素质、专业胜任能力、时间和资源以外,会计师事务所还应当考虑接受该业务是否会导致现实或潜在的利益冲突。如果识别出潜在的利益冲突,会计师事务所应当考虑接受该业务是否适当。在实务中,会计师事务所可以区别首次接受委托和连续审计的情况下不同的质量控制程序,以提高审计工作的效率及效果。

(二)评价遵守职业道德规范的情况

评价遵守职业道德规范的情况也是一项非常重要的初步业务活动。职业道德规范要求项目组成员恪守独立、客观、公正的原则,保持专业胜任能力和应有的关注,并对审计过程中获知的信息保密。在整个审计过程中,项目负责人应当对项目组成员违反职业道德规范的迹象保持警惕。如果发现项目组成员违反职业道德规范,项目负责人应当与会计师事务所的相关人员商讨,以便采取适当的措施。项目负责人应当记录识别出的违反职业道德规范的问题,以及这些问题是如何得到解决的。在适当情况下,项目组其他成员也应当记录上述内容。

对于保持独立性,《会计师事务所质量控制准则第 5101 号——业务质量控制》要求会计师事务所制定政策和程序,以及项目负责人实施相应措施,以保持独立性。例如,会计师事务所应当每年至少一次向所有受独立性要求约束的人员获取其遵守独立性政策和程序的书面确认函。注册会计师应当确保审计小组中的每位成员以及整个会计师事务所都能达到相应的独立性要求。这需要执行一些程序来检查合伙人、员工等与潜在客户之间的个人财务投资以及商务关系,并复核会计师事务所正在或近来已经为该客户提供的非审计服务。

审计过程中情况会不断发生变化。例如,在现场审计过程中,如果注册会计师发现财务报表存在舞弊,因而对管理层、治理层的胜任能力或诚信产生了极大疑虑,则注册会计师需要针对这一新情况,考虑并在必要时重新实施相应的质量控制程序,以决定是否继续保持该项业务及其客户关系。

虽然保持客户关系及具体审计业务和评价职业道德的工作贯穿审计业务的全过程,但是初始进行这两项活动需要安排在其他重要审计工作之前,以确保注册会计师已具备执行业务所需要的独立性和专业胜任能力,且不存在因管理层诚信问题而影响注册会计师保持该项业务的意愿等情况。

【课堂练习·单选题】 在本期审计业务开始时,A 注册会计师应当开展的初步业务活动是(　　)。

A. 就审计范围与甲公司管理层沟通　B. 获取甲公司管理层声明书

C. 就审计责任与甲公司治理层沟通　　D. 评价项目组成员的独立性

【正确答案】D

(三)商定审计业务约定书的相应条款并签订审计业务约定书

在做出接受或保持客户关系及具体审计业务的决策后,注册会计师应当按照《中国注册会计师审计准则第1111号——审计业务约定书》的规定,在审计业务开始前,与被审计单位就审计业务约定条款达成一致意见,签订审计业务约定书,以避免双方对审计业务的理解产生分歧。

三、审计业务约定书

(一)审计业务约定书的含义

审计业务约定书是指会计师事务所与被审计单位签订的,用以记录和确认审计业务的委托与受托关系、审计目标和范围、双方的责任以及报告的格式等事项的书面协议。审计业务约定书具有经济合同的性质,一经约定双方签字认可,即具有法定约束力。签署审计业务约定书的目的是约定签约双方的责任与义务,促使双方遵守约定事项并加强合作,以保护会计师事务所与被审计单位的利益。会计师事务所承接任何审计业务,都应与被审计单位签订审计业务约定书。

【课堂练习·单选题】会计师事务所接受审计委托时,应与委托客户签订(　　)。

A. 审计准则　　B. 审计业务约定书　　C. 审计通知书　　D. 审计报告

【正确答案】B

(二)审计业务约定书的作用

会计师事务所与被审计单位签订审计业务约定书有以下作用:

第一,可增进会计师事务所与被审计单位之间的相互了解,尤其使被审计单位了解注册会计师的审计责任及需提供的协助和合作。

第二,作为被审计单位评价审计业务完成情况及会计师事务所检查被审计单位约定义务履行情况的依据。

第三,如果出现法律诉讼,审计业务约定书是确定会计师和委托人双方应负责任的重要证据。

(三)审计业务约定书的主要内容

注册会计师就业务约定条款与被审计单位达成一致意见后,即可起草审计业务约定书。审计业务约定书一式两份,会计师事务所一方的签署人应当是会计师事务所的法人代表或其授权代表,被审计单位一方的签署人应当是其法人代表或其授权代表,审计业务约定书还应当同时加盖签约双方的印章。审计业务约定书在约定事项完成后,应当归入审计档案。

审计业务约定书的具体内容可能因被审计单位的不同而存在差异,但应当包括下列主要方面:

第一,财务报表审计的目标。注册会计师的责任是对管理层在治理层监督下编制的财务报表发表审计意见;注册会计师有责任按照审计准则的规定执行审计业务,对财务报表的合法性和公允性发表审计意见。

第二,管理层对财务报表的责任。按照适用的会计准则和相关会计制度的规定编制财务报表是管理层的责任,具体包括:(1)设计、实施和维护与财务报表编制相关的内部控制,以使财务报表不存在由于舞弊或错误而导致的重大错报;(2)选择和运用恰当的会计政策;(3)做出合理的会计估计。

第三,管理层编制财务报表采用的会计准则和相关会计制度。

第四,审计范围,如果是财务报表审计,应明确所审计财务报表的名称及涵盖的日期或期间;在执行财务报表审计业务时遵守的中国注册会计师审计准则。

第五,执行审计工作的安排,包括出具审计报告的时间要求。

第六,审计报告格式和对审计结果的其他沟通形式。譬如,审计报告的格式是标准的还是非标准的;对审计结果的沟通是采用口头形式还是书面形式,是详细沟通还是简略沟通,是正式沟通还是非正式沟通。

第七,由于测试的性质和审计的其他固有限制,以及内部控制的固有局限性,不可避免地存在着某些重大错报可能仍然未被发现的风险。

第八,管理层为注册会计师提供必要的工作条件和协助。

第九,注册会计师不受限制地接触任何与审计有关的记录、文件和所需要的其他信息。即被审计单位给予积极的配合,注册会计师的工作范围不会受到任何限制。

第十,管理层对其做出的与审计有关的声明予以书面确认。注册会计师应当获取书面声明的事项包括:管理层认可其设计和实施内部控制以防止或发现并纠正错报的责任;管理层认为注册会计师在审计过程中发现的未更正错报,无论是单独还是汇总起来考虑,对财务报表整体均不具有重大影响。

第十一,注册会计师对执业过程中获知的信息保密。

第十二,审计收费,包括收费的计算基础和收费安排。

第十三,违约责任。

第十四,解决争议的方法。

第十五,签约双方法定代表人或其授权代表的签字盖章,以及签约双方加盖的公章。

通常我们把这些内容称为审计业务约定书的必备条款。

(四)审计业务约定书的特殊考虑

如果情况需要,注册会计师签订的审计业务约定书除了包括上述必备条款外,还应当考虑在审计业务约定书中列明下列内容:(1)在某些方面对利用其他注册会计师和专家工作的安排;(2)与审计涉及的内部审计人员和被审计单位其他员工工作的协调;(3)预期向被审计单位提交的其他函件或报告;(4)与治理层整体直接沟通;(5)在首次接受审计委托时,对与前任注册会计师沟通的安排;(6)注册会计师与被审计单位之间需要达成进一步协议的事项。

通常我们把这些内容称为审计业务约定书的约定条款。

需要注意的是,注册会计师可以与被审计单位签订长期审计业务约定书,但如果出现下列情况,应当考虑重新签订审计业务约定书:有迹象表明被审计单位误解审计目标和范围;需要修改约定条款或增加特别条款;高级管理人员、董事会或所有权结构近期发生变动;被审计单位业务的性质或规模发生重大变化;法律法规的规定;管理层编制财务报表采用的会计准则和相关会计制度发生变化。

(五)审计业务约定条款的变更

对于连续审计,注册会计师并不需要在每一期间与客户签订新的审计业务约定书。但如果在完成审计业务前,如果被审计单位要求注册会计师将审计业务变更为保证程度较低的鉴证业务(即有限保证的审阅业务)或相关服务,注册会计师应当考虑变更业务的适当性。在同意将审计业务变更为其他服务前，注册会计师还应当考虑变更业务对法律责任或业务约定条款的影响。如果变更业务引起业务约定条款的变更，注册会计师应当与被审计单位就新条款达成一致意见。

下列原因可能导致被审计单位要求变更业务：

第一，环境变化对审计服务的需求产生影响。例如，某企业为了公开发行股票需要进行审计，由于情况变化，该企业决定不再上市，因此要求将审计业务变更为保证程度较低的审阅业务。

第二，对原来要求的审计业务的性质存在误解。例如，某广告公司在与其客户就广告项目签约时，约定广告公司发生的与该项目有关的支出均由该客户承担。根据这一约定，广告公司聘请注册会计师对其财务报表进行审计。但在审计过程中，广告公司了解到注册会计师审计的目标是对财务报表整体的合法性和公允性发表意见，而不是对客户关心的事项进行特别报告。广告公司在与其客户沟通之后，提出将审计业务变更为对特定支出明细表执行商定程序业务。

第三，无论是管理层施加的还是其他情况引起的审计范围均受到限制。例如，在审计实施过程中，注册会计师无法通过函证等程序对应收账款期末余额获取充分、适当的审计证据。为避免注册会计师出具保留意见或无法表示意见的审计报告，被审计单位要求注册会计师将约定的审计业务变更为审阅业务。

上述第一项和第二项通常被认为是变更业务的合理理由，但如果有迹象表明该变更要求与错误的、不完整的或者不能令人满意的信息有关，注册会计师不应认为该变更是合理的。

如果注册会计师认为将审计业务变更为审阅业务或相关服务业务具有合理理由，截至变更日已执行的审计工作可能与变更后的业务相关，相应地，注册会计师需要执行的工作和出具的报告会适用于变更后的业务；避免引起报告使用者的误解，对相关服务业务出具的报告不应提及原审计业务和在原审计业务中已执行的程序；只有将审计业务变更为执行商定程序业务（相关服务），注册会计师才可在报告中提及已执行的程序。

如果没有合理的理由，注册会计师不应同意变更业务。如果注册会计师不同意变更审计业务约定条款，而管理层又不允许继续执行原审计业务，注册会计师应当：(1)在适用的法律法规允许的情况下，解除审计业务约定；(2)确定是否有约定义务或其他义务向治理层、所有者或监管机构等报告该事项。

（六）审计业务约定书参考格式（合同式）

审计业务约定书

甲方：XYZ 股份有限公司

乙方：××会计师事务所

兹由甲方委托乙方对其 20×1 年度财务报表进行审计，经双方协商，达成以下约定：

一、业务范围与审计目标

1. 乙方接受甲方委托，对甲方按照企业会计准则和《××会计制度》编制的 20×1 年 12 月 31 日的资产负债表、20×1 年度的利润表、股东权益变动表和现金流量表以及财务报表附注（以下统称财务报表）进行审计。

2. 乙方通过执行审计工作，对财务报表的下列方面发表审计意见：(1)财务报表是否按照企业会计准则和《××会计制度》的规定编制；(2)财务报表是否在所有重大方面公允反映甲方的财务状况、经营成果和现金流量。

二、甲方的责任与义务

(一)甲方的责任

1. 根据《中华人民共和国会计法》及《企业财务会计报告条例》,甲方及甲方负责人有责任保证会计资料的真实性和完整性。因此,甲方管理层有责任妥善保存和提供会计记录(包括但不限于会计凭证、会计账簿及其他会计资料),这些记录必须真实、完整地反映甲方的财务状况、经营成果和现金流量。

2. 按照企业会计准则和《××会计制度》的规定编制财务报表是甲方管理层的责任,这种责任包括:(1)按照适用的财务报告编制基础编制财务报表,并使其实现公允反映;(2)设计、执行和维护与财务报表编制相关的必要的内部控制,以使财务报表不存在由于舞弊或错误导致的重大错报;(3)向注册会计师提供必要的工作条件,包括允许注册会计师接触与编制财务报表相关的所有信息,向注册会计师提供审计所需的其他信息,允许注册会计师在获取审计证据时不受限制地接触其认为必要的内部人员和其他相关人员。

(二)甲方的义务

1. 及时为乙方的审计工作提供其所要求的全部会计资料和其他有关资料(在20×2年×月×日之前提供审计所需的全部资料),并保证所提供资料的真实性和完整性。

2. 确保乙方不受限制地接触任何与审计有关的记录、文件和所需的其他信息。

3. 甲方管理层对其做出的与审计有关的声明予以书面确认。

4. 为乙方派出的有关工作人员提供必要的工作条件和协助,主要事项将由乙方于外勤工作开始前提供清单。

5. 按本约定书的约定及时足额支付审计费用以及乙方人员在审计期间的交通、食宿和其他相关费用。

三、乙方的责任与义务

(一)乙方的责任

1. 乙方的责任是在实施审计工作的基础上对甲方财务报表发表审计意见。乙方按照中国注册会计师审计准则(以下简称审计准则)的规定进行审计。审计准则要求注册会计师遵守职业道德规范,计划和实施审计工作,以对财务报表是否不存在重大错报获取合理保证。

2. 审计工作涉及实施审计程序,以获取有关财务报表金额和披露的审计证据。选择的审计程序取决于乙方的判断,包括对由于舞弊或错误导致的财务报表重大错报风险的评估。在进行风险评估时,乙方考虑与财务报表编制相关的内部控制,以设计恰当的审计程序,但目的并非对内部控制的有效性发表意见。审计工作还包括评价管理层选用会计政策的恰当性和做出会计估计的合理性,以及评价财务报表的总体列报。

3. 乙方需要合理计划和实施审计工作,以使乙方能够获取充分、适当的审计证据,为甲方财务报表是否不存在重大错报获取合理保证。

4. 乙方有责任在审计报告中指明所发现的甲方在重大方面没有遵循企业会计准则和《××会计制度》编制财务报表且未按乙方的建议进行调整的事项。

5. 由于测试的性质和审计的其他固有限制,以及内部控制的固有局限性,不可避免地存在着某些重大错报在审计后可能仍然未被乙方发现的风险。

6. 在审计过程中,乙方若发现甲方内部控制存在乙方认为的重要缺陷,应向甲方提交管理建议书。但乙方在管理建议书中提出的各种事项,并不代表已全面说明所有可能存在的缺陷或已提出所有可行的改善建议。甲方在实施乙方提出的改善建议前应全面评估其影响。未经乙方书面许可，甲方不得向任何第三方提供乙方出具的管理建议书。

7. 乙方的审计不能减轻甲方及甲方管理层的责任。

（二）乙方的义务

1. 按照约定时间完成审计工作，出具审计报告。乙方应于20×2年×月×日前出具审计报告。

2. 除下列情况外，乙方应当对执行业务过程中知悉的甲方信息予以保密：(1)取得甲方的授权；(2)根据法律法规的规定，为法律诉讼准备文件或提供证据，以及向监管机构报告发现的违反法规行为；(3)接受行业协会和监管机构依法进行的质量检查；(4)监管机构对乙方进行行政处罚（包括监管机构处罚前的调查、听证）以及乙方对此提起行政复议。

四、审计收费

1. 本次审计服务的收费是以乙方各级别工作人员在本次工作中所耗费的时间为基础计算的。乙方预计本次审计服务的费用总额为人民币××万元。

2. 甲方应于本约定书签署之日起×日内支付×%的审计费用，剩余款项于[审计报告草稿完成日]结清。

3. 如果由于无法预见的原因，致使乙方从事本约定书所涉及的审计服务实际时间较本约定书签订时预计的时间有明显的增加或减少时，甲、乙双方应通过协商，相应调整本约定书第四条第1项下所述的审计费用。

4. 如果由于无法预见的原因，致使乙方人员抵达甲方的工作现场后，本约定书所涉及的审计服务不再进行，甲方不得要求退还预付的审计费用；如上述情况发生于乙方人员完成现场审计工作，并离开甲方的工作现场之后，甲方应另行向乙方支付人民币××元的补偿费，该补偿费应于甲方收到乙方的收款通知之日起×日内支付。

5. 与本次审计有关的其他费用（包括交通费、食宿费等）由甲方承担。

五、审计报告及其使用

1. 乙方按照《中国注册会计师审计准则第1501号——审计报告》和《中国注册会计师审计准则第1502号——非标准审计报告》规定的格式和类型出具审计报告。

2. 乙方向甲方出具审计报告一式××份。

3. 甲方在提交或对外公布审计报告时，不得修改或删节乙方出具的审计报告及其后附的已审计财务报表。当甲方认为有必要修改会计数据、报表附注和所做的说明时，应当事先通知乙方，乙方将考虑有关的修改对审计报告的影响，必要时，将重新出具审计报告。

六、本约定书的有效期间

本约定书自签署之日起生效，并在双方履行完毕本约定书约定的所有义务后终止。但其中第三（二）2、四、五、八、九、十项并不因本约定书终止而失效。

七、约定事项的变更

如果出现不可预见的情况，影响审计工作如期完成，或需要提前出具审计报告时，甲、乙双方均可要求变更约定事项，但应及时通知对方，并由双方协商解决。

八、终止条款

1. 如果根据乙方的职业道德及其他有关专业职责、适用的法律法规或其他任何法定的要求，乙方认为已不适宜继续为甲方提供本约定书约定的审计服务时，乙方可以采取向甲方提出合理通知的方式终止履行本约定书。

2. 在终止业务约定的情况下，乙方有权就其于本约定书终止之日前对约定的审计服务项目所做的工作收取合理的审计费用。

九、违约责任

甲、乙双方按照《中华人民共和国合同法》的规定承担违约责任。

十、适用法律和争议解决

本约定书的所有方面均应适用中华人民共和国法律进行解释并受其约束。本约定书履行地为乙方出具审计报告所在地，因本约定书所引起的或与本约定书有关的任何纠纷或争议（包括关于本约定书条款的存在、效力或终止，或无效之后果），双方选择第（　　）种解决方式：（1）向有管辖权的人民法院提起诉讼；（2）提交××仲裁委员会仲裁。

十一、双方对其他有关事项的约定

本约定书一式两份，甲、乙双方各执一份，具有同等法律效力。

甲方：XYZ股份有限公司（盖章）
授权代表：（签名并签章）
20×2年×月×日

乙方：××会计师事务所（盖章）
授权代表：（签名并签章）
20×2年×月×日

第二节　总体审计策略与具体审计计划

计划审计工作是对实施审计程序的一种预先规划，贯穿于审计工作的全过程。注册会计师与被审计单位签订审计业务约定书后，为了使审计业务以有效的方式得到执行，应当开始计划审计工作，具体包括制定总体审计策略和具体审计计划。

一、总体审计策略

总体审计策略用以确定审计范围、时间和方向，并指导制订具体审计计划。总体审计策略的详略程度应当随被审计单位的规模及该项审计业务的复杂程度的不同而变化，在小型被审计单位审计中，全部审计工作可能由一个很小的审计项目组执行，项目组成员间容易沟通和协调，总体审计策略可以相对简单。在制定总体审计策略时，注册会计师应当考虑以下主要事项：

（一）审计范围

注册会计师应当确定审计业务的特征，包括采用的会计准则和相关会计制度、特定行业的报告要求以及被审计单位组成部分的分布等，以界定审计范围。在确定审计范围时，注册会计师一般需要考虑下列事项：（1）编制拟审计的财务报表所依据的财务报告编制基础，即拟审计的财务报表适用的会计准则和相关会计制度；（2）特定行业的报告要求，如某些行业的监管部门要求提交的报告；（3）预期的审计工作涵盖范围，包括需要审计的集团内部组成部分的数量及所在地点；（4）母公司和集团内其他组成部分之间存在的控制关系的性质，以确定如何编制合并财务报表；（5）由组成部分注册会计师审计组成部分的范围；（6）拟审计的经营分部性质，包括是否需要具备专门知识；（7）外部折算，包括外币交易的会计处理、外币财务报表折算和相关信息的披露；（8）除为合并目的执行的审计工作之外，对个别报表进行法定审计的需求；（9）内部审计工作的可获得性及对内部审计工作的拟依赖程度；（10）被审计单位使用服务机构的情况，及注册会计师如何取得有关服务机构内部控制设计、执行和运行有效性的证据；（11）

对利用在以前期间审计工作中获取的审计证据的预期，如获取的与风险评估程序和控制测试相关的审计证据；(12)信息技术对审计程序的影响，包括数据的可获得性和预期使用计算机辅助审计技术的情况；(13)协调审计工作与中期财务信息审阅的预期涵盖范围和时间安排，以及中期审阅所获取的信息对审计工作的影响；(14)与为被审计单位提供其他服务的会计师事务所的相关人员讨论可能影响审计的事项；(15)与被审计单位人员的时间协调和相关数据的可获得性。

（二）报告目标、时间安排及所需沟通

总体审计策略的制定应当包括明确审计业务的报告目标，以及计划审计的时间安排和所需沟通的性质，包括提交审计报告的时间要求，预期与管理层和治理层沟通的重要日期等。为明确审计业务的报告目标、时间安排和所需沟通，注册会计师需要考虑下列事项：(1)被审计单位的财务报告时间表，包括中间阶段和最终阶段；(2)与管理层和治理层就审计工作的性质、范围和时间所举行的会议的组织工作；(3)与管理层和治理层讨论预期签发报告和其他沟通文件的类型及提交时间，如审计报告、管理建议书及与治理层的沟通函；(4)与管理层就整个审计过程中对审计工作的进展及审计结果的预期方式进行的沟通；(5)与组成部分注册会计师沟通拟出具的报告的类型和时间安排，以及与组成部分审计相关的其他事项；(6)项目组成员之间沟通的预期的性质和时间安排，包括项目组会议的性质和时间安排，以及复核已执行工作的时间安排；(7)预期是否需要和第三方进行其他沟通，包括与审计相关的法定或约定的报告责任。

（三）审计方向

总体审计策略的制定应当包括考虑影响审计业务的重要因素，以确定项目组工作方向，包括确定适当的重要性水平，初步识别可能存在较高的重大错报风险的领域，初步识别重要的组成部分和账户余额，评价是否需要针对内部控制的有效性获取审计证据，识别被审计单位、所处行业、财务报告要求及其他相关方面最近发生的重大变化等。

在确定审计方向时，注册会计师一般需要考虑下列事项：

(1)确定适当的重要性水平，包括为计划目的确定重要性，为组成部分确定重要性且与组成部分注册会计师沟通，在审计过程中重新考虑重要性，以及识别重要的组成部分和账户余额；(2)可能存在较高重大错报风险的审计领域；(3)评估的财务报表层次的重大错报风险对指导、监督及复核的影响；(4)项目组成员的选择(在必要时包括项目质量控制复核人员)和工作分工，包括向重大错报风险较高的审计领域分派具备适当经验的人员；(5)项目预算，包括考虑为重大错报风险可能较高的审计领域分配适当的工作时间；(6)如何向项目组成员强调在收集和评价审计证据过程中保持职业怀疑必要性的方式；(7)以往审计中对内部控制运行有效性评价的结果，包括所识别的控制缺陷的性质及应对措施；(8)管理层重视设计和实施健全的内部控制的相关证据，包括这些内部控制得以适当记录的证据；(9)业务交易量规模，以基于审计效率的考虑确定是否依赖内部控制；(10)对内部控制重要性的重视程度；(11)影响被审计单位经营的重大发展变化，包括信息技术和业务流程的变化、关键管理人员变化，以及收购、兼并和分立；(12)重大的行业发展情况，如行业法规变化和新的报告规定；(13)会计准则及会计制度的变化；(14)其他重大变化，如影响被审计单位的法律环境的变化。

（四）资源的调配

注册会计师应当在总体审计策略中清楚地说明资源的规划和调配，包括确定执行审计业务所必需的审计资源的性质、时间安排和范围，具体如下：(1)向具体审计领域调配的资源，包括向高风险领域分派有适当经验的项目组成员，就复杂的问题利用专家工作等；(2)向具体审计领域分配资源的数量多少，包括分派到重要地点进行存货监盘的项目组成员的人数、在集团审计中复核组成部分注册会计师工作的范围、向高风险领域分配的审计时间预算等；(3)何时调配这些资源，包括是在期中审计阶段还是在关键的截止日期调配资源等；(4)如何管理、指导、监督这些资源的利用，包括预期何时召开项目组预备会和总结会，预期项目合伙人和经理如何进行复核，是否需要实施项目质量控制复核等。

【课堂练习·多选题】 总体审计策略中关于资源的调配包括(　　)等方面。

A. 向具体审计领域调配的资源

B. 向具体审计领域分配资源的数量

C. 何时调配这些资源

D. 如何管理、指导、监督这些资源的利用

【正确答案】 ABCD

【课堂练习·单选题】 总体审计策略的详细程度取决于(　　)。

A. 初步业务活动的结果

B. 审计业务的特征

C. 为被审计单位提供其他服务时所获得的经验

D. 被审计单位规模及该项审计业务的负责程度

【正确答案】 D

【课堂练习·多选题】 在制定总体审计策略时，注册会计师应当考虑的主要事项包括(　　)。

A. 审计范围　　B. 报告目标　　C. 审计方向　　D. 进一步审计程序

【正确答案】 ABC

总体审计策略的内容一般包括：(1)审计范围；(2)重要性；(3)报告目标、时间安排及所需沟通；(4)人员安排；(5)对专家或有关人员工作的利用(如适用)等。总体审计策略的参考格式见表3—1。

表3—1　　**总体审计策略**

被审计单位：________	索引号：________
项目：________	财务报表截止日/期间：________
编制：________	复核：________
日期：________	日期：________

审计范围

报告要求	审计标准
适用的会计准则或制度	企业会计准则及会计制度
适用的审计准则	中国注册会计师审计准则
与财务报告相关的行业特别规定	如监管机构发布的有关信息披露法规、特定行业主管部门发布的与财务报告相关的法规等
需审计的集团内组成部分的数量及所在地点	
需要阅读的含有已审计财务报表文件中的其他信息	如上市公司年报
制定审计策略需考虑的其他事项	如单独出具报告的子公司范围等

影响审计业务的重要因素

(一)重要性

确定的重要性水平	索引号

(二)可能存在较高重大错报风险的领域

可能存在较高重大错报风险的领域	索引号

(三)重要的组成部分和账户余额

重要的组成部分和账户余额	索引号
1. 重要的组成部分	
……	
2. 重要的账户余额	
……	

报告目标、时间安排及所需沟通

报告目标	时　间
(一)对外报告	
(二)执行审计时间安排	
1. 期中审计,包括:	
(1)制定总体审计策略及具体审计计划	
(2)制订具体审计计划	
……	
2. 期末审计,包括:	
(1)存货监盘	
……	
3. 所需沟通	
(1)与管理层及治理层的会议	
(2)项目组会议(包括预备会和总结会)	
(3)与专家或有关人士的沟通	
(4)与其他注册会计师沟通	
(5)与前任注册会计师沟通	
……	

人员安排

职　位	姓　名	主要职责

对专家或有关人员工作的利用(如适用)

(一)对内部审计工作的利用

主要报表项目	拟利用的内部审计工作	索引号

(二)对其他注册会计师工作的利用

其他注册会计师的名称	利用其工作范围和程度	索引号

(三)对专家工作的利用

主要报表项目	专家名称	主要职责及工作范围	利用专家工作的原因	索引号

(四)对被审计单位适用服务机构的考虑

主要报表项目	服务机构名称	服务机构提供的相反服务及其注册会计师出具的审计报告意见及日期	索引号

二、具体审计计划

注册会计师应当为审计工作制订具体审计计划。虽然编制具体审计计划通常在总体审计策略制定之后,但这两项计划活动并不是孤立、断开的过程。事实上,在注册会计师进行风险评估、风险应对及出具审计报告的整个审计过程中,它们之间都有着内在的联系,对其中一项的决定可能影响甚至改变对另一项的决定。当然，这种决策和改变应当事先与被审计单位管理层和治理层进行沟通。例如，在实施了解被审计单位及其环境并评估重大错报风险程序中，注册会计师获知被审计单位的所有权由几个大股东控制，可能存在控制运行的有效性被降低的情况，对此，注册会计师可能会在具体审计计划中制订相应的审计程序，并相应调整总体审计策略的内容，做出扩大实质性程序的决定。总体审计策略与具体审计计划的关系如图3—1所示。

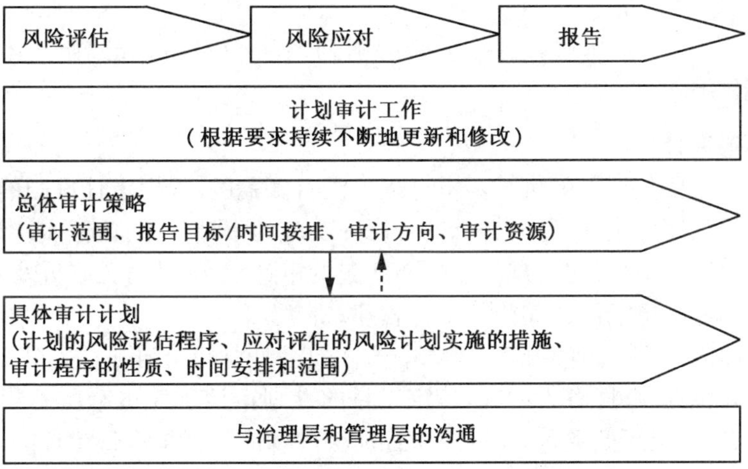

图3—1　总体审计策略与具体审计计划的关系

具体审计计划是依据总体审计策略制订的，比总体审计策略更加详细，其内容包括为获取充分、适当的审计证据以将审计风险降至可接受的低水平，项目组成员拟实施的审计程序的性质、时间和范围，这也是具体审计计划的核心。具体审计计划应当包括风险评估程序、计划实施的进一步审计程序和其他审计程序。

（一）风险评估程序

为了充分了解被审计单位及其环境，充分识别和评估被审计单位财务报表重大错报风险，注册会计师应当按照《中国注册会计师审计准则第1211号——了解被审计单位及其环境并评估重大错报风险》的规定，对实施的风险评估程序的性质、时间和范围做出详细规划与说明。

（二）计划实施的进一步审计程序

实施风险评估程序后，根据识别和评估的被审计单位财务报表重大风险情况，注册会计师应实施进一步审计程序。进一步审计程序是指针对评估的认定层次的重大错报风险，注册会计师计划实施的进一步审计程序的性质、时间和范围，包括控制测试和实质性测试。

随着审计工作的推进，对审计程序的计划会一步步深入并贯穿于整个审计过程。例如，风险评估程序通常在审计开始阶段进行，计划实施进一步审计程序则需要依据风险评估程序的结果进行。因此，为达到编制具体审计计划的要求，注册会计师需要完成风险评估程序，识别和评估重大错报风险，并针对评估的认定层次的重大错报风险，计划实施进一步审计程序的性质、时间和范围。

通常，注册会计师计划实施的进一步审计程序可以分为审计程序的总体方案和拟实施的具体审计程序两个层次。进一步审计程序的总体方案主要是指注册会计师针对各类交易、账户余额和列报采用的总体方案（包括试执行方案和综合性方案）。具体审计程序则是对进一步审计程序的总体方案的延伸和细化。在实务中，注册会计师通常单独编制一套包括具体程序的“进一步审计程序表”，待具体实施审计程序时，注册会计师将基于所计划的具体审计程序，进一步记录所实施的审计程序及结果，并最终形成有关进一步审计程序的审计工作底稿。完整、详细的进一步审计程序的计划包括对各类交易、账户余额和列报实施的具体审计程序的性质、时间和范围，包括抽取的样本量等。

【课堂练习·多选题】注册会计师应当在具体审计计划中确定计划实施的进一步审计程序的（　　）等内容。

A. 性质　　B. 时间安排　　C. 时间预算　　D. 范围

【正确答案】ABD

（三）计划其他审计程序

其他审计程序主要包括上述进一步审计程序没有涵盖的，根据审计准则的要求，注册会计师应当执行的既定程序。例如，针对舞弊的考虑而实施的审计程序；为证实持续经营假设合理性而实施的审计程序；针对法律法规的考虑而实施的审计程序；针对关联方及其交易实施的审计程序；针对环境事项、电子商务实施的审计程序；等等。

在审计计划阶段，注册会计师应当按照中国注册会计师审计准则进行审计计划工作。由于被审计单位所处行业、环境各不相同，特定项目的计划审计工作也有所不同。例如，有些企业可能涉及环境事项、电子商务等，在实务中注册会计师应根据被审计单位的具体情况确定特定项目并执行相应的审计程序。

【课堂练习·多选题】具体审计计划应包括下列内容中的（　　）。

A. 风险评估程序　　B. 计划实施的进一步审计程序

C. 计划其他审计程序　　D. 及时签订或修改审计业务约定书

【正确答案】ABC

具体审计计划范例见表3－2。

表3－2　　具体审计计划

1. 风险评估程序 （1）一般风险评估程序 （2）针对特别项目的程序
2. 了解被审计单位及其环境 （1）行业状况、法律环境与监管环境及其他外部因素 （2）被审计单位的性质 （3）会计政策的选择和运用 （4）目标、战略及相关经营风险 （5）财务业绩的衡量和评价
3. 了解内部控制 （1）控制环境 （2）被审计单位的风险评估过程 （3）信息系统与沟通 （4）控制活动 （5）对控制的监督
4. 对风险评估及审计计划的讨论

续表

5. 评估的重大错报风险 (1)评估的财务报表层次的重大错报风险 (2)评估的认定层次的重大错报风险
6. 计划实施的进一步审计程序 (1)重要账户或列报的计划总体方案 (2)计算机辅助审计技术的应用
7. 其他程序

三、计划审计工作的修改与记录

计划审计工作并非审计业务的一个孤立阶段，审计工作的计划和实施是一个持续的、不断修正的过程，贯穿于整个审计业务的始终。由于未预期事项、条件的变化或在实施审计程序中获取的审计证据等原因，注册会计师应当在审计过程中对总体审计策略和具体审计计划做出必要的更新和修改。例如，注册会计师在对某公司销售业务的相关控制的设计和执行获取证据时，得出的判断是：相关控制的设计合理并得到了执行，并将其评价为较低水平，计划进行控制测试。但是，在执行控制测试时得到新消息：该公司生产的产品因被检验出含有国家明令禁止使用的成分，于即日开始停售，已经售出的应立即追回。面对这一事项，注册会计师可能需要修正前期确定的风险评估水平，同时还要修改与新风险评估水平对应的计划审计方案。一旦计划被更新和修改，审计工作也必须进行相应的修正，并按照修改后的计划实施审计工作。注册会计师应当将审计工作过程中对总体审计策略和具体审计计划做出的任何重大更改及其理由，以及对导致此类更改的事项、条件或审计程序结果、采取的应对措施形成书面记录并存档。

四、对计划的指导、监督与复核

注册会计师在制订审计计划时还应当就对项目组成员工作的指导、监督与复核的性质、时间和范围制订计划。影响这一计划内容的主要因素包括：

第一，被审计单位的规模和复杂程度。当被审计单位的规模较大、业务复杂时，对项目组成员的工作应进行经常性的指导、多角度的监督、程序严密的复核，以控制审计风险。

第二，审计领域。当注册会计师进行财务报表审计时，对项目组成员的工作主要是专业指导、适时监督、事后的逐级复核；特别是对业务助理人员、专家的工作更应当进行规范性的指导和监督。

第三，重大错报风险。当重大错报风险较高时，应加大对项目组成员工作的监督和复核的力度，规范执行获取充分、适当的审计证据所使用的审计程序，逐级严密复核项目组成员形成的审计工作底稿，以将检查风险控制在一个可以接受的水平。

第四，执行审计工作的项目组成员的素质和专业胜任能力。如果项目组成员的素质高、专业胜任能力强，则指导的工作量将大大减少，监督、复核工作可以放在审计工作过程的最后环节。

五、与治理层和管理层的沟通

注册会计师可以就计划审计工作的基本情况与被审计单位治理层和管理层进行沟通。沟通内容通常包括审计计划的时间安排和总体审计策略、审计工作中受到的限制及治理层和管理层对审计工作的额外要求等。当就总体审计策略和具体审计计划中的内容与治理层、管理层进行沟通时,注册会计师应当保持职业谨慎,以防止由于具体审计程序易于被管理层或治理层所预见而损害审计工作的有效性。需要说明的是,按照审计准则的规定,注册会计师可以与被审计单位的治理层和管理层就计划审计工作的基本情况(如时间安排和范围)进行沟通,以达成对审计项目的一致理解,并取得被审计单位对审计工作的协助,但独自制定总体审计策略和具体审计计划仍然是注册会计师应承担的责任。

【课堂练习·案例分析题】 北京辰宇会计师事务所承接了东南公司2013年度会计报表审计,刘亮是项目负责人,陈响是参加项目的助理人员。审计中陈响认为,注册会计师应当就计划实施的审计程序的性质、时间安排和范围的详细情况直接与被审计单位治理层沟通,以便其配合审计工作。

要求:分析项目负责人刘亮应当如何处理。

【分析解答】 项目负责人刘亮应当否定陈响的意见。因为注册会计师可以就计划审计工作的基本情况与被审计单位治理层和管理层进行沟通。沟通的内容可以包括审计的时间安排和总体策略、审计工作中受到的限制及治理层和管理层对审计工作的额外要求等。但是注册会计师应当保持职业谨慎,以防止由于具体审计程序易于被管理层或治理层所预见而损害审计工作的有效性。所以注册会计师不能将计划实施的审计程序的性质、时间安排和范围的详细情况告知治理层。

本章小结

本章内容主要包括进行初步业务活动、制定总体审计策略和具体审计计划。注册会计师在实施审计计划前要进行初步业务活动,核心目的是确定是否接受业务委托,如果接受,就要与被审计单位签订审计业务约定书。计划审计工作具体包括制定总体审计策略和具体审计计划。总体审计策略用以确定审计范围、时间安排和审计方向,并指导制订具体审计计划;具体审计计划比总体审计策略更加详细,其内容包括为获取充分、适当的审计证据以将审计风险降至可以接受的低水平,项目组成员拟实施的审计程序的性质、时间安排和范围。

思考与实训

一、思考题

1. 简述审计计划的含义。
2. 简述注册会计师开展初步业务活动的目的及主要内容。
3. 什么是审计业务约定书?简述其主要条款。
4. 简述总体审计策略的内容。
5. 具体审计计划包括哪些主要内容?
6. 总体审计策略与具体审计计划的关系如何?

二、实训题

天天会计师事务所承接思科公司2013年度财务报表审计业务,其业务的性质和经营规模与其常年审计客户东南公司相类似。天天会计师事务所在制定总计审计策略和具体审计计划时,做出下列判断:

(1)由于思科公司与常年审计客户东南公司的业务性质和规模相似,因此确定的重要性水平与东南公司相同。

(2)制订完成审计计划后,应按照计划执行审计程序,不能够改变计划。

(3)因对思科公司内部控制存在疑虑,拟不执行控制测试,而直接执行实质性程序。

(4)因思科公司存货存放于外省市,监盘成本较高,拟不进行监盘,直接实施替代审计程序。

(5)注册会计师应当合理设计审计程序的性质、时间安排和范围,并有效执行审计程序,以控制检查风险。

要求:针对上述事项(1)～事项(5),指出天天会计师事务所制订的审计计划是否存在不当之处。如有不当之处,请简要说明理由。

第四章　重要性与审计风险

学习目标

知识目标

1. 掌握重要性的含义及影响因素；
2. 掌握确定重要性应考虑的因素；
3. 掌握错报的含义及类型；
4. 掌握未更正错报的汇总数对重要性水平的影响；
5. 理解审计风险的含义及审计风险管理与评估的意义；
6. 掌握审计风险的种类划分；
7. 理解审计的固有限制。

技能目标

1. 针对不同类型的企业进行重要性水平的确定；
2. 能通过了解被审计单位及其环境的内容和程序，识别重大错报风险的类型和评估的审计程序；
3. 能够利用审计风险模型确定可接受的检查风险水平。

引导案例

注册会计师杜丽和龚云在对改制上市的乙公司年度财务报表进行审计时，发现乙公司在改制上市过程中存在许多问题，如改制后的产权不明确，没有对被收购的企业办理房屋产权证和土地使用权证的变更过户手续；债务、债权关系混乱，被收购企业仍然以原企业法人名义贷款，会计处理未反映银行借款的增加，而且乙公司存在用职工房产向银行抵押办理贷款的情况。由此，杜丽和龚云在沟通后，决定将认定层次的重大错报风险评估为高水平，追加审计程序，实施细节测试，以获取充分、适当的审计证据支持审计结论。

思考：试分析注册会计师杜丽和龚云的决定是否正确并简要说明理由。

第一节　重要性水平的确定

一、重要性的含义

《中国注册会计师审计准则第 1221 号——重要性》指出：重要性取决于在具体环境下对错报金额和性质的判断。如果一项错报（包括漏报）单独或连同其他错报可能影响财务报表使用者依据财务报表做出的经济决策，则该项错报是重大的。

审计重要性是审计学的一个基本概念，这一概念的运用贯穿于整个审计过程。在计划审计工作时，注册会计师应当考虑导致财务报表发生重大错报的原因，并应当在了解被审计单位及其环境的基础上，确定一个可接受的重要性水平，即首先为财务报表层次确定重要性水平，以发现在金额上的重大错报。同时，注册会计师还应当评估各类交易、账户余额或披露认定层次的重要性，以便确定进一步审计程序的性质、时间和范围，将审计风险降至可接受的低水平。在确定审计意见类型时，注册会计师也需要考虑重要性水平。

重要性概念可以从以下几个方面理解：

第一，重要性的判断与具体环境相关。

由于不同的被审计单位面临不同的环境，不同的报表使用者有着不同的信息需求，因此，注册会计师确定的重要性也不相同。某一金额的错报对某一个被审计单位的财务报表来说是重要的，而对另一个被审计单位的财务报表来说可能不重要。例如，10 万元的错误对于一家小规模的企业来说可能是重要的，而对一家大规模的企业来说可能是不重要的。

第二，重要性包括对数量和性质两个方面的考虑。

所谓数量方面，是指错报的金额大小。一般而言，金额大的错报比金额小的错报更重要。仅从数量角度考虑，重要性水平只是提供了一个门槛或临界点。在该门槛或临界点之上的错报就是重要的；反之，该错报就不重要。

所谓性质方面，是指错报的性质。在有些情况下，某些金额的错报从数量上看并不重要，但从性质上考虑可能是重要的。对于某些财务报表披露的错报，难以从数量上判断是否重要，则应从性质上考虑其是否重要。

第三，重要性的判断与对经济决策的影响程度相关。

判断一项错报重要与否，应视其对财务报表使用者依据财务报表做出经济决策的影响程度而定。如果财务报表中的某项错报足以改变或影响财务报表使用者的相关决策，则该项错报就是重要的，否则就不重要。

第四，重要性的判断要将报表使用者作为集体考虑。

在通用目的财务报表的审计中，判断一个事项对财务报表使用者是否重大，是将使用者作为具有一定的理解能力并能理性地做出相关决策的一个集体来考虑的。注册会计师难以考虑错报对具体的单个使用者可能产生的影响，因为他们的需求千差万别。

第五，对重要性的评估需要运用职业判断。

影响重要性的因素很多，注册会计师应当根据被审计单位面临的环境，综合考虑其他因素，合理确定重要性水平。不同的注册会计师在确定同一被审计单位财务报表层次和认定层次的重要性水平时，得出的结果可能不同。这主要是因为对影响重要性的各因素的判断存在差异。因此,注册会计师需要运用职业判断来合理评估重要性。

重要性的判断是一个复杂的过程,离不开特定的环境。影响重要性的因素很多,不同审计对象的重要性不同,同一审计对象的重要性在不同时期也可能不同。注册会计师只能根据被审计单位面临的环境,并综合考虑其他因素,充分发挥其职业判断能力,合理确定其重要性水平。

【课堂练习·单选题】下列有关审计重要性的表述中,错误的是(　　)。

A. 在考虑一项错报是否重要时,既要考虑错报的金额,又要考虑错报的性质

B. 重要性的确定离不开职业判断

C. 如果一项错报单独或连同其他错报可能影响财务报表使用者依据财务报表做出的经济决策,则该项错报是重要的

D. 重要性一旦确定就不能修改

【正确答案】D

【课堂练习·单选题】下列关于重要性的说法中,错误的是(　　)。

A. 重要性在计划审计工作和评价错报影响时都必须运用

B. 判断一项错报对财务报表是否重大,应当考虑对个别特定财务报表使用者产生的影响

C. 重要性水平是以财务报表使用者决策时对信息的需求为基础确定的

D. 不同环境下对重要性的判断可能是不同的

【正确答案】B

二、重要性水平的确定方法

(一)计划审计工作时对重要性的评估

1. 确定计划的重要性水平应考虑的因素

注册会计师应当运用职业判断确定重要性。在计划审计工作时,注册会计师应当确定一个可接受的重要性水平,以发现在金额上的重大错报。注册会计师在确定计划的重要性水平时,需要考虑下列主要因素:

(1)对审计单位及其环境的了解

被审计单位的行业状况、法律环境与监管环境等其他外部因素,以及被审计单位经营规模的大小和业务性质、对会计政策的选择和应用、被审计单位的目标、战略及相关的经营风险、被审计单位内部控制的可信赖程度等因素,都将影响注册会计师对重要性水平的判断。

(2)审计的目标

包括特定报告要求、信息使用者的要求等因素都会影响注册会计师对重要性水平的确定。例如,对特定报表项目进行审计的业务,其重要性水平可能需要以该项目金额(而不是以财务报表的一些汇总性财务数据)为基础加以确定。

(3)财务报表各项目的性质及其相互关系

财务报表使用者对不同报表项目的关心程度不同。一般而言,财务报表使用者十分关心流动性较高的项目,注册会计师应当对此从严制定重要性水平。由于财务报表各项目之间是相互联系的,注册会计师在确定重要性水平时,需要考虑这种联系。

(4)财务报表项目的金额及其波动幅度

财务报表项目的金额及其波动幅度可能促使财务报表使用者做出不同的反应,因此,注册

会计师在确定重要性水平时，应当深入研究这些项目的金额及其波动幅度。

因为重要性是从报表使用者决策的角度来考虑的，所以，只要影响预期财务报表使用者决策的因素，都可能对重要性水平产生影响。注册会计师应当在计划阶段充分考虑这些因素，并采用合理的方法确定重要性水平。

2. 从数量方面考虑重要性

注册会计师应当考虑财务报表层次和各类交易、账户余额、列报认定层次的重要性。重要性应该从性质和数量两个方面考虑。重要性水平是针对错报的金额大小而言，是一个经验值，注册会计师只能通过职业判断确定重要性水平。

(1)财务报表层次的重要性水平

财务报表层次的重要性水平即总体重要性水平。财务报表的累计错报金额超过这一重要性水平，就可能造成财务报表使用者的判断失误，应当认为是重要的；反之，则认为错报金额不重要。

确定重要性水平，即确定多大错报会影响到财务报表使用者所做的决策，是注册会计师运用职业判断的结果。很多注册会计师都是根据所在会计师事务所的惯例及自己的经验考虑重要性水平。注册会计师通常先选择一个恰当的基准(被审计单位规模越大，这个比率要求越小)，再选用适当的百分比乘以该基准，从而得出财务报表层次的重要性水平(如图 4－1 所示)。

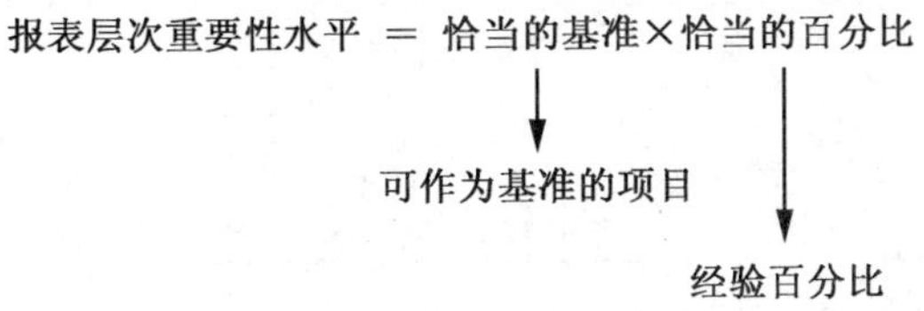

图 4－1　报表层次的重要性水平

在实务中，有许多汇总性财务数据都可以用作确定财务报表层次重要性水平的基准，如总资产、净资产、流动资产、流动负债、销售收入、费用总额、毛利、净利润等。在选择适当的基准时，注册会计师应当考虑以下因素：①财务报表的要素(如资产、负债、所有者权益、收入和费用等)、适用的会计准则和相关会计制度所定义的财务报表指标(如财务状况、经营成果和现金流量)以及适用的会计准则和相关会计制度提出的其他具体要求；②对某被审计单位而言，是否存在财务报表使用者特别关注的报表项目(如特别关注与评价经营成果相关的信息)；③被审计单位的性质、所在的生命周期阶段以及所处行业和经济环境；④被审计单位的所有权结构和融资方式；⑤基准的相对波动性。

适当的基准取决于被审计单位的具体情况，表 4－1 列示了不同性质的被审计单位及其恰当的基准。

【课堂练习·单选题】甲企业是一个盈利水平比较稳定的企业。注册会计师在审计甲企业，确定重要性水平时，通常选择的基准是(　　)。

A. 经常性业务的税前利润　　　　B. 总资产

C. 营业收入　　　　　　　　　　D. 净资产

【正确答案】A

表 4－1 常用基准

被审计单位	恰当的基准
以营利为目的的实体	经常性业务的税前利润/亏损
非营利性组织(如学校、研发中心等)	费用总额、收入或资产总额
经常性业务的税前利润/亏损波动较大;或以前年度营利而本年度亏损的实体	将异常项目或非经常性项目加回;或使用近几年平均税前利润/亏损(通常为 3～5 年)
新设立实体运营初期	所有权权益总额、费用总额或资产总额
以资产为主的实体(如基金)	净资产

在确定恰当的基准后,注册会计师通常运用职业判断合理选择百分比,据以确定重要性水平。百分比和选定的标准之间通常存在一定的联系,如经常性业务的税前利润对应的百分比通常比营业收入对应的百分比要高。一些参考数值的举例如表 4－2 所示。

表 4－2 判断重要性水平的参考指标和经验百分比

被审计单位	指　标	经验百分比
以营利为目的的实体	税前利润	5%～10%
非营利组织	费用或收入总额	1%～2%
	资产总额	0.5%～1%
以收入为基准的实体	收入总额	1%～2%
以资产总额为基准的实体	资产总额	<1%

注册会计师执行具体审计业务时,可能认为采用比上述百分比更高或更低的比例是适当的。当根据不同的基准计算出不同的重要性水平时,注册会计师应当根据实际情况决定采用何种计算方法更为恰当。

(2)各类交易、账户余额、列报认定层次的重要性水平

由于财务报表提供的信息由各类交易、账户余额、列报认定层次的信息汇集加工而成,注册会计师只有通过对各类交易、账户余额或披露认定层次实施审计,才能得出财务报表是否公允反映的结论。因此,注册会计师还应当考虑各类交易、账户余额或披露认定层次的重要性。这一层次的重要性水平也称为"可容忍错报"。可容忍错报的确定以注册会计师对财务报表层次重要性水平的初步评估为基础。它是在不导致财务报表存在重大错报的情况下,注册会计师对各类交易、账户余额或披露确定的可接受的最大限度。低于这一水平的错报是可容忍的;反之,高于这一水平的错报是不可接受的。

由于为各类交易、账户余额或披露确定的重要性水平即可容忍错报对审计证据数量有直接的影响,因此注册会计师应当合理确定可容忍错报。评估各类交易、账户余额或披露认定层次重要性水平的方法有两种:单独评估法和分配法。

单独评估法,又称简单评估法,就是结合上述几个因素考虑,将认定层次的重要性水平确定为财务报表层次的重要性水平的一定比例。例如,财务报表层次的重要性水平为 10 万元,确定应收账款的重要性水平为这一金额的 1/5,即 2 万元,则应收账款的错报超过 2 万元都是重要的。

分配法就是将财务报表层次的重要性水平分配到各交易、账户与列报项目，一般以资产负债表为对象。在分配重要性水平时，应当遵循以下原则：出现错误的可能性比较大、取证成本比较高的账户分配的重要性数额高些，对出现错误的可能性比较小、取证成本比较低的账户分配的数额要低些。

3. 从性质方面考虑重要性

对于重要性的确定，除了考虑错报的数额外，还要考虑错报的性质。特别是在某些情况下，金额相对较小的错报从性质上看有可能是重要的。例如，一项不重大的违法支付或者没有遵循某项法律规定，可能导致一项重大的或有负债、重大的资产损失或者收入损失。注册会计师在判断错报的性质是否重要时，一般应当考虑以下几个方面的情况：

(1)对财务报表使用者需求的感知，即他们对财务报表的哪一方面最感兴趣。

(2)获利能力趋势。

(3)因没有遵守贷款契约、合同约定、法规条款和法定的或常规的报告要求而产生错报的影响。

(4)计算管理层报酬(奖金等)的依据。

(5)由于错误或舞弊而使一些账户项目对损失的敏感性。

(6)重大或有负债。

(7)通过一个账户处理大量的、复杂的和相同性质的个别交易。

(8)关联方关系。

(9)可能的违法行为、违约和利益冲突。

(10)财务报表项目的重要性、性质、复杂性和组成。

(11)可能包含了高度主观性的估计、分配或不确定性。

(12)管理层的偏见。管理层是否有动机将收益最大化或者最小化。

(13)管理层一直不愿意纠正已报告的与财务报告相关的内部控制的缺陷。

(14)与账户相关联的核算与报告的复杂性。

(15)自前一个会计期间以来账户特征发生的改变(如新的复杂性、主观性或交易的种类)。

(16)个别极其重大但不同的错报抵消产生的影响。

4. 实际执行的重要性

实际执行的重要性是指注册会计师确定的低于财务报表整体的重要性的一个或多个金额，旨在将未更正和未发现错报的汇总数超过财务报表整体的重要性的可能性降至适当的低水平。如果适用，实际执行的重要性还指注册会计师确定的低于特定类别的交易、账户余额或披露的重要性水平的一个或多个金额。确定实际执行的重要性应考虑如下因素：(1)对被审计单位的了解(这些了解在实施风险评估程序的过程中得到更新)；(2)前期审计工作中识别出的错报的性质和范围；(3)根据前期识别出的错报对本期错报做出的预期。

实际执行的重要性通常为财务报表整体重要性水平的50%～70%。如果对被审计单位是非连续审计、以前年度审计调整较多或者项目总体风险较高(如属于高风险行业，经常面临较大的市场压力)，注册会计师通常选用财务报表整体重要性水平的50%作为实际执行的重要性水平；如果是连续审计而且以前年度审计调整较少或者项目总体风险较小(如属于低风险行业，市场压力较小)，注册会计师通常选用财务报表整体重要性水平的70%作为实际执行的重要性水平，如图4－2所示。

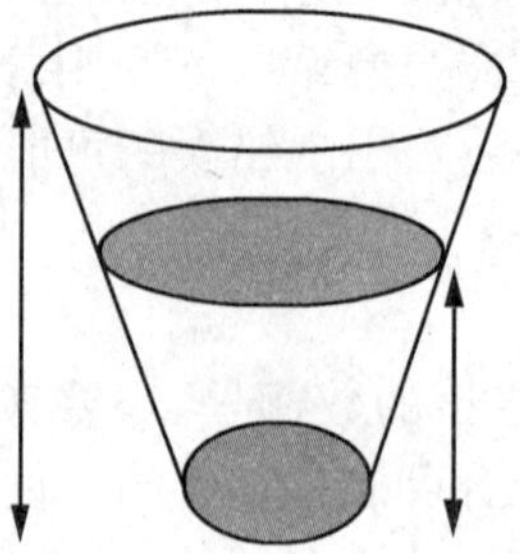

图 4—2 实际执行的重要性水平

在审计执行阶段,随着审计过程的推进,注册会计师应当及时评价计划阶段确定的重要性水平是否仍然合理,并根据具体环境的变化或在审计执行过程中进一步获取的信息修正计划的重要性水平,进而修改进一步审计程序的性质、时间和范围。

【课堂练习·单选题】关于实际执行的重要性在审计中的作用,下列说法中不正确的是(　　)。

A. 注册会计师在计划审计工作时可以根据实际执行的重要性确定需要对哪些类型的交易、账户余额和披露实施进一步审计程序

B. 注册会计师通常选取金额超过实际执行的重要性的财务报表项目

C. 注册会计师可以对所有金额低于实际执行的重要性的财务报表项目不实施进一步审计程序

D. 注册会计师可以运用实际执行的重要性确定进一步审计程序的性质、时间安排和范围

【正确答案】C

【课堂练习·单选题】在下列描述中,需要运用重要性水平的是(　　)。

A. 编写管理建议书　　B. 接受业务委托

C. 评价审计结果　　D. 签订审计业务约定书

【正确答案】C

【课堂练习·单选题】下列有关审计过程中修改重要性的说法中,错误的是(　　)。

A. 注册会计师可以通过调高重要性水平以降低审计风险

B. 审计过程中情况发生重大变化,注册会计师可能需要修改重要性

C. 审计过程中获取新信息,可能导致注册会计师修改重要性

D. 注册会计师在审计过程中发现,实际财务成果与最初确定财务报表整体的重要性时使用的预期本期财务成果相比存在着很大差异,则需要修改重要性

【正确答案】A

(二)评价审计过程中识别出的错报

1. 错报的含义

注册会计师应当根据重要性,评估在审计过程中已识别但尚未更正错报的汇总数是否重大。重要性水平不同,审计的结果也不同。

错报是指某一财务报表项目的金额、分类、列报或披露与按照适用的财务报告编制基础应当列示的金额、分类、列报或披露之间存在的差异。下列事项可能导致错报:(1)收集或处理用

以编制财务报表的数据时出现错误；(2)遗漏某项金额或披露；(3)由于疏忽或明显误解有关事实导致做出不正确的会计估计；(4)注册会计师认为管理层对会计估计做出不合理的判断或对会计政策做出不恰当的选择和运用。

【课堂练习·多选题】 可能导致错报的事项包括(　　)。

A. 收集或处理用以编制财务报表的数据时出现错误

B. 注册会计师认为管理层对会计估计做出不合理的判断或对会计政策做出不恰当的选择和运用

C. 由于疏忽或明显误解有关事实导致做出不正确的会计估计

D. 遗漏某项金额或披露

【正确答案】 ABCD

2. 错报的类型

(1)事实错报

这类错报产生于被审计单位收集和处理数据的错误，对事实的忽略或误解，或故意舞弊行为，是毋庸置疑的错报。例如，注册会计师在实施细节测试时发现最近购入存货的实际价值为20万元，但账面记录的金额却为21万元。因此，存货和应付账款分别被高估了1万元，被高估的这1万元就是已识别的对事实的具体错报。

【课堂练习·多选题】 下列各项中，属于事实错报的来源的有(　　)。

A. 被审计单位收集和处理数据的错误

B. 管理层和注册会计师对会计估计值的判断差异

C. 对事实的忽略或误解

D. 故意舞弊行为

【正确答案】 ACD

(2)判断错报

这类错报产生于两种情况：一是管理层和注册会计师对会计估计值的判断差异；二是管理层和注册会计师对选择和运用会计政策的判断差异。由于注册会计师认为管理层选用会计政策造成错报，管理层却认为选用会计政策适当，导致出现判断差异。

(3)推断错报

推断错报也称推断误差、可能误差，是注册会计师对总体存在的错报做出的最佳估计数，涉及根据在审计样本中识别出的错报来推断总体错报。推断错报通常包括：

①通过测试样本估计出的总体的错报减去在测试中发现的已经识别的具体错报。例如，应收账款年末余额为2 000万元，注册会计师抽查样本发现金额有100万元的高估，高估部分为账面金额的20%，据此注册会计师推断总体的错报金额为400万元(2 000×20%)，那么上述100万元就是已识别的具体错报，其余300万元即推断误差。

②通过实质性分析程序推断出的估计错报。例如，注册会计师根据客户的预算资料及行业趋势等要素，对客户年度销售费用独立地做出估计，并与客户账面金额比较，发现两者间有50%的差异。考虑到估计的精确性有限，注册会计师根据经验认为10%的差异通常是可接受的，而剩余40%的差异需要有合理解释并取得佐证性证据；假定注册会计师对其中20%的差异无法得到合理解释或不能取得佐证，则该部分差异金额即为推断误差。

【课堂练习·单选题】推断错报通常是指（　　）。

A. 通过测试样本估计出的总体的错报减去在测试中发现的已经识别的具体错报

B. 毋庸置疑的错报

C. 通过实质性分析程序推断出的估计错报

D. 由于注册会计师认为管理层对会计估计做出不合理的判断或不恰当地选择和运用会计政策而导致的差异

【正确答案】A

3. 评价尚未更正错报汇总数的影响

未更正错报是指注册会计师在审计过程中累积的且被审计单位未予更正的错报。注册会计师应当评估在审计过程中已识别但尚未更正错报的汇总数是否重大，并在出具审计报告之前，评估尚未更正错报单独或累积的影响是否重大。在评估时，注册会计师应当从特定的某类交易、账户余额及列报认定层次和财务报表层次考虑这些错报的金额和性质，以及这些错报发生的特定环境。

注册会计师在评估未更正错报是否重大时，不仅需要考虑每项错报对财务报表的单独影响，而且需要考虑所有错报对财务报表的累积影响及其形成原因，尤其是一些金额较小的错报，虽然单个看起来并不重大，但其累计数却可能对财务报表产生重大的影响。为全面地评价错报的影响，注册会计师应将审计过程中已识别的具体错报和推断误差进行汇总，并及时与管理层进行沟通，因为这能使管理层评价这些事项是否为错报，并采取必要的行动。管理层更正所有错报（包括注册会计师通报的错报）能够保持会计记录的准确性，降低由于与本期相关的、非重大的且尚未更正的错报的累计影响而导致未来期间财务报表出现重大错报的风险。

尚未更正错报与财务报表层次重要性水平相比，可能出现以下两种情况：

（1）尚未更正错报的汇总数低于重要性水平（并且特定项目的尚未更正错报也低于考虑其性质所设定的更低的重要性水平，下同）。如果尚未更正错报的汇总数低于重要性水平，对财务报表的影响不重大，注册会计师可以发表无保留意见的审计报告。

（2）尚未更正错报的汇总数超过或接近重要性水平。按照审计准则的规定，如果尚未更正错报的汇总数超过了重要性水平，对财务报表的影响可能是重大的，注册会计师应当考虑通过扩大审计程序的范围或要求管理层调整财务报表以降低审计风险。在任何情况下，注册会计师都应当要求管理层就已识别的错报调整财务报表。如果管理层拒绝调整财务报表，并且扩大审计程序范围的结果不能使注册会计师认为尚未更正错报的汇总数不重大，注册会计师应当考虑出具非无保留意见的审计报告。

如果已识别但尚未更正错报的汇总数接近重要性水平，注册会计师应当考虑该汇总数连同尚未发现的错报是否可能超过重要性水平，并考虑通过实施追加的审计程序，或要求管理层调整财务报表以降低审计风险。

在评价审计程序结果时，注册会计师确定的重要性和审计风险可能与计划审计工作评估的重要性和审计风险存在差异，注册会计师应当考虑实施的审计程序是否充分。

为了便于记忆，将上述内容总结至表4—3中。

表 4—3　　尚未更正错报汇总不同情况应采取的措施

尚未更正错报汇总	措　施
低于重要性水平	注册会计师可以发表无保留意见的审计报告
超过重要性水平	注册会计师应当考虑通过扩大审计程序的范围或要求管理层调整财务报表以降低审计风险
接近重要性水平	通过实施追加的审计程序，或要求管理层调整财务报表以降低审计风险

【课堂练习·多选题】下列关于错报的说法中，不正确的有（　　）。

A. 除非法律法规禁止，注册会计师应当及时将审计过程中累积的所有错报与适当层级的管理层进行沟通

B. 注册会计师还应当要求管理层更正所有累积的错报

C. 如果管理层拒绝更正沟通的部分错报或全部错报，注册会计师应当认为管理层存在诚信问题

D. 在评价未更正错报的影响之前，注册会计师不应重新评估重要性水平

【正确答案】CD

第二节　审计风险

一、审计风险概述

（一）审计风险的概念

审计风险是审计人员因做出错误审计结论和表达错误审计意见，从而导致审计组织和审计人员承担法律责任和相应经济损失的可能性。审计风险并不包含这种情况，即财务报表不含有重大错报，而注册会计师错误地发表了财务报表含有重大错报的审计意见的风险。可接受的审计风险的确定需要考虑会计师事务所对审计风险的态度、审计失败对会计师事务所可能造成损失的大小等因素。由于审计工作中的不确定因素，审计风险从某种角度上说是不可避免的。虽然注册会计师不能完全消除审计风险，但是通过自身努力，寻找事物发展的风险点，改变风险存在和发生的条件，降低风险发生的频率，将风险降到可以接受的低水平是可能的。另外，审计业务是一种保证程度比较高的鉴证业务，可接受的审计风险应当足够低，以使注册会计师能够合理保证所审计的财务报表不含有重大错报。审计风险取决于重大错报风险和检查风险。

【课堂练习·单选题】审计人员因做出错误审计结论和表达错误审计意见，从而导致审计组织和审计人员承担法律责任和相应经济损失的可能性被称为（　　）。

A. 固有风险　　B. 控制风险　　C. 抽样风险　　D. 审计风险

【正确答案】D

（二）审计风险的特征

1. 审计风险客观存在，不以审计人员的意志为转移

通过对审计风险的研究，人们只能认识和控制审计风险，只能在有限的空间和时间内改变风险存在和发生的条件，降低其发生的频率和减少损失的程度，而不能也不可能完全消除风险。

2. 审计活动自始至终存在着风险

审计风险始终存在于审计过程的每一个环节，任何一个环节的审计失误都会增加最终的审计风险。

3. 审计风险具有潜在性

审计风险具有潜在性，即审计人员的审计结论虽偏离了审计事项的客观事实，但没造成不良后果，没引发追究审计责任的行为，审计风险只是停留在潜在阶段。但这并不说明审计风险是不存在的，一旦造成影响，引发追究行为，潜在风险就会转化为实际风险。

4. 审计风险可以控制

审计风险贯穿于审计的整个过程，审计人员可以通过自身的努力减少审计风险的产生。审计取证模式的发展也表明：审计风险虽然存在，但可以加以控制。

【课堂练习·多选题】审计人员的审计结论偏离了审计事项的客观事实，但没引发追究审计责任的行为，这说明审计风险是（　　）。

A. 可以控制的　　B. 客观的　　C. 具有潜在性的　D. 始终存在的

【正确答案】ABCD

审计风险取决于财务报表重大错报风险和检查风险。注册会计师应当实施审计程序，评估重大错报风险，并根据评估结果设计和实施进一步审计程序，以控制检查风险。

（三）重大错报风险

重大错报风险是指财务报表在审计前存在重大错报的可能性。重大错报风险与被审计单位的风险相关，且独立于财务报表审计中。在设计审计程序以确定财务报表整体是否存在重大错报时，注册会计师应当从以下两个层次方面考虑重大错报风险：

1. 财务报表层次的重大错报风险

财务报表层次的重大错报风险与财务报表整体存在广泛联系，它可能影响多项认定。此类风险很可能来源于薄弱的控制环境，如管理层缺乏诚信、治理层形同虚设而不能对管理层进行有效监督等；但也可能与其他因素有关，如经济萧条、企业所在行业处于衰退期、管理层缺乏诚信、治理层形同虚设等。此类风险难以被界定于某类交易、账户余额、列报的具体认定；相反，此类风险增大了一个或多个不同认定发生重大错报的可能性，可能引发舞弊，与财务报表整体相关。

注册会计师评估财务报表层次重大错报风险的措施包括：考虑审计项目组中负有重要责任的人员的学识、技术和能力，以及是否需要专家介入；考虑给予业务助理人员适当程度的监督指导；考虑是否存在导致注册会计师怀疑被审计单位持续经营假设的合理性的事项或情况。

2. 认定层次的重大错报风险

认定层次的重大错报风险一般与特定的某类交易、账户余额、列报的认定相关，如被审计单位存在复杂的联营或合资，这一事项表明长期股权投资账户的认定可能存在重大错报风险。注册会计师考虑认定层次的重大错报风险直接有助于确定认定层次上实施的进一步审计程序的时间和范围，注册会计师在各类交易、账户余额、列报认定层次获取审计证据，以便能够在完成审计工作时，以可接受的审计风险水平对财务报表发表整体审计意见。认定层次的重大错报风险又可以进一步分为固有风险和控制风险。

(1)固有风险

固有风险是指在考虑相关的内部控制之前,某类交易、账户余额或披露的某一认定易于发生错报的可能性,无论该错报是单独考虑,还是连同其他错报构成重大错报。某些类别的交易、账户余额、列报及其认定的固有风险很高。例如,复杂的计算比简单的计算更可能出错,受重大计量不确定性影响的会计估计发生错报的可能性较大。产生经营风险的外部因素也可能影响固有风险,比如,技术进步可能导致某项产品陈旧,进而导致存货易于发生高估错报(计价认定)。固有风险的产生与被审计单位有关,而与注册会计师无关。注册会计师无法通过自己的工作来降低固有风险,只能通过必要的审计程序来分析和判断固有风险水平。

(2)控制风险

控制风险是指某类交易、账户余额或披露的某一认定发生错报,该错报单独或连同其他错报是重大的,而该错报没有被企业的内部控制及时防止、发现和纠正的可能性。控制风险水平与被审计单位内部控制的设计和运行的有效性密切相关,如果被审计单位的内部控制制度存在重要的缺陷或不能有效地工作,那么错弊就会进入被审计单位的财务报表系统,由此产生控制风险。控制风险独立存在于审计过程中,这种风险与固有风险的大小无关,它是被审计单位内部控制制度或程度的有效性的函数。有效的内部控制将降低控制风险,而无效的内部控制将增加控制风险。由于内部控制制度不能完全保证防止或发现所有错弊,因此,控制风险不可能为零,它必然会影响最终的审计风险。

需要说明的是,固有风险和控制风险不可分割地交织在一起,有时无法单独进行评估,审计准则通常不再单独提到固有风险和控制风险,而是将这两者合并称为"重大错报风险"。但这并不意味着注册会计师不可以单独对固有风险和控制风险进行评估;相反,注册会计师既可以对两者单独进行评估,也可以对两者进行合并评估,具体采用的评估方法取决于会计师事务所偏好的审计技术和方法及实务上的考虑。

(四)检查风险

检查风险是指如果存在某一错报,该错报单独或连同其他错报可能是重大的,注册会计师为将审计风险降至可接受的低水平而实施程序后没有发现这种错报的风险。例如,记录的金额多写了一个零,复核时没有发现、纠正,审计时也未能检查出来。检查风险是注册会计师可以控制的风险,取决于审计程序设计的合理性和执行的有效性。由于现代审计是抽样审计,因此检查风险不可能降低为零。另外,注册会计师在执行审计过程中选择了不恰当的审计程序也不可避免地产生检查风险。注册会计师和所在的会计师事务所可以通过适当计划、在项目组成员之间进行恰当的职责分工、保持职业怀疑态度以及监督、指导和复核助理人员所执行的审计工作等措施降低检查风险。表 4—4 对固有风险、控制风险和检查风险进行了比较。

表 4—4　　固有风险、控制风险和检查风险的对比

类别	固有风险	控制风险	检查风险
概念	又称内在风险	又称制度风险	又称测试风险
特征	注册会计师无法控制,但可评估		注册会计师可控制

【课堂练习·单选题】下列关于重大错报风险的说法中,错误的是(　　)。

A. 重大错报风险是指如果存在某一错报,该错报单独或连同其他错报可能是重大的,注

册会计师为将审计风险降至可接受的低水平而实施程序后没有发现这种错报的风险

B. 重大错报风险包括财务报表层次和各类交易、账户余额以及列报和披露认定层次的重大错报风险

C. 财务报表层次的重大错报风险可能影响多项认定，此类风险通常与控制环境有关，但也可能与其他因素有关

D. 认定层次的重大错报风险可以进一步细分为固有风险和控制风险

【正确答案】A

【课堂练习 · 多选题】当可接受的检查风险降低时，注册会计师可能采取的措施有（　　）。

A. 扩大实质性程序的范围

B. 将计划实施实质性程序的时间从期中移至期末

C. 降低评估的重大错报风险

D. 消除固有风险

【正确答案】AB

二、审计风险模型及其运用

（一）审计风险模型

审计风险由重大错报风险和检查风险组成，在既定的审计风险水平下，可接受的检查风险水平与认定层次重大错报风险的评估结果呈反向关系。评估的重大错报风险越高，可接受的检查风险越低；评估的重大错报风险越低，可接受的检查风险越高。这两种风险的反向关系如图4—3所示。

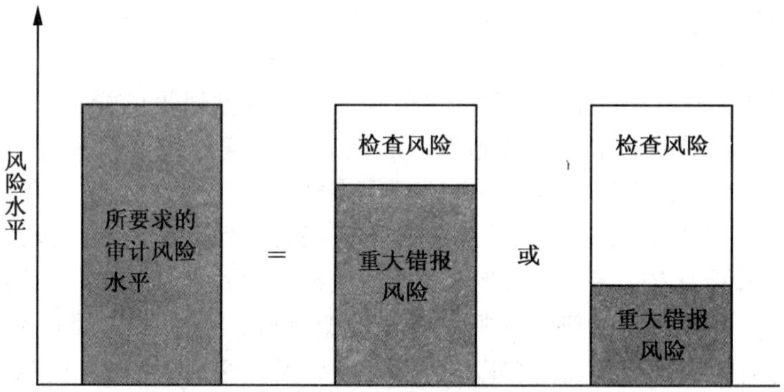

图4—3　检查风险与重大错报风险的反向关系

检查风险与重大错报风险的反向关系可以用数字模型表示如下：

审计风险＝重大错报风险×检查风险

＝固有风险×控制风险×检查风险

这个模型也就是审计风险模型。实务中，注册会计师不一定用绝对数量表达这些风险水平，而选用“高”“中”“低”等文字描述。

（二）审计风险模型的运用

审计风险受重大错报风险和检查风险这两个因素影响。重大错报风险与被审计单位的控

制环境有关，是注册会计师不能控制的，但是，注册会计师可以对重大错报风险进行评估，并根据既定的审计风险水平和评估的认定层次重大错报风险确定可接受的检查风险水平。在既定的审计风险水平下，可接受的检查风险水平与认定层次重大错报风险的评估结果呈反向关系。评估的重大错报风险越高，可接受的检查风险越低；评估的重大错报风险越低，可接受的检查风险越高。三者之间的关系如图 4－4 所示。

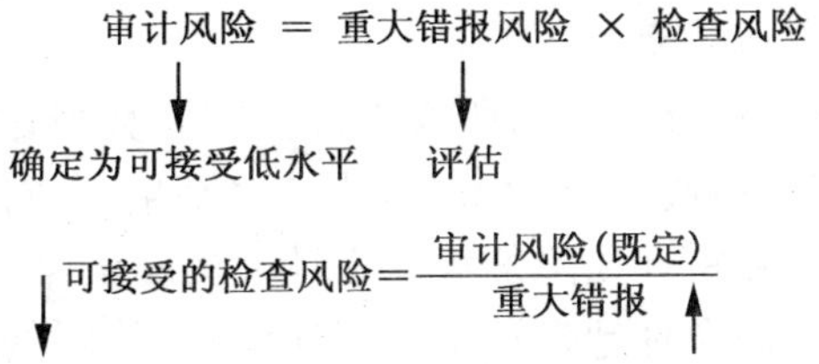

图 4－4　审计风险、重大错报风险和检查风险间的关系

1. 在计划阶段的运用

在计划阶段，可根据审计风险模型，在既定的审计风险水平下确定可接受的检查风险水平。

$$\text{可接受的检查风险水平}=\frac{\text{可接受的审计风险}}{\text{重大错报风险}}$$

例如，注册会计师李强可接受的审计风险为 5％，根据他对被审计单位及其环境的了解，评估的重大错报风险为 70％。则他可接受的检查风险水平计算如下：

$$\text{检查风险水平}=\frac{5\%}{70\%}=7.14\%$$

假如注册会计师李强评估的重大错报风险为 80％，在可接受的审计风险为 5％不变的情况下，则：

$$\text{可接受的检查风险水平}=\frac{5\%}{60\%}=8.33\%$$

2. 在终结阶段的运用

在终结阶段，运用审计风险模型评估实际审计风险水平，并将实际审计风险水平与可接受的审计风险水平相比较，若前者高出后者，就需要重新确定审计范围，调整审计程序，或者重新考虑准备发表的审计意见类型。审计风险模型的这种运用延续于整个审计过程。审计风险各要素之间存在如表 4－5 所示的变动关系。

表 4－5　　审计风险各要素之间的变动关系及与审计证据之间的关系

<table>
<tr><td rowspan="3">审计人员对报表层次重大错报风险的评估（注册会计师无法控制，但可以评估）</td><td colspan="3">审计人员对认定层次重大错报风险的评估（注册会计师无法控制，但可以评估）</td><td rowspan="3">审计证据需要的数量</td></tr>
<tr><td>高</td><td>中</td><td>低</td></tr>
<tr><td colspan="3">审计人员可接受的检查风险水平（注册会计师可以控制）</td></tr>
<tr><td>高</td><td>最低</td><td>较低</td><td>中等</td><td>多</td></tr>
<tr><td>中</td><td>较低</td><td>中等</td><td>较高</td><td>中</td></tr>
<tr><td>低</td><td>中等</td><td>较高</td><td>最高</td><td>少</td></tr>
</table>

由表4—5可以看出，在既定的审计风险水平下，可接受的检查风险水平与重大错报风险的评估结果呈反向关系。

(1)评估的重大错报风险越高，可接受的检查风险越低，为此必须扩大审计程序的范围，获取更多的审计证据，从而降低检查风险实际水平，以将实际审计风险控制在可接受的水平，确保审计效果。

(2)评估的重大错报风险越低，可接受的检查风险越高，则可适当缩小审计程序的范围，获取较少的审计证据，以提高审计效率。

审计人员对重大错报风险估计水平与所需审计证据的数量之间呈同向变动。也就是说，重大错报风险的评估水平不能偏离其实际水平，估计水平偏高或偏低都是不利的。偏高会导致审计成本加大，偏低则会导致审计风险加大。审计人员应该保持应有的职业怀疑态度，合理地估计重大错报风险水平，从而合理地设计审计程序的性质、时间和范围并有效地执行，将检查风险降到可接受的水平。

【课堂练习·单选题】根据审计风险模型的规定，下列表述中不正确的是(　　)。

A. 在审计业务中，注册会计师应将审计风险降至可接受的低水平，以合理保证财务报表不存在由于舞弊或错误导致的重大错报

B. 在既定的审计风险水平下，评估的重大错报风险越高，可接受的检查风险越低，需要的审计证据越多

C. 注册会计师可以通过扩大执行审计程序的性质、时间和范围，消除检查风险

D. 注册会计师应当获得认定层次充分、适当的审计证据，以便在完成审计工作时，能够以可接受的低审计风险对财务报表整体发表意见

【正确答案】C

【课堂练习·多选题】下列有关审计风险的相关表述中，正确的有(　　)。

A. 审计风险模型中的审计风险是由检查风险和重大错报风险相加来确定的

B. 审计风险模型中的重大错报风险是注册会计师评估的认定层次的重大错报风险

C. 注册会计师通过实施实质性程序以降低重大错报风险

D. 可接受的审计风险与审计证据之间存在反向变动关系

【正确答案】BD

【课堂思考】

ABC会计师事务所承接了甲公司2016年度会计报表审计。请思考：在执行审计业务时，A注册会计师的下列做法中哪个是正确的？

(1)通过调高重要性水平，降低评估的重大错报风险；

(2)在确定计划的重要性水平时，考虑对甲公司及其环境的了解；

(3)通过修改计划实施的实质性程序的性质、时间和范围，降低检查风险；

(4)获得认定层次充分、适当的审计证据，以便在完成审计工作时，能够以可接受的低审计风险对财务报表整体发表意见；

(5)合理设计审计程序的性质、时间和范围，并有效执行审计程序，以控制重大错报风险；

(6)合理设计审计程序的性质、时间和范围，并有效执行审计程序，以消除检查风险。

三、审计重要性、审计风险与审计证据之间的关系

在执行审计业务时，注册会计师应当考虑重要性与审计风险的关系。

重要性与审计风险之间存在反向关系。重要性水平越高，审计风险越低；重要性水平越低，审计风险越高。这里的重要性水平高低指的是金额的大小。通常，20 000 元的重要性水平比 3 000元的重要性水平高。在理解两者之间的关系时，必须注意，重要性水平是注册会计师从财务报表使用者的角度进行判断的结果。如果重要性水平是 20 000 元，则意味着低于20 000元的错报不会影响财务报表使用者的决策，此时注册会计师需要通过执行有关审计程序合理保证能发现高于 20 000 元的错报。如果重要性水平是 3 000 元，则金额在 3 000 元以上的错报就会影响财务报表使用者的决策，此时注册会计师需要通过执行有关审计程序合理保证才能发现金额在 3 000 元以上的错报。显然，重要性水平为 3 000 元时审计不出这样的重大错报的可能性即审计风险，要比重要性水平为 20 000 元时的审计风险高，两者的关系如图4—5所示。

审计证据的实际量—→	实际审计重要性水平—→	实际审计风险水平
不变	低	高
不变	高	低

图 4—5　重要性与审计风险的关系

重要性与审计证据之间的反向关系表明，重要性水平越低，注册会计师需要获取的审计证据就越多。例如，为合理保证存货账户的错报不超过 5 000 元所需收集的审计证据比为了合理保证该账户错报不超过 10 000 元所需收集的审计证据要多。审计风险越高，越要求注册会计师收集更多、更有效的审计证据，以将审计风险降至可接受的低水平。因此，重要性与审计证据之间是反向变动关系，而审计风险与审计证据之间是正向变动关系。

在理解这一关系时，还应注意，重要性水平不同于重要的审计项目。审计项目越重要，所需收集的审计证据就会越多。例如，占资产总额 50%的审计项目比占资产总额 20%的审计项目需要收集更多的审计证据。

审计重要性、审计风险与审计证据之间的关系如图 4—6 所示。

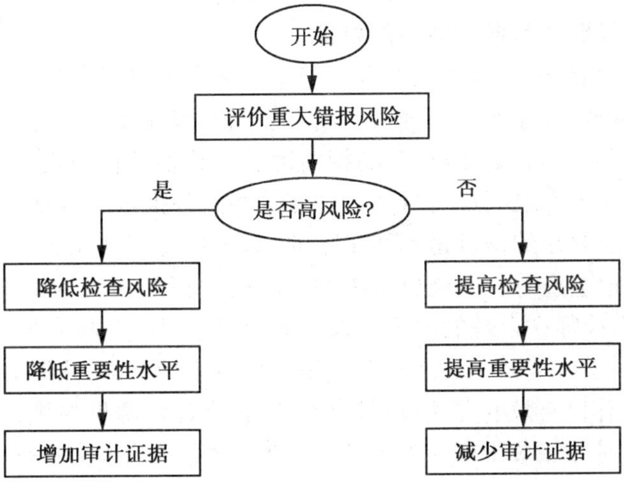

图 4—6　重要性、审计风险和审计证据之间的关系

值得注意的是，注册会计师不能不合理地人为调高重要性水平、降低审计风险，因为重要性是依据从报表使用者角度的判断标准确定的，而不是由主观期望的审计风险水平决定的。由于重要性和审计风险存在上述反向关系，而且这种关系对注册会计师将要执行的审计程序的性质、时间和范围有直接的影响，因此，注册会计师应当综合考虑各种因素，合理确定重要性水平。

四、审计的固有限制

注册会计师不可能将审计风险降至零，因此不能对财务报表不存在由于舞弊或错误导致的重大错报获取绝对保证。这是由于审计存在固有限制，导致注册会计师据以得出结论和形成审计意见的大多数审计证据是说服性而非结论性的。审计的固有限制源于：(1)财务报告的性质；(2)审计程序的性质；(3)在合理的时间内以合理的成本完成审计的需要。

(一)财务报告的性质

管理层编制财务报表，需要根据被审计单位的事实和情况运用适用的财务报告编制基础的规定，在这一过程中需要做出判断。此外，许多财务报表项目涉及主观决策、评估或一定程度的不确定性，并且可能存在一系列可接受的解释或判断。因此，某些财务报表项目的金额本身就存在一定的变动幅度，这种变动幅度不能通过实施追加的审计程序来消除。例如，某些会计估计通常如此。即便如此，审计准则仍要求注册会计师特别考虑在适用的财务报告编制基础下会计估计是否合理，相关披露是否充分，会计实务的质量是否良好(包括管理层判断是否可能存在偏向)。

(二)审计程序的性质

注册会计师获取审计证据的能力受实务和法律上的限制。例如：(1)管理层或其他人员可能有意无意地不提供与财务报表编制相关的或注册会计师要求的全部信息。因此，即使实施了旨在保证获取所有相关信息的审计程序，注册会计师也不能保证信息的完整性。(2)舞弊可能涉及精心策划和蓄意实施以进行隐瞒。因此，用于收集审计证据的审计程序可能对于发现舞弊是无效的。例如，舞弊导致的错报涉及串通伪造文件，使得注册会计师误以为有效的证据实际上是无效的。注册会计师没有接受文件真伪鉴定方面的培训，不应被期望成为鉴定文件真伪的专家。(3)审计不是对涉嫌违法行为的官方调查。因此，注册会计师没有被授予特定的法律权利(如搜查权)，而这种权力对调查而言是必要的。

(三)财务报告的及时性和成本效益的权衡

审计中的困难、时间或成本等事项本身不能作为注册会计师省略不可替代的审计程序或满足于说服力不足的审计程序的正当理由。制订适当的审计计划有助于保证执行审计工作需要的充分的时间和资源。尽管如此，信息的相关性及其价值会随着时间的推移而降低，所以，需要在信息的可靠性与成本之间进行权衡。这在某些财务报告编制基础上得到认可。要求注册会计师处理所有可能存在的信息是不切实际的，基于信息存在错误或舞弊除非能够提供反证的假设而竭尽可能地追查每一事项也是不切实际的。正是因为认识到这一点，财务报表使用者的期望是，注册会计师在合理的时间内以合理的成本对财务报表形成审计意见。

为了在合理的时间内以合理的成本对财务报表形成审计意见，注册会计师有必要：(1)计划审计工作，以使审计工作以有效的方式得到执行；(2)将审计资源投向最可能存在重大错报风险的领域，并相应地在其他领域减少审计资源；(3)运用测试和其他方法检查总体存在的错报。

由于审计的固有限制，即使按照审计准则的规定适当地计划和执行审计工作，也不可避免地存在财务报表的某些重大错报可能未被发现的风险。相应地，完成审计工作后发现由于舞弊或错误导致的财务报表重大错报，其本身并不表明注册会计师没有按照审计准则的规定执行审计工作。尽管如此，审计的固有限制并不能作为注册会计师满足于说服力不足的审计证据的理由。注册会计师是否按照审计准则的规定执行了审计工作，取决于注册会计师在具体情况下实施的审计程序，由此获取的审计证据的充分性和适当性，以及根据总体目标和对审计证据的评价结果而出具审计报告的恰当性。

【课堂练习 · 单选题】下列各项中，属于审计不能提供绝对保证的原因的是（　　）。

A. 审计存在固有限制　　B. 审计人员存在失误

C. 审计中存在各种困难　　D. 审计程序采取不当

【正确答案】A

【课堂练习 · 单选题】下列选项中，不属于财务报告的性质导致的审计固有限制的是（　　）。

A. 管理层编制财务报表需要选择适用的财务报告编制基础的规定，并做出判断

B. 很多财务报表项目涉及主管决策、评估

C. 被审计单位存在新员工，在工作中容易产生差错

D. 某些财务报表项目的金额本身就存在一定的变动幅度

【正确答案】C

五、审计风险的控制方法

（一）自我保护法

对可控风险，审计人员应尽量采取必要的措施加以防范。其主要做法有：提高审计人员的业务水平；遵守审计准则；深入了解被审计单位的基本情况和财务状况；签订业务约定书，取得管理当局说明书；保持审计的独立性；加强审计质量控制。

（二）风险回避法

这是指审计人员应尽量回避风险大而自身又无法加以控制的审计项目，如会计账目混乱、内部控制系统薄弱、管理人员缺乏正直的品格等。

（三）风险转移法

审计人员应尽量分解引发风险的责任，将审计机构、被审计单位和其他相关单位应负的责任划分清楚。

（四）风险承受法

审计人员应采取措施来提高风险承受能力，如建立风险基金制度、办理职工保险等。

【课堂练习 · 单选题】审计人员通过提高业务水平来控制审计风险属于风险控制方法中的（　　）。

A. 自我保护法　　B. 风险回避法　　C. 风险转移法　　D. 风险承受法

【正确答案】A

本章小结

重要性是审计学的一个基本概念，其运用贯穿于整个审计过程。重要性的判断包括数量

和性质两个方面，同时考虑对经济决策的影响程度、具体环境、报表使用者的需求等，并需要运用职业判断。重要性水平的确定需要针对计划审计工作和评价审计过程中识别出的错报两个层次进行。

错报包括事实错报、判断错报和推断错报。注册会计师应当评估在审计过程中已识别但尚未更正错报的汇总数是否重大，并在出具审计报告之前评估尚未更正错报单独或累积的影响是否重大。如果尚未更正错报汇总数低于重要性水平，注册会计师可以发表无保留意见的审计报告；如果尚未更正错报汇总数超过了重要性水平，注册会计师应当考虑通过扩大审计程序的范围或要求管理层调整财务报表以降低审计风险。

审计风险是指财务报表存在重大错报而注册会计师发表不恰当审计意见的可能性。审计风险取决于重大错报风险和检查风险。在既定的审计风险水平下，可接受的检查风险水平与认定层次重大错报风险的评估结果呈反向关系。

重要性水平越高，审计风险越低；重要性水平越低，审计风险越高，注册会计师需要获取的审计证据就越多。因此，重要性与审计证据之间是反向变动关系，而审计风险与审计证据之间是正向变动关系。

由于审计存在固有限制，注册会计师不可能将审计风险降至零，因此不能对财务报表不存在由于舞弊或错误导致的重大错报提供绝对保证。

思考与实训

一、思考题

1. 如何理解重要性的含义？
2. 注册会计师在确定计划的重要性水平时，需要考虑哪些因素？
3. 如何评估财务报表层次的重要性水平？
4. 哪些事项可能导致错报？错报的类型有哪些？
5. 简述尚未更正错报汇总数与重要性水平之间可能存在的关系，以及应采取的措施。
6. 什么是审计风险？如何理解审计风险？
7. 简述认定层次的重大错报风险的构成。
8. 分析重要性、审计风险与审计证据之间的关系。
9. 分析审计固有限制存在的原因。

二、实训题

1. 某注册会计师在评估被审计单位的审计风险时，分别设计了四种情况（见表4—6），以帮助决定可接受的检查风险水平。

表4—6　　被审计单位的风险概况

风险类别	情况一	情况二	情况三	情况四
可接受的审计风险	5%	3%	2%	4%
重大错报风险	30%	100%	40%	100%

要求：

(1)计算上述四种情况下的可接受检查风险水平。

(2)指出哪种情况需要注册会计师获取最多的审计证据，并说明理由。

2. 注册会计师A和B对XYZ股份有限公司2016年度财务报表进行审计，其未经审计的有关会计报表项目金额如表4—7所示。

表4—7 **未经审计的有关会计报表项目金额** 单位：万元

财务报表项目名称	金 额
资产总计	180 000
股东权益合计	88 000
主营业务收入	240 000
利润总额	36 000
净利润	24 120

要求：如以资产总额、净资产（股东权益）、主营业务收入和净利润作为判断基础，采用固定比率法，并假定资产总额、净资产、主营业务收入和净利润的固定百分比数值分别为0.5%、1%、0.5%和5%，请代注册会计师A和B计算确定XYZ公司2016年度财务报表层次的重要性水平（请列示计算过程）。

第五章　审计证据与审计工作底稿

学习目标

知识目标

1. 理解审计证据的含义和分类；
2. 掌握审计证据的质量特征、审计证据决策的处理过程和影响审计证据决策的因素；
3. 理解审计工作底稿的含义、作用、基本要素和编制要求；
4. 熟悉审计工作底稿的分类和复核；
5. 熟悉获取审计证据的程序。

技能目标

1. 根据不同的具体审计目标收集适当的审计证据；
2. 明确审计工作底稿的构成要素，能编制单项业务的审计工作底稿。

引导案例

安达信对世界通信的重大审计失败案例

美国世界通信公司(WorldCom，简称世界通信)是一家美国通信公司，2003年因会计丑闻事件而破产。1989～2002年，美国著名会计师事务所安达信一直负责世界通信的审计工作。就已经披露的资料看，安达信对世界通信的财务舞弊负有不可推卸的重大过失审计责任。安达信对世界通信的审计是一项可载入史册的典型的重大审计失败案例。

安达信向美国证券交易管理委员会(SEC)和司法部门提供的1999～2001年审计工作底稿表明，安达信在这三年里一直将世界通信评估为具有最高等级审计风险的客户。在编制1999～2001年度审计计划时，安达信对世界通信审计风险的评估表明：安达信的审计计划已经认识到世界通信的会计及财务报告具有重大的审计风险，这种风险主要源于世界通信制定了过于激进的收入和营利目标。换言之，安达信已经意识到世界通信具有报表粉饰或财务舞弊的动机。尽管如此，面对如此高风险的审计客户，安达信却没有保持应有的职业审慎和职业怀疑，导致没能发现世界通信的巨额的会计造假案。

合理的职业怀疑意味着，注册会计师不得因为信任被审计单位管理当局的诚实而满足于获取不是完全令人信服的审计证据。但安达信对世界通信的线路成本、准备金计提和转回、收入确认以及商誉减值等重大事项进行审计时，几乎完全依赖世界通信高层的管理声明书，而不是建立在获取充分适当审计证据的基础上，以至世界通信审计委员会在2002年6月向安达信通报世界通信利用冲销线路成本虚构利润时，安达信向新闻媒体的解释是世界通信高层并没有在管理当局声明书中就此事告知安达信。可见，安达信的做法严重违反了美国公认审计准则(GAAS)关于应有的职业审慎和职业怀疑的相关规定，负有重大过失责任。

思考：我们应如何理解案例中表述的“充分适当”的审计证据？如何理解案例中的“审计工作底稿”？

第一节　审计证据

一、审计证据的含义

审计的整个过程，就是根据要实现的审计目标，收集和评价审计证据，形成审计结论和审计意见的过程。从某种意义上讲，审计证据是审计成败的关键，而收集审计证据是审计工作的核心环节之一。

审计证据是指注册会计师获取的、为得出审计结论、形成审计意见而使用的所有信息，包括构成财务报表基础的会计记录所含有的信息和其他信息。会计记录中含有的信息本身并不足以提供充分的审计证据作为对财务报表发表审计意见的基础，注册会计师还应获取用作审计证据的其他信息。审计证据包括构成财务报表基础的会计记录所含有的信息和其他信息，两者缺一不可。如果没有前者，审计工作将无法进行；如果没有后者，可能无法识别重大错报风险。只有将两者结合在一起，才能将审计风险降至可接受的低水平，为注册会计师发表审计意见提供合理基础。

审计证据的内容如图 5－1 所示。

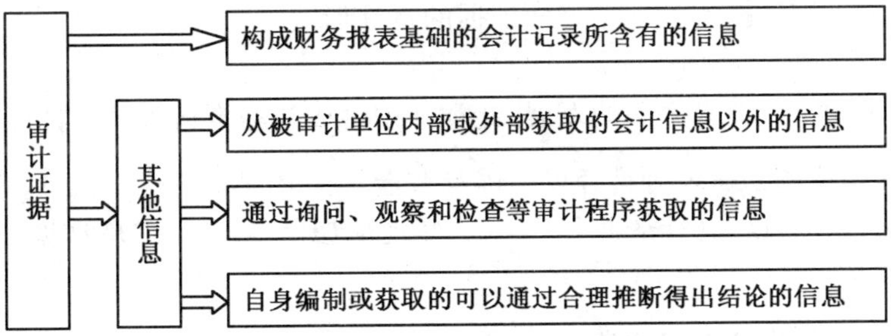

图 5－1　审计证据的内容

二、审计证据的分类

(一)审计证据按其形式不同分类

1. 实物证据

实物证据是指审计人员通过实际观察、实地盘点等方法确定某些实物资产是否确实存在的证据。例如，盘点库存的有价证券可以验证其数额，盘点存货和固定资产可以验证其存在性。通常实物证据被认为是最可靠的证据，具有很强的证明力。但是实物证据证明不了所有权、完整性和价值，只能证明实物资产的存在性。对于取得实物证据的账面资产，还应就其所有权归属及其价值情况另行审计。

【审计实践】审计人员对A企业进行审计，审计目标是证实存货的所有权，盘点方法采用监督盘点。盘点后发现其中丙商品盘盈80件，经进一步询问发现B企业委托A企业代销的丙产品120件；最后认定B企业委托A企业代销丙产品120件不属于A企业所有，因而A企业库存商品不但没有盘盈80件，反而短缺50件。通过盘点，查明了库存商品的所有权问题，取得了实物检查证据。

2. 书面证据

书面证据又称文件证据，是指审计人员获取的各种以文件记录为形式的证据，包括与审计有关的各种原始凭证、会计记录（记账凭证、会计账簿和各种明细表）、会议记录和文件、合同、通知书、报告书及函件等。谈话记录不是书面证据。书面证据往往是审计证据中的主要部分，其数量多、来源渠道广、容易被篡改。

3. 口头证据

口头证据是指被审计单位的有关人员对审计人员提出的问题所做的口头答复所形成的证据，在取得口头证据时，应将其转换成书面记录，并取得提供证据者的签字盖章。口头证据虽然通常以书面记录等形式表现，但不能认为是一种书面证据，因为口头证据实质上是被询问人所做的口头陈述，只不过是以书面形式记录下来。一般情况下，口头证据需要得到其他相应证据的支持。

4. 环境证据

环境证据是指对被审计单位产生影响的各种环境事实，环境证据一般不作为主要证据，但它可以帮助审计人员了解被审计单位和审计事项所处的环境。

5. 鉴定和勘验证据

鉴定和勘验证据是指因特殊需要，审计机关指派或聘请专门人员对某些审计事项进行鉴定而产生的证据。这种证据实际上是书面证据的特殊形式。

6. 视听或电子证据

随着科学技术和审计技术方法的发展，此类证据将成为经常运用的审计证据。

【课堂练习·单选题】通过对库存现金进行监盘取得的证据属于（　　）。

A. 实物证据　　B. 视听证据　　C. 鉴定证据　　D. 环境证据

【正确答案】A

（二）审计证据按其来源不同分类

1. 亲历证据

亲历证据是指审计人员在被审计单位执行审计工作时亲眼目击、亲自参加或亲自动手取得的证据。例如，审计人员监督财产物资盘点。亲历证据比较可靠，因此证明力较强。

2. 外部证据

外部证据是由被审计单位以外的组织机构或人员编制的审计证据，它一般有较强的证明力，是非常重要的一类证据。按证明力强弱可划分为未经过被审计单位的外部证据和经过被审计单位的外部证据。未经过被审计单位的外部证据是指由被审计单位以外的组织机构或人员编制，并由其直接交给审计人员的审计证据，如应收账款的函证回函。经过被审计单位的外部证据是指由被审计单位以外的机构或人员编制，但为被审计单位持有并提交给审计人员的审计证据，如银行对账单、购货发票等。

3. 内部证据

内部证据是由被审计单位内部机构或职员编制和提供的书面证据，它包括被审计单位的会计记录、被审计单位声明书，以及其他各种由被审计单位编制和提供的有关书面文件。

一般而言，内部证据不如外部证据可靠。但如果内部证据在外部流转，并获得其他单位或个人的承认，如销货发票、付款支票等，则具有较强的可靠性。而且，即使只在被审计单位内部流转的证据，其可靠程度也因被审计单位内部控制的好坏而异。

【课堂练习·多选题】下列审计证据类型中，属于按来源分类的有（　　）。

A. 外部证据　　B. 环境证据　　C. 实物证据　　D. 内部证据

E. 亲历证据

【正确答案】ADE

【课堂练习·单选题】下列各类审计证据中，审计人员编制的会计分录调整表属于（　　）。

A. 实物证据　　B. 亲历证据　　C. 内部证据　　D. 外部证据

【正确答案】B

（三）审计证据按其相互关系分类

1. 基本证据

基本证据是指对审计事项的某一审计目标有重要的、直接证明作用的审计证据。基本证据与所要证实的目标有着极为密切的关系。例如，账户余额证明资产负债表金额的正确性。

2. 辅助证据

辅助证据是指对审计事项的某一审计目标具有间接证明作用、能支持基本证据证明力的证据。环境证据通常作为辅助证据。

基本证据是证实审计事项的直接证据，因此，取得基本证据最为重要。但是要获取充分、可靠的证据体系，单靠基本证据是不够的。

三、审计证据的质量特征

审计人员获取的审计证据应当具有充分性和适当性。

（一）审计证据的充分性

充分性是对审计证据数量的衡量。审计证据的充分性又称足够性，是指审计证据的数量满足使注册会计师形成审计意见所需审计证据的最低数量要求。例如，对现金收支业务项目实施抽样审计程序，如果共有现金收支业务 10 000 笔，那么从中抽出 600 个样本进行审计获取的证据要比从中抽出 300 个样本进行审计获取的证据更充分。

客观公正的审计意见必须建立在有足够数量的审计证据的基础上，但并不是说审计证据的数量越多越好，因为为了取得过多的审计证据必然要耗费过多的审计成本，从而影响审计效益和效率。注册会计师应考虑取证的经济性，即取证成本与效益之间的关系，以尽量少的人力、物力消耗取得足够的、高质量的证据。但对于重要事项，不应以审计成本的高低或获取证据的难易程度来减少必要的审计程序。

根据审计证据准则，评价和判断审计证据是否充分，应当考虑以下因素：(1)审计风险；(2)具体审计项目的重要程度；(3)注册会计师及其助理人员的审计经验；(4)审计过程中是否发现错误或舞弊；(5)审计证据的类型与获取途径。

另外,审计证据的数量也受审计证据质量的影响。审计证据质量越高,需要的审计证据数量可能越少。例如,对应收账款函证的回函这项审计证据,来自被审计单位外部,证明力强,回函直接寄至会计师事务所,不容易被被审计单位篡改,因此可靠性更高,这项审计证据与形成应收账款的各项原始凭证相比,质量更高,相对数量的要求就可以少一些;也就是说,一大堆形成应收账款的原始凭证可能还不如一份应收账款回函的证明力强,因此可以说,审计证据质量越高,需要审计证据的数量可能越少。

相反,如果审计证据质量不高,注册会计师可能无法通过获取更多数量的审计证据来弥补;也就是说,审计证据的数量无法弥补审计证据质量上的缺陷。

(二)审计证据的适当性

审计证据的适当性是针对审计证据的质量而言的,是对审计证据质量的衡量,即审计证据在支持各类交易、账户余额或披露的相关认定,或发现其中存在错报方面具有相关性和可靠性。相关性是指审计证据与审计目标相关联;可靠性是指审计证据应能如实地反映客观事实。相关性和可靠性是审计证据适当性的核心内容,只有相关且可靠的审计证据才是高质量的。

1. 审计证据的相关性

审计证据的相关性是指用作审计证据的信息与审计程序的目的和所考虑的相关认定之间的逻辑联系。审计证据要有证明力,必须与注册会计师的审计目标相关。在销售收入的实质性程序中,如果注册会计师为了测试销售收入的发生认定或完整性认定,那么,获取的审计证据与细节测试的方向相关。比如,注册会计师以销售收入明细账为起点追查至发运单等凭证,则获取的审计证据与当期销售收入的发生认定有关;反之,如果注册会计师以发运单等凭证为起点追查至销售收入明细账,则获取的审计证据与当期销售收入的完整性认定有关。再如,如果某项审计程序的目的是测试应收账款的高估,则测试已记录的应收账款可能是相关的审计程序;应收账款函证这项审计程序与之最相关的审计目标是应收账款的存在认定,也就是应收账款的高估,如果我们的审计目标是核查应收账款的完整性认定,也就是应收账款的漏记,那函证应收账款这项审计程序与我们的目标相关性很弱,基本上是查不出来的;也就是说,实施这样的审计程序所获取的应收账款回函这项审计证据与我们的审计目标是基本不相关性,证明力很弱。

在确定审计证据的相关性时,应当考虑下列事项:

(1)特定的审计程序可能只为某些认定提供相关的审计证据,而与其他认定无关。例如,实地检查实物资产存货,其检查结果可以证明存货是否存在及其完好程度,但未必能提供与完整性测试相关的审计证据。

(2)有关某一特定认定的审计证据不能替代与其他认定相关的审计证据。例如,向管理层询问存货过时情况,只能用于认定存货估价,不能替代存货是否存在及其所有权归属等相关认定的审计证据。

(3)不同来源或不同性质的审计证据可能与同一认定相关。例如,证实应收账款的真实存在性,注册会计师可以向客户发出询证函进行函询取证;也可以查阅应收账款明细账及其凭证,核对与应收账款有对应关系的账户来获取审计证据。

2. 审计证据的可靠性

审计证据的可靠性是指审计证据的可信程度。例如,从外部来源取得的审计证据会比来自被审计单位内部的审计证据可信程度更强,也就是具有较强的可靠性。审计证据的可靠性受其来源和性质的影响,并取决于获取审计证据的具体环境。

注册会计师在判断审计证据的可靠性时，通常会考虑下列原则：(1)以文件记录形式(无论是纸质、电子或其他介质)存在的审计证据比口头形式的审计证据更可靠；(2)从外部独立来源获取的审计证据比从其他来源获取的审计证据更可靠；(3)直接获取的审计证据比间接获取或推论得出的审计证据更可靠；(4)内部控制有效时内部生成的审计证据比内部控制薄弱时内部生成的审计证据更可靠；(5)不同来源或不同性质的审计证据相互印证时，审计证据较具可靠性，反之，审计人员就须进一步审计；(6)从原件获取的审计证据比从传真或复印件获取的审计证据更可靠；(7)越及时的证据越可靠，客观证据比主观证据可靠。

在运用上述原则评价审计证据的可靠性时，注册会计师应当注意可能出现的重大例外情况。例如，审计证据虽是从独立的外部来源获得，但如果该证据是由不知情者或不具备资格者提供，审计证据也可能是不可靠的。同样，如果注册会计师不具备评价证据的专业能力，那么即使是直接获取的证据，也可能不可靠。例如，如果注册会计师无法区分人造玉石与天然玉石，那他对天然玉石存货的检查就不可能提供有关天然玉石是否实际存在的可靠证据。另外，越及时的证据越可靠，客观证据比主观证据可靠。

【课堂练习·单选题】下列有关审计证据质量特征的表述中，正确的是(　　)。

A. 审计证据的客观性是指审计证据的数量要求

B. 审计证据的相关性是指审计证据与审计目标之间或与其他审计证据之间的内在联系程度

C. 审计证据的合法性是指审计证据的数量应符合法定要求

D. 审计证据的充分性是指审计证据反映审计事项客观现实的程度

【正确答案】B

【课堂练习·案例分析】注册会计师在对某客户审计过程中，收集到下列四组审计证据：

(1)销售发票副本与购货发票；

(2)审计助理人员监盘存货的记录与客户自编的存货盘点表；

(3)审计人员收回的应收账款函证回函与通过询问客户应收账款负责人得到的记录；

(4)银行存款余额调节表与银行函证的回函。

要求：请分别说明每组审计证据中的哪项审计证据更为可靠并阐明理由。

【分析解答】

(1)购货发票比销售发票副本可靠。因为购货发票来自被审计单位外部，销售发票是被审计单位自己填写的，所以购货发票比销售发票副本更可靠。

(2)审计助理人员监盘存货的记录比客户自编的存货盘点表可靠。这是因为注册会计师自行获得的证据比由被审计单位提供的证据可靠。

(3)审计人员收回的应收账款函证回函比通过询问客户应收账款负责人得到的记录可靠。函证回函是注册会计师从独立于被审计的单位外部获得的，所以比直接从被审计单位人员得到的记录更可靠。

(4)银行函证的回函比银行存款余额调节表可靠。这是因为银行回函是从被审计单位的外部得到，银行存款余额调节表是被审计单位自己编制的，所以银行函证的回函更可靠。

(三)审计证据充分性与适当性的关系

1. 充分且适当的审计证据才有证明力

充分性和适当性是审计证据的两个重要特征，两者缺一不可，只有充分且适当的审计证据才是有证明力的。注册会计师在每一项审计工作中都要获取充分且适当的审计证据，以为发表审计意见提供基础。

2. 审计证据的适当性会影响审计证据的充分性

注册会计师需要获取的审计证据的数量会受审计证据质量的影响，审计证据质量越高，需要的审计证据数量可能越少；也就是说，审计证据的适当性会影响审计证据的充分性。

3. 审计证据的质量存在缺陷，无法用数量来弥补

需要注意的是，尽管审计证据的充分性与适当性相关，但是，如果审计证据的质量存在缺陷，那么注册会计师仅靠获取更多的审计证据可能无法弥补其质量上的缺陷。审计质量主要包括相关性和可靠性两个方面，任何一方面存在缺陷，都是通过审计数量无法弥补的，如果审计证据与我们的审计目标不相关，比如，试图通过函证程序证明应收账款的漏记问题，那么这方面的审计证据再多也证明不了应收账款的漏记问题；如果审计证据不可靠，比如，被审计单位提供给注册会计师的是虚假的资料，那这样的证据数量再多也起不到任何证明作用。再如，函证应收账款的存在性获取的回函，如果被审计单位存在内外串通舞弊，那么获取的回函的可靠性必将大大下降。

四、审计证据的决策

审计证据的收集、鉴定、整理与分析构成审计证据决策的全过程。需要指出的是，审计证据的收集、鉴定整理与分析并不是互不相关的独立环节，相反，它们时常交叉进行。

（一）审计证据的收集

审计证据的收集是审计工作的主要内容，直接关系到审计工作的质量和成果，必须周密筹划、认真细致地做好取证工作。为了保证收集证据的工作质量和效率，必须确定具体取证方案，对取证的目的、对象、方法和步骤做出明确要求和具体安排。审计人员在审计过程中可以采用检查、监盘、观察、询问、函证、重新计算、重新操作和分析等审计方法获取充分、适当的审计证据，这点将在第六章中详细讲解。

（二）审计证据的鉴定

审计人员需要对审计证据的适当性（相关性、可靠性）、充分性进行鉴定，如果发现不符合要求的，应当进一步取证。

1. 鉴定证据的相关性

审计人员对审计证据的相关性进行分析时，应当关注下列方面：(1)一种取证方法获取的审计证据可能只与某些具体审计目标相关，而与其他具体审计目标无关；(2)针对一项具体审计目标可以从不同来源获取审计证据或者获取不同形式的审计证据。

如果证据之间相互矛盾，就应收集更多的相关证据加以判断。对那些与审计目标无关的资料应予以舍弃。

2. 鉴定证据的可靠性

审计证据的可靠性受其来源和性质的影响，并取决于获取审计证据的具体环境。一般来讲，受个人支配程度越小，被篡改和伪造的机会越少，证据就越可靠。因此，在通常情况下：(1)从外部独立来源获取的审计证据比从其他来源获取的审计证据更可靠；(2)内部控制有效时内部生成的审计证据比内部控制薄弱时内部生成的审计证据更可靠；(3)直接获取的审计证据比间接获取或推论得出的审计证据更可靠；(4)以文件记录形式（无论是纸质、电子或其他介质）存在的审计证据比口头形式的审计证据更可靠；(5)从原件获取的审计证据比从传真或复

印件获取的审计证据更可靠。

不同来源和不同形式的审计证据相互印证时，审计证据比较可靠。不同来源和不同形式的审计证据存在不一致或者不能相互印证时，审计人员应当追加必要的审计措施，确定审计证据的可靠性。

【课堂思考】一笔销售业务有发货凭证（通常附运单）、销售发票、销售合同、赊销销售单、相关的销售明细账等证据，你认为哪些证据的可靠性最高？

【审计实践】一笔销售 1 000 万元确认了收入，审计人员要查这笔大额的业务肯定要查它的凭证，作为销售应该是开了发票，发了货，也有销售合同，发货凭证是审计尤其重视的。查验时没有发货凭证，询问被审计单位的相关人员，被审计单位拿出一张传真，说是购买 1 000 万元产品的客户由于仓库腾不开，让他们暂时保管几天，所以不让发货。那么审计人员能不能认可他已经确定的这笔销售业务？

【分析提示】认可不认可关键要看发货，发货没发货要看凭证。如果发货凭证没有，只来了一份传真，传真是没有直接证明力的。如果没有把传真和原件作对照，那么传真是没有法律效力的。如果见了原件也见了传真，那这份传真就具有法律效力，因为它与原件对照过。传真件、复印件、电子邮件、手机短信都是没有可靠性的。

3. 鉴定证据的充分性

充分性和适当性是审计证据的两个重要特征，两者缺一不可，客观公正的审计意见必须建立在有足够数量的审计证据基础上，只有充分且适当的审计证据才是有证明力的。

审计证据的质量越高，需要的审计证据数量可能越少，即审计证据的适当性会影响审计证据的充分性。

尽管审计证据的充分性和适当性相关，但如果审计证据的质量存在缺陷，那么审计人员仅靠获取更多的审计证据可能无法弥补其质量上的缺陷。

【课堂练习·多选题】下列有关审计证据可靠性的表述中，正确的有（　　）。

A. 不同来源且能相互印证的审计证据比单独来源的审计证据更可靠

B. 从外部独立来源获取的审计证据比从内部获取的审计证据更可靠

C. 从复印件获取的审计证据比从原件获取的审计证据更可靠

D. 直接获取的审计证据比推论得出的审计证据更可靠

E. 内部控制有效时生成的内部证据比内部控制薄弱时生成的内部证据更可靠

【正确答案】ABDE

【课堂练习·单选题】为证实某笔应收账款确已收回，下列审计证据中证明力最强的是（　　）。

A. 询问记录　　　　B. 销售合同

C. 应收账款明细表　　　　D. 银行对账单

【正确答案】D

【课堂练习·单选题】下列有关审计证据可靠性的提法中，错误的是（　　）。

A. 被审计单位内部控制有效时生成的内部证据比内部控制薄弱时生成的内部证据更可靠

B. 从原件获取的证据比从复印件及传真件获取的证据更可靠

C. 文件形式的审计证据比口头方式的审计证据更可靠

D. 被审计单位提供的审计证据比从被审计单位外部取得的审计证据更可靠

【正确答案】D

(三)审计证据的整理与评价

审计人员必须对审计证据进行分类、整理和分析,使之条理化、系统化。审计证据整理分析的方法有:

1. 分类

把分散的、零碎不全的审计证据按照不同的审计目标进行分类。

2. 计算

按照一定的方法对数据方面的审计证据进行计算,并从计算中得出所需的新的证据。

3. 比较

一方面,要将各种审计证据进行反复比较,从中分析出被审计单位经济业务的变动趋势及其特征;另一方面,要与审计目标进行比较,判断其是否符合要求,如不符合要求,则需补充收集有关的审计证据。

4. 小结

在上述分类、计算和比较的基础上,审计人员在对审计证据分类、计算、比较的基础上总结出具有说服力的局部审计结论。

5. 综合

综合是指对各类审计证据及其所形成的局部审计结论进行综合分析,最后综合形成整体的审计意见。

(四)评价审计证据的充分性、适当性应考虑的因素

在形成审计意见时,注册会计师应当从总体上评价是否已经获取充分、适当的审计证据,以将审计风险降至可接受的低水平。在评价审计证据的充分性和适当性时,注册会计师应当运用职业判断,并考虑下列因素的影响:

1. 对文件记录可靠性的考虑

(1)审计工作通常不涉及鉴定文件记录的真伪,注册会计师也不是鉴定文件记录真伪的专家,但应当考虑用作审计证据的信息的可靠性,并考虑与这些信息生成与维护相关内部控制的有效性。

(2)如果在审计过程中识别出的情况使其认为文件记录可能是伪造的,或文件记录中的某些条款已发生变动,注册会计师应当做进一步的调查,包括直接向第三方询证,或考虑利用专家的工作以评价文件记录的真伪。

2. 使用被审计单位生成信息的考虑

(1)注册会计师为获取可靠的审计证据,实施审计程序时使用的被审计单位生成的信息需要足够完整和准确。

(2)如果针对被审计单位生成信息的完整性和准确性获取审计证据是所实施审计程序本身不可分割的组成部分,则可以与对这些信息实施的审计程序同时进行。

(3)在某些情况下,注册会计师可能打算将被审计单位生成的信息用于其他审计目的,在这种情况下,获取的审计证据的适当性受该信息对于审计目的而言是否足够精确和详细的影响。

3. 证据相互矛盾时的考虑

(1)如果针对某项认定从不同来源获取的审计证据或获取的不同性质的审计证据能够相互印证,与该项认定相关的审计证据则具有更强的说服力。

(2)如果从不同来源获取的审计证据或获取的不同性质的审计证据不一致,就表明某项审计证据不可靠,注册会计师应当追加必要的审计程序。

4. 获取审计证据时对成本的考虑

(1)注册会计师可以考虑获取审计证据的成本与所获取信息的有用性之间的关系,但不应以获取审计证据的困难和成本为由减少不可替代的审计程序。

(2)为了保证得出的审计结论、形成的审计意见是恰当的,注册会计师不应将获取审计证据的成本高低和难易程度作为减少不可替代的审计程序的理由。

五、获取审计证据的程序

获取审计证据的程序是指注册会计师在审计过程中的某个时间,对将要获取的某类审计证据如何进行收集的详细指令。在审计工作中,注册会计师面临的主要工作就是通过实施审计程序,获取充分、适当的审计证据,以对财务报表发表审计意见。

(一)风险评估程序

风险评估程序是指注册会计师为了了解被审计单位及其环境所实施的程序。风险评估程序的目的是识别和评估财务报表重大错报风险。注册会计师应当实施风险评估程序,通过实施风险评估程序,了解被审计单位及其环境,以此作为评估财务报表层次和认定层次重大错报风险的基础。风险评估程序为注册会计师确定重要性水平、识别需要特别考虑的领域、设计和实施进一步审计程序等工作提供了重要基础,有助于注册会计师合理分配审计资源,获取充分、适当的审计证据。注册会计师应当实施询问被审计单位管理层和内部其他相关人员、分析程序、观察和检查等风险评估程序,以了解被审计单位及其环境,识别财务报表重大错报风险。

风险评估程序本身并不足以为发表审计意见提供充分、适当的审计证据,注册会计师还应当实施进一步审计程序,包括实施控制测试(必要时或决定测试时)和实质性程序。

(二)控制测试

控制测试是为了获取关于控制防止或发现并纠正认定层次重大错报的有效性而实施的测试,其目的是测试控制运行的有效性。

当存在下列情况之一时,控制测试是必要的:(1)在评估认定层次重大错报风险时,预期控制的运行是有效的,注册会计师应当实施控制测试以支持评估结果;(2)仅实施实质性程序不足以提供认定层次充分、适当的审计证据,注册会计师应当实施控制测试,以获取内部控制运行有效性的审计证据。

实施控制测试的目的是测试内部控制在防止、发现并纠正认定层次重大错报方面的运行有效性,从而支持或修正重大错报风险的评估结果,据以确定实质性程序的性质、时间和范围。

(三)实质性程序

注册会计师应当计划和实施实质性程序,以应对评估的重大错报风险。实质性程序是指注册会计师针对评估的重大错报风险实施的直接用以发现认定层次重大错报的审计程序,包括对某类交易、账户余额或披露的细节测试以及实质性分析程序。

1. 细节测试

这是对某类交易、账户余额或披露的具体细节进行测试,目的在于直接识别财务报表认定是否存在错报。细节测试被用于获取与某些认定相关的审计证据,如存在、准确性、计价等。

2. 实质性分析程序

这主要是通过研究数据间关系评价信息,用以识别某类交易、账户余额或披露及相关认定是否存在错报。实质性分析程序通常更适用于在一段时间内存在可预期关系的大量交易。

注册会计师对重大错报风险的评估是一种判断,并且由于内部控制存在固有局限性,无论评估的重大错报风险结果如何,注册会计师均应当针对所有重大的各类交易、账户余额、列报实施实质性程序,以获取充分、适当的审计证据。

第二节　审计工作底稿

一、审计工作底稿的含义

审计工作底稿,是指审计人员对制订的审计计划、实施的审计程序、获取的相关审计证据,以及得出的审计结论做出的记录。审计工作底稿是编写审计报告、发表审计意见或做出审计决定的依据,是控制审计工作质量的手段,是明确审计人员责任和考核审计人员的依据,是行政复议和诉讼的重要佐证资料。

【课堂练习·单选题】下列关于审计工作底稿的表述中,错误的是(　　)。

A. 审计工作底稿是审计人员在审计过程中形成的与审计事项有关的工作记录

B. 审计工作底稿是撰写审计报告的基础

C. 审计工作底稿要经过被审计单位复核

D. 审计工作底稿是考核审计人员工作质量的依据

【正确答案】C

【课堂练习·单选题】下列关于审计工作底稿的说法中,错误的是(　　)。

A. 审计工作底稿是控制审计质量的手段

B. 审计工作底稿是明确审计人员责任的依据

C. 审计工作底稿是编写审计报告的依据

D. 非重大事项的审计工作底稿不需要复核

【正确答案】D

二、审计工作底稿与审计证据的关系

审计工作底稿是审计证据的载体。审计证据是审计工作底稿记录的主要内容。两者是形式与内容的关系,必须将两者有机结合起来,才能形成正确的审计意见。一般而言,审计证据是审计意见的客观基础,但不是审计意见的全部基础。正确的审计意见应当建立在充分、适当的审计证据和准确的专业判断基础上。

实际工作中,有些人认为审计证据是审计意见的客观依据,审计工作的全部内容仅仅是收集和评价审计证据,有没有审计工作底稿并不重要,这种观点是不正确的。任何内容都离不开形式表达。离开了审计工作底稿,审计证据就无法清晰地呈现于审计人员面前,审计人员就无法进行分析评价,因而也就无法形成正确的审计意见。

【课堂练习·判断题】审计工作底稿是审计证据的载体,具有法律效力。(　　)

【正确答案】×

三、审计工作底稿的分类

审计记录包括调查了解记录、执行审计措施记录和重要管理事项记录。

（一）调查了解记录

审计组在编制审计实施方案前，应当对调查了解被审计单位及其相关情况做出记录。调查了解记录的内容主要包括：(1)对被审计单位及其相关情况的调查了解情况；(2)对被审计单位存在重要问题可能性的评估情况；(3)确定的审计事项及其审计应对措施。

（二）执行审计措施记录

执行审计措施记录主要记录审计人员依据审计实施方案执行审计措施的活动。

审计人员对审计实施方案确定的每一审计事项，均应当编制审计工作底稿。一个审计事项可以根据需要编制多份审计工作底稿。

（三）重要管理事项记录

重要管理事项记录应当记载与审计项目相关并对审计结论有重要影响的下列管理事项：(1)可能损害审计独立性的情形及采取的措施；(2)所聘请外部人员的相关情况；(3)被审计单位的承诺情况；(4)征求被审计对象或者相关单位及人员意见的情况、被审计对象或者相关单位及人员反馈的意见及审计组的采纳情况；(5)审计组对审计发现的重大问题和审计报告讨论的过程及结论；(6)审计机关业务部门对审计报告、审计决定书等审计项目材料的复核情况和意见；(7)审计人员未能遵守审计准则规定的约束性条款及其原因；(8)因外部因素使审计任务无法完成的原因及影响；(9)其他重要管理事项。

四、审计工作底稿的要素和编制

（一）审计工作底稿的要素

审计工作底稿的形成方式主要有两种：一是直接编制，二是取得。一般而言，审计人员直接编制的审计工作底稿主要包括以下基本内容：

1. 被审计单位名称

审计工作底稿上的被审计单位名称实际上是指所审计会计报表的编报单位名称，也称审计客体。

2. 审计项目名称

每张审计工作底稿都应写明审计内容。例如，审查的是某一会计报表项目，如销售收入，或者某一业务循环，如销售及收款符合性测试。

3. 审计项目时间

在审计工作底稿中应写明审计内容的时点（指资产负债项目）或者期间（指损益类项目）。

4. 审计过程的记录

注册会计师应将其实施的审计程序所达到的审计目标的过程记录在审计工作底稿上。每张审计工作底稿都应该有经过审计人员的轨迹或者专业判断的记录。这一点很重要，有的审计工作底稿只是抄录了被审计单位账簿上的一些记录，而没有审计过程记录，也没有审计人员专业判断或者审计结论，这样不说明问题的审计工作底稿实际上是无用的底稿。

5. 审计标识及说明

审计标识是审计人员在审计工作底稿上用来表达各种不同审计含义的审计符号。审计标识可以使审计工作底稿更加简洁，也可以使审计人员节约审计工时。

6. 审计结论

审计结论是审计人员对某一审计事项实施审计程序后的一种满意程度的表示，它是审计人员主观上的一种专业判断，为支持审计意见提供依据。就被审计单位内部控制测试而言，它是审计人员通过符合性测试对被审计单位内部控制执行情况是否满意的一种表达。比如，“内部控制好”“内部控制一般”或“内部控制较差”。

7. 索引号及页次

索引号是指注册会计师为了便于审计工作底稿的分类、归类和引用，对某一审计事项的审计工作底稿以固定的标记编码加以表示所产生的一种特定符号，其主要作用是方便审计工作底稿的分类检索和引用，并使分散的、活页式的审计工作底稿构成有机联系的审计档案。

8. 编制者姓名及编制日期

编制者姓名及编制日期是为了明确工作职责，以便检查者、使用者了解谁提供的审计资料；另外，应注明编写审计工作底稿的时间，便于追查审计步骤与顺序，为此后类似审计工作安排时间。

9. 复核者姓名及复核日期

审计工作底稿的复核者必须在复核过的审计工作底稿上签名并注明复核日期。如果有多级复核，每级复核都应签名和注明复核日期。

【课堂练习·判断题】审计工作底稿应当有编制人和复核人签章。（　　）

【正确答案】√

常见的业务类审计工作底稿的基本格式如表5—1所示。

表5—1　　审计工作底稿的基本格式

<table>
<tr><td colspan="2" rowspan="4">被审计单位名称____________
审计项目名称____________
会计期间和截止日____________</td><td>编制人</td><td colspan="2">签名</td><td>日期</td><td>索引号</td></tr>
<tr><td></td><td colspan="2"></td><td></td><td></td></tr>
<tr><td>复核人</td><td colspan="2"></td><td>页次</td><td></td></tr>
<tr><td colspan="4"></td><td></td></tr>
<tr><td>索引号</td><td colspan="3">审计内容及说明</td><td colspan="3">金　额</td></tr>
<tr><td></td><td colspan="3">审计程序实施记录

审计标识说明

资料来源说明</td><td colspan="3"></td></tr>
<tr><td>审计结论</td><td colspan="6"></td></tr>
</table>

（二）审计工作底稿的编制要求

1. 审计工作底稿的基本要求

审计工作底稿应如实反映审计计划的制订及其实施情况，包括与形成和发表审计意见有关的所有主要事项，以及审计人员的专业判断。

(1)审计工作底稿的内容必须真实。这里的“真实”强调的是在编制审计工作底稿时，不能有虚假的陈述，是对所收集的审计证据和取得的各种审计资料，必须加以审核以确保其真实性。

(2)审计工作底稿的内容应当围绕审计计划的制订及实施情况来记录。这里要说明的是既包括制订审计计划的内容及实施情况，也包括对审计计划进行修改和补充的内容及实施情况。

(3)审计工作底稿的记录内容应当包括与形成和发表审计意见有关的重要事项及审计人员的专业判断，具体包括以下几层意思：首先，审计记录内容应与审计意见有关；其次，审计工作底稿的记录事项是与审计意见相关的重要事项。因为与审计意见有关的事项可能很多，审计人员若事无巨细地全部记录，反而于事无补。因此，对于不重要的事项可不予记录；另外，也要求不能遗漏重要事项。最后，审计工作底稿记录的内容包括与审计意见有关的重要事项和专业判断。

2. 审计工作底稿的形式要求

审计工作底稿应当内容完整、格式规范、标识一致、记录清晰、结论明确。

(1)内容完整。主要强调的是构成审计工作底稿的基本内容（基本要素）必须完整，这些基本内容将在下面进行分析时作为基础资料。

(2)格式规范。主要强调审计工作底稿在结构设计上应当合理，并有一定的逻辑性。但是，要求格式规范并非意味着格式的绝对统一。

(3)标识一致。审计人员在审计过程中，可以使用各种符号来表述一定的含义。标识一致主要强调审计标识(符号)的含义应以一定的方式显示于审计工作底稿中；同时在同一审计约定事项的审计工作底稿中，各种审计标识分别代表的含义应前后一致。

(4)记录清晰。审计工作底稿所记录的内容可以概括为注册会计师的审计思路与审计轨迹，因此，记录清晰首先强调的是审计思路与审计轨迹的清晰，其次还强调在文字上、数字上的可识别与整洁。

(5)结论明确。审计人员对会计报表的总体审计意见是根据各审计事项的具体审计结论综合而成的。审计人员对每一具体审计事项的审计完成后，应有审计结论，并列示于审计工作底稿上。

（三）审计工作底稿的获取要求

大多数的备查类审计工作底稿都是由审计人员向被审计单位或其他第三者直接索取的，或者由他们代为编制。对于这些工作底稿，审计人员应做到以下要求：(1)注明资料来源；(2)实施必要的程序，对有关资料进行复核，以确认审计工作底稿与原资料的一致性；(3)注册会计师在审阅核对以后，应形成相应的文字记录并签名，方能形成审计工作底稿；(4)注明审计工作底稿之间的钩稽关系，通过交叉索引及备注说明来加以反映。

（四）审计工作底稿的审核

审计组起草审计报告前，审计组组长应当对审计工作底稿的下列事项进行审核：(1)具体审计目标是否实现；(2)审计措施是否有效执行；(3)事实是否清楚；(4)审计证据是否适当、充分;(5)得出的审计结论及其相关标准是否适当;(6)其他有关重要事项。

审计组组长审核审计工作底稿,应当根据不同情况分别提出下列意见:(1)予以认可;(2)责成采取进一步审计措施,获取适当、充分的审计证据;(3)纠正或者责成纠正不恰当的审计结论。

【课堂讨论】

业绩蒸蒸日上的A上市公司逐步确立了以房地产和股权投资为主导的投资方向,先后在北京、上海、天津、青岛等重点城市进行房地产投资;同时,该公司还投资参股了十多家企业,投资总额高达8 000万元以上。为了获得更为理想的投资回报和战略效果,该公司用近4 000万元通过二级市场购买了上海的某家上市公司5%的股份。按照我国证监会关于上市公司的期中会计报表须经独立审计的规定,A上市公司委托B会计师事务所对当年的期中会计报表进行审计。约定条件之一就是:为避免公司遭受损失,要求注册会计师在了解被审计单位有关的投资计划和投资实施阶段的情况后,能够保守商业机密,尤其不能在审计工作底稿中公开。这对审计的注册会计师而言是一个很大的难题:如果不在审计工作底稿中详细记录被审计单位的投资项目和投资过程,就无法形成与发表审计意见有关的审计证据,也不符合审计工作底稿的编写要求;如果在审计工作底稿中详细说明,又会违背已经做出的承诺。在这艰难的抉择和痛苦的思索中,注册会计师终于有了一个两全其美的办法,即在填写长期投资项目的审计工作底稿时,不直接用项目本身的名称,而是根据不同性质的投资拟定审计工作底稿的秘密代码。该代码作为机密,单独由审计组组长亲自保管,并存放于专门的保密档案专柜中。

请分析、讨论注册会计师的这种做法的合理性。

五、审计工作底稿的归档保管

(一)审计工作底稿的所有权

审计工作底稿的所有权属于接受委托进行审计的会计师事务所。

(二)审计档案及其分类

对审计工作底稿进行分类整理,使之构成一个有机的整体,就是审计档案。

根据审计档案的内容和作用,可分为永久性档案和当期档案。永久性档案是指那些记录内容相对稳定,具有长期使用价值,并对以后审计工作具有重要影响和直接作用的审计档案,如总体审计策略。若永久性档案中的某些内容已发生变化,注册会计师应当及时予以更新。当期档案是指那些记录内容经常变化,主要供当期和下期审计使用的审计档案,如具体审计计划。

(三)审计档案的保管

审计档案是会计师事务所积累起来的宝贵财富,应当妥善保管。

第一,建立审计档案保管制度,对审计档案的归档、使用、保存和销毁加以规范。

第二,审计档案的保存期不能低于规定的最低年限。其中,当期档案自审计报告签发之日起至少保存10年;永久性档案应长期保存。

第三,对于保管期限届满的审计档案,按规定履行了销毁手续后,会计师事务所可以决定将其销毁。

【课堂练习·单选题】当期审计档案的保存年限是(　　)。

A. 自审计报告签发日起至少保存10年

B. 自审计业务终止日起至少保存10年
C. 自审计报告签发日起至少保存20年
D. 自审计业务终止日起至少保存20年

【正确答案】 A

(四)审计工作底稿的保管与查阅

对被审计单位的商业秘密保密,是对注册会计师职业道德的基本要求。审计工作底稿中涉及被审计单位大量的、重要的商业秘密,如果将审计工作底稿的内容随意泄露出去,必然会对被审计单位造成不应有的损害。因此,会计师事务所要建立审计工作底稿保密制度,对审计工作底稿严加保密。拥有审计工作底稿的会计师事务所应当对要求查阅者提供适当的协助,并根据有关审计工作底稿的性质和内容决定是否允许查阅者阅览、摘录有关的内容。审计工作底稿中的内容被查阅者引用后,因为查阅者的误用而造成的后果与拥有审计工作底稿的会计师事务所无关。

本章小结

本章主要包括审计证据和审计工作底稿两部分内容。审计证据是注册会计师获取的,为得出审计结论、形成审计意见而使用的所有信息,包括构成财务报表基础的会计记录所含有的信息和其他信息。审计证据是审计成败的关键,而收集审计证据是审计工作的核心环节之一。审计证据按其形式不同分为实物证据、书面证据、口头证据、环境证据、鉴定和勘验证据以及视听或电子证据;按其来源不同分为亲历证据、外部证据和内部证据;按其相互关系分为基本证据和辅助证据。审计证据的收集、鉴定、整理与分析构成审计证据决策的全过程。对审计证据进行鉴定时要注意鉴定证据的充分性和适当性;同时,还应注意考虑文件记录的可靠性、被审计单位生成信息的可利用性、证据相互矛盾时的处理及获取审计证据的成本等问题。

审计工作底稿是审计人员对制订的审计计划、实施的审计程序、获取的相关审计证据,以及得出的审计结论做出的记录。审计工作底稿是编写审计报告、发表审计意见或做出审计决定的依据,是控制审计工作质量的手段,是明确审计人员责任和考核审计人员的依据,是行政复议和诉讼的重要佐证资料。审计工作底稿是审计证据的载体,审计证据是审计工作底稿记录的主要内容,必须将两者结合起来才能形成正确的审计意见。审计人员可以通过直接编制和取得两种方式形成审计工作底稿。

思考与实训

一、思考题

1. 什么是审计证据?简述审计证据的特征和种类。
2. 获取审计证据时应注意审计证据的哪些质量特性?
3. 审计证据的可靠性受其来源和性质的影响,并取决于获取审计证据的具体环境。注册会计师通常按照哪些原则考虑审计证据的可靠性?
4. 要获取充分、适当的审计证据,注册会计师应实施哪些审计程序?
5. 试分析审计证据的充分性与适当性的关系。
6. 简述审计工作底稿与审计证据的关系。

7. 审计人员在执行审计业务过程中形成的审计工作底稿应记录哪些内容？

8. 简述审计工作底稿的编制要求。

二、实训题

1. 注册会计师在对某企业现金业务审查时，发现出纳员在审计期间有一张未经批准而私自借出现金的白条，金额合计为 3 000 元，经过盘点证明白条所列现金 3 000 元确实不在库。注册会计师由此认定该出纳员挪用库存现金 3 000 元，该出纳员也承认了这一事实。

要求：请指出该审计事项中的审计证据有哪些，各属何种证据，运用了哪些审计程序。

2. 注册会计师在对某客户进行审计的过程中，收集到下列五组证据：

(1)销货发票副本与购货发票；

(2)审计助理人员盘点存货的记录与客户自编的盘点存货记录；

(3)审计人员收回的应收账款函证与询问客户应收账款负责人的记录；

(4)被审计单位管理当局声明书与律师声明书；

(5)销货发票副本与产品出库单。

要求：请分别说明每组证据中哪项审计证据更可靠。

3. 以下 10 项为注册会计师获取的审计证据，试分析各属于什么类型的证据，再将它们与右边的审计证据类型用“线”连接起来。

被审计单位律师的声明书	
被审计单位管理当局的声明书	实物证据
银行存款对账单	
被审计单位的销售发票	书面证据
审计人员对存货监盘取得的证据	
审计人员亲自对固定资产折旧重新计算取得的证据	口头证据
审计人员对被审计单位有关人员的口头询问	
审计人员了解被审计单位管理条件较好和管理水平较高取得的证据	环境证据
关于应收账款函证的回函	
审计人员实地观察被审计单位的内部控制运行取得的证据	

4. 20×5 年 12 月 31 日，助理审计人员小张经注册会计师王浩的安排，前去盛达公司验证存货的账面余额。在盘点前，小张在过道上听到几个工人在议论，得知存货中可能存在不少无法出售的变质产品。对此，小张对存货进行实地抽点，并比较库存量与最近销量。抽点结果表明，存货数量合理，收发有序。由于该产品技术含量较高，小张无法鉴别出存货中是否有变质产品，于是他不得不询问该公司的存货部高级主管。高级主管的回答是该产品决无质量问题。

小张在盘点工作结束后开始编制工作底稿。在备注中，小张将听说有变质产品的事情填入其中，并建议在下阶段的存货审计程序中，应特别注意了解是否存在变质产品。王浩在复核工作底稿时，再一次向小张详细了解存货盘点情况，特别是有关变质产品的情况。对此，还特别对当时议论此事的工人进行了询问，但这些工人矢口否认了此事。于是，王浩与存货部高级主管商讨后，得出结论，认为“存货价值公允且均可出售”。底稿复核后，王浩在备注栏填写了“变质产品问题经核实尚无证据，但下次审计时应加以考虑”。由于盛达公司总经理抱怨王浩前几次出具了保留意见的审计报告，使得他们贷款遇到了不少麻烦，审计结束后，注册会计师王浩对该年财务报表出具了无保留意见审计报告。

两个月后，盛达公司资金周转不灵，主要是存户中存在大量变质产品无法出售，致使到期的银行贷款无法偿还。银行拟向会计师事务所索赔，认为注册会计师在审核存货时，具有重大过失。债权人在法庭上出示了王浩的工作底稿，认为注册会计师明知存货高估，但迫于总经理的压力，没有提示财务报表中存在的问题，因此，应该承担银行的贷款损失。

要求：

(1)引述工人关于变质产品的议论是否应列入审计工作底稿？

(2)注册会计师王浩是否已尽到责任？

(3)对于银行的指控，这些工作底稿能否支持或不利于注册会计师的抗辩立场？

(4)银行的指控是否具有充分证据？请说明理由。

第六章　审计方法

学习目标

知识目标

1. 熟悉审计方法体系的构成；
2. 熟悉审计取证的技术方法；
3. 熟悉审计取证模式的演变过程；
4. 掌握风险导向审计的基本内涵；
5. 掌握审计抽样技术的基本原理；
6. 掌握审计抽样风险及其影响。

技能目标

1. 能较熟练地根据具体审计业务分析应采取的审计取证基本方法和技术方法；
2. 能较熟练地应用审计抽样技术。

引导案例

巨人零售公司成立于1959年，总部设在美国马萨诸塞州的詹姆斯福特。20世纪60年代，公司销售增长速度令人震惊，到1972年该公司已拥有112家零售批发商店。但就在这一年，巨人零售公司面临了历史上第一次重大经营损失。为掩盖真相，公司管理层篡改了会计记录，将1971年250万美元的经营损失篡改为150万美元的收益，并提高了与之有关的流动比率和周转率。罗丝会计师事务所受托对公司1972年度财务报表进行审计，并出具了无保留审计意见的审计报告。1973年8月，巨人零售公司向波士顿法院提交破产申请，两年后法庭宣布该公司破产。虽然在巨人零售公司召开新闻发布会宣布"由于潜在的簿记错误，可能会影响公司前一年的报告收益"后大约一个月，罗丝会计师事务所撤回了审计报告，但美国证券交易委员会还是在1979年1月发布的最后公报中批评了罗丝会计师事务所，并在联邦法院处理此事前暂停负责巨人零售公司审计的合伙人执业5个月；同时要求由独立专家中的一位陪审员对罗丝会计师事务所的审计程序进行一项大规模的、涉及十三个方面的检查。一个重要理由就是会计师事务所屈从客户压力而执行了无效的审计程序。例如，对预付广告费的调查：巨人零售公司总裁和财务主管曾在1972年1月29日结束的会计年度中，命令广告部门的经理捏造了至少30万美元的预付广告费并未入账。广告部门准备了一份14页的备忘录，虚构了大约1 100家广告商的名单，同时记载着巨人零售公司以前曾向他们预付广告费但未入账。会计师事务所询问未入账的原因，得到的答复是广告部门曾有几个月忘了搜集记录并入账。会计师事务所向名单中的24个广告商发函询证，并要求巨人零售公司为另外20笔未入账的费用提供证明。美国证券交易委员会认为会计师事务所的审计程序是不充分的：(1)抽取24个样本进行函证，不能提供足够的证据证明预付30万美元的事实正确；(2)依靠内部文件证实抽取的20笔费用的正确性是远远不够的。

思考：注册会计师在对被审计单位进行审计时可以采用哪些审计方法？能否选取部分项目进行审计并以其审查结果推断总体？该怎么选择被测项目？选择多少项目进行测试才是符合职业要求的？

第一节　审计方法概述

审计方法是指审计师检查分析审计对象、收集审计证据，据以编写审计报告、形成审计结论和意见的各种专门手段的总称。审计方法从广义上理解，可以包括审计一般方法、编制审计计划方法、收集审计证据方法、提出审计报告方法、处理审计文件方法等方面，内容十分广泛。从狭义上讲，审计方法是指与取得审计证据直接有关的各种基本方法和手段。

一、审计方法的意义

审计方法是从长期审计实践中总结和积累起来的，是为实现审计目标和完成审计任务服务的。各种不同种类的审计都有其不同的审计目标和要求，所选用的审计方法也各有不同。审计方法的选用是否得当，与审计结果的正确与否有着密切的联系。

在审计过程中，审计方法选用得当，可以尽快发现问题，弄清事实真相，同时可以缩短审计时间，节省人力、物力，提高工作效率，收到事半功倍的效果；反之，如果采用的审计方法与审计的特定目标和被审计事项的实际情况不相适应，不但不能高效地取得必要的审计证据，而且可能误入歧途，导致错误的审计意见和结论。因此，研究审计方法并加以正确运用，对做好审计工作、发挥审计作用，有着重要的意义。

二、审计方法体系

现代审计方法已在传统的事后查账技术的基础上，逐步发展到审计审查调查、审计分析、内部控制系统评审、抽样技术、电算化审计等技术方法，日趋多样化和现代化，并形成了一套完整的审计方法体系。审计方法体系是由审计机构和审计师两个层次的一系列方法构成的，包括审计的一般方法、制订审计计划的方法、收集审计证据的方法、提出审计报告的方法、处理审计文件的方法等。

(一)审计的一般方法

审计的一般方法是指运用马克思主义辩证唯物论作为指导的方法，适用于各种审计项目。只有坚持唯物论的观点和辩证的方法，才能正确认识复杂的客观事物。因此，审计的一般方法实际上是审计师如何看问题的思想方法，是指导审计技术方法所应遵循的一般原则。

审计的一般方法包括以下内容：

1. 客观地看问题

善于分析客观情况，一切从实际出发，实事求是地看问题，防止主观臆断。

2. 本质地看问题

深入调查研究,透过现象看本质。不能只从表面现象看问题,而应研究事物的本质,有的放矢地开展工作,这样才能得出正确的审计结论。

3. 全面地看问题

对影响经济生活的诸因素进行全面、系统和相互联系的分析,防止片面地看问题。

4. 以长远的观点看问题

在审计过程中,既要了解被审计单位的眼前利益,又要考虑其长远利益;既要从全局出发,把国家和人民的利益放在首位,又要最大可能地去维护被审计单位的正当利益,正确处理微观经济效率与宏观经济效益的关系。

(二)制订审计计划的方法

制订审计计划的方法包括审计机构的决策、审计师的决策、审计证据的决策等。其目的在于确定审计目标、合理分配各种审计资源,以保证审计工作经济而有效地运行。其中,审计机构的决策是指审计机构在一定时期内(一般为一年),接受授权和委托的全部审计项目计划的编制、执行和监督;审计师的决策是指审计小组负责人根据审计项目的内容,编制审计计划,确定审计目标、工作分工、工作进度等;审计证据的决策是指针对各具体审计目标,决定取得审计证据的取证计划或审计目标取证作业计划。

(三)收集审计证据的方法

收集审计证据的方法是审计师在收集证据过程中采取的各种手段的总和。它取决于审计自身目标的变化和对象范围的扩展,也决定于审计证据的性质。不同的审计目标,需要收集和取得不同的证据,因此也需要采用不同的审计方法。收集审计证据的方法种类繁多,但归纳起来主要有以下几种:

1. 审计取证的基本方法

审计取证的基本方法主要有:(1)审计取证的顺序方法,包括顺差法和逆查法;(2)审计取证的数量方法,包括相差法和抽查法;(3)风险导向审计。详细内容见本章第二节。

2. 审计取证的技术方法

审计取证的技术方法主要有:(1)检查书面文件和记录;(2)检查;(3)观察;(4)询问;(5)外部调查;(6)重新计算;(7)重新执行;(8)分析。详细内容见本章第三节。

(四)提出审计报告的方法

提出审计报告的方法是审计师针对审计目标,依据取得的审计证据,编写和审定审计报告的方法。

(五)处理审计文件的方法

处理审计文件的方法是指审计师从接受审计委托,编制审计项目计划开始,直到审计终结为止,对必须保管的各种书面文件做妥善处理的方法,如审计档案的整理、归档保管等。

本章仅就上述收集审计证据的方法加以论述,其他方法将在以后有关章节中介绍。

【课堂练习·多选题】 以下各项中,属于审计方法体系内容的有(　　)。

A. 制订审计计划的方法　　B. 收集审计证据的方法

C. 提出审计报告的方法　　D. 处理审计文件的方法

【正确答案】 ABCD

三、选用审计方法的原则

为完成审计任务，各种不同的审计方法适用于各种不同的审计目标、审计对象和审计环境。因此，选用适当的审计方法，应当符合以下要求：

（一）审计方法要适应特定的审计目标

不同的审计目标决定了必须使用不同的审计方法，否则，审计的结果就会与特定的审计目标和要求相背离。例如，审查财产物资是否账实相符可以使用盘点的方法，了解内部控制制度是否被有效执行可以使用观察的方法。又如，在财务审计中，其目标是查明财务收支的合规性、公允性以及会计资料的真实性和正确性，审计的范围比较广，在选用审计方法时，其中重要的财务收支项目应采用详查的方法，而对一些一般的、金额较小的会计资料可采用抽查的方法。

（二）审计方法要适合审计方式

不同的审计方式所需审计证据不同，其取证的途径也不同，因而需要采取不同的审计方法。例如，在就地审计情况下，可以使用盘点、观察、查询等方法，而在报送审计的情况下，这几种方法就不可能使用。

（三）审计方法应符合被审计单位的实际

不同被审计单位的经营管理情况不一样，针对不同的审计对象和审计环境需要使用不同的审计方法，只有这样才能有效地完成审计任务，达到审计目标。例如，当对被审计单位的内部控制系统进行测试时，如果内部控制系统健全、合理，且被有效地执行，在这种情况下，经济业务出错的可能性较小，此时可以选用抽查的方法；而当被审计单位的内部控制不健全，或虽有健全的内部控制系统，但没有被有效执行，在这种情况下，经济业务的差错发生率可能很频繁，此时应采用详查的方法。

第二节　审计取证方法

一、审计取证的基本方法

审计取证的基本方法是指与取证的顺序和范围有关的程序性方法。这些方法不是直接取证的具体方法。

（一）顺查法和逆查法

审计取证方法按其取证顺序与记账程序的关系可分为顺查法和逆查法。

1. 顺查法

顺查法是指审计的取证顺序与反映经济业务的会计资料形成过程相一致的方法。采用这种方法时，审计人员应注意：(1)检查原始凭证的真实性、合法性；(2)以记账凭证或记账凭证汇总表核对日记账、明细账和总账，视其是否一致，并经过账账、账实的检查核对；(3)经核实的账目与财务报表相核对，并分析确定财务报表编制的真实性、合法性。

这种方法的优点在于审计过程全面细致，一般来说不容易遗漏错弊事项，因此，审计质量较高。这种方法简单，易于掌握。然而，这种方法事无巨细，不突出重点，机械繁杂，工作量大，不利于提高审计工作效率，主要适用于业务规模较小、会计资料较少、存在问题较多的被审计单位。

2. 逆查法

逆查法是指审计取证的顺序与反映经济业务的会计资料形成过程相反的方法。采用这种方法时，审计人员应注意：(1)分析检查财务报表，从中发现异常变动和问题线索，以确定审计重点；(2)追查至相关的日记账、明细账和总账，通过账账、账实的检查核对，进一步确定需要重点检查的记账凭证；(3)核对记账凭证直至原始凭证，以最终查明问题的原因和过程。

这种方法的优点在于可从审计事项的总体上把握重点，在发现问题线索的基础上明确主攻方向，因而目的性、针对性比较强。由于突出重点，因而可以节省人力和时间，提高审计工作效率。但这种方法一般不需详细审查，因此可能遗漏重要错弊事项。此外，在技术上，逆查法比顺查法复杂，掌握起来难度比较大，主要适用于业务规模较大、内部控制系统比较健全、管理基础较好的被审计单位。

【课堂练习·单选题】下列有关审计方法的表述中，错误的是(　　)。

A. 顺查法是指从检查原始凭证入手的审计方法

B. 顺查法一般适用于业务规模较小、会计资料较少的被审计单位

C. 逆查法是指从分析检查财务报表入手的审计方法

D. 逆查法一般适用于存在问题较多的被审计单位

【正确答案】D

(二)详查法和抽查法

审计取证方法按照审查经济业务和会计资料的范围大小可分为详查法和抽查法。

1. 详查法

详查法是指对被审计的某类经济业务和会计资料的全部内容毫无遗漏地进行全面详细审查的方法。详查法不同于全部审计。全部审计是按审计范围大小进行的分类，与局部审计相对。全部审计不一定采用详查法。详查法的优点在于可以有效地查出会计资料中存在的各种差错，不易出现遗漏，收集到完整证据，使审计质量有可靠的保证。缺点是必须安排足够的人员和时间才能完成审计任务，工作量大，费时费力，审计成本相对较高，一般适用于经济业务比较简单、内部控制比较薄弱以及可能存在重大违反财经法纪行为的被审计单位。

2. 抽查法

抽查法是指对被审计单位的部分经济业务和会计资料进行检查，并根据检查结果推断总体状况的方法。根据确定样本数量和以样本推断总体所依据的方法不同，抽查法可以分为统计抽样法和非统计抽样法(详见本章第四节)。抽查法不同于局部审计。抽查法是一种审计方法。而局部审计作为审计类别的一种，是按审计范围大小不同对审计进行的分类。局部审计不一定采用抽查法。抽查法的优点在于极大地提高审计工作效率，节省审计资源，可以收到事半功倍的效果。缺点是以部分资料的检查结果去推断总体的状况，有可能对审计质量产生影响。尤其是对于那些发生频率不高的错弊行为，该方法的运用具有一定的局限性。抽查法适用的范围较广泛，一般适用于规模较大、经济业务多、内部控制健全有效、会计基础工作较好、组织机构健全的被审计单位。

二、审计取证的技术方法

审计取证的技术方法是指直接用于收集审计证据的方法，主要应用于审计程序的准备阶

段和实施阶段。

(一)检查

检查是指注册会计师对被审计单位内部或外部生成的,以纸质、电子或其他介质形式存在的记录和文件进行审查,或对有形资产进行实物审查。检查包括检查记录或文件和检查有形资产两种类型。

检查记录或文件可以提供可靠程度不同的审计证据,审计证据的可靠性取决于记录或文件的性质和来源。在检查内部记录或文件时,其可靠性则取决于生成该记录或文件的内部控制的有效性。

检查有形资产是审计人员对资产实物进行审查,主要适用于存货和库存现金,也适用于有价证券、应收票据和固定资产等。检查有形资产可为其存在提供可靠的审计证据,如构成金融工具的股票或债券,但不一定能够为权利和义务或计价认定提供可靠的审计证据。

(二)观察

观察是指查看相关人员正在从事的活动或者执行的程序。

通过观察,审计人员可以了解被审计单位的基本情况,获取被审计单位的经营环境、生产状况、业务运行情况及内部控制遵循情况的证据。观察提供的审计证据仅限于观察发生的时点。

(三)询问

询问是指以书面或者口头方式向有关人员了解关于审计事项的信息。

询问常在采用其他方法发现疑点和问题后加以运用。询问必须做成书面记录,并由答询人签字盖章。

询问本身不足以发现认定层次存在的重大错报,也不足以测试内部控制运行的有效性,审计人员还应当实施其他审计程序获取充分、适当的审计证据。

(四)函证

1. 函证的含义

函证是指注册会计师为了获取影响财务报表或相关披露认定的项目的信息,通过直接来自第三方对有关信息和现存状况的声明,获取和评价审计证据的过程。通过函证获取的证据可靠性较强,因此,函证是受到高度重视并经常被使用的一种重要程序。

2. 函证决策

注册会计师应当确定是否有必要实施函证以获取认定层次的充分、适当的审计证据。在做出决策时,注册会计师应当考虑以下两个因素:

(1)评估的认定层次重大错报风险

评估的认定层次重大错报风险水平越高,注册会计师对通过实质性程序获取的审计证据的相关性和可靠性的要求越高。因此,随着评估的认定层次重大错报风险的增高,注册会计师就要设计实质性程序获取更加相关和可靠的审计证据,或者更具说服力的审计证据。在这种情况下,函证程序的运用对于提供充分、适当的审计证据可能是有效的。反之,评估的认定层次重大错报风险水平越低,注册会计师需要从实质性程序中获取的审计证据的相关性和可靠性的要求就越低。

(2)通过实施其他审计程序获取的审计证据

针对同一项认定,可从不同来源获取审计证据或获取不同性质的审计证据。这里的其他审计程序是指函证审计程序以外的其他审计程序。

【课堂练习·多选题】注册会计师确定是否有必要实施函证以获取认定层次的充分、适当的审计证据应当考虑的因素有(　　)。

A. 评估的财务报表层次重大错报风险

B. 评估的认定层次重大错报风险

C. 被审计单位的经营环境

D. 实施其他审计程序获取的审计证据

【正确答案】BD

3. 函证的内容

(1)一般函证项目及内容

函证银行存款、借款(包括零余额账户和在本期内注销的账户)及与金融机构往来的其他重要信息,具体如表6—1所示。

表6—1　　函证项目与函证内容

函证项目	函证内容
银行存款、借款及与金融机构往来的其他重要信息	了解实际存在的银行存款余额、借款余额以及抵押、质押及担保情况
零余额账户	银行存款或借款
在本期内注销的账户	银行存款或借款

(2)可以实施函证的其他项目

注册会计师也可以根据具体情况和实际需要对下列内容(包括但并不限于)实施函证:应收账款、应收票据、其他应收款、应付账款、预收账款、预付账款、保证、抵押或质押,以及由其他单位代为保管、加工或销售的存货。

可见,函证通常适用于账户余额及其组成部分,但不一定限于这些项目。例如,为确认合同条款没有发生变动及变化细节,注册会计师可以函证被审计单位与第三方签订的合同条款,注册会计师还可以向第三方函证是否存在影响被审计单位收入确认的背后协议或某项重大交易的细节。

4. 函证程序实施的范围

注册会计师根据对被审计单位的了解、评估的重大错报风险以及所测试总体的特征等确定从总体中选取特定项目进行测试。选取的特定项目包括:(1)金额较大的项目;(2)账龄较长的项目;(3)交易频繁但期末余额较小的项目;(4)重大关联方交易;(5)重大或异常的交易;(6)可能存在争议以及产生重大弊端或错误的交易。

5. 函证的时间

(1)注册会计师通常以资产负债表日为截止日,在资产负债表日后适当时间内实施函证。

(2)如果重大错报风险评估为低水平,注册会计师可选择资产负债表日前适当日期为截止日实施函证,并对所函证项目自该截止日起至资产负债表日发生的变动实施实质性程序。

6. 函证的方式

函证可分为积极式函证和消极式函证两种。

(1)积极式函证。积极式函证也称肯定式函证,是指对于印证事项,无论是否相符,都要求被询证单位或个人在限定的时间内回函。积极式函证方式又分为两种,具体内容如表6—2

所示。

表 6—2 积极式函证两种方式的比较

积极式函证方式	特 点
在询证函中列明拟函证的账户余额或其他信息，要求被询证者确认所函证的款项是否正确	询证函的回复能够提供可靠的审计证据，但询证者可能对所列示信息根本就不加以验证就予以回函确认
在询证函中不列明账户余额或其他信息，而要求被询证者填写有关信息或提供进一步信息	可能会导致回函率降低，进而导致注册会计师执行更多的替代程序

在采用积极的函证方式时，只有注册会计师收到回函，才能为财务报表认定提供审计证据。注册会计师没有收到回函，可能是由于被询证者根本不存在，或是由于被询证者没有收到询证函，也可能是由于询证者没有理会询证函，因此，无法证明所函证信息是否正确。

若采用积极式函证未收到回函，注册会计师应当考虑与被询证者联系，要求对方做出回应或再次寄发询证函。若未得到被询证者的回应，注册会计师应当实施替代审计程序。

(2)消极式函证。消极式函证也称否定式函证，是指对于印证事项，在不相符的情况下，才要求被询证单位或个人在限定的时间内回函。当同时存在下列情况时，注册会计师可考虑采用消极式函证：①涉及大量余额较小的账户；②没有理由相信被询证者不认真对待函证；③重大错报风险评估为低水平；④预期不存在大量的错误。

积极式函证与消极式函证的对比如表 6—3 所示。

表 6—3 积极式函证与消极式函证的对比

项目	积极式函证	消极式函证
要求	要求被询证者在所有情况下必须回函，确认询证函所列示信息是否正确或填列询证函要求的信息	要求被询证者仅在不同意询证函列示信息的情况下才予以回函
运用	以下情况最好采用积极式函证：个别账户的欠款余额较大；有理由相信对欠款可能存在争议、差错等问题	当同时存在下列情况时，注册会计师可考虑采用消极式函证：重大错报风险评估为低水平；涉及大量余额较小的账户；预期不存在大量的错误；没有理由相信被询证者不认真对待函证
协调	结合使用积极式函证和消极式函证，对于大金额账项采用积极式函证，对于小金额账项采用消极式函证	

在实务中，注册会计师可选择性采用积极的或消极的函证方式实施函证，也可将两种方式结合使用。

7. 函证的实施与评价

(1)函证实施过程的控制

在实施函证时，出于掩盖舞弊的目的，被审计单位可能想方设法拦截或更改询证函及回函的内容。因此，注册会计师应当对选择被询证者、设计询证函以及发出和收回询证函保持控制。注册会计师应当采取下列措施对函证实施过程进行控制：①将被询证者的名称、地址与被审计单位有关记录核对；②将询证函中列示的账户余额或其他信息与被审计单位有关资料核对；③在询证函中指明直接向接受审计业务委托的会计师事务所回函；④询证函经被审计单位盖章后，由注册会计师直接发出；⑤将发出询证函的情况形成审计工作记录；⑥将收到的回函形成审计工作记录并汇总统计函证结果。

(2)以传真、电子邮件等方式回函时的处理

被询证者以传真、电子邮件等方式回函确实能让注册会计师及时得到回函信息,但由于这些方式易被截留、篡改或难以确定回函者的真实身份,因此如果被询证者以传真、电子邮件等方式回函,注册会计师应当直接接收,并要求被询证者寄回询证函原件。

(3)评价审计证据的充分性和适当性时应考虑的因素

如果实施函证和替代审计程序都不能提供财务报表有关认定的充分、适当的审计证据,注册会计师应当实施追加的审计程序。在评价实施函证和替代审计程序获取的审计证据是否充分、适当时,注册会计师应当考虑:①函证和替代审计程序的可靠性;②不符事项的原因、频率、性质和金额;③实施其他审计程序获取的审计证据。

(4)评价函证的可靠性

函证所获取的审计证据的可靠性主要取决于注册会计师设计询证函、实施函证程序和评价函证结果等程序的适当性。在评价函证的可靠性时,注册会计师应当考虑:①对询证函的设计、发出及收回的控制情况;②被询证者的胜任能力、独立性、授权回函情况、对函证项目的了解及其客观性;③被审计单位施加的限制或回函中的限制。

因此,如果可行的话,注册会计师应当努力确保询证函被送交给适当的人员。如果有迹象表明收回的询证函不可靠,注册会计师应当实施适当的审计程序予以证实或消除疑虑。譬如,注册会计师可以通过直接打电话给被询证者等方式以验证回函的内容和来源。

(5)对不符事项的处理

如果发现不符事项,注册会计师应当首先提请被审计单位查明原因,并做进一步分析和核实。不符事项的原因可能是双方登记入账的时间不同,或是一方或双方记账错误,也可能是被审计单位的舞弊行为。

(五)重新计算

重新计算,是指以手工方式或者使用信息技术对有关数据计算的正确性进行核对。

这种方法可用于对以下资料的审查:①原始凭证的计算;②记账凭证的计算;③账簿的计算;④报表的计算;⑤其他有关资料的计算。

由于重新计算所获得的证据属于审计人员的亲历证据,因此通常被认为具有较强的可靠性。

(六)重新操作

重新操作,是指对有关业务程序或者控制活动独立进行重新操作验证。

(七)分析

分析,是指研究财务数据之间、财务数据与非财务数据之间可能存在的合理关系,对相关信息做出评价,并关注异常波动和差异。

常用的方法有:比较分析法、比率分析法和趋势分析法。

1. 比较分析法

比较分析法是指通过某一财务报表项目与其既定标准的比较,以获取有关审计证据的一种技术方法。它包括本期实际数与计划数、预算数或审计人员的计算结果之间的比较,本期实际数与同业标准之间的比较等。

2. 比率分析法

比率分析法是指通过对财务报表中的某一项目与相关的某一项目相比所得的值进行分析,以获取实际证据的一种审计方法。

3. 趋势分析法

趋势分析法是指通过对连续若干期某一财务报表项目的变动金额及其百分比的计算，分析该项目的增减变动方向和幅度，以获取有关审计证据的一种技术方法。

分析方法还包括分析和调查异常变动项目、重要比率或者趋势与预期数额及相关信息的差异情况。分析方法可以运用于审计计划、审计实施以及审计终结的全过程。

【课堂练习·单选题】下列有关审计分析方法的表述中，正确的是(　　)。

A. 分析仅运用于审计实施阶段

B. 分析是指财务数据之间关系的分析

C. 分析可以帮助审计人员发现异常变动项目

D. 重新计算是财务审计常用的分析方法

【正确答案】C

【课堂练习·单选题】通过对财务报表中的某一项目与相关的另一项目相比所得的值进行分析，以获取审计证据的方法是(　　)。

A. 回归分析法　　B. 价值分析法　　C. 趋势分析法　　D. 比率分析法

【正确答案】D

第三节　审计抽样方法

一、审计抽样概述

(一)审计抽样的含义

审计抽样是指审计人员从审计对象总体中选取一定数量的样本进行测试，并根据测试结果推断总体特征的一种审计方法，包括统计抽样方法和非统计抽样方法。国家审计准则中规定：在审计事项包含的项目数量较多，需要对审计事项某一方面的总体特征做出结论时，审计人员可以进行审计抽样。审计抽样使注册会计师能够获取和评价与被选取项目的某些特征有关的审计证据，以形成或帮助形成对从中抽取样本的总体结论。

审计抽样应具备三个特征：(1)对某类交易或账户余额中低于百分之百的项目实施审计程序；(2)所有抽样单元都有被选取的机会；(3)审计测试的目的是评价该账户余额或交易类型的某一特征。

注册会计师获取审计证据时可能使用三种目的的审计程序：风险评估程序、控制测试(必要时或决定测试时)和实质性程序。有些审计程序可以使用审计抽样，有些则不宜使用审计抽样。但是它并不适用于所有审计程序。比如，审计抽样可在检查和函证中广泛运用，但通常不用于询问、观察和分析。

通常不适用审计抽样的情况有：(1)检查总体的完整性；(2)抽样单位较少；(3)总体中的每笔业务金额均超过重要性水平；(4)可接受检查风险过低或要求审计检查保证程度过高；(5)有特殊风险或需要特别关注的事项；(6)使用审计抽样不符合成本效益原则。

存在下列情形之一的，审计人员可以对审计事项中的全部项目进行审查：(1)审计事项是由少量大额项目构成的；(2)审计事项可能存在重要问题，而选取其中部分项目进行审查无法提供适当、充分的审计证据的;(3)对审计事项中的全部项目进行审查符合成本效益原则。

审计人员可以在审计事项中选取下列特定项目进行审查:(1)大额或者重要项目;(2)数量或者金额符合设定标准的项目;(3)其他特定项目。

选取部分特定项目进行审查的结果不能用于推断整个审计事项。

【课堂练习·单选题】下列有关审计抽样的说法中,正确的是(　　)

A. 审计抽样不利于提高审计效率

B. 审计抽样通常应用于询问、观察和分析性复核程序

C. 审计抽样是指挑选一定数量样本进行测试,并根据测试结果推断总体特征的一种审计方法

D. 审计抽样可以用来检查被审计项目总体的完整性

【正确答案】C

(二)审计抽样的种类

1. 统计抽样和非统计抽样

按抽样决策的依据不同可分为非统计抽样和统计抽样。在对某类交易或账户余额使用审计抽样时,注册会计师可以使用统计抽样法,也可以使用非统计抽样法。

(1)统计抽样

统计抽样是指同时具备下列特征的抽样方法:①随机选取样本;②利用概率论评价样本结果和计量风险。充分的数学基础、健全的内部控制制度以及合理的经济依据,是统计抽样审计的理论依据。

统计抽样的优点在于能够客观地计量抽样风险,并通过调整样本规模精确地控制风险,这是与非统计抽样最重要的区别。另外,统计抽样还有助于注册会计师高效地设计样本,计量所获取证据的充分性,以及定量评价样本结果。

统计抽样的缺点是可能发生额外的成本,而且也做不到绝对准确。统计抽样需要特殊的专业技能,因此,使用统计抽样需要增加额外的支出来培训注册会计师。另外,统计抽样要求单个样本项目符合统计要求,这些也可能需要支出额外的费用。

统计抽样的方法有两种:①属性抽样——适用于控制测试;②变量抽样——适用于实质性审查。

【课堂练习·多选题】与非统计抽样法相比,统计抽样法的优点有(　　)。

A. 采用随机原则进行样本选择,减少了主观随意性

B. 审计人员能够将抽样风险量化,并加以控制

C. 完全依赖审计人员的实践经验和判断能力

D. 可以科学地确定样本量,避免样本过多或过少

E. 可以运用数理统计理论对样本结果进行评价并据以推断总体

【正确答案】ABDE

【思考问题】统计抽样能够减少审计过程中的专业判断或者取代专业判断的观点是否正确?

【分析提示】在审计过程中,无论是统计抽样还是非统计抽样(任意抽样和判断抽样),都离不开注册会计师的专业判断。那种认为统计抽样能够减少审计过程中的专业判断或者取代

专业判断的观点是错误的。因为在运用统计抽样的过程中存在许多不确定的因素，这些不确定因素需要注册会计师凭正确的判断来解决。在实际工作中，往往把上述几种抽样方法结合运用，才能收到较好的审计效果。

(2)非统计抽样

非统计抽样也称判断抽样，一般是由审计人员根据专业经验，进行主观判断，从特定审计对象总体中抽取部分样本进行审查，并以样本的审查结果来推断总体特征的抽样审计方法。其特点有：①使用方便、灵活，能够充分利用审计人员的实践经验和判断能力；②依据主观判断确定样本量，不如统计抽样客观；③根据经验和主观判断，结论不够准确；④不能量化和控制抽样误差和抽样风险。

非统计抽样如果设计适当，也能提供与设计适当的统计抽样方法同样有效的结果。注册会计师使用非统计抽样时，必须考虑抽样风险并将其降至可接受水平，但不能精确地测定出抽样风险。

【提示】现代审计中，审计抽样方法被广泛应用，它贯穿于审计的控制测试和实质性程序。

在实际工作中，应该把统计抽样法和非统计抽样法结合起来运用，以求收到较好的审计效果。表6—4列示了统计抽样与非统计抽样的区别。

表6—4　　统计抽样与非统计抽样的比较

比较内容	统计抽样	非统计抽样
优点	1. 计量和精确控制抽样风险 2. 高效设计样本 3. 利于衡量已获得的审计证据的充分性 4. 能定量评价样本的结果	1. 操作简单，使用成本低 2. 适合定性分析
缺点	1. 增加培训注册会计师的成本 2. 有时单个样本项目不符合统计要求	无法量化抽样风险
相同点	1. 在设计、实施和评价样本时都离不开职业判断 2. 都是通过样本中发现的错报或偏差率推断总体的特征 3. 运用得当都可以收集充分和适当的审计证据 4. 通过扩大样本量来降低抽样风险	

【课堂练习·单选题】下列说法中，不正确的是(　　)。

A. 属性抽样下的抽样风险包括信赖不足风险和信赖过度风险

B. 变量抽样下的抽样风险包括误受风险和误拒风险

C. 审计风险包括抽样风险和非抽样风险

D. 非抽样风险可以量化，它对审计效率和效果都有影响

【正确答案】D

2. 属性抽样和变量抽样

按照审计抽样目的不同可分为属性抽样和变量抽样。

(1)属性抽样

属性抽样是指在精确度和可靠程度一定的条件下，为了测定总体特征的发生频率而采用的一种方法。属性抽样是为了了解总体的质量特征，其抽样的结果只有是或否两种。审计中，控制测试常应用属性抽样法。在控制测试中，审计人员只要求做出总体某种属性的发生率是

多少的结论，而不必做出总体错误数额大小的估计。

(2)变量抽样

变量抽样是指通过对样本的检查结果推断总体金额的抽样审计方法。实质性测试中的抽样广泛采用变量抽样法。它适用于对存货、应收账款等报表项目金额的估计。它通过检查财务报表各项目数据的真实性和正确性来取得做出审计结论所需的直接证据。表6—5列示了属性抽样与变量抽样的区别。

表6—5　属性抽样与变量抽样的比较

项　目	属性抽样	变量抽样
抽样内涵	一种对总体中某一事件发生率得出结论的统计抽样方法；设定控制的每一次发生或偏离都被赋予同样的权重，而不管交易的金额大小	用来对总体金额得出结论的统计抽样方法
适用范围	控制测试	细节测试
测试目标	估计总体既定控制的偏差率(次数)	估计总体总金额或总体中的错误金额
测试内容	内部控制有效性	报表项目
测试评价	定性评价[质量特征]	定量评价[数量特征]
测试目的	确定实质性程序性质、时间和范围	确定会计报表是否公允表达
测试方法	固定样本量抽样、停走抽样、发现抽样	均值估计、差异估计、比率估计
测试结论	对与错或是与否；得出的结论与总体发生率有关	得出的结论与总体金额有关

【课堂练习·单选题】在下列项目所应用的统计抽样中，属于变量抽样的是(　　)。

A. 赊销是否经过严格审批

B. 确认销售发票是否附有发运单副本

C. 未经批准而赊销的金额

D. 确认购货发票是否附有验收单据

【正确答案】C

(三)抽样风险和非抽样风险

1. 抽样风险及其控制

在获取审计证据时，注册会计师应当运用职业判断评估重大错报风险，并设计进一步审计程序，以确保将审计风险降至可接受的低水平。使用审计抽样时，审计风险可能受抽样风险和非抽样风险的影响。

(1)抽样风险

抽样风险是指审计人员根据样本得出的结论，对总体全部项目实施与样本同样的审计程序得出的结论存在差异的可能性。抽样风险与样本量成反比，样本量越大，抽样风险越低。

审计人员在进行控制测试时的抽样风险有：①信赖不足风险，是指抽样结果使审计人员没有充分信赖实际上应予信赖的内部控制的可能性；②信赖过度风险，是指抽样结果使审计人员对内部控制的信赖超过了其实际上可予信赖程度的可能性。

审计人员在进行实质性测试时的抽样风险有：①误受风险，是指抽样结果表明账户余额不存在重大错误而实际上存在重大错误的可能性；②误拒风险，是指抽样结果表明账户余额存在重大错误而实际上不存在重大错误的可能性。

信赖不足风险与误拒风险会导致审计人员执行额外的审计测试，降低审计效率，增加审计成本；信赖过度风险与误受风险很可能导致注册会计师发表不恰当的审计意见，影响审计的效果。表6—6、表6—7列示了抽样风险的产生原因。

表6—6　信赖不足风险和信赖过度风险的产生原因

事实情况 / 控制测试结果	据被审内部控制总体事实认为：	
	应信赖制度	不应信赖制度
应接受制度	结论正确	信赖过度风险
应拒绝制度	信赖不足风险	结论正确

表6—7　误拒风险和误受风险的产生原因

事实情况 / 细节测试结果	据被审项目总体事实(报表)认为：	
	不存在重大错报	存在重大错报
应接受总体	结论正确	误受风险
不应接受总体	误拒风险	结论正确

【课堂练习·单选题】抽样风险中的“误受风险”是(　　)。

A. 抽样结果使注册会计师没有充分信赖实际上应予信赖的内部控制的可能性

B. 抽样结果使注册会计师对内部控制的信赖超过了实际可予信赖程度的可能性

C. 抽样结果表明账户余额不存在重大错误而实际上存在重大错误的可能性

D. 抽样结果表明账户余额存在重大错误而实际上不存在重大错误的可能性

【正确答案】C

【课堂练习·单选题】注册会计师确定某账户的可容忍误差为800元，依据抽样结果推断的差错额为1 200元，而该账户的实际差错额仅为1 000元，这种情况属于(　　)。

A. 误拒风险　　B. 信赖不足风险

C. 误受风险　　D. 未引起抽样风险

【正确答案】A

【课堂练习·单选题】下列说法中，不正确的是(　　)。

A. 属性抽样下的抽样风险包括信赖不足风险和信赖过度风险

B. 变量抽样下的抽样风险包括误受风险和误拒风险

C. 审计风险包括抽样风险和非抽样风险

D. 非抽样风险可以量化，它对审计效率和效果都有影响

【正确答案】D

(2)抽样风险的控制

只要使用了审计抽样，抽样风险就总会存在。在使用统计抽样时，审计人员可以准确地计量和控制抽样风险。在使用非统计抽样时，审计人员无法量化抽样风险，只能根据职业判断对其进行定性的评价和控制。对特定样本而言，抽样风险与样本规模呈反方向变动：样本规模越

小，抽样风险越大；样本规模越大，抽样风险越小。因此，控制抽样风险就有两个途径，一是调整样本量，增加样本量；二是采用恰当的抽样方法，合理地保证样本的代表性。无论是控制测试还是细节测试，审计人员都可以通过扩大样本规模降低抽样风险。如果对总体中的所有项目都实施检查，就不存在抽样风险，此时审计风险完全由非抽样风险产生。

【课堂练习·单选题】下列抽样风险中，抽样结果表明总体金额存在重大错误而实际上不存在重大错误的可能性是（　　）。

A. 信赖过度风险　B. 误拒风险　C. 误受风险　D. 信赖不足风险

【正确答案】B

【课堂练习·单选题】信赖不足风险影响的是（　　）。

A. 审计效率　B. 审计效果　C. 审计质量　D. 审计结论

【正确答案】A

【课堂练习·多选题】在实质性审查中，抽样风险有（　　）

A. 误拒风险　B. 误受风险　C. 信赖过度风险　D. 信赖不足风险

E. 重大错报风险

【正确答案】AB

【课堂练习·多选题】只要使用审计抽样，总会存在抽样风险，但不同类型的抽样风险对审计工作的影响是不同的。在以下各类抽样风险中，影响审计效果，即可能导致注册会计师发表不恰当的审计意见的审计风险是（　　）。

A. 在实施控制测试时，注册会计师推断的控制有效性高于其实际有效性的风险

B. 在实施控制测试时，注册会计师推断的控制有效性低于其实际有效性的风险

C. 在实施细节测试时，注册会计师推断某一重大错报存在而实际上不存在的风险

D. 在实施细节测试时，注册会计师推断某一重大错报不存在而实际上存在的风险

【正确答案】AD

2. 非抽样风险及其控制

非抽样风险是指由于某些与样本规模无关的因素而导致注册会计师得出错误结论的可能性。非抽样风险包括审计风险中不是由抽样所导致的所有风险。注册会计师即使对某类交易或账户余额的所有项目实施某种审计程序，也可能仍未能发现重大错报或控制失效。

(1)非抽样风险

非抽样风险，是指由于采用抽样审计方法之外的其他原因所造成的风险。例如，采用不恰当的审计程序或方法，或误解审计证据、工作疏忽等而未能发现样本中实际存在的误差的可能性。非抽样风险与审计人员采用的抽样方法无关。

在审计过程中，可能导致非抽样风险的原因有下列几种情况：

①注册会计师选择的总体不适合于测试目标。

②注册会计师未能适当地定义控制偏差或错报，导致注册会计师未能发现样本中存在的偏差或错报。

③注册会计师选择了不适于实现特定目标的审计程序。例如，注册会计师依赖应收账款函证来揭露未入账的应收账款。

④注册会计师未能适当地评价审计发现的情况。例如，注册会计师错误解读审计证据导

致没有发现误差；对所发现误差的重要性的判断有误，从而忽略了性质十分重要的误差，也可能导致得出不恰当的结论。

⑤其他原因。

非抽样风险对审计工作的效率和效果都有一定影响。

非抽样风险不能量化，但审计人员应制订适当的审计计划，保持应有的职业怀疑态度，坚持质量控制标准，以降低非抽样风险。

(2)非抽样风险的控制

非抽样风险是由人为错误造成的，因此可以降低、消除或防范。虽然在任何一种抽样方法中注册会计师都不能量化非抽样风险，但通过采取适当的质量控制政策和程序，对审计工作进行适当的指导、监督与复核，以及对审计人员实务做适当改进，可以将非抽样风险降至可以接受的水平。审计人员也可以通过仔细设计审计程序尽量降低非抽样风险。如果可以从两种审计程序中加以选择，且两种程序均以大致相同的成本提供相同程度的保证，注册会计师应选择非抽样风险水平较低的程序。

(四)审计抽样的基本程序

在控制测试和实质性细节测试中使用审计抽样方法，通常分为三个阶段进行：第一阶段是确定审计对象总体阶段，旨在根据测试的目标和抽样总体，制订选取样本的计划；第二阶段是选取样本阶段，旨在按照适当的方法从相应的抽样总体中选取所需的样本；第三阶段是评价样本结果阶段，旨在根据对误差的性质和原因的分析，将样本结果推至总体，形成对总体的结论。

1. 确定审计对象总体

审计对象总体是注册会计师为形成审计结论，拟采用抽样方法审计的经济业务及有关会计或其他资料的全部项目。注册会计师在确定审计对象总体时，应注意以下几个问题：

(1)总体的相关性和完整性。注册会计师在确定使用统计抽样之前，应当首先考虑具体审计目标，使审计对象总体符合具体的审计目的，并考虑将要取得的审计证据的性质、可能存在误差的条件以及该项审计证据的其他特征，以正确地界定误差和审计对象总体，并确定采用何种审计程序。

(2)总体中项目的同质性。构成总体的各单位要具有相同的特征，不同性质的总体单位不能包括在审查总体之内，应考虑是否需要进行分层。

(3)总体中项目的可辨性。

(4)总体中项目的充分性。被查总体在数量上要达到一定的规模，这是保证样本能够充分代表总体的重要条件，也是审计结论不会出现偏差的重要因素。

2. 确定样本规模

样本规模是指从总体中选取样本项目的数量。在审计抽样中，如果样本规模过小，就不能反映总体的特征，注册会计师获取的审计证据就不充分，审计结论的可靠性将大打折扣，甚至可能得出错误的审计结论；如果样本规模过大，则会增加审计工作量，造成不必要的时间和人力的浪费，降低审计效率，失去审计抽样的意义。在确定样本规模时，注册会计师应当考虑能否将抽样风险降至可接受的低水平。概括地讲，决定样本单位数的基本因素除了审计目的、审查对象总体外，还有预计总体误差、可容忍误差、可信赖程度、抽样风险和非抽样风险等。

(1)可接受的抽样风险。样本规模受可接受的抽样风险水平的影响，两者呈反向变化。可接受的风险水平越低，需要的样本规模越大。

(2)可容忍误差。可容忍误差是指注册会计师能够容忍的最大误差。在其他因素既定的条件下，可容忍误差越大，所需的样本规模越小。

（3）预计总体误差。预计总体误差即注册会计师预期在审计过程中发现的误差。预计总体误差越大，可容忍误差也应当越大。在既定的可容忍误差下，当预计总体误差增加时，所需的样本规模更大。

（4）总体规模。除非总体非常小，总体规模对样本规模的影响几乎为零。注册会计师通常将抽样单元超过 5 000 个的总体视为大规模总体。对大规模总体而言，总体的实际容量对样本规模几乎没有影响。对小规模总体而言，审计抽样比其他选择测试项目的方法效率低。

表 6—8 列示了审计抽样中影响样本规模的因素及其在控制测试和细节测试中的表现形式。

表 6—8　　影响样本规模的因素及表现形式

影响因素	控制测试	细节测试	与样本规模的关系
可接受的抽样风险	可接受的信赖过度风险	可接受的误受风险	反向变动
可容忍误差	可容忍偏差率	可容忍错报	反向变动
预计总体误差	预计总体偏差率	预计总体错报	同向变动
总体规模	总体规模	总体规模	影响很小

使用统计抽样方法时，注册会计师必须对影响样本规模的因素进行量化，并利用根据统计公式开发的专门的计算机程序或专门的样本量表来确定样本规模。在非统计抽样中，注册会计师可以只对影响样本规模的因素进行定性的估计，并运用职业判断确定样本规模。

【课堂练习·单选题】审计结论的可靠性程度与所需样本量之间的关系是（　　）。

A. 反向　　B. 正向　　C. 不确定　　D. 无关

【正确答案】B

【课堂练习·单选题】在审计抽样时，下列各项中与所需样本量呈反向关系的是（　　）。

A. 总体容量　　B. 总体项目差异

C. 审计结论的精确度　　D. 审计结论的可靠程度

【正确答案】C

3. 选取样本

样本项目的选取越遵循随机原则，其样本对总体的代表性就越高。不管是使用统计抽样法还是非统计抽样法，所有的审计抽样均要求选取的样本对总体来讲具有代表性；否则，就无法根据样本结果推断总体。实际工作中，选取样本的方法主要有简单选样、系统选样、分组选样三种。

（1）简单随机选样法

简单随机选样法，是指对审计对象总体中的所有项目，按随机原则选取样本，总体中的每一项目都有均等的机会被选中。在简单随机选样中，通常利用随机数表选取样本项目。随机数表也称乱数表，如表 6—9 所示。

表 6—9 随机数表

列号/随机数/行号	1	2	3	4	5	6	7	8	9	10
1	32044	69037	29655	92114	81034	40582	01584	77184	85762	46505
2	23821	96070	82592	81642	08971	07411	09037	81530	56195	98425
3	82383	94987	66441	28677	95961	78346	37916	09416	42438	48432
4	68310	21792	71635	86089	38157	95620	96718	79554	50209	17705
5	94856	76940	22165	01414	01413	37231	05509	37489	56459	52983
6	95000	61958	83430	98250	70030	05436	74814	45978	09277	13827
7	20764	64638	11359	32556	89822	02713	81293	52970	25080	33555
8	71401	17964	50940	95753	34905	93566	36318	79530	51105	26952
9	38464	75707	16750	61371	01523	69205	32122	03436	14489	02086
10	59442	59247	74955	82835	98378	83513	47870	20795	01352	89906

①对总体项目进行编号。编号的目的在于确定总体项目的标志并确定所使用的随机数的位数。例如，由 40 页、每页 50 行组成的应收账款，采用四位编号，前两位代表页码，后两位代表行次。编号 0534 表示第 5 页第 34 行的记录。

②选择起点和选号路线。起点和选号路线由审计人员随机决定，但一经选定，则应从起点开始，按照选号路线依次查找，符合总体项目编号要求的数字，即为选中的号码，与此号码相对应的总体项目即为样本项目，一直到选足所需的样本量为止。

【思考问题】假如被审计单位应收账款的编号为 1 至 3000 号，注册会计师利用上述随机数表选择其中的 150 个明细账进行函证。

要求：如果注册会计师决定以第一行第一列为起点，从上至下，然后进入第二列、第三列……，以各数的后四位为准。假如您是该注册会计师，最先选择的 5 个号码分别是多少？

【答案提示】34、116、99、2905 和 961。

(2)系统选样法

系统选样法也称等距选样法。使用系统选样法时，审计人员首先计算抽样间距，然后从第一个间距中选择一个随机起点，以随机起点作为开端，按照计算的抽样间距等距离地顺序选取样本。选样间距的计算公式如下：

抽样间距＝总体容量÷样本量

系统选样也可在抽样个体数(假定为 100)与样本总体数(假定为 1000)之间确定其比例数为 10∶1，并在样本中任取一个顺序号，假定为 101，则以此数为基础，以 10 向上递增为 111、121、131、141……或以 10 向下递减为 91、81、71、61……这些编号的原始凭证即抽样样本。

应该指出，系统选样法要求总体特征必须分布均匀，这样抽取的样本才有代表性。

【课堂练习·单选题】注册会计师采用系统选样法进行随机抽样，要从 2 000 个应收账款记录中选择 20%的记录进行测试，其抽样间距为(　　)。

A. 1　　B. 2　　C. 4　　D. 5

【正确答案】D

【答案解析】2 000×20%=400，2 000÷400=5

【课堂练习·单选题】注册会计师欲使用系统抽样法从 3 000 张编号为 1 至 3000 的支票中抽取 100 张进行审计，随机确定的抽样起点为 2866，那么抽取的第六张支票的编号为（　　）。

A. 3006　　B. 3016　　C. 0016　　D. 2986

【正确答案】C

【课堂练习·单选题】注册会计师欲从 3 600 张凭单中按系统选样法选出 40 张作为样本，确定的选样起点为 555，则抽样间隔、所能选到的最大的凭单编号及最小的凭单编号分别是（　　）。

A. 90，3525，15　　B. 90，3515，5　　C. 40，3595，35　　D. 40，3585，25

【正确答案】A

（3）分组选样法

分组选样法也称分层选样法，是按照一定标准将总体划分为若干层次或类型，然后再对各层次或各种类型的项目分别进行随机选样。严格地讲，它并非一种独立的样本选择方法，必须结合简单随机选样法等方法使用。例如，将应收账款明细账按照余额大小分为三组，采用不同选样方法抽取样本，如表 6—10 所示。

表 6—10　　分组选样例示

组别（层次）	分组标准（余额）	明细账数量（个）	抽样率（%）	抽取样本数量	抽样方法
1	30 000 元以上	100	100	100	全部审查
2	10 000～30 000 元	1 000	20	200	系统选样
3	10 000 元以下	500	10	50	简单选样

根据以上各组（层次）抽取样本的结果进行综合分析，做出总体判断。

【课堂练习·多选题】在进行审计抽样时，常用的随机选样法主要有（　　）。

A. 简单随机选样法　　B. 系统选样法

C. 排序选样法　　D. 分层选样法

E. 经验判断选样法

【正确答案】ABD

【课堂练习·单选题】下列有关分组抽样的说法中，不正确的是（　　）。

A. 分组抽样可提高抽样效率

B. 分组抽样可减少样本量

C. 分组抽样可以重点审计可能有较大错误的项目

D. 分组抽样一般不必对包含最重要项目的层次实施全部审查

【正确答案】D

4. 评价抽样结果并形成审计结论

（1）分析样本误差

对无法按照既定的审计程序取得审计证据的样本,审计人员应当实施替代审计程序,以获取相应的审计证据。如果审计人员无法或者没有执行替代审计程序,则应将该项目视为一项误差。注册会计师应当考虑样本的结果、已识别的所有误差的性质和原因,及其对具体审计目标和审计的其他方面可能产生的影响。

(2)推断总体误差

在控制测试中,由于样本的误差率就是总体的推断误差率,注册会计师无须推断总体误差率。无论是使用统计抽样法还是非统计抽样法,样本偏差率都是注册会计师对总体偏差率的最佳估计,但必须考虑抽样风险。

当实施细节测试时,注册会计师应当根据样本中发现的误差金额推断总体误差金额,并考虑推断误差对特定审计目标及审计的其他方面的影响。

(3)重估抽样风险

如果推断的总体误差接近或超过可容忍误差,审计人员应当重估抽样风险,如经重估后的抽样风险不能接受,应考虑是否增加样本量或执行替代程序。

在进行内部控制测试时,如果抽样结果表明无法达到审计人员对所测试的内部控制的预期信赖程度,则应考虑增加样本量或调增控制风险的评估水平,修改实质性审查程序。

(4)形成审计结论

通过审查样本,从样本特征推断总体特征,从而形成审计结论是审计抽样的最终目的。

注册会计师应当评价样本结果,以确定对总体相关特征的评估是否得到证实或需要修正。

(五)抽样结果的评价

注册会计师在对样本实施必要的审计后,需要对抽样结果进行评价。其具体程序和内容是:分析样本误差──→推断总体误差──→重估抽样风险──→形成审计结论。

1. 分析样本误差

注册会计师在分析样本误差时,一般应从以下几个方面着手:

(1)根据预先确定的构成误差的条件,确定某一有问题的项目是否为一项误差。

(2)注册会计师按照既定的审计程序无法对样本取得审计证据时,应当实施替代审计程序,以获取相应的审计证据。

(3)如果某些样本误差项目具有共同的特征,如相同的经济业务类型、场所、时间,则应将这些具有共同特征的项目作为一个整体,实施相应的审计程序,并根据审计结果进行单独的评价。

(4)在分析抽样中所发现的误差时,还应考虑误差的质的方面,包括误差的性质、原因及其对其他相关审计工作的影响。

2. 推断总体误差

分析样本误差后,注册会计师应根据抽样中发现的误差采用适当的方法,推断审计对象总体误差。当总体划分为几个层次时,应先对每一层次做个别的推断,然后将推断结果加以汇总。

3. 重估抽样风险

注册会计师在进行控制测试时,如果认为抽样结果无法达到其对所测试的内部控制的预期信赖程度,则应考虑增加样本量或修改实质性测试程序。在实质性测试中,运用审计抽样推断总体误差后,应将总体误差与可容忍误差进行比较,并将抽样结果与其他有关审计程序中所获得的证据相比较。如果推断的总体误差超过可容忍误差,经重估后的抽样风险不能接受,应增加样本量或执行替代审计程序。如果推断的总体误差接近可容忍误差，应考虑是否增加样本量或执行替代审计程序。

4. 形成审计结论

注册会计师在抽样结果评价的基础上，应根据所取得的证据，确定审计证据是否足以证实某一审计对象总体的特征，从而得出审计结论。

二、审计抽样在控制测试中的应用

控制测试的目的是测试内部控制是否有效运行，结果只有"有效"和"无效"两种。因此，控制测试常应用属性抽样法。用于控制测试的属性抽样法通常有固定样本量抽样、停—走抽样、发现抽样等抽样方法。

以下将重点介绍固定样本量抽样的步骤和方法。

【课堂练习·多选题】用于控制测试的属性抽样主要包括(　　)方法。

A. 停—走抽样　B. 固定样本量抽样　C. 发现抽样　D. 差额估计抽样

【正确答案】ABC

(一)固定样本量抽样的步骤和方法

1. 根据审计的目标和要求，确定审计对象总体与抽样单位

审计对象总体是审计人员为形成审计结论，拟采用抽样方法的交易或事项及有关会计资料或其他资料的全部项目。总体的确定要满足相关性与完整性。例如，审计人员拟审计客户被审计年度的外购存货的"验收手续"这一内部控制的执行情况，把具体目标定为检查存货入库验收单与购货发票是否相符，这样便可将抽样总体确定为某年度的所有购货发票。

抽样单位是构成审计对象总体的个别项目，审计人员应根据审计目标和被审计单位的实际情况，确定抽样单位，从审计对象总体中选取若干抽样单位，从而构成不同的样本。

2. 定义误差

这里的误差是指审计人员认为被审计单位控制失效的事件。例如，在对外购存货验收控制的测试中，若发现下列情况之一的，即可界定为误差：(1)发票未附验收单据；(2)发票附有不属于它本身的验收单据；(3)发票和验收单据记载的数量不符。

3. 确定样本规模(样本容量)

确定样本规模通常按以下步骤进行：

(1)确定预计误差发生率

属性抽样是推断差错或舞弊的发生频率，也就是预计误差发生率，用百分比表示。如果被审计单位内部控制无效，则预计误差发生率就高，那么抽取样本的规模就要大些；反之，就可以少一些。因此，样本数量与预计误差发生率成正比关系。

如何确定预计误差发生率？可考虑下列三种情况：①参考以往历史审计资料确定；②抽查少量样本加以测试，然后确定；③根据审计人员的初步调查了解和判断来确定。

(2)确定精确度

样本误差发生率不一定就是总体的实际误差率，所以有必要根据样本结果，以一定的正数和负数为界设立一个区间，也就是限定一个抽样误差的可容许界限，比如±1%，这个可容许界限就叫精确度。在样本结果上加、减一定的精确度，就构成精确度的界限，界限两端为精确度的上限和下限，假设样本结果预计误差发生率为4%，精确度为±1%，则精确度的上限为5%，

下限为3%。假定总体误差率处于3%～5%，就是可以接受的，3%～5%就称为精确度界限。精确度也可用绝对数表示，如±100元。样本数量与精确度的高低成反比关系，精确度越高，抽取样本的数量就应越少；反之则越多。精确度上限也称为可容忍误差。在控制测试中，可容忍误差的确定应能确保当总体误差超过可容忍误差时审计人员降低对内部控制的信赖程度。

(3)确定可信赖程度(置信度)

可信赖程度是指样本性质能够代表总体性质的可靠性程度。假如可信赖程度定为95%，则表示总体的真实特征有95%的可能性落在特定的精确度范围内，另外还有5%的可能性不在精确度界限内。这里的5%就称为风险度。要求样本的可信赖程度越高，越需要有较大的样本容量作保证，所以可信赖程度越高，样本容量也就越大。可信赖程度的高低主要取决于被审计单位的内部控制。一般可选择最小为90%的可信赖程度，如果内部控制非常重要时，就应选择95%甚至99%的可信赖程度。

(4)确定样本容量

根据预计误差发生率、精确度和可信赖程度，就可以通过样本量确定表来确定样本的容量。

假定预计误差发生率为2%，可信赖程度为95%，可容忍误差为5%，则查样本量确定表可得样本量为200，如表6－11所示。

表6－11　　95%的可信赖程度下控制测试样本量(部分列示)

预期总体误差率(%)	可容忍误差率(%)									
	1	2	3	4	5	6	7	8	9	10
0.25	650	240	160	120	100	80	70	60	60	50
0.50	*	320	160	120	100	80	70	60	60	50
1.0		600	260	160	100	80	70	60	60	50
1.5		*	400	200	160	120	90	60	60	50
2.0			900	300	200	140	900	80	70	50
2.5			*	550	240	160	120	80	70	50
3.5				*	400	200	160	100	90	80
4.0					650	280	200	140	100	80
4.5					*	500	240	180	100	90
5.0						800	360	200	160	120
5.5							500	240	160	120
6.0							900	360	200	160

注：*表示大于1 000。

4. 选择抽样方法，选取样本并审计

当样本数量确定以后，就要选择适当的抽样方法并抽取足够的样本进行测试。前文介绍了随机数表法、系统抽样法、分层抽样法和整群抽样法，审计工作中可根据需要适当选用。选取样本之后，对样本项目进行审计。

5. 评价抽样结果，推断总体特征

对样本项目进行审查之后，就能得到样本误差率。比较样本误差率与确定样本时所使用的预计误差发生率之间的差异，如果样本误差率与预计误差发生率大致相同或样本误差率小于预计误差发生率，则无须调整样本规模；如果样本误差率大于预计误差发生率，说明样本规模过小，这时就应以样本误差率代替预计误差发生率重新确定样本规模，并抽取和审查新增样本项目，重新计算样本误差率，直至样本误差率等于或小于计算样本规模时所使用的预计误差发生率为止。样本测试结束以后，便可以做出总体推断。在审计实务中，可查样本结果评价表来确定，如表 6—12 所示。

表 6—12　　　　95%的可信赖程度下控制测试抽样结果的评价(部分列示)

总体误差率(%) 样本误差数(个) 样本量	1%	2%	3%	4%	5%	6%	7%	8%	9%	10%
10										0
20										
30										
40								0		
50						0				1
60					0			1		
70					0		1		2	
80				0		1		2		3
90				0		1	2		3	4
100			0		1		2	3	4	5
120			0	1		2	3	4	5	6
140		0	0	1	2	3	4	5	6	7
160		0	1	2	3	4	5	6	8	9
180		0	1	2	3	5	6	8	9	11
200		0	1	3	4	6	7	9	11	12
220		0	1	3	5	7	8	10	12	14
240		1	2	4	6	8	10	12	14	16

6. 确定总体的可接受性

将推断总体误差与可容忍误差进行比较：(1)若推断总体误差小于或等于可容忍误差，则总体误差可以接受，内部控制可信赖；(2)若推断总体误差大于可容忍误差，则总体误差不可以接受，内部控制不可信赖，可扩大样本量、修改实质性测试程序或执行替代的审计程序。

【课堂练习 · 多选题】在实质性测试中运用审计抽样，如果推断的总体误差大于可容忍误差，就应当考虑(　　)。

A. 增加样本量　　　　　　　　B. 执行替代审计程序

C. 修改实质性测试程序　　　　　　D. 发表保留意见或否定意见

【正确答案】 ABC

当然，审计人员在评价抽样结果时，不仅要考虑误差的次数，而且要考虑误差的性质。因此，若发现被审计单位有欺诈或相关内部控制没有被执行时，无论其误差率是高是低，均应扩大实质性测试范围，增加样本量或者代之以详细审计。例如，审计人员对某企业采购和付款内部控制进行控制测试。审计目标为：企业是否只有在将验收报告与进货发票相核对后，才核准支付采购货款。注册会计师将“误差”界定为：一是未附验收单据的任何发票；二是发票虽附有验收单据，但却属于其他发票；三是发票与验收单据所记载的数量不符。假设企业对每笔采购业务均采用连续编号的应付凭单，每张应付凭单上要附有验收报告及发票，因此，抽样单位是个别的应付凭单。审计对象总体包括审计年度内购买原材料的全部应付凭单。

【课堂练习·案例分析题】 假设从前 5 年的审计中，审计人员得知上述内部控制发生的误差率为 0.3%、0.6%、0.8%、0.4%、0.95%，误差呈不规则趋势，出于谨慎的考虑，审计人员将预计误差率定为 2%。

审计人员依赖其专业判断，确定可容忍误差为 6%。

由于该项内部控制很重要，故审计人员将可信赖程度确定为 95%。

上述因素确定后，审计人员根据样本量确定表查出应选取的样本量为 140。

因为应付凭单是连续编号的，所以审计人员决定采用随机抽样法选取 140 张应付凭单为样本，经过审查，发现样本的误差数为 2。审计人员根据样本结果评价表，查出 95%的可信赖程度下，样本为 140，样本误差数为 2 时，总体误差率为 5%，且没有发现舞弊、逃避内部控制的情况。因此，审计人员可以做出如下结论：以 95%的把握确信全部材料采购应付凭单的误差率不超过 5%。

（二）“停—走”抽样和发现抽样

1.“停—走”抽样

这是固定样本量抽样的一种特殊形式，是从预期总体误差为零开始，通过边抽样边评价来完成抽样审计工作。这种方法能够有效地提高工作效率，降低审计费用。

采用“停—走”抽样，一般要进行以下三个步骤：(1)确定可容忍误差和风险水平；(2)确定初始样本量；(3)进行“停—走”抽样决策。

2. 发现抽样

发现抽样是在既定的可信赖程度下，在假设误差以既定的误差率存在于总体之中的情况下，至少查出一种误差的抽样方法。发现抽样主要用于查找重大非法事件，它能够以极高的可信赖程度(如 99.5%以上)确保查出误差率仅在 0.5%～1%的误差。使用发现抽样时，当发现重大的误差，无论发生次数为多少，注册会计师都可能放弃一切抽样程序而对总体进行全面彻底的检查。若发现抽样未发现任何例外，注册会计师可得出下列结论：在既定的误差率范围内没有发现重大误差。

使用发现抽样时，注册会计师需确定可信赖程度及可容忍误差。然后，在预期总体误差为 0 的假设下，参阅适当的属性抽样表，即可得出所需的样本量。

三、审计抽样在细节测试中的运用

实质性程序中细节测试广泛应用变量抽样方法。它是通过检查财务报表各项目样本数据检查的结果，推断总体货币金额的真实性和正确性来取得做出审计结论所需的直接证据的统计抽样方法。变量抽样方法主要有均值估计变量抽样、比率估计抽样和差额估计抽样三种方法。

【课堂练习·多选题】 变量抽样方法主要有三种方法，即（　　）。

A. 均值估计变量抽样　　B. 比率估计抽样

C. 差额估计抽样　　D. 发现抽样

【正确答案】 ABC

（一）均值估计变量抽样法

均值估计变量抽样法是通过检查确定样本的平均值，再根据样本平均值推断总体的平均值和总体货币金额的一种变量抽样审计方法。这种方法适用范围十分广泛，无论被审计单位提供的数据是否完整、可靠，甚至在被审计单位缺乏基本的经济业务、事项或书面记录的情况下，均可使用此方法。其具体步骤如下（在不分层条件下）：

1. 根据审计目标确定审计对象总体与抽样单位

其要求同属性抽样，即总体的确定要满足相关性与完整性。比如，若审计目标在于审查应收账款余额是否多计，则审计对象总体应确定为应收账款明细账；若审计目标是应付账款是否少计，则审计对象总体不仅包括应付账款明细账，而且包括期后付款、未付发票等。

2. 确定样本规模

（1）界定样本规模应考虑的因素：精确度、可信赖程度（置信度）和标准差

精确度（Δ）是用绝对金额表示的精确度，即可接受的差额。可信赖程度与属性抽样的可信赖程度相同。标准差（SD）反映个别项目值在总体平均值周围的可变异程度或离散程度，或者反映总体各项目间的标志变异程度。

标准差的计算公式为：

$$SD=\sqrt{\frac{\sum(x-\bar{x})^2}{N}}$$

式中，X 表示个别项目值，$\overline{X}$ 表示总体平均值，N 表示总体项目个数。

在实务中，审计人员先确定预备样本（一般选 30～50 个），计算预备样本标准差，以此估计总体标准差。样本标准差的计算公式为：

$$SD_{样}=\sqrt{\frac{\sum X^2-N\cdot(\overline{X})^2}{N-1}}$$

（2）样本规模的计算公式如下：

放回抽样条件下的样本规模（n^*）的计算公式为：

$$n^*=\left(\frac{t\cdot SD\cdot N}{\Delta}\right)^2$$

不放回抽样条件下的样本规模（n）的计算公式为：

$$n=\frac{n^*}{1+\frac{n^*}{N}}$$

一般而言，审计抽样为不放回抽样。

上式中，t 为可信赖程度系数，可按表 6－13 确定。

表 6－13　　可信赖程度系数表

可信赖程度	可信赖程度系数
80%	1.28
85%	1.44
90%	1.65
95%	1.96
99%	2.58

3. 随机选取补充样本

n 如果大于预备样本量，就可以随机选取补充样本，原预备样本可作为正式样本的一部分。

补充样本量＝n－预备样本量

4. 审查补充样本

先审查补充样本，再计算整个样本平均值、标准差和达成精确度，并进行分析评价。

$$\text{整个样本平均值 } \overline{X}=\frac{\sum X}{n}$$

$$\text{整个样本标准差 } SD_{\text{样}}=\sqrt{\frac{\sum X^2-n(\overline{X})^2}{n-1}}$$

达成精确度是指按照样本标准差计算的精确度，一般用 Δ^* 表示，其计算公式如下：

$$\Delta^*=\frac{t\cdot SD_{\text{样}}}{\sqrt{n}}\cdot N\cdot\sqrt{1-\frac{n}{N}}$$

分析评价样本是通过比较 Δ^* 与事先确定的可接受精确度(Δ)来进行的。若 $\Delta^*\leqslant\Delta$，说明样本规模符合抽样要求；若 $\Delta^*>\Delta$，则说明样本数量不足，可以用 $SD_{\text{样}}$ 代替 $SD_{\text{样}}$ 重新计算和追加样本数量，进行抽样审查和评价，直到 $\Delta^*\leqslant\Delta$ 为止。

5. 用样本平均值指标推断总体指标并得出结论

先计算：

总体点估计值＝$X\cdot N$

后推算：

总体区间估计值＝$X\cdot N\pm\Delta^*$

结论：在一定的置信度下，总体的货币金额应在 $X\cdot N-\Delta^*$ 与 $X\cdot N+\Delta^*$ 之间。

【课堂练习·计算分析题】 某企业存货品种有 2 000 种，平时不按实际成本计价，而在年终抽取部分存货品种测算结存额，即没有账面总额。注册会计师决定可允许的差错金额在 60 000元范围内，即可接受的精确度为 60 000 元，设置 95%的可信赖程度。为了估计标准差，在总体中随机抽取 30 个预备样本试样，获得平均值为 4 000 元，标准差为 150 元。

首先计算样本规模：

$n^*=[(1.96\times150\times2\,000)\div60\,000]^2=96$(取整数)

$$n=\frac{96}{1+\frac{96}{2\,000}}\approx92$$

补充样本量＝92－30＝62

随机抽取62种存货进行审查。

92种存货的平均价值和标准差的计算如下：

假设$\overline{X}$＝4 032.97(元)，$SD_{样}$＝136(元)

$$\Delta^{*}=1.96\times\frac{136}{\sqrt{92}}\times2\ 000\times\sqrt{1-\frac{92}{2\ 000}}=54\ 292$$

由于$\Delta^{*}=54\ 292<\Delta=60\ 000$，故可以接受样本结果，并据此进行总体推断。

总体点估计值＝$\overline{X}\cdot N$＝4 032.97×2 000＝8 064 720(元)

总体区间估计值为8 064 720±54 292，即[8 010 428，8 119 012]。

所以，在95%的可信赖程度下，被审计的2 000种存货的总价值在8 010 428～8 119 012元。或者说，有95%的把握断定2 000种存货的总价值在8 010 428～8 119 012元。

如果被审计单位存货的账面价值为8 030 000元，处于8 010 428～8 119 012元，则其存货金额并无重大差错，可将34 720元(8 064 720－8 030 000)视为审计差异，并在对财务报表发表审计意见时考虑。

如果账面价值没有落入8 010 428～8 119 012元的范围，如为8 000 000元，则应扩大测试范围，详细检查存货，并要求被审计单位调整。

(二)比率估计抽样法

比率估计抽样法是指以样本的实际价值与账面价值之间的比率来估计总体实际价值与账面价值的比率关系，然后再以此比率乘以总体的账面价值，从而求出总体实际价值的估计值的一种抽样方法。比率估计抽样法确定样本量的方法与单位均值估计抽样法相同，而在进行抽样结果评价时的计算公式如下：

比率＝样本实际价值之和÷样本账面价值之和×100%

总体估计价值＝总体账面价值×比率

总体正确值区间＝总体估计价值＋精确度

【课堂练习·计算分析题】假定X公司有400个应付账款明细账，其账面价值为5 000 000元，注册会计师采用随机抽出的200个项目作为样本进行审查，这些样本的账面价值为250 000元，经审查确定的实际价值为257 500元，设定所要求的可靠程度为95%，精确度为50 000元。试采用比率估计抽样法推断总体的正确性，并判断总体账面价值是否存在重大差错。

比率＝样本实际价值之和÷样本账面价值之和×100%

＝257 500÷250 000×100%＝103%

总体估计价值＝总体账面价值×比率＝5 000 000×103%＝5 150 000(元)

总体正确值区间＝总体估计价值＋精确限度

＝(5 150 000－50 000，5 150 000＋50 000)＝(5 100 000，5 200 000)

因为总体账面价值为5 000 000元，而5 000 000＜5 100 000，所以，注册会计师有95%的把握认为总体账面价值存在重大差错，总体账面价值少列了100 000元。

比率估计抽样法主要用于对审查项目的正确值与账面价值随项目变化并大致成比例变化的总体审查。

（三）差额估计抽样法

差额估计抽样法是指以样本实际价值与账面价值的平均差额差异来估计总体实际价值与账面价值的平均差异，然后再以这个平均差异乘以总体项目个数，从而求出总体的实际价值与账面价值差异的一种抽样方法。其计算公式如下：

样本平均差异＝样本实际差异之和÷样本量

估计总体差异＝样本平均差异×总体项目个数

总体估计价值＝总账面价值＋估计总体差异

总体正确区间＝总体估计价值＋精确限度

【课堂练习·计算分析题】假定某公司有500个某材料明细账，其账面价值总额为486 500元，注册会计师采用随机抽取的80个明细账作为样本进行审查，发现这些样本的总账面价值为6 200元，经审查确定的正确值为5 650元，设定所要求的可靠程度为96%，精确限度为±4 860元。试采用差额估计抽样法推断总估的正确值，并判断总体账面价值是否存在重大差错。

样本平均差异＝样本实际差异之和÷样本量＝(5 650－6 200)÷80＝－6.875

估计总体差异＝样本平均差异×总体项目个数＝－6.875×500＝－3 437.5(元)

总体估计价值＝总账面价值＋估计总体差异＝486 500－3 437.5＝483 062.5(元)

总体正确区间＝总体估计价值＋精确度

＝(483 062.5－4 860，483 062.5＋4 860)＝(478 202.5，487 922.5)

由于478 202.5＜486 500＜487 922.5，因此，注册会计师可以以95%的把握认为总体账面价值不存在重大差错。

差额估计抽样法主要用于对审查项目的正确值与账面值随项目变化但不成比例变化的总体审查。

本章小结

本章主要包括四部分内容：审计方法概述、审计取证的基本方法、审计取证的技术方法和审计抽样方法。

审计方法是审计师检查分析审计对象、收集审计证据，据以编写审计报告、形成审计结论和意见的各种专门手段的总称。审计方法包括审计一般方法、编制审计计划方法、收集审计证据方法、提出审计报告方法、处理审计文件方法等。

收集审计证据的方法很多，归纳起来主要有审计取证的基本方法和审计取证的技术方法。审计取证的基本方法有审计取证的顺序方法（含顺查法和逆查法）和审计取证的数量方法（含详查法和抽查法）。审计取证的技术方法有检查、观察、询问、外部调查、重新计算、重新操作、分析等。审计取证模式的演变可分为三个阶段：账目基础审计阶段、制度基础审计阶段和风险基础审计阶段。

审计抽样是指审计人员从审计对象总体中选取一定数量的样本进行测试，并根据测试结果推断总体特征的一种审计方法，包括统计抽样方法和非统计抽样方法。在对某类交易或账户余额使用审计抽样时，注册会计师可以使用统计抽样方法。使用审计抽样时，审计风险可能受抽样风险和非抽样风险的影响。非抽样风险是指由于某些与样本规模无关的因素而导致注册会计师得出错误结论的可能性。非抽样风险包括审计风险中不是由抽样所导致的所有风险。审计人员即使对某类交易或账户余额的所有项目实施某种审计程序，也可能仍未能发现重大错报或控制失效。

在控制测试和实质性细节测试中使用审计抽样方法，通常分三个阶段进行：第一阶段是确定审计对象总体阶段，旨在根据测试的目标和抽样总体，制订选取样本的计划；第二阶段是选取样本阶段，旨在按照适当的方法从相应的抽样总体中选取所需的样本；第三阶段是评价样本结果阶段，旨在根据对误差的性质和原因的分析，将样本结果推至总体，从而形成对总体的结论。

思考与实训

一、思考题

1. 试述审计方法体系的构成。
2. 简述选用审计方法的原则。
3. 简述审计取证模式的演变过程。
4. 简述风险导向审计的基本内涵。
5. 试述审计取证的基本方法和技术方法的具体内容。
6. 什么是审计抽样？它有什么特征？
7. 什么是统计抽样？它与非统计抽样相比有什么优势？
8. 什么是属性抽样和变量抽样？试述其适用范围。
9. 简述审计抽样风险的种类及其控制。
10. 简述审计抽样的基本程序。
11. 试述审计抽样在细节测试中应用的具体步骤。

二、实训题

1. 注册会计师对某股份有限公司2016年5月的工资单进行审查时，决定从900名职工中抽取30名职工的工资单进行审查，并使用系统选样法进行选样。

要求：请计算其抽样间隔。

2. 审计X公司2015年度主营业务收入时，为了确定X公司的销售业务是否真实、完整，会计处理是否正确，审计人员拟从X公司2015年度开具的销售发票的存根中选取若干，核对销售合同和发运单，并检查会计处理是否符合规定。X公司2015年共开具连续编号的销售发票4 000张，销售发票号码为第2001号至第6000号，注册会计师计划从中选取10张销售发票样本。随机样本见表6—14。

表6—14　　随机样本表

列号 / 随机数 / 行号	1	2	3	4	5
1	10480	15011	01536	02011	81647
2	22368	46573	25595	85313	30995
3	24130	48360	22527	97265	76393
4	42167	93093	06243	61680	07856
5	37570	39975	81837	16656	06121

续表

随机数　列号/行号	1	2	3	4	5
6	77921	06907	11008	42751	27756
7	99562	72905	56420	69994	98872
8	96301	91977	05463	07972	18876
9	89759	14342	63661	10281	17453
10	85475	36857	53342	53988	53060

要求：假定注册会计师以随机数表所列数据的后4位数与销售发票号码一一对应，确定第二列第四行为起点，选号路线为自上而下、自左而右。请问注册会计师确定选取的10张销售发票样本的发票号码分别是多少？

如果上述10笔销售业务的账面价值为1 000 000元，审计后认定的价值为100 300元，假定X公司2015年度主营业务收入的账面价值为180 000 000元，并假定误差与账面价值不成比例关系，请运用差额估计抽样法推断X公司2015年度主营业务收入的总体实际价值。

3. 注册会计师在编制审计计划时，准备在X公司2015年度所开具的全部发票中，采用固定样本量抽样法随机抽取若干发票进行控制测试，以检查样本发票是否有对应的安装验收报告。注册会计师确定的预期总体误差率为1%，可容忍误差率为4%，信赖过度风险为5%，在95%的可信赖程度下，控制测试的样本量如表6—15所示。

表6—15　　控制测试的样本量

预期总体误差（%）	可容忍误差率			
	2%	4%	5%	6%
0.75	208(1)	117(1)	93(1)	78(1)
1		156(1)	93(1)	78(1)
1.25		156(1)	124(2)	78(1)
1.5		192(3)	124(2)	103(2)

要求：针对检查样本发票是否有对应的安装验收报告这项控制制度测试，请定义"误差"，确定样本量，并根据以下两种情况评价抽样结果。

(1)抽样查出的误差数为1，且没有发现舞弊或逃避内部控制的情况。

(2)抽样查出的误差数为3，且没有发现舞弊或逃避内部控制的情况。

4. 注册会计师在对X公司主营业务收入进行测试的同时，一并对应收账款进行了测试。假定X公司2016年12月31日应收账款明细账显示其有2 000名顾客，账面余额为10 000万元。注册会计师拟通过抽样函证应收账款账面余额，计划抽样误差为+5万元，可信赖程度为95%(95%可信赖程度下的可信赖程度系数为1.96)，估计的总体标准离差为0.015万元。样本账户账面余额为500万元，审定后认定的余额为450万元。

要求：针对上述资料，确定应收账款函证的样本量，并根据样本结果采用差额估计抽样法推断应收账款的总体余额（请列出计算过程，样本平均差额保留到小数点后4位，推断总体差额及总估余额保留到小数点后1位）。

第二篇

审计测试流程

第二章

[illegible]

第七章　风险评估与风险应对

学习目标

知识目标

1. 理解内部控制的含义与构成要素；
2. 掌握控制测试和实质性程序的内涵和要求；
3. 理解内部控制、控制测试和实质性程序间的关系；
4. 掌握识别和评估重大错报风险时应实施的审计程序；
5. 掌握控制测试和实质性程序的性质、时间和范围。

能力目标

能通过了解被审计单位及其环境的内容和程序，识别重大错报风险的类型和评估的审计程序。

引导案例

银广夏公司全称为广夏(银川)实业股份有限公司，其证券简称ST银广夏(000557)。1994年6月上市的银广夏公司曾因其骄人的业绩和诱人的前景而被称为“中国第一蓝筹股”。2001年8月，《财经》杂志发表《银广夏陷阱》一文，银广夏虚构财务报表事件被曝光。专家意见认为，天津广夏出口德国诚信贸易公司的为“不可能的产量、不可能的价格、不可能的产品”。以天津广夏萃取设备的产能，即使通宵达旦运作，也生产不出所宣称的数量；天津广夏萃取产品出口价格高到近乎荒谬；对德出口合同中的某些产品根本不能用二氧化碳超临界萃取设备提取。

2002年5月中国证监会对银广夏公司的行政处罚决定书认定公司自1998年至2001年期间累计虚增利润77 156.70万元。从原料购进到生产、销售、出口等环节，公司伪造了全部单据，包括销售合同和发票、银行票据、海关出口报关单以及所得税免税文件。之后，负责对银广夏公司财务报表进行审计的深圳中天勤会计师事务所及相关注册会计师因涉及银广夏公司利润造假案而被追究法律责任。

银广夏公司审计失败的原因很多，其中一个重要的原因是注册会计师对银广夏公司的经营性质、经营状况、公司治理及管理现状了解不够，没有评估和控制审计风险，进而没能采取有效的应对风险措施。例如，对于银广夏公司在2000年度主营业务收入大幅增长的同时生产用电的电费反而下降的情况竟没有发现或报告等。

思考：注册会计师应如何评估审计风险？应采取怎样的对策和办法应对审计风险？

第一节 风险评估

注册会计师实施审计的目标是对财务报表不存在由于错误或舞弊导致的重大错报获取合理保证。风险导向审计是当今主流的审计方法,它要求注册会计师识别和评估重大错报风险,设计和实施进一步审计程序以应对和评估错报风险,并根据审计结果出具恰当的审计报告。

本章主要介绍如何对重大错报风险进行识别、评估和应对,最终将审计风险降至可接受的低水平,如图 7—1 所示。

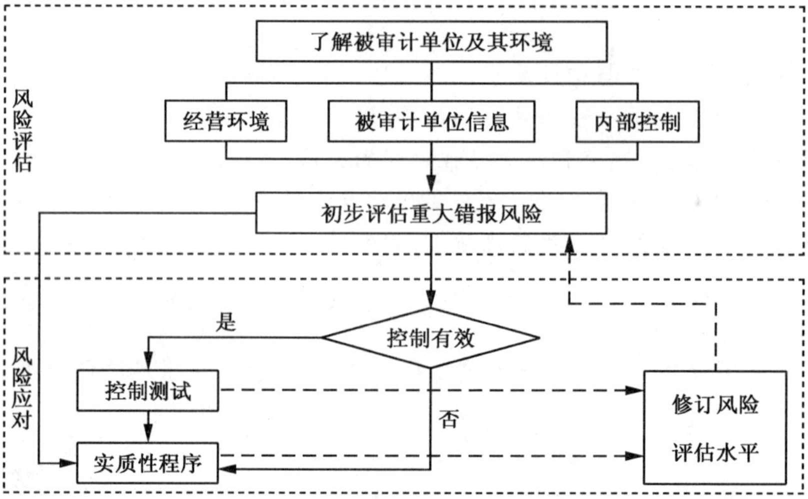

图 7—1 风险导向审计流程

一、风险识别和评估概述

(一)风险识别和评估的概念

在风险导向审计模式下,注册会计师以重大错报风险的识别、评估和应对为审计工作的主线,最终将审计风险控制在可接受的低水平。风险识别和评估是审计风险控制流程的起点。风险识别和评估是指注册会计师通过实施风险评估程序,识别和评估财务报表层次和认定层次的重大错报风险,以便设计和实施进一步审计程序的过程。其中,风险识别是指找出财务报表层次和认定层次的重大错报风险;风险评估是指对重大错报发生的可能性和后果严重程度进行评估。也就是说,风险识别解决的是有没有风险的问题,而风险评估解决的是风险的严重程度问题。

(二)风险识别和评估的作用

中国注册会计师审计准则中规定注册会计师应当了解被审计单位及其环境,以充分识别和评估财务报表重大错报风险,设计和实施进一步审计程序。

了解被审计单位及其环境是必要的程序,特别是为注册会计师在下列关键环节做出职业判断提供重要基础:(1)确定重要性水平,并随着审计工作的进程评估对重要性水平的判断是否仍然适当；(2)考虑会计政策的选择和运用是否恰当，以及财务报表的列报是否适当；(3)识别需要特别考虑的领域，包括关联方交易、管理层运用持续经营假设的合理性，或交易是否具有合理的商业目的等；(4)确定在实施分析程序时所使用的预期值；(5)设计和实施进一步审计程序，以将审计风险降至可接受的低水平；(6)评价所获取审计证据的充分性和适当性。

了解被审计单位及其环境是一个连续和动态地收集、更新与分析信息的过程，贯穿于整个审计过程的始终。

评价对被审计单位及其环境了解的程度是否恰当，关键是看注册会计师对被审计单位及其环境的了解是否足以识别和评估财务报表的重大错报风险。如果了解被审计单位及其环境获得的信息足以识别和评估财务报表的重大错报风险，设计和实施进一步审计程序，那么，了解的程度就是恰当的。当然，要求注册会计师对被审计单位及其环境了解的程度要低于管理层为经营管理企业而对被审计单位及其环境需要了解的程度。

(三)审计风险准则的特点

随着经济全球化进程的加快、我国经济的快速发展，以及企业经营环境的急速变化，我国审计准则建设面临许多挑战，而出台审计风险准则可以提高审计质量、降低行业风险。审计风险准则的出台有利于降低审计失败发生的概率，增强社会公众对行业的信心。同时，审计风险准则对注册会计师风险评估程序以及依据风险评估结果实施进一步审计程序影响很大，因此，也影响到审计工作的各个方面。审计风险准则主要有以下特点：(1)要求注册会计师必须了解被审计单位及其环境；(2)要求注册会计师在审计的所有阶段都要实施风险评估程序；(3)要求注册会计师将识别和评估的风险与实施的审计程序挂钩；(4)要求注册会计师针对重大的各类交易、账户余额和披露实施实质性程序；(5)要求注册会计师将识别、评估和应对风险的关键程序形成审计工作记录，以保证执业质量，明确执业责任。

二、风险评估程序

风险评估程序、实质性程序是注册会计师在审计过程中必须执行的程序。注册会计师应当将识别的风险与认定层次可能发生错报的领域相联系，不得未经过风险评估直接将风险设定为高水平。无论评估的重大错报风险结果如何，都应当针对重大的各类交易、账户余额和披露实施实质性程序，不得将实质性程序只集中在例外事项上。

了解被审计单位及其环境而实施的程序称为“风险评估程序”。注册会计师了解被审计单位及其环境的目的是识别和评估财务报表重大错报风险。注册会计师应当询问被审计单位管理层和内部其他相关人员，实施分析程序，或者观察和检查等风险评估程序，以了解被审计单位及其环境，评估重大错报风险。

(一)询问被审计单位管理层和内部其他相关人员

询问被审计单位管理层和内部其他相关人员是注册会计师了解被审计单位及其环境的一个重要信息来源。注册会计师可以考虑向管理层和财务负责人询问下列事项：(1)管理层所关注的主要问题，如新的竞争对手、主要客户和供应商的流失、新的税收法规的实施以及经营目标或战略的变化等；(2)被审计单位最近的财务状况、经营成果和现金流量；(3)可能影响财务报告的交易和事项，或者目前发生的重大会计处理问题，如重大的购并事宜等；(4)被审计单位发生的其他重要变化，如所有权结构、组织结构的变化，以及内部控制的变化等。

注册会计师通过询问管理层和负责财务报告的人员获取大部分信息，但为了更好地了解被审计单位及其环境，识别和评估风险，注册会计师还应当考虑询问被审计单位不同层级的人员，如治理层、内部审计人员、采购人员、生产人员、销售人员、内部法律顾问等其他人员，以便从不同视角获取对识别重大错报风险有用的信息。

（二）实施分析程序

分析程序是指注册会计师通过研究不同财务数据之间以及财务数据与非财务数据之间的内在关系，对财务信息做出评价。分析程序还包括调查识别出的、与其他相关信息不一致或与预期数据严重偏离的波动和关系。

注册会计师实施分析程序有助于识别异常的交易或事项，以及对财务报表和审计产生影响的金额、比率和趋势。在实施分析程序时，注册会计师应当预期可能存在的合理关系，并与被审计单位记录的金额、依据记录金额计算的比率或趋势相比较，如果发现异常或未预期到的关系，注册会计师应当在识别重大错报风险时考虑这些比较结果。

但是，如果使用了高度汇总的数据，实施分析程序的结果可能仅初步显示财务报表存在重大错报，所以，注册会计师应当将分析结果连同识别重大错报风险时获取的其他信息一并考虑。例如，被审计单位存在很多产品系列，而各个产品系列的毛利率存在一定差异。对总体毛利率实施分析程序的结果可能不显示销售成本存在重大错报，注册会计师需要实施更为详细的分析程序。

（三）实施观察和检查等风险评估程序

观察和检查这一风险评估程序可以印证对管理层和其他相关人员的询问结果，并且可以提供有关被审计单位及其环境的信息。注册会计师应当实施下列步骤：

1. 观察被审计单位的生产经营活动

例如，观察被审计单位人员正在从事的生产活动和内部控制活动，增加注册会计师对被审计单位人员如何进行生产经营活动及实施内部控制的了解。

2. 检查文件、记录和内部控制手册

例如，检查被审计单位的经营计划、策略、章程，与其他单位签订的合同、协议，各业务流程操作指引和内部控制手册等，了解被审计单位组织结构和内部控制制度的建立、健全情况。

3. 阅读由管理层和治理层编制的报告

例如，阅读被审计单位年度和中期财务报告，股东大会、董事会会议、高级管理层会议的会议记录或纪要，管理层的讨论和分析资料，对重要经营环节和外部因素的评价，被审计单位内部管理报告以及其他特殊目的的报告（如新投资项目的可行性分析报告）等，了解自上一期审计结束至本期审计期间被审计单位发生的重大事项。

4. 实地察看被审计单位的生产经营场所和设备

通过现场访问和实地察看被审计单位的生产经营场所和厂房设备，可以帮助注册会计师了解被审计单位的性质及其经营活动。在实地察看被审计单位的厂房和办公场所的过程中，注册会计师有机会与被审计单位管理层和担任不同职责的员工进行交流，可以增加注册会计师对被审计单位的经营活动及其重大影响因素的了解。

5. 追踪交易在财务报告信息系统中的处理过程（穿行测试）

这是注册会计师了解被审计单位业务流程及其相关控制时经常使用的审计程序。通过追踪某笔或某几笔交易在业务流程中如何生成、记录、处理和报告，以及相关控制如何执行，注册会计师可以确定被审计单位的交易流程和相关控制是否与之前通过其他程序所获得的了解一致，并确定相关控制是否得到执行。

（四）其他审计程序和信息来源

除了采用以上程序从被审计单位内部获得信息以了解被审计单位及其环境外，注册会计师还可以实施其他审计程序以获取信息。例如，询问被审计单位聘请的外部法律顾问、专业评估师、投资顾问和财务顾问等；阅读证券分析师、银行、评级机构出具的有关被审计单位及其所处行业的经济或市场环境等状况的报告，贸易与经济方面的报纸杂志、法律法规或金融出版物，以及政府部门或民间组织发布的行业报告和统计数据等。

注册会计师应当考虑在客户接受或保持过程中获取的信息是否与识别重大错报风险相关。通常，对新的审计业务，注册会计师应在业务承接阶段对被审计单位及其环境有一个初步的了解，以确定是否承接该业务；对连续审计业务，也应在每年的续约过程中对上年审计做总体评价，并更新对被审计单位的了解和风险评估结果，以确定是否续约。注册会计师还应当考虑向被审计单位提供其他服务（如执行中期财务报表审阅业务）所获得的经验是否有助于识别重大错报风险。

注册会计师在了解被审计单位及其环境，识别和评估财务报表重大错报风险时主要用到上述程序，但是，在了解被审计单位及其环境的每个方面时无须实施上述所有程序。例如，在了解被审计单位的内部控制时，通常不使用分析程序。

三、组织项目组讨论

项目组内部的讨论在所有业务阶段都是非常必要的，这样可以保证所有事项得到恰当的考虑。通过安排具有较多经验的成员参与项目组内部的讨论，其他成员可以分享其见解和以往获取的被审计单位的经验。

（一）讨论目标

项目组内部的讨论为项目组成员提供了交流信息和分享见解的机会。通过讨论，可以使项目组成员更好地了解在各自负责的领域中，由于舞弊或错误导致财务报表重大错报的可能性，并了解各自实施审计程序的结果如何影响审计的其他方面，包括对确定进一步审计程序的性质、时间安排和范围的影响。

（二）参与讨论的人员

注册会计师应当运用职业判断确定项目组内部参与讨论的成员。项目组的关键成员及项目组需要拥有信息技术或其他特殊技能的专家等都应参与讨论，但不要求所有成员每次都参与项目组的讨论。

（三）讨论的时间和方式

项目组应当根据审计的具体情况，在整个审计过程中持续交换有关财务报表发生重大错报可能性的信息。

（四）讨论的内容

项目组应当讨论被审计单位面临的经营风险、财务报表容易发生错报的领域以及发生错报的方式，特别是由于舞弊导致重大错报的可能性。

讨论的内容和范围受项目组成员的职位、经验和所需要的信息的影响。表7—1列示了讨论的三个主要领域和可能涉及的信息。

表 7—1　　项目组讨论内容例示

讨论的目的	讨论内容
分享了解的信息	1. 被审计单位的性质、管理层对内部控制的态度、从以往审计业务中获得的经验、重大经营风险因素。 2. 已了解的影响被审计单位的外部和内部舞弊因素，可能为管理层或其他人员实施下列行为提供动机或压力： (1)实施舞弊；(2)为实施构成犯罪的舞弊提供机会；(3)利用企业文化或环境，寻找使舞弊行为合理化的理由；(4)侵占资产(考虑管理层对接触现金或其他易被侵占资产的员工实施监督的情况)。 3. 确定财务报表哪些项目易于发生重大错报，表明管理层倾向于高估或低估收入的迹象。
分享审计思路和方法	1. 管理层可能如何编报和隐藏虚假财务报告，例如管理层凌驾于内部控制之上。根据对识别的舞弊风险因素的评估，设想可能的舞弊场景对审计很有帮助。例如，销售经理可能通过高估收入实现达到奖励水平的目的。这可能通过修改收入确认政策或进行不恰当的收入截止来实现 2. 出于个人目的侵占或挪用被审计单位的资产行为如何发生 3. 考虑：(1)管理层进行高估/低估账目的方法，包括对准备和估计进行操纵以及变更会计政策等；(2)用于应对评估风险可能的审计程序/方法
为项目组指明审计方向	1. 强调在审计过程中保持职业怀疑态度的重要性。不应认为管理层完全诚实，也不应将其作为罪犯对待 2. 列示表明可能存在舞弊可能性的迹象。例如：(1)识别警示信号(红旗)，并予以追踪；(2)一个不重要的金额(如增长的费用)可能表明存在很大的问题，如管理层诚信 3. 决定如何增加拟实施审计程序的性质、时间安排和范围的不可预见性 4. 总体考虑：每个项目组成员拟执行的审计工作部分、需要的审计方法、特殊考虑、时间、记录要求，如果出现问题应联系的人员，审计工作底稿复核，以及其他预期事项 5. 强调对表明管理层不诚实的迹象保持警觉的重要性

通过讨论，项目组成员可以交流和分享在整个审计过程中获得的信息，包括可能对重大错报风险评估产生影响的信息或针对这些风险实施审计程序的信息。

项目组还可以根据实际情况讨论其他重要事项。

四、了解被审计单位及其环境

被审计单位及其环境所包含的信息广泛，而注册会计师了解的目的是评估重大错报风险，因此需要有选择地获取信息。通常注册会计师应当从下列方面了解被审计单位及其环境：(1)行业状况、法律环境与监管环境以及其他外部因素；(2)被审计单位的性质；(3)被审计单位对会计政策的选择和运用；(4)被审计单位的目标、战略以及相关经营风险；(5)被审计单位财务业绩的衡量和评价；(6)被审计单位的内部控制(这将单独作为一个问题介绍)。

(一)行业状况、法律环境和监督环境以及其他外部因素

1. 行业状况

注册会计师在具体了解某一个被审计单位之前，应对其所处的行业状况进行了解，以帮助识别与被审计单位所处行业有关的重大错报风险。注册会计师应当了解的与被审计单位有关的行业状况主要包括：(1)被审计单位所处行业的总体发展趋势；(2)所处行业的市场供求、市场容量和价格竞争情况；(3)该行业生产经营的季节性和周期性；(4)该行业受技术发展影响的程度；(5)该行业的能源供应与成本状况；(6)行业的关键指标和统计数据等。

2. 法律环境和监督环境

注册会计师应当了解被审计单位所处的法律环境及监管环境，主要包括：(1)适用的会计准则、会计制度和行业特定惯例；(2)对经营活动产生重大影响的法律法规及监管活动；(3)对开展业务产生重大影响的政府政策，包括货币、财政、税收和贸易等政策；(4)与被审计单位所处行业和所从事经营活动相关的环保要求。

具体而言，注册会计师可能需要了解以下情况：(1)国家对某一行业的企业是否有特殊的监管要求(如对银行、保险等行业的特殊监管要求)；(2)是否存在新出台的法律法规(如新出台的有关产品责任、劳动安全或环境保护的法律法规等)对被审计单位有什么影响；(3)国家货币、财政、税收和贸易等方面政策的变化是否会对被审计单位的经营活动产生影响；(4)与被审计单位相关的税务法规是否发生变化。

3. 其他外部因素

注册会计师应当了解影响被审计单位经营的其他外部因素，主要包括：宏观经济的景气度、利率和资金供求状况、通货膨胀水平及币值变动、国际经济环境和汇率变动。

(二)被审计单位的性质

了解被审计单位的性质有助于注册会计师理解预期在财务报表中反映的各类交易、账户余额、列报。注册会计师应当主要从所有权结构、治理结构、组织结构、经营活动、投资活动、筹资活动六个方面了解被审计单位的性质。

1. 所有权结构

对被审计单位所有权结构的了解有助于注册会计师识别关联方关系并了解被审计单位的决策过程。注册会计师应当了解所有权结构以及所有者与其他人员或单位之间的关系，考虑关联方关系是否已经得到识别，以及关联方交易是否得到恰当核算。

2. 治理结构

良好的治理结构可以对被审计单位的经营和财务运作实施有效的监督，从而降低财务报表发生重大错报的风险。因此，注册会计师应当了解被审计单位的治理结构。例如，董事会的构成情况、董事会内部是否有独立董事；治理结构中是否设有审计委员会或监事会及其运作情况。注册会计师应当考虑治理层是否能够在独立于管理层的情况下对被审计单位事务(包括财务报告)做出客观判断。

3. 组织结构

复杂的组织结构可能导致某些特定的重大错报风险。注册会计师应当了解被审计单位的组织结构，考虑复杂组织结构可能导致的重大错报风险，包括财务报表合并、商誉的摊销和减值、长期股权投资核算以及特殊目的实体核算等问题。

4. 经营活动

了解被审计单位经营活动有助于注册会计师识别预期在财务报表中反映的主要交易类别、重要账户余额和列报。注册会计师应当了解被审计单位的经营活动，主要包括：(1)主营业务的性质；(2)与生产产品或提供劳务相关的市场信息；(3)业务的开展情况；(4)联盟、合营与外包情况；(5)生产设施、仓库的地理位置及办公地点；(6)地区与行业分布；(7)重要供应商；(8)关键客户；(9)劳动用工情况。

5. 投资活动

了解被审计单位的投资活动有助于注册会计师关注被审计单位在经营策略和方向上的重大变化。注册会计师应当了解被审计单位的投资活动，主要包括：(1)近期拟实施或已实施的并购活动与资产处置情况，包括业务重组或某些业务的终止；(2)证券投资、委托贷款的发生与处置；(3)资本性投资活动，包括固定资产和无形资产投资、近期或计划发生的变动，以及重大的资本承诺等；(4)不纳入合并范围的投资，例如，联营、合营或其他投资，包括近期计划的投资项目。

6. 筹资活动

了解被审计单位的筹资活动有助于注册会计师评估被审计单位在融资方面的压力，并进一步考虑被审计单位在可预见未来的持续经营能力。注册会计师应当了解被审计单位的筹资活动，主要包括：(1)债务结构和相关条款，包括担保情况及表外融资；(2)固定资产的租赁，包括通过融资租赁方式进行的筹资活动；(3)关联方融资；(4)实际受益股东；(5)衍生金融工具的运用。

(三)被审计单位对会计政策的选择和运用

由于会计政策是企业在会计确认、计量和报告中所采用的原则、基础及会计处理方法，直接影响财务报表信息，注册会计师应当了解被审计单位对会计政策的选择和运用，是否符合适用的会计准则和相关会计制度，是否符合被审计单位的具体情况。具体包括以下几个方面：(1)重要项目的会计政策，包括收入确认方法，存货的计价方法，投资的核算，固定资产的折旧方法，坏账准备、存货跌价准备和其他资产减值准备的确定，借款费用资本化方法，合并财务报表的编制方法等；(2)重大和异常交易的会计处理方法，例如，本期发生的企业合并的会计处理方法，或者某些被审计单位可能存在与其所处行业相关的重大交易；(3)在新领域和缺乏权威性标准或共识的领域，采用重要会计政策产生的影响；(4)如果被审计单位变更了重要的会计政策，注册会计师应当考虑变更的原因及其适当性；(5)被审计单位何时采用以及如何采用新颁布的会计准则和相关会计制度。

(四)被审计单位的目标、战略以及相关经营风险

企业管理层或治理层一般会根据企业经营面临的外部环境和内部各种因素，制定合理可行的经营目标。不同的企业面临不同的经营风险，这取决于企业经营的性质、所处行业、外部监管环境、企业的规模和复杂程度等。注册会计师应当了解被审计单位是否存在与下列方面有关的目标和战略，并考虑相应的经营风险：(1)行业发展，及其可能导致的被审计单位不具备足以应对行业变化的人力资源和业务专长等风险；(2)开发新产品或提供新服务，及其可能导致的被审计单位产品责任增加等风险；(3)业务扩张，及其可能导致的被审计单位对市场需求的估计不准确等风险；(4)新颁布的会计法规，及其可能导致的被审计单位执行法规不当或不完整，或会计处理成本增加等风险；(5)监管要求，及其可能导致的被审计单位法律责任增加等风险；(6)本期及未来的融资条件，及其可能导致的被审计单位由于无法满足融资条件而失去融资机会等风险；(7)信息技术的运用，及其可能导致的被审计单位信息系统与业务流程难以融合等风险；(8)实施战略的影响，特别是由此产生的需要运用新的会计的影响。

多数经营风险最终都会产生财务后果，从而影响财务报表，但并非所有经营风险都会导致重大错报风险。经营风险可能对各类交易、账户余额以及列报认定层次或财务报表整体层次带来直接影响。管理层通常制定识别和应对经营风险的策略，注册会计师应当了解被审计单位的风险评估过程，此类风险评估过程是被审计单位内部控制的组成部分。

(五)被审计单位财务业绩的衡量和评价

被审计单位内部或外部对财务业绩的衡量和评价可能对管理层产生压力，促使其采取行动改善财务业绩或歪曲财务报表。因此，通过了解被审计单位财务业绩的衡量和评价，注册会计师应考虑这种压力是否可能导致管理层采取行动以至于增加财务报表发生重大错报的风险。注册会计师应当关注下列信息：(1)关键业绩指标(财务或非财务的)、关键比率、趋势和经营统计数；(2)同期财务业绩比较分析；(3)预测、预算和差异分析；(4)分部信息与分部、部门或其他不同层次的业绩报告；(5)管理层和员工业绩考核与激励性报酬政策；(6)被审计单位与竞争对手的业绩比较；(7)外部机构提出的报告。

五、了解被审计单位的内部控制

(一)内部控制的含义

内部控制是被审计单位为了合理保证财务报告的可靠性、经营的效率和效果以及对法律法规的遵守，由治理层、管理层和其他人员设计和执行的政策和程序。设计和实施内部控制的责任主体是被审计单位治理层、管理层和其他人员，组织中的每一个人都对内部控制负有责任。

内部控制的目标对以下事项提供合理保证：(1)财务报告的可靠性，这一目标与管理层履行财务报告编制责任密切相关；(2)经营的效率和效果，即经济有效地使用资源，以最优方式实现企业目标；(3)遵守适用的法律法规的要求，即在法律法规的框架下从事经营活动。

内部控制包括五要素，即控制环境、风险评估过程、信息系统与沟通、控制活动、对控制的监督。

(二)控制环境

控制环境是指对企业控制的建立和实施有重大影响的因素的统称。控制环境包括治理职能和管理职能，以及治理层和管理层对内部控制及其重要性的态度、认识和措施。控制环境设定了被审计单位的内部控制基调，影响员工对内部控制的认识和态度。良好的控制环境是实施有效内部控制的基础，是其他四要素的基础。实际上，在审计业务承接阶段，注册会计师就需要对控制环境做出初步了解和评价。

注册会计师应当了解被审计单位对诚信和道德价值观念的沟通与落实、对胜任能力的重视、治理层的参与程度、管理层的理念和经营风格、组织结构及职权与责任的分配，以及人力资源政策与实务等状况。

【课堂练习·单选题】(　　)设定了被审计单位的内部控制基调，影响员工对内部控制的认识和态度。

A. 控制活动　　B. 控制监督　　C. 控制环境　　D. 控制检查

【正确答案】C

(三)风险评估过程

风险评估是企业确认和分析与其目标实现相关的风险的过程，它形成了如何管理风险的基础。风险评估过程的作用是识别、评估和管理影响被审计单位实现经营目标能力的各种风险。被审计单位的风险评估过程包括识别与财务报告相关的经营风险，以及针对这些风险所采取的措施。注册会计师应当了解被审计单位的风险评估过程和结果。可能产生风险的事项和情形包括：

第一，监管及经营环境的变化。监管和经营环境的变化会导致竞争压力的变化以及重大的相关风险。

第二，新员工的加入。新员工可能对内部控制有不同的认识和关注点。

第三，新信息系统的使用或对原系统进行升级。信息系统的重大变化会改变与内部控制相关的风险。

第四，业务快速发展。快速的业务扩张可能会使内部控制难以应对，从而增加内部控制失效的可能性。

第五，新技术。将新技术运用于生产过程和信息系统可能改变与内部控制相关的风险。

第六，新的生产型号、产品和业务活动。进入新的业务领域和发生新的交易可能带来新的与内部控制相关的风险。

第七，企业重组。重组可能带来裁员以及管理职责的重新划分，将影响与内部控制相关的风险。

第八，发展海外经营。海外扩张或收购会带来新的并且往往是特别的风险，进而可能影响内部控制，如外币交易的风险。

第九，新的会计准则。采用新的或变化了的会计准则可能会增大财务报告发生重大错报的风险。

（四）信息系统与沟通

企业在经营过程中，需按某种形式辨识、取得确切的信息，并进行沟通，以使员工能够履行其责任。一个良好的信息和沟通系统可以使企业及时掌握营运状况和组织中发生的各种情况，可以及时地为企业的员工提供履行职责所需的各种信息，从而使企业的经营和管理流畅地进行下去。与财务报告相关的信息系统，包括用以生成、记录、处理和报告交易、事项和情况，对相关资产、负债和所有者权益履行经营管理责任的程序和记录。

与财务报告相关的沟通包括使员工了解各自在与财务报告有关的内部控制方面的角色和职责、员工之间的工作联系，以及向适当级别的管理层报告例外事项的方式。沟通可以采用政策手册、会计和财务报告手册以及备忘录等形式进行，也可以通过发送电子邮件、口头沟通和管理层的行动来进行。注册会计师应当了解被审计单位内部如何对财务报告的岗位职责，以及与财务报告相关的重大事项进行沟通；还应当了解管理层与治理层（特别是审计委员会）之间的沟通，以及被审计单位与外部的沟通。

（五）控制活动

控制活动是指有助于确保管理层的指令得以执行的政策和程序。用于防止和发现会计数据错误或舞弊的控制活动有助于会计信息系统编制出可靠的财务报告。企业必须制定控制的政策和程序，并予以执行，以帮助管理阶层保证其控制目标的实现。控制活动存在于企业内，并出现于各管理阶层及功能组织中，包括与授权、业绩评价、信息处理、实物控制和职责分离等相关的活动。

1. 授权

与授权有关的控制活动包括一般授权和特别授权。授权的目的在于保证交易在管理层授权范围内进行。一般授权是指管理层制定的要求组织内部遵守的普遍适用于某类交易或活动的政策。特别授权是指管理层针对特定类别的交易或活动逐一设置的授权，如重大资本支出和股票发行等。特别授权也可能用于超过一般授权限制的常规交易。

【课堂练习·单选题】管理层针对特定类别的交易或活动逐一设置的授权是（　　）。

A. 一般授权　　B. 特殊授权

C. 信息技术应用控制　　D. 信息技术一般控制

【正确答案】B

2. 业绩评价

与业绩评价有关的控制活动主要包括被审计单位分析评价实际业绩与预算(或预测、前期业绩)的差异,综合分析财务数据与经营数据的内在关系,将内部数据与外部信息来源相比较,评价职能部门、分支机构或项目活动的业绩(如银行客户信贷经理复核各分行、各地区和各种贷款类型的审批和收回),以及对发现的异常差异或关系采取必要的调查与纠正措施。

3. 信息处理

被审计单位通常采取各种措施,检查各种类型信息处理环境下的交易的准确性、完整性和授权。与信息处理有关的控制活动包括信息技术的一般控制和应用控制。信息技术的一般控制是指与多个应用系统有关的政策和程序,有助于保证信息系统持续恰当地运行,支持应用控制作用的有效发挥;信息技术的应用控制是指主要在业务流程层次运行的人工或自动化程序,与用于生成、记录、处理、报告交易或其他财务数据的程序相关,通常包括检查数据计算的准确性、审核账户和试算平衡表、设置对输入数据和数字序号的自动检查,以及对例外报告进行人工干预。

4. 实物控制

了解实物控制主要包括了解对资产和记录采取适当的安全保护措施,对访问计算机程序和数据文件设置授权,以及定期盘点并将盘点记录与会计记录相核对,例如,对现金、有价证券和存货的定期盘点控制。实物控制的效果影响资产的安全,从而对财务报表的可靠性及审计产生影响。

【课堂练习·多选题】实物控制是为了保证资产与记录的安全而采取的各项措施,包括(　　)。

A. 实物防护措施

B. 对接触资产与记录设置授权

C. 对访问计算机程序和数据文件设置授权

D. 账实定期核对

【正确答案】ABCD

5. 职责分离

职责分离控制主要包括了解被审计单位如何将交易授权、交易记录以及资产保管等职责分配给不同员工,以防范同一员工在履行多项职责时可能发生的舞弊或错误。当信息技术运用于信息系统时,职责分离可以通过设置安全控制来实现。

【课堂练习·单选题】(　　)属于不相容职责。

A. 总经理与营销经理

B. 出纳员与记录银行存款日记账

C. 记录日记账和记录总账

D. 采购员与采购经理

【正确答案】C

(六)对控制的监督

对控制的监督是指被审计单位评价内部控制在一段时间内运行有效性的过程,该过程包括及时评价控制的设计和运行,以及根据情况的变化采取必要的纠正措施。例如,管理层对是否定期编制银行存款余额调节表进行复核,内部审计人员评价销售人员是否遵守企业关于销售合同条款的政策，被审计单位可能使用内部审计人员或具有类似职能的人员对内部控制的设计和执行进行专门的评价，以找出内部控制的优点和不足，并提出改进建议。

【课堂练习·多选题】 注册会计师在了解被审计单位的内部控制时，需要了解的被审计单位的控制活动主要包括（　　）。

A. 风险评估　　　　B. 授权和业绩评价

C. 实物控制　　　　D. 职责分离

【正确答案】 BCD

六、评估重大错报风险

了解被审计单位及其环境的目的之一就是评估重大错报风险，评估重大错报风险也是风险评估阶段的最后一个步骤，是确定进一步审计程序性质、时间安排和范围的基础。

（一）识别和评估重大错报风险的审计程序

第一，在了解被审计单位及其环境的整个过程中识别风险，并考虑各类交易、账户余额、列报。注册会计师应当运用各项风险评估程序，在了解被审计单位及其环境的整个过程中识别风险，并将识别的风险与各类交易、账户余额和列报相联系。

第二，评估识别出的风险，并评价其是否更广泛地与财务报表整体相关，进而潜在地影响多项认定。

第三，结合对拟测试的相关控制的考虑，将识别出的风险与认定层次可能发生错报的领域相联系。

第四，考虑发生错报的可能性（包括发生多项错报的可能性），以及潜在错报的重大程度是否足以导致重大错报。

（二）可能表明被审计单位存在重大错报风险的事项和情况

下列事项和情况可能表明被审计单位存在重大错报风险：(1)开发新产品或提供新服务，或进入新的业务领域，或行业环境发生变化和供应链发生变化；(2)缺乏具备胜任能力的会计人员和关键人员变动；(3)在严厉、复杂的监管环境中开展业务；(4)持续经营和资产流动性出现问题，包括重要客户流失；(5)事项或交易在计量时存在重大不确定性；(6)经营活动或财务报告受到监管机构的调查及内部控制薄弱；(7)融资能力受到限制和发生重大收购、重组或其他非经常性事项及拟出售分支机构或业务分部；(8)发生重大的非常规交易或会计计量过程复杂；(9)开辟新的经营场所和复杂的联营或合资及重大的关联方交易；(10)信息技术战略与经营战略不协调或信息技术环境发生变化；(11)以往存在重大错报或本期期末出现重大会计调整；(12)应用新颁布的会计准则或相关会计制度及安装新的与财务报告有关的重大信息技术系统；(13)存在未决诉讼和或有负债。

（三）识别两个层次的重大错报风险

在对重大错报风险进行识别和评估后，注册会计师应当确定，识别的重大错报风险是与特定的某类交易、账户余额、列报的认定相关，还是与财务报表整体广泛相关，进而影响多项认定。也就是说，重大错报风险包括两个层次：一个是财务报表层次的重大错报风险，另一个是与各类交易、账户余额和披露的认定相关的重大错报风险。

1. 认定层次的重大错报风险

考虑针对重大的各类交易、账户余额和列报认定，将识别的与该认定相关的重大错报风险加以汇总，评估认定层次的重大错报风险，以此确定进一步审计程序的性质、时间和范围。认定层次的重大错报风险与特定的控制相关，很可能源于其内部控制失效。有效的控制会减少错报发生的可能性，而控制不当或缺乏控制，错报可能变成现实。注册会计师应当考虑对识别的各类交易、账户余额和披露认定层次的重大错报风险予以汇总和评估，以确定进一步审计程序的性质、时间安排和范围。

2. 财务报表层次的重大错报风险

注册会计师应当将了解的被审计单位及其环境方面的情况结合，对所有识别的财务报表层次的重大错报风险加以汇总和评估。除了被审计单位的性质、行业状况、宏观环境、经营风险等的影响外，财务报表层次的重大错报风险很可能源于薄弱的控制环境。薄弱的控制环境带来的风险可能对财务报表产生广泛影响，难以限于某类交易、账户余额和披露，注册会计师应当采取总体应对措施。例如，被审计单位治理层、管理层对内部控制的重要性缺乏认识，管理层经营理念过于激进，并且缺乏实现激进目标的人力资源等。这些缺陷源于薄弱的控制环境，对报表会产生广泛的影响。

（四）控制对评估认定层次重大错报风险的影响

在评估重大错报风险时，注册会计师应当将所了解的控制与特定认定相联系。这是由于控制有助于防止或发现并纠正认定层次的重大错报。有效的控制会减少错报发生的可能性，而控制不当或缺乏控制，错报就会由可能变成现实。控制可能与某一认定直接相关，也可能与某一认定间接相关。关系越间接，控制在防止或发现并纠正认定中错报的作用越小。例如，销售经理对分地区的销售网点的销售情况进行复核，与销售收入完整性的认定只是间接相关。

（五）控制环境对评估财务报表层次重大错报风险的影响

财务报表层次的重大错报风险很可能源于薄弱的控制环境。薄弱的控制环境带来的风险可能对财务报表产生广泛影响，难以限于某类交易、账户余额、列报，注册会计师应当采取总体应对措施。例如，被审计单位治理层、管理层对内部控制的重要性缺乏认识，没有建立必要的制度和程序，这个缺陷源于薄弱的控制环境，可能对财务报表产生广泛影响，需要注册会计师采取总体应对措施。

（六）需要特别考虑的重大错报风险

在实施上述程序的过程中，注册会计师应当根据职业判断，确定识别出的风险是否为特别风险。特别风险是指注册会计师识别和评估的、根据判断认为需要特别考虑的重大错报风险。作为风险评估的一部分，注册会计师应当运用职业判断，确定识别的风险哪些是需要特别考虑的重大错报风险（简称特别风险）。特别风险通常与重大的非常规交易和判断事项有关，而日常的、简单的、常规处理的交易不大可能产生特别风险。非常规交易是指由于金额或性质异常而不经常发生的交易，与重大非常规交易相关的特别风险可能导致更高的重大错报风险，这是因为在非常规交易中，管理层会更多地介入会计处理，数据收集和处理将涉及更多的人工成分，业务处理将涉及复杂的计算或会计处理方法，而且非常规交易的性质可能使被审计单位难以对由此产生的特别风险实施有效控制。

特别风险的判断标准如下：(1)风险是否属于舞弊风险；(2)风险是否与近期经济环境、会计处理方法或其他方面的重大变化相关，因而需要特别关注；(3)交易的复杂程度；(4)风险是否涉及重大的关联方交易；(5)财务信息计量的主观程度，特别是计量结果是否具有高度不确定性；(6)风险是否涉及异常或超出正常经营过程的重大交易。如果认为存在特别风险，注册会计师应当了解被审计单位与该风险相关的控制。

（七）对风险评估的修正

对认定层次重大错报风险的评估应当以获取的审计证据为基础，并且可以随着审计过程中对审计证据的不断获取而相应变化。例如，注册会计师对重大错报风险的评估可能基于预期控制运行有效这一判断，即相关控制可以防止或发现并纠正认定层次的重大错报。但在测试控制运行的有效性时，注册会计师获取的证据可能表明相关控制在被审计期间并未有效运行。同样，在实施实质性程序后，注册会计师可能发现错报的金额和频率比在风险评估时预计的金额和频率要高。因此，如果通过实施进一步审计程序获取的审计证据与初始评估获取的审计证据相矛盾，注册会计师应当修正风险评估结果，并相应修改原计划实施的进一步审计程序。

（八）考虑财务报表的可审计性

注册会计师在了解被审计单位内部控制后，可能对被审计单位财务报表的可审计性产生怀疑。例如，对被审计单位会计记录的可靠性和状况的担心可能会使注册会计师认为可能很难获取充分、适当的审计证据以支持对财务报表发表意见。再如，管理层严重缺乏诚信，注册会计师认为管理层在财务报表中做出虚假陈述的风险高到无法进行审计的程度。因此，如果通过对内部控制的了解发现下列情况，并对财务报表局部或整体的可审计性产生疑问，注册会计师应当考虑出具保留意见或无法表示意见的审计报告。

【课堂练习·多选题】 下列有关风险评估的提法中，正确的有（　　）。

A. 了解被审计单位及其环境是注册会计师必须实施的程序，而非可选择程序

B. 了解被审计单位及其环境是注册会计师可以实施的程序，而非必须执行的程序

C. 注册会计师了解被审计单位的目的是识别和评估重大错报风险以设计和实施进一步程序

D. 了解被审计单位及其环境，贯穿于整个审计过程的始终

【正确答案】 ACD

第二节　风险应对

注册会计师了解被审计单位及其环境并评估重大错报风险后，应当针对评估的财务报表层次的重大错报风险确定总体应对措施，并针对评估的认定层次的重大错报风险设计和实施进一步审计程序，以将审计风险降至可接受的低水平。

一、针对财务报表层次的重大错报风险的总体应对措施

（一）总体应对措施概述

注册会计师应当确定识别的重大错报风险是与特定的某类交易、账户余额或披露的认定相关，还是与财务报表整体广泛相关，进而影响多项认定。如果是后者，则属于财务报表层次的重大错报风险。注册会计师针对评估的财务报表层次重大错报风险设计和实施的总体应对措施包括：

第一，向项目组强调在收集和评价审计证据过程中保持职业怀疑态度的必要性。职业怀疑态度是指注册会计师以质疑的思维方式评价所获取审计证据的有效性，并对相互矛盾的审

计证据，以及引起对文件记录或管理层和治理层提供的信息的可靠性产生怀疑的审计证据保持警觉。

第二，指派更有经验或具有特殊技能的审计人员，或利用专家的工作。由于各行业在经营业务、经营风险、财务报告、法规要求等方面具有特殊性，审计人员的专业分工细化成为一种趋势。审计项目组成员中应有一定比例的人员曾经参与过被审计单位以前年度的审计，或具有被审计单位所在特定行业的相关审计经验。必要时，要考虑利用专家的工作。

第三，提供更多督导。对于财务报表层次重大错报风险较高的审计项目，项目组的高级别成员（如项目负责人、项目经理等经验较丰富的人员）要对其他成员提供更详细、更经常、更及时的指导和监督，并加强项目质量复核。

第四，在选择进一步审计程序时，应当注意使某些程序不被管理层预见或事先了解。因为，被审计单位人员，尤其是管理层，如果熟悉注册会计师的审计套路，就可能采取种种规避手段，掩盖财务报告中的舞弊行为。通常可以通过以下方式使某些程序不被管理层预见或事先了解：一是对某些未测试过的低于设定的重要性水平或风险较小的账户余额和认定实施实质性程序；二是调整实施审计程序的时间，使被审计单位不可预期；三是采取不同的审计抽样方法，使当期抽取的测试样本与以前有所不同；四是选取不同的地点实施审计程序，或预先不告知被审计单位所选定的测试地点。

第五，对拟实施审计程序的性质、时间安排和范围做出总体修改。财务报表层次的重大错报风险很可能源于薄弱的控制环境。薄弱的控制环境带来的风险可能对财务报表产生广泛影响，难以限于某类交易、账户余额或披露，注册会计师应当采取总体应对措施。有效的控制环境可以使注册会计师增强对内部控制和被审计单位内部产生证据的信赖程度。如果控制环境存在缺陷，注册会计师在对拟实施审计程序的性质、时间安排和范围做出总体修改时应当考虑：一是在期末而非期中实施更多的审计程序。控制环境存在缺陷通常会削弱期中获得的审计证据的可信赖程度。二是主要依赖实质性程序获取审计证据。良好的控制环境是其他控制要素发挥作用的基础。控制环境存在缺陷通常会削弱其他控制要素的作用，导致注册会计师可能无法信赖内部控制，而主要依赖实施实质性程序获取审计证据。三是修改审计程序的性质，获取更具说服力的审计证据。修改审计程序的性质主要是指调整拟实施审计程序的类别及组合，比如原先可能主要限于检查某项资产的账面记录或相关文件，而调整审计程序的性质后可能意味着更加重视实地检查该项资产。四是扩大审计程序的范围。例如，扩大样本规模，或采用更详细的数据实施分析程序。

（二）增加审计程序不可预见性的方法

注册会计师在实施进一步审计程序中融入不可预见的因素，这种考虑可以避免被审计单位管理层采取规避手段掩盖重大错报。具体思路如下：

第一，对某些以前未测试的低于设定的重要性水平或风险较小的账户余额和认定实施实质性程序。注册会计师可以关注以前未曾关注过的审计领域，尽管这些领域可能重要程度比较低。如果这些领域有可能被用于掩盖舞弊行为，注册会计师就要针对这些领域实施具有不可预见性的测试。

第二，调整实施审计程序的时间，使其超出被审计单位的预期。比如，如果注册会计师在以前年度的大多数审计工作都围绕着 12 月或在年底前后进行，那么被审计单位就会了解注册会计师这一审计习惯，因此可能会把一些不适当的会计调整放在年度的 9 月、10 月或 11 月等，以避免引起注册会计师的注意。因此，注册会计师可以考虑调整实施审计程序时测试项目的时间，从测试 12 月的项目调整到测试 9 月、10 月或 11 月的项目。

第三，采取不同的审计抽样方法，使当年抽取的测试样本与以前有所不同。

第四，选取不同的地点实施审计程序，或预先不告知被审计单位所选定的测试地点。例如，在存货监盘程序中，注册会计师可以到未事先通知被审计单位的盘点现场进行监盘，使被审计单位没有机会事先清理现场，隐藏一些不想让册会计师知道的情况。

表 7—2 举例说明了一些具有不可预见性的审计程序。

表 7—2　　审计程序的不可预见性示例

审计领域	一些可能适用的具有不可预见性的审计程序
存货	向以前审计过程中接触不多的被审计单位员工询问，如采购、销售、生产等部门的人员
	在不事先通知被审计单位的情况下，选择一些以前未曾到过的盘点地点进行存货监盘
销售和应收账款	向以前审计过程中接触不多或未曾接触过的被审计单位员工询问，如负责处理大客户账户的销售部人员
	改变实施实质性分析程序的对象，如对收入按细类进行分析
	针对销售和销售退回延长截止测试期间
	实施以前未曾考虑过的审计程序，例如： ①函证确认销售条款或者选定销售额较不重要、以前未曾关注的销售交易，如对出口销售实施实质性程序 ②实施更细致的分析程序，如使用计算机辅助审计技术复核销售及客户账户 ③测试以前未曾函证过的账户余额，如金额为负或是零的账户，或者余额低于以前设定的重要性水平的账户 ④改变函证日期，即把所函证账户的截止日期提前或者推迟 ⑤对关联公司销售和相关账户余额，除了进行函证外，再实施其他审计程序进行验证
采购和应付账款	如果以前未曾对应付账款余额普遍进行函证，可考虑直接向供应商函证确认余额。如果经常采用函证方式，可考虑改变函证的范围或者时间
	对以前由于低于设定的重要性水平而未曾测试过的采购项目，进行细节测试
	使用计算机辅助审计技术审阅采购和付款账户，以发现一些特殊项目，例如是否有不同的供应商使用相同的银行账户
现金和银行存款	多选几个月的银行存款余额调节表进行测试
	对有大量银行账户的，考虑改变抽样方法
固定资产	对以前由于低于设定的重要性水平而未曾测试过的固定资产进行测试，如考虑实地盘查一些价值较低的固定资产（如汽车和其他设备等）
	修改分支机构审计工作范围或者区域（如增加某些较次要分支机构的审计工作量，或实地去分支机构开展审计工作）

（三）总体应对措施对拟实施进一步审计程序的总体方案的影响

财务报表层次重大错报风险难以限于某类交易、账户余额、披露的特点，意味着此类风险可能对财务报表的多项认定产生广泛影响，并相应增加注册会计师对认定层次重大错报风险的评估难度。注册会计师评估的财务报表层次重大错报风险以及采取的总体应对措施，对拟实施进一步审计程序的总体方案具有重大影响。

拟实施进一步审计程序的总体方案包括实质性方案和综合性方案。实质性方案是指注册会计师实施的进一步审计程序以实质性程序为主；综合性方案是指注册会计师在实施进一步审计程序时，将控制测试与实质性程序结合使用。当评估的财务报表层次重大错报风险属于高风险水平时，拟实施进一步审计程序的总体方案通常为实质性方案。

二、针对认定层次的重大错报风险的进一步审计程序

进一步审计程序是相对风险评估程序而言，是指注册会计师针对评估的各类交易、账户余额或披露认定层次重大错报风险设计和实施进一步审计程序，以将审计风险降至可接受的低水平，包括控制测试和实质性程序。实质性程序包括对各类交易、账户余额或披露的细节测试和实质性分析程序。针对评估的认定层次重大错报风险设计和实施进一步审计程序，包括审计程序的性质、时间安排和范围。注册会计师应当根据对认定层次重大错报风险的评估结果，恰当选用实质性方案或综合性方案。

【课堂练习·多选题】注册会计师设计和实施的进一步审计程序的性质、时间和范围，应当与评估的(　　)重大错报风险具备明确的对应关系。

A. 财务报表层次　　B. 认定层次　　C. 账户余额　　D. 交易或事项

【正确答案】B

注册会计师在设计和实施进一步审计程序时，应当考虑下列因素：

第一，风险的重要性。风险的重要性是指风险造成后果的严重程度。风险的后果越严重，就越需要注册会计师关注和重视，越需要精心设计有针对性的进一步审计程序。

第二，重大错报发生的可能性。重大错报发生的可能性越大，同样越需要注册会计师精心设计进一步审计程序。

第三，涉及的各类交易、账户余额和列报的特征。不同的交易、账户余额和列报，产生的认定层次重大错报风险也会存在差异，适用的审计程序也有差别，需要注册会计师区别对待，并设计有针对性的进一步审计程序予以应对。

第四，被审计单位采用的特定控制的性质。不同性质的控制(如人工控制或自动化控制)对注册会计师设计进一步的审计程序具有重要影响。

第五，注册会计师是否拟获取审计证据，以确定内部控制在防止或发现并纠正重大错报方面的有效性。如果注册会计师在风险评估时预期内部控制的运行是有效的，随后拟实施的进一步审计程序必须包括控制测试，且实质性程序自然会受之前控制测试结果的影响。

注册会计师对认定层次重大错报风险的评估为确定进一步审计程序的总体方案奠定了基础。因此，注册会计师应当根据对认定层次重大错报风险的评估结果，恰当选用实质性方案或综合性方案。但无论选择何种方案，注册会计师都应当对所有重大的各类交易、账户余额或披露设计和实施实质性程序。

(一)进一步审计程序的性质

进一步审计程序的性质是指进一步审计程序的目的和类型。其中，进一步审计程序的目的包括通过实施控制测试以确定内部控制运行的有效性，通过实施实质性程序以发现认定层次的重大错报。进一步审计程序的类型包括检查、观察、询问、函证、重新计算、重新执行和分析等。

不同程序产生的效力不同，比如注册会计师要获得应收账款的存在认定相关的证据，可能函证会起到很好的效果，但通常不能为应收账款的完整性认定提供有效的证据。在确定进一步审计程序的性质时，注册会计师首先要考虑的是认定层次重大错报风险的评估结果，注册会计师应当根据认定层次重大错报风险的评估结果选择审计程序。评估的认定层次重大错报风

险越高，对通过实质性程序获取的审计证据的相关性和可靠性的要求越高，从而可能影响进一步审计程序的类型及其综合运用。例如，当注册会计师判断某类交易协议的完整性存在更高的重大错报风险时，除了检查文件以外，还可能决定向第三方询问或函证协议条款的完整性。

（二）进一步审计程序的时间

进一步审计程序的时间是指注册会计师何时实施进一步审计程序，或审计证据适用的期间或时点。因此，进一步审计程序的时间确定涉及两方面问题：一方面是何时实施进一步审计程序，也就是如何权衡期中与期末实施审计程序的问题；另一方面是选择获取什么期间或时间的审计证据，也就是如何权衡期中审计证据与期末审计证据的问题。

注册会计师在确定何时实施审计程序时应当考虑以下几项重要因素：

第一，控制环境。良好的控制环境可以抵消在期中实施进一步审计程序的局限性，使注册会计师在确定实施进一步审计程序的时间时有更大的灵活度。

第二，何时能得到相关信息。例如，某些控制活动可能仅在期中（或期中以前）发生，而之后可能难以再被观察到。再如，某些电子化的交易和账户文档如未能及时取得，可能被覆盖。在这些情况下，注册会计师如果希望获取相关信息，则需要考虑能够获取相关信息的时间。

第三，错报风险的性质。例如，被审计单位可能为了保证盈利目标的实现，而在会计期末以后伪造销售合同以虚增收入，此时注册会计师需要考虑在期末（即资产负债表日）这个特定时点获取被审计单位截至期末所能提供的所有销售合同及相关资料，以防范被审计单位在资产负债表日后伪造销售合同虚增收入的做法。

第四，审计证据适用的期间或时点。注册会计师应当根据需要获取的特定审计证据确定何时实施进一步审计程序。例如，为了获取资产负债表日的存货余额证据，显然不宜在与资产负债表日间隔过长的期中时点或期末以后时点实施存货监盘等相关审计程序。一些限制选择的情况有：一是某些审计程序只能在期末或期末以后实施，包括将财务报表与会计记录相核对，检查财务报表编制过程中所做的会计调整等；二是如果被审计单位在期末或接近期末发生了重大交易，或重大交易在期末尚未完成，注册会计师应当考虑交易的发生或截止等认定可能存在的重大错报风险，并在期末或期末以后检查此类交易。

虽然注册会计师可以在很多情况下根据具体情况选择实施进一步审计程序的时间，但是也存在一些特殊情况，例如，被审计单位在期末发生了重大交易，注册会计师必须在期末或期末以后检查这一交易。因此，注册会计师要根据被审计单位的各种具体情况确定进一步审计的时间。

（三）进一步审计程序的范围

进一步审计程序的范围是指实施进一步审计程序的数量，包括抽取的样本量、对某项控制活动的观察次数等。在确定进一步审计程序的范围时，应当考虑下列因素：

第一，确定的重要性水平。注册会计师确定的重要性水平越低，实施进一步审计程序的范围就越广。

第二，评估的重大错报风险。评估的重大错报风险越高，对拟获取的审计证据的相关性、可靠性要求越高，注册会计师实施进一步审计程序的范围就会越广。

第三，计划获取的保证程度。注册会计师计划获取的保证程度越高，对测试结果可靠性要求越高，实施进一步审计程序的范围越大。随着重大错报风险的增加，注册会计师应当考虑扩大审计程序的范围。但是，只有当审计程序本身与特定风险相关时，扩大审计程序的范围才是有效的。

三、控制测试

（一）控制测试的含义和要求

1. 控制测试的含义

控制测试是为了获取关于控制防止或发现并纠正认定层次重大错报的有效性而实施的测试。注册会计师应当选择为相关认定提供证据的控制进行测试。

控制测试是测试控制运行的有效性，是指用于评价内部控制在防止或发现并纠正认定层次重大错报方面的运行有效性的审计程序，目的在于决定内部控制的可依赖程度，与“了解内部控制”有明显区别。控制测试是在实施进一步审计程序时实施的，用以测试内部控制运行的有效性，为实施实质性程序打下基础，注册会计师应当从下列方面获取关于控制是否有效运行的审计证据：(1)控制在所审计期间的不同时点是如何运行的；(2)控制是否得到一贯执行；(3)控制由谁执行；(4)控制以何种方式运行（如人工控制或自动化控制）。从这四个方面来看，控制运行有效性强调的是控制能够在各个不同时点按照既定设计一贯被执行。因此，在测试控制运行的有效性时，注册会计师需要抽取足够数量的交易进行检查或对多个不同时点进行观察。这也是与“了解内部控制”的区别，了解内部控制时，注册会计师只需要抽取少量的交易进行检查或者观察某几个时点。

【课堂练习·多选题】 控制测试是为了确定（　　）而实施的审计测试。

A. 财务报表认定是否正确　　　　B. 内部控制执行的有效性

C. 内部控制是否得到执行　　　　D. 内部控制设计的合理性

【正确答案】 B

2. 控制测试的要求

控制测试并非在任何情况下都需要实施。当存在下列情形之一时，注册会计师应当实施控制测试：

(1)在评估认定层次重大错报风险时，预期控制的运行是有效的。

注册会计师通过实施风险评估程序，可能发现某项控制的设计是存在的，也是合理的，同时得到了执行。在这种情况下，出于成本与效益的考虑，注册会计师可能预期，如果相关控制在不同时点都得到了一贯执行，与该项控制有关的财务报表认定发生重大错报的可能性就不会很大，也就不需要实施较多的实质性程序。为此，注册会计师可能会认为值得对相关控制在不同时点是否得到了一贯执行进行测试，即实施控制测试。这种测试主要是出于成本与效益的考虑，其前提是注册会计师通过了解内部控制后，认为某项控制存在着被信赖和利用的可能。因此，只有认为控制设计合理、能够防止或发现并纠正认定层次的重大错报，注册会计师才有必要对控制运行的有效性实施测试。

(2)仅实施实质性程序不足以提供认定层次充分、适当的审计证据。

如果认为仅实施实质性程序获取的审计证据无法将认定层次的重大错报风险降至可接受的低水平，注册会计师应当实施相关的控制测试，以获取控制运行有效性的审计证据。有时，对有些重大错报风险，注册会计师仅通过实质性程序无法予以应对。例如，在被审计单位对日常交易或与财务报表相关的其他数据（包括信息的生成、记录、处理、报告）采用高度自动化处理的情况下，审计证据可能仅以电子形式存在，此时审计证据是否充分和适当通常取决于自动化信息系统相关控制的有效性。如果信息的生成、记录、处理和报告均通过电子格式进行而没有加以适当有效的控制，则生成不正确信息或信息被不恰当修改的可能性就会大大增加。在认为仅通过实施实质性程序不能获取充分、适当的审计证据的情况下，注册会计师必须实施控制测试，且这种测试已经不再是单纯出于成本与效益的考虑，而是必须获取的一类审计证据。

【课堂练习·案例分析题】 甲会计师事务所承接乙公司2012年度财务报表审计业务，A注册会计师的助理B在对乙公司内部控制进行测试时提出以下观点，请说明是否正确：

(1)如果控制设计不合理，则不必实施控制测试。

(2)如果在评估认定层次重大错报风险时预期控制的运行是有效的，则应当实施控制测试。

(3)如果认为仅实施实质性程序不足以提供认定层次充分、适当的证据，则应当实施控制测试。

(4)对特别风险，即使拟信赖的相关控制没有发生变化，也应当在本次审计中实施控制测试。

【分析提示】

问题(1)正确。因为控制设计不合理，不能防止或发现和纠正财务报表重大错报，所以，不必测试内部控制。

问题(2)正确。因为预期控制的运行是有效的，注册会计师为减少审计工作量考虑，拟信赖内部控制，所以应当进行控制测试。

问题(3)正确。因为仅实施实质性程序不足以提供认定层次充分、适当的审计证据，所以需要借助控制测试。

问题(4)正确。因为对于特别风险，即使拟信赖的相关控制没有发生变化，也需要进行控制测试，以获取控制运行有效性的审计证据。

(二)控制测试的性质

控制测试的性质是指控制测试所使用的审计程序的类型及其组合。控制测试的性质在很大程度上取决于注册会计师计划从控制测试中获取的保证水平。当拟实施的进一步审计程序主要以控制测试为主，注册会计师计划从控制测试中获取的保证水平越高，对控制有效性的信赖程度越高，应当获取越有说服力的审计证据。特别是仅实施实质性程序无法或不能获取充分、适当的审计证据时，注册会计师应当获取有关控制运行有效的更高的保证水平。

注册会计师应当选择适当类型的审计程序以获取有关控制运行有效性的保证。控制测试的审计程序类型通常包括：询问、观察、检查和重新执行。

1. 询问

注册会计师可以向被审计单位适当的员工询问，获取与内部控制运行情况相关的信息。例如，询问信息系统管理人员有无未经授权接触计算机硬件和软件。然而，仅仅通过询问不能为控制运行的有效性提供充分的证据，注册会计师通常需要印证被询问者的答复，如向其他人员询问和检查执行控制时所使用的报告、手册或其他文件等。因此，虽然询问是一种有用的手段，但它必须与其他测试手段结合使用才能发挥作用。

2. 观察

观察是测试不留下书面记录的控制运行情况的有效方法，如查看仓库门是否锁好，空白支票是否妥善保管，不相容职责是否分离等。在通常情况下，注册会计师通过观察直接获取的证据比间接获取的证据更可靠。但是，注册会计师还要考虑其所观察到的控制在注册会计师不在场时可能未被执行的情况。

3. 检查

对运行情况留有书面证据的控制，检查非常适用。例如，检查销售发票是否有复核人员签字，是否附有客户订购单和出库单等。

4. 重新执行

只有当询问、观察和检查程序结合在一起仍无法获得充分的证据时，注册会计师才考虑通过重新执行来证实控制是否有效运行。但是，要检查复核人员有没有认真执行核对，仅仅检查复核人员是否在相关文件上签字是不够的，还需要注册会计师自己选取一部分销售发票进行核对，这也是重新执行程序。

询问本身并不足以测试控制运行的有效性，注册会计师应将询问与其他审计程序结合使用，以获取有关控制运行有效性的审计证据。观察提供的证据仅限于观察发生的时点，观察本身也不足以测试控制运行的有效性；将询问与检查或重新执行结合使用，通常能够比仅实施询问和观察获取更高的保证。

控制测试的目的是评价控制是否有效运行，细节测试的目的是发现认定层次的重大错报。尽管两者目的不同，但注册会计师可以考虑针对同一交易同时实施控制测试和细节测试，以实现双重目的。例如，注册会计师通过检查某笔交易的发票可以确定其是否经过适当的授权，也可以获取关于该交易的金额、发生时间等细节证据。如果拟实施双重目的测试，注册会计师应当仔细设计和评价测试程序。

（三）控制测试的时间

1. 控制测试时间的含义

控制测试的时间包含两层含义：一是何时实施控制测试；二是测试所针对的控制适用的时点或期间。

如果测试特定时点的控制，注册会计师仅得到该时点控制运行有效性的审计证据；如果测试某一期间的控制，注册会计师可获取控制在该期间有效运行的审计证据。所以，注册会计师应当根据控制测试的目的确定控制测试的时间，并确定拟信赖的相关控制的时点或期间。注册会计师应该根据控制测试的目的确定控制测试的时间，如果仅需要测试控制在特定时点的运行有效性，注册会计师只需要获取该时点的审计证据；如果需要获取控制在某一期间有效运行的审计证据，仅获取与时点相关的审计证据是不充分的，注册会计师应当辅以其他控制测试，如测试被审计单位对控制的监督。

2. 如何考虑期中审计证据

注册会计师可能在期中实施进一步审计程序。对于控制测试，注册会计师在期中实施此类程序具有更积极的作用。但即使注册会计师已获取有关控制在期中运行有效性的审计证据，仍然需要考虑如何能够将控制在期中运行有效性的审计证据合理延伸至期末。因此，如果已获取有关控制在期中运行有效性的审计证据，并拟利用该证据，注册会计师应当实施下列审计程序：

（1）获取这些控制在剩余期间发生重大变化的审计证据。

针对期中已获取审计证据的控制，考察这些控制在剩余期间的变化情况，包括是否发生了变化以及如何变化。如果这些控制在剩余期间没有发生变化，注册会计师可能决定信赖期中获取的审计证据；如果这些控制在剩余期间发生了变化，注册会计师需要了解并测试控制的变化对期中审计证据的影响。

(2)确定针对剩余期间还需获取的补充审计证据。

这种情况是源于期中进行了控制测试,而且测试过的控制在剩余期间发生了变化,注册会计师需要了解并测试控制的变化对期中审计证据的影响,获取充分、适当的补充证据。针对期中证据以外的、剩余期间的补充证据,注册会计师应当考虑下列因素:

①评估的认定层次重大错报风险的重大程度。评估的重大错报风险对财务报表的影响越大,注册会计师需要获取的剩余期间的补充证据就越多。

②在期中测试的特定控制。例如,对自动化运行的控制,注册会计师更可能测试信息系统一般控制的运行有效性,以获取控制在剩余期间运行有效性的审计证据。

③在期中对有关控制运行有效性获取的审计证据的程度。如果注册会计师在期中对有关控制运行有效性获取的审计证据比较充分,可以考虑适当减少需要获取的剩余期间的补充证据。

④剩余期间的长度。剩余期间越长,注册会计师需要获取的剩余期间的补充证据越多。

⑤在信赖控制的基础上拟减少进一步实质性程序的范围。注册会计师对相关控制的信赖程度越高,通常在信赖控制的基础上拟减少进一步实质性程序的范围就越大。在这种情况下,注册会计师需要获取的剩余期间的补充证据就越多。

⑥控制环境。在注册会计师总体上拟信赖控制的前提下,控制环境越薄弱(或把握程度越低),注册会计师需要获取的剩余期间的补充证据越多。

除了上述测试剩余期间控制的运行有效性外,测试被审计单位对控制的监督也能作为一项有益的补充证据,以便更有把握地将控制在期中运行有效性的审计证据延伸至期末。

3. 如何考虑以前审计获取的审计证据

注册会计师在本期审计时还是可以适当考虑利用以前审计获取的有关控制运行有效性的审计证据。一方面,内部控制中的诸多要素对于被审计单位具体的交易、账户余额或披露往往是相对稳定的,因此,注册会计师在本期审计时还是可以适当考虑利用以前审计获取的有关控制运行有效性的审计证据;另一方面,内部控制在不同期间可能发生重大变化,注册会计师在利用以前审计获取的有关控制运行有效性的审计证据时需要充分考虑各种因素。

关于如何利用以前审计获取的有关控制运行有效性的审计证据时,可以考虑拟信赖的以前审计中测试的控制在本期是否发生变化,分别情况来处理。如果拟信赖以前审计获取的有关控制运行有效性的审计证据,注册会计师应当通过实施询问并结合观察或检查程序,获取这些控制是否已经发生变化的审计证据。

(1)控制在本期发生变化。

如果控制在本期发生变化,注册会计师应当考虑以前审计获取的有关控制运行有效性的审计证据是否与本期审计相关。例如,如果系统的变化仅仅使被审计单位从中获取新的报告,这种变化通常不影响以前审计所获取证据的相关性;如果系统的变化引起数据累积或计算发生改变,这种变化可能影响以前审计所获取证据的相关性。如果拟信赖的控制自上次测试后已发生变化,注册会计师应当在本期审计中测试这些控制运行的有效性。

(2)控制在本期没有发生变化。

如果拟信赖的控制自上次测试后没有发生变化,且不属于旨在减轻特别风险的控制,注册会计师应当运用职业判断确定是否在本期审计中测试其运行有效性,以及本次测试与上次测试的时间间隔。

在确定利用以前审计获取的有关控制运行有效性的审计证据是否适当以及再次测试控制

的时间间隔时，注册会计师应当考虑的因素或情况包括：

①内部控制其他要素的有效性，包括控制环境、对控制的监督以及被审计单位的风险评估过程。例如，当被审计单位控制环境薄弱或对控制的监督薄弱时，注册会计师应当缩短再次测试控制的时间间隔或完全不信赖以前审计获取的审计证据。

②控制特征（人工控制还是自动化控制）产生的风险。当相关控制中人工控制的成分较大时，考虑到人工控制一般稳定性较差，注册会计师可能决定在本期审计中继续测试该控制的运行有效性。

③信息技术一般控制的有效性。当信息技术一般控制薄弱时，注册会计师可能更少地依赖以前审计获取的审计证据。

④控制设计及其运行的有效性，包括在以前审计中测试控制运行有效性时发现的控制运行偏差的性质和程度。例如，当所审计期间发生了对控制运行产生重大影响的人事变动时，注册会计师可能决定在本期审计中不依赖以前审计获取的审计证据。

⑤由于环境发生变化而特定控制缺乏相应变化导致的风险。当环境的变化表明需要对控制做出相应的变动，但控制却没有做出相应变动时，注册会计师应当充分意识到控制不再有效从而导致本期财务报表发生重大错报的可能性，此时不应再依赖以前审计获取的有关控制运行有效性的审计证据。

⑥重大错报的风险和对控制的拟信赖程度。如果重大错报风险较大或对控制的拟信赖程度较高，注册会计师应当缩短再次测试控制的时间间隔或完全不信赖以前审计获取的审计证据。

如果拟信赖以前审计获取的某些控制运行有效性的审计证据，注册会计师应当在每次审计时从中选取足够数量的控制，测试其运行有效性；不应将所有拟信赖控制的测试集中于某一次审计，而在之后的审计中不进行任何测试。这主要是为了尽量降低审计风险，毕竟注册会计师可能难以充分识别以前审计中测试过的控制在本期是否发生变化。此外，在每一次审计中选取足够数量的部分控制进行测试，除了能够提供这些以前审计中测试过的控制在当期运行有效性的审计证据外，还可以提供控制环境持续有效性的旁证，从而有助于注册会计师判断其信赖以前审计获取的审计证据是否恰当。

鉴于特别风险的特殊性，对于旨在减轻特别风险的控制，不论该控制在本期是否发生变化，注册会计师都不应依赖以前审计获取的证据。因此，如果确定评估的认定层次重大错报风险是特别风险，并拟信赖旨在减轻特别风险的控制，注册会计师不应依赖以前审计获取的审计证据，而应在本期审计中测试这些控制的运行有效性。也就是说，如果注册会计师拟信赖针对特别风险的控制，那么所有关于该控制运行有效性的审计证据都必须来自当年的控制测试。相应地，注册会计师应当在每次审计中都测试这类控制，如图 7－2 所示。

（四）控制测试的范围

控制测试的范围主要是指某项控制活动的测试次数。注册会计师应当设计控制测试，以获取控制在整个拟信赖的期间有效运行的充分、适当的审计证据。

在确定某项控制测试的范围时，注册会计师通常考虑下列因素：

第一，执行控制的频率。在整个拟信赖的期间，被审计单位执行控制的频率越高，控制测试的范围就越大。

第二，在审计期间，注册会计师拟信赖控制运行有效性的时间长度。拟信赖控制运行有效性的时间长度不同，在该时间长度内发生的控制活动次数也不同。注册会计师需要根据拟信

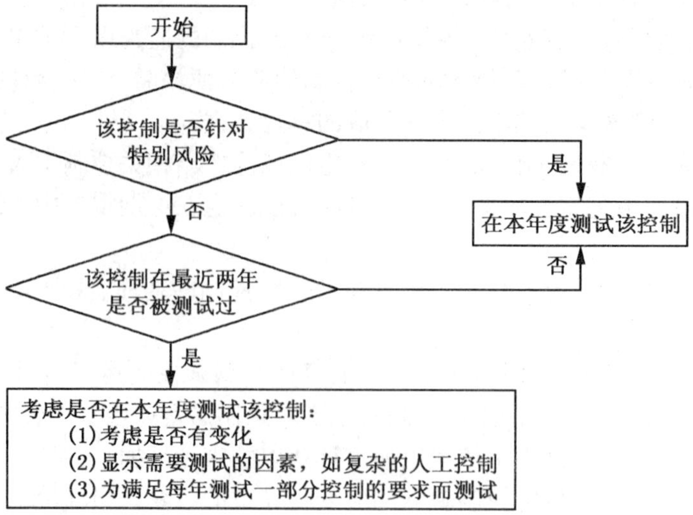

图 7—2　本审计期间测试某项控制的决策

赖控制运行有效性的时间长度确定控制测试的范围。拟信赖期间越长，控制测试的范围就越大。

第三，证据的相关性和可靠性。为证实控制能够防止或发现并纠正认定层次重大错报，需要获取审计证据的相关性和可靠性。对审计证据的相关性和可靠性要求越高，控制测试的范围就越大。

第四，通过测试与认定相关的其他控制获取的审计证据的范围。针对同一认定，可能存在不同的控制。当针对其他控制获取审计证据的充分性和适当性较高时，测试该控制的范围可适当缩小。

第五，在风险评估时拟信赖控制运行有效性的程度。注册会计师在风险评估时对控制运行有效性的拟信赖程度越高，需要实施控制测试的范围就越大。

第六，控制的预期偏差。预期偏差可以用控制未得到执行的预期次数占控制应当得到执行次数的比率加以衡量（又称预期偏差率）。控制的预期偏差率越高，需要实施控制测试的范围就越大。如果控制的预期偏差率过高，注册会计师应当考虑控制可能不足以将认定层次的重大错报风险降至可接受的低水平，从而针对某一认定实施的控制测试可能是无效的。

信息技术处理具有内在一贯性，除非系统发生变动，一项自动化应用控制应当一贯运行。因此，除非系统发生变动，注册会计师通常不需要增加自动化控制的测试范围。

四、实质性程序

实质性程序是指注册会计师针对评估的重大错报风险实施的直接用以发现认定层次重大错报的审计程序。因此，注册会计师应当针对评估的重大错报风险设计和实施实质性程序，以发现认定层次的重大错报。实质性程序包括对各类交易、账户余额或披露的细节测试以及实质性分析程序。细节测试是对各类交易、账户余额、列报的具体细节进行测试，目的在于直接识别财务报表认定是否存在错报；实质性分析程序主要是通过研究数据间关系评价信息，它从技术特征上看仍然是分析程序，只是将该技术方法用作实质性程序，即用以识别各类交易、账户余额、列报及相关认定是否存在错报。

注册会计师对重大错报风险的评估是一种判断，可能无法充分识别所有重大错报风险，并且内部控制存在固有局限性，无论评估的重大错报风险结果如何，注册会计师都应当针对所有重大的各类交易、账户余额、列报实施实质性程序。

如果认为评估的认定层次重大错报风险是特别风险，注册会计师应当专门针对该风险实施实质性程序。例如，如果认为管理层面临实现盈利指标的压力而可能提前确认收入，注册会计师在设计询证函时不仅应当考虑函证应收账款的账户余额，而且应当考虑询证销售协议的细节条款（如交货、结算及退货条款）；还可考虑在实施函证的基础上，针对销售协议及其变动情况询问被审计单位的非财务人员。如果针对特别风险仅实施实质性程序，注册会计师应当使用细节测试，或将细节测试与实质性分析程序结合使用，因为应对特别风险需要获取具有高度相关性和可靠性的审计证据，仅实施实质性分析程序不足以获取有关特别风险的充分、适当的审计证据。

（一）实质性程序的性质

实质性程序的性质是指实质性程序的类型及其组合，其基本类型包括细节测试和实质性分析程序，分析程序的目的和技术手段存在一定的差异。注册会计师应当根据各类交易、账户余额或披露的性质选择实质性程序的类型。

1. 细节测试

细节测试是针对各类交易、账户余额、列报的具体细节进行测试，目的在于直接识别财务报表认定是否存在错报。通常可采用检查记录或文件、检查有形资产、观察、询问、函证、重新计算等审计程序。

注册会计师应当针对评估的风险设计细节测试，获取充分、适当的审计证据，以达到认定层次所计划的保证水平。注册会计师需要根据不同认定层次的重大错报风险设计有针对性的细节测试。在针对存在或发生认定设计细节测试时，注册会计师应当选择包含在财务报表金额中的项目，并获取相关审计证据。在针对完整性认定设计细节测试时，注册会计师应当选择有证据表明应包含在财务报表金额中的项目，并调查这些项目是否确实包括在内。

2. 实质性分析程序

实质性分析程序通常针对在一段时期内存在预期关系的大量交易，通过研究数据间关系评价信息，用以识别各类交易、账户余额、列报及相关认定是否存在错报。

【课堂练习·多选题】实质性程序的两种基本类型包括（ ）。

A. 风险评估程序　B. 控制测试　C. 细节测试　D. 实质性分析程序

【正确答案】CD

（二）实质性程序的时间

实质性程序的时间选择与控制测试的时间选择类似。一方面，两类程序都面临着对期中审计证据和对以前审计获取的审计证据的考虑。另一方面，两者也在以下两个方面存在差异：第一，在控制测试中，期中实施控制测试并获取期中关于控制运行有效性审计证据的做法更常用；而由于实质性程序的目的在于更直接地发现重大错报，在期中实施实质性程序时，需要权衡其成本和效益。第二，在本期控制测试中拟信赖以前审计获取的有关控制运行有效性的审计证据已经受到很大的限制，而对于以前审计中通过实质性程序获取的审计证据应当持更加慎重的态度和更严格的限制。

1. 考虑是否在期中实施实质性测试

对于控制测试，注册会计师在期中实施此类程序具有更积极的作用，以及需要考虑如何能够将控制在期中运行有效性的审计证据合理延伸至期末。在考虑是否要在期中实施实质性程序的，一方面要考虑在期中实施实质性程序会消耗审计资源，另一方面要考虑期中实施实质性程序获取的审计证据不能直接作为期末财务报表认定的审计证据，而且会进一步消耗审计资源，使期中审计证据能够合理延伸至期末。这两部分审计资源的总和是否能够显著小于完全在期末实施实质性程序所需消耗的审计资源，是注册会计师需要权衡的。因此，注册会计师在期中实施实质性程序面临增加期末存在错报而未被发现的风险，并且该风险随着剩余期间的延长而增加。

如前所述，注册会计师在考虑是否在期中实施实质性程序时应当考虑如下因素：

(1)控制环境和其他相关的控制。控制环境和其他相关的控制越薄弱，注册会计师越不宜在期中实施实质性程序。

(2)实施审计程序所需信息在期中之后的可获得性。如果实施实质性程序所需信息在期中之后可能难以获取，注册会计师应考虑在期中实施实质性程序，例如，系统变动导致某类交易记录难以获取。

(3)实质性程序的目标。如果针对某项认定实施实质性程序的目标包括获取该认定的期中审计证据(与期末比较)，注册会计师应在期中实施实质性程序。

(4)评估的重大错报风险。注册会计师评估的某项认定的重大错报风险越高，针对该认定所需获取的审计证据的相关性和可靠性要求也就越高，注册会计师越应当考虑将实质性程序集中于期末或接近期末实施。

(5)各类交易、账户余额以及相关认定的性质。例如，某些交易、账户余额以及相关认定的特殊性质决定了注册会计师必须在期末或接近期末实施实质性程序，例如，收入截止认定、未决诉讼等。

(6)针对剩余期间，能否通过实施实质性程序或将实质性程序与控制测试相结合，降低期末存在错报而未被发现的风险。如果针对剩余期间可以通过实施实质性程序或将实质性程序与控制测试相结合，较有把握地降低期末存在错报而未被发现的风险，注册会计师可以考虑在期中实施实质性程序；但是，如果针对剩余期间还需要消耗大量审计资源，才有可能降低期末存在错报而未被发现的风险，甚至没有把握通过适当的进一步审计程序降低期末存在错报而未被发现的风险，注册会计师就不宜在期中实施实质性程序。

2. 考虑期中审计证据

如果在期中实施实质性程序，注册会计师就应当针对剩余期间实施进一步的实质性程序，或将实质性程序与控制测试结合使用，以将期中测试得出的结论合理延伸至期末。此时，注册会计师有两种选择：一是针对剩余期间实施进一步的实质性程序；二是将实质性程序与控制测试结合使用。如果拟将期中测试得出的结论延伸至期末，注册会计师应当考虑针对剩余期间仅实施实质性程序是否足够。如果认为实施实质性程序本身并不充分，注册会计师还应测试剩余期间相关控制运行的有效性或针对期末实施实质性程序。

对于舞弊导致的重大错报风险，被审计单位存在故意错报或操纵的可能性。如果已识别出由于舞弊导致的重大错报风险，就不能将期中得出的结论延伸至期末，即使实施一些审计程序也是无效的，此时，注册会计师应当考虑在期末或者接近期末实施实质性程序。

3. 考虑以前审计获取的审计证据

在以前审计中实施实质性程序获取的审计证据，通常对本期只有很弱的证明力或没有证明力，不足以应对本期的重大错报风险。只有当以前获取的审计证据及其相关事项未发生重大变动时，以前获取的审计证据才可能用作本期的有效审计证据，例如，以前审计通过实质性程序测试过的某项诉讼在本期没有任何实质性进展。尽管如此，如果拟利用以前审计中实施实质性程序获取的审计证据，注册会计师还应当在本期实施审计程序，以确定这些审计证据是否具有持续相关性。

（三）实质性程序的范围

在确定实质性程序的范围时，注册会计师应当考虑评估的认定层次重大错报风险和实施控制测试的结果。评估的认定层次重大错报风险水平越高，需要实施实质性程序的范围越广。如果对控制测试结果不满意，注册会计师应当考虑扩大实质性程序的范围。在设计细节测试时，注册会计师除了从样本量的角度考虑测试范围外，还要考虑选取样本的方法是否有效等因素。例如，从总体中选取大额或异常项目，而不是进行代表性抽样或分层抽样。

实质性分析程序的范围有两层含义：一是对什么层次上的数据进行分析，注册会计师可以选择在高度汇总的财务数据层次进行分析，也可以根据重大错报风险的性质和水平调整分析层次。例如，按照不同产品或月份、不同销售区域或存货存放地点等实施实质性分析程序。二是需要对什么幅度或性质的偏差展开进一步调查。实施分析程序可能发现偏差，但并非所有偏差都值得展开进一步调查。可容忍或可接受的偏差（即预期偏差）越大，作为实质性分析程序一部分的进一步审计的范围就越小。因此，在设计实质性分析程序时，注册会计师应当主要考虑各类交易、账户余额、列报认定的重要性和计划的保证水平，据此确定已记录金额与预期值之间可接受的差异额。

财务报表审计是一个累积和不断修正的过程。随着计划审计程序的实施，如果获取的信息与风险评估时依据的信息有重大差异，注册会计师应当考虑修正风险评估结果，并据以修改原计划的其他审计程序的性质、时间和范围。

在完成审计工作前，对进一步审计程序所获取审计证据的评价主要体现在：根据发现的错报或控制执行偏差考虑修正重大错报风险的评估结果。通过实施进一步审计程序，注册会计师首先要考虑获取的审计证据是否可能影响此前对认定层次重大错报风险的评估结果，并应当根据实施的审计程序和获取的审计证据，评价对认定层次重大错报风险的评估是否仍然适当。在实施控制测试时，如果发现被审计单位控制运行出现偏差，注册会计师应当了解这些偏差及其潜在后果，并确定已实施的控制测试是否为信赖控制提供了充分、适当的审计证据，是否需要实施进一步的控制测试或实质性程序以应对潜在的错报风险。注册会计师不应将审计中发现的舞弊或错误视为孤立发生的事项，而应当考虑其对评估的重大错报风险的影响。

【课堂练习·单选题】关于实质性程序，下列表述中不恰当的是（　　）。

A. 细节测试是对各类交易、账户余额、列报的具体细节进行测试，目的在于直接识别财务报表认定是否存在错报

B. 实质性分析程序从技术特征上讲仍然是分析程序，主要是通过研究数据间关系评价信息，只是将该技术方法用作实质性程序，即用以识别各类交易、账户余额、列报及相关认定是否存在错报

C. 细节测试适用于对各类交易、账户余额、列报认定的测试，尤其是对存在或发生、计价认定的测试；对在一段时期内存在可预期关系的大量交易，注册会计师可以考虑实施实质性分析程序

D. 注册会计师需要根据不同的认定层次的重大错报风险设计有针对性的细节测试，在针

对完整性认定设计细节测试时，注册会计师应当选择包含在财务报表金额中的项目，并获取相关审计证据

【正确答案】D

本章小结

本章主要包括风险评估和风险应对两部分内容。注册会计师在进行风险评估时，首先应当了解被审计单位及其环境。了解的内容包括：行业状况、法律环境与监管环境以及其他外部因素，被审计单位的性质，对会计政策的选择和运用，目标、战略以及相关经营风险，财务业绩的衡量和评价，相关内部控制。其中，了解被审计单位的内部控制是非常重要的一个方面。注册会计师通过对被审计单位及其环境的了解，识别重大错报风险，考虑识别的风险导致财务报表发生重大错报的可能性，并将识别的风险与认定层次可能发生错报的领域相联系。注册会计师识别和评估重大错报风险应该从两个层面进行，即财务报表层面和认定层面；同样，注册会计师在进行风险应对时，应当从两个层面进行。注册会计师应根据财务报表层面重大错报风险的评估结果相应确定总体应对措施，根据认定层面重大错报风险的评估结果确定进一步审计程序的性质、时间和范围。其中，进一步审计程序包括控制测试与实质性程序。控制测试是指测试控制运行的有效性。实质性程序是指注册会计师针对评估的重大错报风险实施的直接用以发现认定层次重大错报的审计程序，包括对各类交易、账户余额的细节测试以及实质性分析程序。

思考与实训

一、思考题

1. 简述注册会计师应当实施哪些风险评估程序以识别和评估被审计单位财务报表重大错报风险。
2. 简述注册会计师应当从哪些方面了解被审计单位及其环境。
3. 分析了解被审计单位的内部控制应从哪五个要素入手。
4. 分析可能表明被审计单位存在重大错报风险的事项和情况。
5. 简述注册会计师针对评估的财务报表层次重大错报风险设计和实施的总体应对措施。
6. 分析实质性审查中增加审计程序不可预见性的原因及具体思路。
7. 分析注册会计师在设计针对认定层次重大错报风险的进一步审计程序时应当考虑的因素。
8. 分析注册会计师在确定实施审计程序的时间时应考虑的因素。
9. 在何种情形下，注册会计师应当实施控制测试？
10. 在确定某项控制测试的范围时，注册会计师通常应考虑哪些因素？
11. 注册会计师在考虑是否在期中实施实质性程序时应当考虑哪些因素？

二、实训题

1. 某贸易公司就员工职责分工问题寻求咨询服务。

该公司有三位员工必须分担下列工作：

(1)记录并保管总账。

(2)记录并保管应付账款明细账。

(3)记录并保管应收账款明细账。

(4)记录货币资金日记账。

(5)保管、填写支票。

(6)发出销货退回及折让的贷项通知单。

(7)调节银行存款日记账与银行存款对账单。

(8)保管并送存现金收入。

上述工作中,除(6)、(7)两项的工作量较小外,其余各项的工作量大体相当。

要求:假如这三位员工都具备相当的能力,而且只需要他们做上述所列的工作。请根据上述资料,说明应如何将这八项工作分配给这三位员工才能达到内部控制制度的要求。

2. 注册会计师A和B负责审计××有限责任公司2016年度财务报表,于2016年12月1日至12月20日对××有限责任公司的相关内部控制进行了解、测试与评价。注册会计师A和B拟订的总体审计计划中关于控制测试和评价的部分内容摘录如下:

(1)在了解内部控制后,如认为××公司内部控制设计合理且得到执行,则对相关内部控制进行测试。

(2)选择2016年1月1日至2016年11月30日作为控制测试样本总体的所属期间。

(3)如果认为仅实施实质性程序不足以提供认定层次充分、适当的证据,则应当实施控制测试。

要求:假定不考虑其他条件,请指出注册会计师A和B拟订的总体审计计划中关于控制测试和评价的内容是否存在缺陷,如果有,请提出改进建议。

3. 某公司主要从事小型电子消费品的生产和销售。甲注册会计师负责审计该公司2016年度财务报表。

【资料一】甲注册会计师在审计工作底稿中记录了所了解的该公司情况及其环境,部分内容摘录如下:

该公司于2016年初完成了部分主要产品的更新换代。由于利用现有主要产品(T产品)生产线生产的换代产品(S产品)的市场销售情况良好,公司自2016年2月起大幅减少了T产品的产量,并于2016年3月终止了T产品的生产和销售。S产品和T产品的生产所需原材料基本相同,原材料平均价格相比上年上涨了约2%。由于S产品的功能更加齐全且设计新颖,其平均售价比T产品高约10%。

【资料二】甲注册会计师在审计工作底稿中记录了所获取的该公司财务数据,部分内容摘录如下(金额单位:万元):

表7—3　　　　某公司部分财务数据

年　份	2016年未审数			2015年已审数		
产品	S产品	T产品	其他产品	S产品	T产品	其他产品
营业收入	32 340	3 000	20 440	0	28 500	18 000
营业成本	27 500	2 920	19 800	0	27 200	15 300
存货	S产品	T产品	其他产品	S产品	T产品	其他产品
账面余额	2 340	180	4 440	0	2 030	4 130
减:存货跌价准备	0	0	0	0	0	0
账面价值	2 340	180	4 440	0	2 030	4 130

要求:针对资料一,结合资料二,假定不考虑其他条件,指出资料一所述事项是否可能表明存在重大错报风险。如果认为存在,请简要说明理由,并分别说明该风险主要与哪些财务报表项目(仅限于营业收入、营业成本、存货、应收账款、存货跌价准备)的哪些认定相关。

第三篇

企业主要业务循环审计实务

第八章　销售与收款循环审计

学习目标

知识目标

1. 熟悉销售与收款循环的业务流程；
2. 熟悉影响销售与收款交易和余额的重大错报风险；
3. 完善的销售与收款循环的内部控制包括内部控制环节及应该采取的主要内部控制措施；
4. 掌握销售与收款循环内部控制测评的步骤与方法；
5. 掌握营业收入、应收账款、坏账准备及其他相关账户审计的主要实质性程序，尤其是分析程序、截止测试和函证方法的具体运用；
6. 熟悉销售与收款循环中应收票据、应交税费等其他相关账户审计的方法与内容。

技能目标

1. 熟悉常用的收入确认舞弊手段；
2. 能够判断被审计单位在收入确认方面可能存在舞弊风险的迹象；
3. 掌握销售与收款循环审计的要点；
4. 能分析判断销售与收款循环审计中发现的问题，并培养一定的案例分析能力。

引导案例

1999年1月，黎明股份上市，其拥有的“黎明”商标被认定为中国驰名商标。但上市仅一年，黎明股份就因爆发“亿元假账”事件而臭名昭著。2000年在财政部组织的1999年会计信息质量抽查中，认定黎明股份资产虚增8 996万元，负债虚增1 956万元，所有者权益虚增7 413万元，主营业务收入虚增15 277万元，利润总额虚增8 679万元，1999年度实际亏损3 873万元，而非报告的盈利3 541万元。黎明股份的造假手段有如下几种：(1)与关联企业或非关联企业对开增值税发票，虚拟购销业务，在回避增值税的情况下，虚增利润；(2)虚开产品销售发票，虚拟销售业务和销售对象，以真纳税为代价虚增利润；(3)利用有关出口货物可以自制销售发票的条件，虚拟外销业务虚增利润；(4)人为扩大企业销售业务的核算范围，将不属于销售的业务人为调整到销售科目核算。综观以上几种造假手段，多属于销售环节的造假，通过制造虚假销售来虚增利润。

思考：销售与收款循环是企业所有业务循环中最容易出现错弊的循环，那么，注册会计师应怎样进行对这一循环的审计呢？

第一节 销售与收款循环概述

销售与收款循环是指随着商品销售及劳务提供而发生的商品所有权转让及已收或应收货款的业务过程。该循环是企业产品价值得以实现的过程，从客户提出订货要求开始，将商品或劳务转化为应收账款，并以最终收回现金为结束，企业的成品资金转化为货币资金，形成资金的一次完整循环。销售可分为现销和赊销两种形式。销售过程中，应确认主营业务收入，结转主营业务成本，支付销售费用，计算和缴纳销售环节的各项税金等。

一、销售与收款循环中的主要业务活动

典型的销售与收款循环一般包括以下主要过程：

（一）处理客户订货

顾客提出订货要求是整个销售与收款循环的起点。顾客订货即顾客提出的书面购货要求。企业可以通过销售人员或其他途径，如采用电话、信函和向现有顾客及潜在顾客发送订货单等方式订货，取得顾客订单。大多企业在批准了顾客订单之后，下一步就是编制一式多联的销售单。销售通知单是列示顾客所订商品的名称、规格、数量以及其他与顾客订货单有关资料的表格，作为销售方内部处理顾客订货单的依据，也是此笔销售的交易轨迹的起点。

（二）批准赊销

赊销批准是由信用管理部门根据管理层的赊销政策在每个顾客已授权的信用额度内进行的。信用管理部门在收到销售单管理部门的销售单后，应将销售单与该顾客已被授权的赊销信用额度以及至今尚欠的账款余额加以比较。执行人工赊销信用检查时还应合理划分工作职责，以切实避免销售人员为扩大销售而使企业承受不适当的信用风险。设计信用批准控制的目的是降低坏账风险，因此，这些控制与应收账款账面余额的“计价和分摊”认定有关。

（三）发运商品

商品的发出往往是确认销售成立的标志之一。发运凭证是在发运货物时编制的，用以反映发出商品的规格、数量和其他有关内容的凭据。发运凭证的一联寄送给顾客，其余联（一份或数份）由企业保留。这种凭证可用作向顾客开票收款的依据。

（四）向客户开出账单并登记销货业务

开出账单时最重要的是保证不漏开、不重开和不错开。根据实际发货的数量和批准的价格确定向顾客应收的款项是开出恰当数额账单的关键。在销售日记账和应收账款明细账中恰当地记录销售业务，也是会计核算的一个重要部分。

（五）定期对账和催收账款

财务部门定期编制并向客户寄送对账单，编制账龄分析表，对超期、拖欠货款客户进行催收，并通知信用管理人员。

（六）收取货款并记录现金、银行存款收入

在办理和记录现金、银行存款收入时，最应关心的是货币资金失窃的可能性。货币资金失窃可能发生在货币资金收入登记入账之前或登记入账之后。处理货币资金收入时最重要的是要保证全部货币资金都必须如数、及时地记入库存现金、银行存款日记账或应收账款明细账，并如数、及时地将现金存入银行。在这方面，汇款通知单起着很重要的作用。

（七）审批销售退回与折让

顾客如果对商品不满意，销售企业一般会同意接受退货，或给予一定的销售折让；顾客如果提前支付货款，销售企业则可能会给予一定的销售折扣。发生此类事项时，必须经授权批准并应确保办理此事有关的部门和员工各司其职，分别控制实物流和会计处理。在这方面，严格使用贷项通知单无疑会起到关键的作用。

（八）注销坏账

不管赊销部门的工作如何主动，顾客因宣告破产、死亡等原因而不支付货款的事情仍可能发生。企业若认为某项货款再也无法收回，就必须注销这笔货款。对这笔坏账，正确的处理方法应该是获取货款无法收回的确凿证据，经适当审批后及时做出会计调整。

（九）提取坏账准备

坏账准备提取的数额必须能够抵补企业以后无法收回的本期销货款。

销售与收款循环涉及的主要业务活动流程如图 8—1 所示。

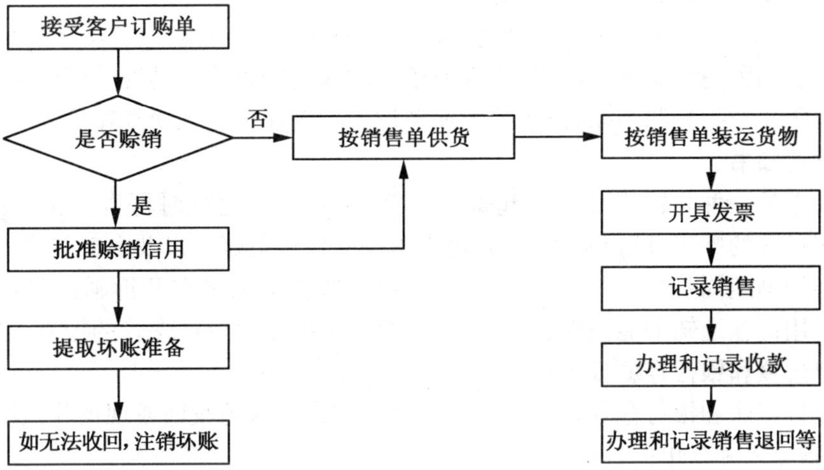

图 8—1　销售与收款循环涉及的主要业务活动

二、销售与收款循环中的主要文件和记录

财务审计主要是通过对会计账目与有关记录的审查后证实经济活动的真实、完整与合法。典型的销售与收款循环中所使用的重要凭证和记录有以下几种：

（一）客户订货单

客户订货单即顾客提出的书面购货要求，企业可以通过销售人员或其他途径，如采用电话、信函和向现有的及潜在的顾客发送订单等方式接受订货，取得顾客订单。

（二）销货单

销售单是列示顾客所订商品的名称、规格、数量以及其他与顾客订货单有关信息的凭证，作为销售方内部处理顾客订货单的依据。

（三）销货合同

销货合同是指销售货物的协议。

（四）发运凭证

发运凭证是在发运货物时编制的，用以反映发出商品的规格、数量和其他有关内容的凭据。发运凭证的一联寄送给顾客，其余联（一联或数联）由企业保留。这种凭证可用作向顾客开具账单的依据。

（五）销货发票

销售发票是一种用来表明已销售商品的规格、数量、价格、销售金额、运费和保险费、开票日期、付款条件等内容的凭证。销售发票的一联寄送给顾客，其余联由企业保留。销售发票也是在会计账簿中登记销售交易的基本凭证。

（六）贷项通知单

贷项通知单是一种用来表示由于销售退回或经批准的折让而引起的应收销货款减少的凭证。这种凭证的格式通常与销售发票的格式相同，只不过它不是用来证明应收账款的增加，而是用来证明应收账款的减少。

（七）商品价目表

商品价目表列示已经授权批准的、可供销售的各种商品的价格清单。

（八）销售退回及折让日记账或明细账

折让明细账是一种用来核算企业销售商品时，按销售合同规定为了及早收回货款而给予顾客的销货折扣和因商品品种、质量等原因而给予顾客的销货折让情况的明细账。当然，企业也可以不设置折扣与折让明细账，而将该类业务记入主营业务收入明细账。

（九）汇款通知书

汇款通知书是一种与销售发票一起寄给顾客，由顾客在付款时再寄回销售单位的凭证。这种凭证注明顾客的姓名、销售发票号码、销售单位开户银行账号以及金额等内容。如果顾客没有将汇款通知书随同货款一并寄回，一般应由收受邮件的人员在开拆邮件时再代编一份汇款通知书。采用汇款通知书能使现金立即存入银行，可以改善资产保管的控制。

（十）库存现金和银行存款日记账

库存现金日记账和银行存款日记账是用来记录应收账款的收回或现销收入以及其他各种现金、银行存款收入和支出的日记账。

（十一）坏账审批表

坏账审批表是一种用来批准将某些应收款项注销为坏账的，仅在企业内部使用的凭证。

（十二）应收账款明细账

应收账款明细账是用来记录每个顾客各项赊销、现金收入、销售退回及折让的明细账。各应收账款明细账的余额合计数应与应收账款总账的余额相等。

（十三）收款凭证

收款凭证是指用来记录现金和银行存款收入业务的记账凭证。

（十四）客户对账单

顾客月末对账单是一种定期寄送给顾客的用于购销双方定期核对账目的凭证。顾客月末对账单上应注明应收账款的月初余额、本月各项销货业务的金额、本月已收到的货款、各贷项通知单的数额以及月末余额等内容。

销售与收款循环涉及的主要账户及其关系如图 8—2 所示。

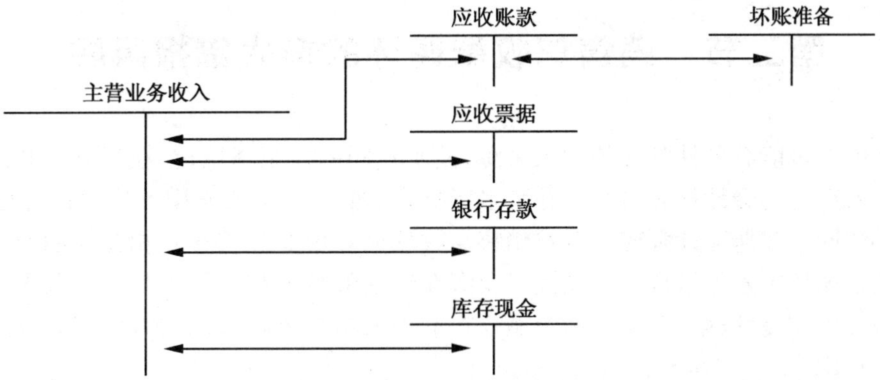

图 8—2　销售与收款循环涉及的主要账户及其关系

销售与收款循环涉及的主要配合部门及各部门产生的主要文件和记录如图 8—3 所示。

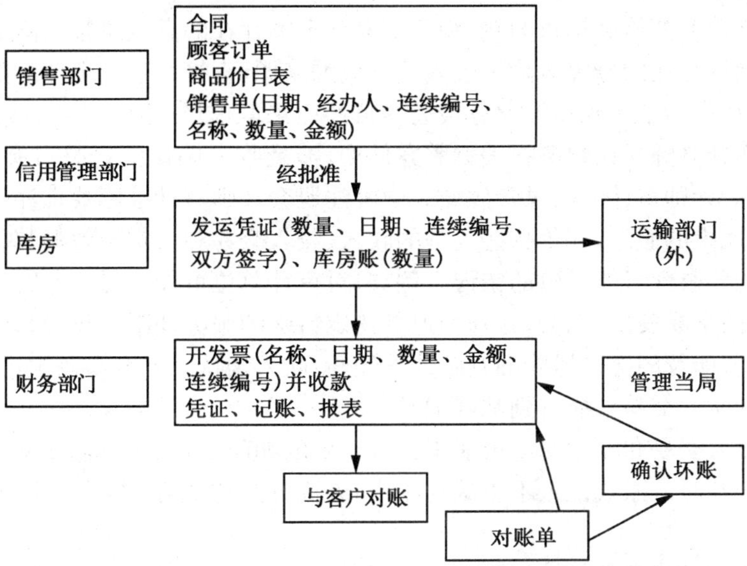

图 8—3　销售与收款循环涉及的主要配合部门及主要文件和记录

【课堂练习·单选题】销售与收款循环中，用来表示由于销售退回或经批准折让而引起的应收账款减少的凭证是(　　)。

A. 销货合同　　B. 销货单　　C. 贷项通知单　　D. 客户订货单

【正确答案】C

【课堂练习·多选题】销售与收款业务循环所使用的凭证和记录有(　　)。

A. 客户订货单　　B. 销货单　　C. 销售合同　　D. 销售发票

E. 付款凭单

【正确答案】ABCD

第二节　销售与收款循环的重大错报风险

被审计单位可能有各种各样的收入来源，处于不同的控制环境，存在复杂的合同安排，这些情况对收入交易的会计核算可能存在诸多影响，比如，不同交易安排下收入确认的时间和依据可能不尽相同。注册会计师应结合对销售与收款循环中业务流程和相关控制的了解，考虑在销售与收款循环中发生错报的可能性以及潜在错报的重大程度是否足以导致重大错报，从而评估销售与收款循环的相关交易和余额存在的重大错报风险，进而为设计和实施进一步审计程序提供基础。

一、销售与收款循环存在的重大错报风险

与销售与收款循环相关的财务报表项目主要为营业收入和应收账款，此外还有应收票据、预收货款、长期应收款、应交税费、营业税金及附加等（本书不对销售交易涉及的税务问题进行阐述）。以一般制造业的赊销销售为例，相关交易和余额存在的重大错报风险通常包括：

第一，收入确认存在的舞弊风险。收入是利润的来源，直接关系到企业的财务状况和经营成果。有些企业往往为了达到粉饰财务报表的目的而采取虚增（发生认定）或隐瞒收入（完整性认定）等方式实施舞弊。在财务报表舞弊案件中，涉及收入确认的舞弊占有很大比例，收入确认已成为注册会计师审计的高风险领域。中国注册会计师审计准则要求注册会计师基于收入确认存在舞弊风险的假定，评价哪些类型的收入、收入交易和认定导致舞弊风险。

第二，收入的复杂性可能导致的错误。例如，对审计单位可能针对一些特定的产品或者服务提供一些特殊的交易安排（例如，特殊的退货约定特殊的服务期限安排等），但管理层可能对这些不同安排下所涉及的交易风险的判断缺乏经验，收入确认上就容易发生错误。

第三，发生的输入交易未能得到准确记录。

第四，期末收入交易和收款交易可能未计入正确的期间，包括销售退回交易的截止错误。

第五，收款未及时入账或记入不正确的账户，因而导致应收账款（或应收票据、银行存款）的错误。

第六，应收账款坏账准备的计提不准确。

某些重大错报风险可能与财务报表整体广泛相关，进而影响多项认定，如舞弊风险；某些重大错报风险可能与特定的某类交易、账户余额和披露的认定相关，如会计期末的收入、交易和收款交易的截止错误（截止）、应收账款坏账准备的计提（计价）。在评估重大错报风险时，注册会计师应当落实到该风险所涉及的相关认定，从而更有针对性地设计进一步的审计程序。

以下重点说明对收入确认存在的舞弊风险的评估。

注册会计师在识别和评估与收入确认相关的重大错报风险时，应当基于收入确认存在舞弊风险的假定，评价哪些类型的收入、收入交易和认定导致舞弊风险。

假定收入确认存在舞弊风险，并不意味着注册会计师应当将与收入确认相关的所有认定都假定为存在舞弊风险。注册会计师需要结合对被审计单位及其环境的具体了解，考虑收入确认舞弊可能如何发生。被审计单位不同，管理层实施舞弊的动机和压力不同，舞弊风险所涉及的具体认定也不同，注册会计师需要做出具体分析。例如，如果管理层难以实现预期的利润目标，就可能有高估收入的动机或压力（ 如提前确认收入和记录虚假的收入），因此，收入的发

生认定存在舞弊风险的可能性较大，而完整性认定通常不存在舞弊风险；相反，如果管理层有隐瞒收入而降低税负的动机，则注册会计师需要更加关注与收入完整性认定相关的舞弊风险。再如，如果被审计单位预期难以达到下一年度的销售目标，而已经超额实现了本年度的销售目标，就可能倾向于将本期的收入推迟至下一年度确认。

如果注册会计师认为收入确认存在舞弊风险的假定不适用于业务的具体情况，从而未将收入确认作为由于舞弊导致的重大错报风险领域，注册会计师就应当在审计工作底稿中记录得出该结论的理由。

【课堂练习·单选题】中国注册会计师审计准则要求注册会计师直接假定（　　）存在舞弊风险。

A. 存货余额　　B. 应收账款计价　　C. 收入确认　　D. 关联方关系及其交易

【正确答案】C

（一）通过实施风险评估程序识别与收入确认相关的舞弊风险

风险评估程序是注册会计师为了解被审计单位及其环境，以识别和评估重大错报风险而实施的审计程序。实施风险评估程序应当包括询问管理层以及被审计单位内部其他人员，实施分析程序，以及观察和检查程序。

实施风险评估程序，对注册会计师识别与收入确认相关的舞弊风险至关重要。例如，注册会计师通过了解被审计单位生产经营的基本情况、销售模式和业务流程、与收入相关的生产技术条件、收入的来源和构成、收入交易的特性、收入确认的具体原则、所在行业的特殊事项、重大异常交易的商业理由、被审计单位的业绩衡量等，有助于其考虑收入虚假错报可能采取的方式，从而设计恰当的审计程序来发现此类错报。

注册会计师应当评价通过实施风险评估程序和执行其他相关活动获取的信息是否表明存在舞弊风险因素。例如，如果注册会计师通过实施风险评估程序了解到，被审计单位所处行业竞争激烈并伴随着利润率的下降，而管理层过于强调提高被审计单位利润水平的目标，则注册会计师需要警惕管理层通过实施舞弊高估收入从而高估利润的风险。

【课堂练习·单选题】有关收入确认存在的舞弊风险的评估，下列说法中不恰当的是（　　）。

A. 假定收入确认存在舞弊风险，并不意味着注册会计师应当将与收入确认相关的所有认定都假定为存在舞弊风险

B. 如果管理层难以实现预期的利润目标，则可能有高估收入的动机或压力（如提前确认收入或记录虚假的收入），因此，收入的发生认定存在舞弊风险的可能性较大，而完整性认定通常不存在舞弊风险

C. 如果管理层有隐瞒收入而降低税负的动机，则注册会计师需要更加关注与收入完整性认定相关的舞弊风险

D. 如果被审计单位预期难以达到下一年度的销售目标，而已经超额实现了本年度的销售目标，就可能倾向于将下一年度的收入提前至本期确认

【正确答案】D

（二）常用的收入确认舞弊手段

了解被审计单位通常采用的收入确认舞弊手段有助于注册会计师更加有针对性地实施审计程序。被审计单位通常采用的收入确认舞弊手段举例如下：

1. 为了粉饰财务报表而虚增收入或提前确认收入

(1)利用与未披露关联方之间的资金循环虚构交易。

(2)通过未披露的关联方进行显失公允的交易。例如,以明显高于其他客户的价格向未披露的关联方销售商品。

(3)通过出售关联方的股权,使之从形式上不再构成关联方,但仍与之进行显失公允的交易,或与未来和潜在的关联方进行显失公允的交易。

(4)通过虚开商品销售发票虚增收入,而将货款挂在应收账款中,并可能在以后期间计提坏账准备,或在期后冲销。

(5)为了虚构销售收入,将商品从某一地点移送至另一地点,以出库单和运输单据为依据记录销售收入。

(6)在与商品相关的风险和报酬尚未全部转移给客户之前确认销售收入。比如,销售合同中约定被审计单位的客户在一定时间内有权无条件退货,而被审计单位隐瞒退货条款,在发货时全额确认销售收入。

(7)通过隐瞒售后回购或售后租回协议,而将以售后回购或售后租回方式发出的商品作为销售商品确认收入。

(8)采用完工百分比法确认劳务收入且采用已经发生的成本占估计总成本的比例确定完工进度时,故意低估预计总成本或多计实际发生的成本,以通过高估完工百分比的方法实现当期多确认收入。

(9)采用代理商的销售模式时,在代理商仅向购销双方提供帮助接洽、磋商等中介代理服务的情况下,按照相关购销交易的总额而非净额(扣除佣金和代理费等)确认收入。

(10)当存在多种可供选择的收入确认会计政策和会计估计方法时,随意变更所选择的会计政策和会计估计方法。

(11)选择与销售模式不匹配的收入确认会计政策。

2. 为了达到报告期内降低税负或转移利润等目的而少计收入或延后确认收入

(1)被审计单位将商品发出、收到货款并满足收入确认条件后,不确认收入,而将收到的货款作为负债挂账,或转入本单位以外的其他账户。

(2)被审计单位采用以旧换新的方式销售商品时,以新旧商品的差价确认收入。

(3)在提供劳务或建造合同的结果能够可靠估计的情况下,不在资产负债表日按完工百分比法确认收入,而推迟到劳务结束或工程完工时确认收入。

【课堂练习·单选题】以下选项中,不属于有关被审计单位常用的收入确认舞弊手段的是(　　)。

A. 以明显高于其他客户的价格向未披露的关联方销售商品

B. 销售合同中约定被审计单位的客户在一定时间内有权无条件退货,而被审计单位隐瞒退货条款,在发货时全额确认销售收入

C. 采用以旧换新的方式销售商品时,以新旧商品的差价确认收入

D. 在采用代理商的销售模式时,在代理商仅向购销双方提供帮助接洽、磋商等中介代理服务的情况下,按照相关购销交易的净额(扣除佣金和代理费等)确认收入

【正确答案】D

(三)表明被审计单位在收入确认方面可能存在舞弊风险的迹象

舞弊风险迹象,是注册会计师在实施审计过程中发现的,需要引起对舞弊风险警觉的事实

或情况。存在舞弊风险绩效并不必然表明发生了舞弊，但了解舞弊风险迹象，有助于注册会计师对审计过程中发现的异常情况产生警觉，从而更有针对性地采取应对措施。

通常表明被审计单位在收入确认方面可能存在舞弊风险的迹象举例如下：

第一，注册会计师发现，被审计单位的客户是否付款并非取决于其自身偿债能力，而是取决于能否从第三方取得融资、能否转售给第三方（如经销商）、能否满足特定的重要条件。

第二，未经客户同意，在销售合同约定的发货期之前发送商品。

第三，未经客户同意，将商品运送到销售合同约定地点以外的其他地点。

第四，被审计单位的销售记录表明，已将商品发往外部仓库或货运代理人，却未指明任何客户。

第五，在实际发货之前开具销售发票，或实际未发货而开具销售发票。

第六，对于期末之后的发货，在本期确认相关收入。

第七，实际销售情况与订单不符，或者根据已取消的订单发货或重复发货。

第八，已经销售给货运代理人的商品，在期后有大量退回。

第九，销售合同或发运单上的日期被更改，或者销售合同上加盖的公章并不属于合同所指定的客户。

第十，在接近期末时发生了大量或大额的交易。

第十一，交易之后长期不进行结算。

第十二，在被审计单位业务或其他相关事项未发生重大变化的情况下，询证函回函相符比例明显异于以前年度。

第十三，发生异常大量的现金交易，或被审计单位有非正常的资金流转及往来，特别是有非正常现金收付的情况。

第十四，应收款项收回时，付款单位与购买方不一致，存在较多代付款的情况。

第十五，交易标的对交易对手而言不具有合理用途。

第十六，主要客户自身规模与其交易规模不匹配。

【课堂练习·单选题】 以下选项中，不属于有关表明被审计单位在收入确认方面可能存在舞弊风险的迹象的是（　　）。

A. 未经客户同意，在销售合同约定的发货期之前发送商品

B. 在接近期末时发生了大量或大额的交易

C. 在被审计单位业务或其他相关事项未发生重大变化的情况下，询证函回函相符比例明显异于以前年度

D. 交易标的对交易对手而言具有合理用途

【正确答案】 D

（四）对收入确认实施分析程序

分析程序是一种识别收入确认舞弊风险的较为有效的方法，注册会计师需要重视并充分利用分析程序，发挥其在识别收入确认舞弊中的作用。

在收入确认领域，注册会计师可以实施的分析程序的例子包括：

第一，将本期销售收入金额与以前可比期间的对应数据或预算数进行比较。

第二，分析月度或季度销售量变动趋势。

第三，将销售收入变动幅度与销售商品及提供劳务收到的现金、应收账款、存货、税金等项

目的变动幅度进行比较。

第四，将销售毛利率、应收账款周转率、存货周转率等关键财务指标与可比期间数据、预算数或同行业其他企业数据进行比较。

第五，分析销售收入等财务信息与投入产出率、劳动生产率、产能、水电能耗、运输数量等非财务信息之间的关系。

第六，分析销售收入与销售费用之间的关系，包括销售人员的人均业绩指标、销售人员薪酬、差旅费用、运费，以及销售机构的设置、规模、数量、分布等。

注册会计师通过实施分析程序，可能识别出未注意到的异常关系，或难以发现的变动趋势，从而有目的、有针对性地关注可能发生重大错报风险的领域，有助于评估重大错报风险，为设计和实施应对措施提供基础。例如，如果注册会计师发现被审计单位不断地为完成销售目标而增加销售量，或者大量的销售因不能收现而导致应收账款大量增加，需要对销售收入的真实性予以额外关注；如果注册会计师发现被审计单位临近期末销售量大幅增加，需要警惕将下期收入提前确认的可能性。如果注册会计师发现单笔大额收入能够减轻被审计单位盈利方面的压力，或使被审计单位完成销售目标，需要警惕被审计单位虚构收入的可能性。

如果发现异常或偏离预期的趋势或关系，注册会计师需要认真调查其原因，评价是否表明可能存在由于舞弊导致的重大错报风险。涉及期末收入和利润的异常关系尤其值得关注，例如在报告期的最后几周内记录了不寻常的大额收入或异常交易。

注册会计师可能采取的调查方法举例如下：

第一，如果注册会计师发现被审计单位的毛利率变动较大或与所在行业的平均毛利率差异较大，注册会计师可以采用定性分析与定量分析相结合的方法，从行业及市场变化趋势，以及产品销售价格和产品成本要素等方面对毛利率变动的合理性进行调查。

第二，如果注册会计师发现应收账款余额较大，或其增长幅度高于销售收入的增长幅度，注册会计师需要分析具体原因（如赊销政策和信用期限是否发生变化等），并在必要时采取恰当的措施，如扩大函证比例，增加截止测试和期后收款测试的比例等。

第三，如果注册会计师发现被审计单位的收入增长幅度明显高于管理层的预期，可以询问管理层的适当人员，并考虑管理层的答复是否与其他审计证据一致。例如，如果管理层表示收入增长是由于销售量增加所致，注册会计师可以调查与市场需求相关的情况。

二、根据重大错报风险评估结果设计进一步审计程序

注册会计师基于销售与收款循环的重大错报风险评估结果，制定实施进一步审计程序的总体方案（见表 8－1），继而实施控制测试和实质性程序，以应对识别出的认定层次的重大错报风险。注册会计师将通过控制测试和实质性程序获取的审计证据综合起来应足以应对识别出的认定层次的重大错报风险。

注册会计师根据重大错报风险的评估结果初步确定实施进一步审计程序的具体审计计划，由于风险评估和审计计划都是贯穿审计全过程的动态的活动，而且控制测试的结果可能导致注册会计师改变对内部控制的信赖程度，因此，具体审计计划并非一成不变，可能需要在审计过程中进行调整。

表 8—1　　销售与收款循环的重大错报风险和进一步审计程序的总体方案

重大错报风险描述	相关财务报表项目及认定	风险程度	是否信赖控制	进一步审计程序的总体方案	拟从控制测试中获取的保证程度	拟从实质性程序中获取的保证程度
销售收入可能未真实发生	收入:发生 应收账款:存在	特别	是	综合性方案	高	中
销售收入记录可能不完整	收入/应收账款:完整性	一般	否	实质性方案	无	低
期末收入交易可能未计入正确的期间	收入:截止 应收账款:存在/完整性	特别	否	实质性方案	无	高
发生的收入交易未能得到准确记录	收入:准确性 应收账款:计价和分摊	一般	是	综合性方案	部分	低
应收账款坏账准备的计提不准确	应收账款:计价和分摊	一般	否	实质性方案	无	中

然而,无论是采用综合性方案还是实质性方案,获取的审计证据都应当能够从认定层面应对所识别的重大错报风险,直至针对该风险所涉及的全部相关认定,都已获取了足够的保证程度。

第三节　销售与收款循环的内部控制和控制测试

一、销售与收款循环的内部控制

审计人员审查销售和应收款业务时,通常要对被审计单位的内部控制进行测试和评价,以确定其可资信赖的程度,并根据对内部控制情况的分析结果,决定实质性程序的性质、时间和范围。因此,了解和测试销货业务的内部控制是很有必要的。

(一)职责分工控制

将销售与收款循环过程中各项职责进行明确的分工,分别由不同的部门或人员执行,建立岗位责任制,使各项工作之间既相互联系又相互牵制,防止错误或舞弊的发生。主要职责分工如下:

第一,批准赊销信用与销售相互独立,防止销售部门为增加业绩而放宽信用标准,导致企业信用风险增大。

第二,批准赊销信用与发货开票相互独立,防止向不符合信用标准的客户进行赊销,增加坏账风险。

第三,发送货物与开票相互独立,防止发货未经批准、销售业务没有被记录或商品被盗窃。

第四,发送货物与记账相互独立,防止商品被盗窃并通过篡改记录加以掩饰。

第五,收取货款与销售收入、应收账款记录相互独立,防止客户所付款项被贪污并篡改加以掩饰。

第六,批准销售退回与折让业务和记账业务相互独立,防止收到的货款被贪污。

第七,批准坏账与收款业务、记账业务相互独立,防止不符合规定的坏账被批准,收到的款项被贪污。

第八,编制和寄送客户对账单与收款业务、记账业务相互独立,以检查销售收款业务中的错弊。

第九，执行内部检查与业务办理、记录相互独立，保证内部检查的独立性和有效性等。

（二）信息传递程序控制

1. 授权程序

有效的控制要求销售与收款业务各环节要经过适当的授权批准。向客户提供信用前要进行调查并经授权批准，以控制信用风险；非经正当审批，不得发出货物；销售价格、销售条件、运费、折扣等必须经过审批；审批人应当根据销售与收款授权批准制度的规定，在授权范围内进行审批，不得超越审批权限。对于超过单位既定销售政策和信用政策规定范围的特殊销售交易，单位应当进行集体决策。前两项控制的目的在于防止企业因向虚构的或者无力支付货款的顾客发货而蒙受损失；价格审批控制的目的在于保证销售交易按照企业定价政策规定的价格开票收款；对授权审批范围设定权限的目的则在于防止因审批人决策失误而造成严重损失。通过检查凭证在上述关键点上是否经过审批，可以很容易地测试出授权审批方面的内部控制效果。

2. 文件和记录的使用

为健全业务审批、财产保管和便于记录，要合理设计并使用各种文件和记录。关键性的销货单、销售发票、发运凭证等都应事前按顺序编号使用，对凭证预先进行编号，旨在防止销售以后忘记向顾客开具账单或登记入账，也可防止重复开具账单或重复记账。当然，如果对凭证的编号不做清点而预先编号就会失去其控制意义。例如，企业在收到顾客订单后，就立即编制一份预先编号的一式多联的销售单，分别用于批准赊销、批准发货、记录发货数量、向客户开具发票账单等。对每个客户建立应收账款明细账。以应收票据结算时，需设置登记簿详细记录票据种类、编号、出票人、票面金额、利率、到期日等情况。

3. 独立检查

对销售与收款业务进行独立检查，防止各环节发生差错和舞弊。由内部审计师或其他独立人员检查销货单、销售发票、提货单，是实现内部控制目标所不可缺少的一项控制措施，以确保其一致性和正确性；核对汇款通知单、收款单、存款单等，以保证每笔收到的货款都进行了登记；检查已批准的销售业务是否编制了销货单；定期检查销售日记账和总账、应收账款明细账和总账、现金及银行存款日记账和总账的一致性。

（三）实物控制

实物控制包括两个方面：一方面，限制非授权人员接近存货，货物的发出必须有经批准的销货单；对于退货也要加强实物控制，由收货部门进行验收并填写验收报告和入库单。另一方面，限制非授权人员接近各种记录和文件，防止伪造和篡改记录。赊销方式下，企业与客户之间的货款结算还包括应收票据，要加强对应收票据的实物控制，保管票据及经管现金与一般会计记录职责要分离。

（四）定期寄出对账单

由出纳、销售及应收账款记录以外的不负责现金出纳和销售及应收账款记账的人员按月向顾客寄发对账单，能促使顾客在发现应付账款余额不正确后及时反馈有关信息，因此，这是一项有用的控制。为了使这项控制更加有效，最好将账户余额中出现的所有核对不符的账项，指定一位既不掌管货币资金也不记载主营业务收入和应收账款账目的主管人员处理。

【课堂练习·多选题】下列控制措施中，属于销售与收款循环实物控制措施的有（　　）。

A. 货物的发出必须有经批准的销货单

B. 销售退回的货物要进行验收并填写验收报告和入库单

C. 限制非授权人员接近销售发票等各种记录和文件

D. 由专人调查每个客户的信用状况

E. 由专人保管应收票据

【正确答案】ABCE

【课堂练习·多选题】审计人员在对销售与收款业务内部控制进行调查的过程中了解到：销售部门负责赊销信用的审查和批准；仓储部门负责发送货物并填制发货凭证；出纳员负责记录主营业务收入明细账；主管会计负责批准坏账的核销。上述资料中，违反内部控制要求的有（　　）。

A. 销售部门负责批准赊销信用

B. 仓储部门负责发送货物并填制发货凭证

C. 出纳员负责记录主营业务收入明细账

D. 主管会计负责批准坏账的核销

【正确答案】ACD

【课堂练习·单选题】在销售与收款循环内部控制中，发送商品与记账职责相互分离主要是为了防止（　　）。

A. 盗窃商品并通过篡改记录加以掩饰

B. 贪污客户所付款项并通过篡改记录加以掩饰

C. 贪污已做坏账处理后又收回的应收账款

D. 放宽信用标准而导致企业信用风险增加

【正确答案】A

【课堂练习·多选题】审计人员在抽查记账凭证时发现，部分记账凭证上的审核与编制为同一人。经进一步了解，财会部门未建立表、账、证之间的定期核对制度。上述资料中，违反相关内部控制要求的控制活动的有（　　）。

A. 业务授权控制　　B. 职责分工控制　　C. 凭证与记录控制　D. 实物控制

【正确答案】BC

二、销售与收款循环的内部控制测试

在确定被审计单位内部控制中可能存在的薄弱环节，并且对其控制风险做出评价后，注册会计师应当判断实施控制测试的成本是否会低于因此而减少的对交易、账户余额实施实质性程序所需的成本。如果被审计单位的相关内部控制不存在，或被审计单位的相关内部控制未得到有效执行，则注册会计师不应再继续实施控制测试，而应直接实施实质性程序。

可见，作为进一步审计程序的类型之一，控制测试并非在任何情况下都需要实施。但当存在下列情形之一时，注册会计师应当实施控制测试：其一，在评估认定层次重大错报风险时，预期控制的运行是有效的；其二，仅实施实质性程序不足以提供认定层次充分、适当的审计证据。

（一）销售交易内部控制目标、关键内部控制与审计测试的关系

销售交易内部控制目标、内部控制与控制测试的关系如表 8—2 所示。

表 8—2　　销售交易的控制目标、关键内部控制和审计测试一览表

内部控制目标	关键内部控制	常用的控制测试	常用的交易实质性程序
1. 登记入账的销售交易确系已经发货给真实的客户 (营业收入:发生 应收账款:存在)	(1)销售交易是以经过审核的发运凭证及经过批准的客户订购单为依据登记入账的 (2)在发货前,客户的赊购已经被授权批准 (3)每月向客户寄送对账单,对客户提出的意见做专门追查	(1)检查销售发票副联是否附有发运凭证(或提货单)及销售单(或客户订购单) (2)检查客户的赊购是否经授权批准 (3)观察是否寄发对账单,并检查客户回函档案	(1)复核主营业务收入总账、明细账以及应收账款明细账中的大额或异常项目 (2)追查主营业务收入明细账中的分录至销售单、销售发票副联及发运凭证 (3)将发运凭证与存货永续记录中的发运分录进行核对
2. 所有销售交易均已登记入账 (营业收入:完整性 应收账款:完整性)	(1)发运凭证(或提货单)均经事先编号并已经登记入账 (2)销售发票均经事先编号,并已登记入账	(1)检查发运凭证连续编号的完整性 (2)检查销售发票连续编号的完整性	将发运凭证与相关的销售发票和主营业务收入明细账及应收账款明细账中的分录进行核对
3. 登记入账的销售数量确系已发货的数量,已正确开具账单并登记入账 (营业收入:准确性 应收账款:计价和分摊)	(1)销售有经批准的装运凭证和客户订购单支持将装运数量与开具账单的数量相比对 (2)从价格清单主文档获取销售单价	(1)检查销售发票有无支持凭证 (2)检查比对留下的证据 (3)检查价格清单的准确性及是否经恰当批准	(1)复算销售发票上的数据 (2)追查主营业务收入明细账中的分录至销售发票 (3)追查销售发票上的详细信息至发运凭证、经批准的商品价目表和客户订购单
4. 销售交易的分类恰当(营业收入:分类)	(1)采用适当的会计科目表 (2)内部复核和核查	(1)检查会计科目表是否适当 (2)检查有关凭证上内部复核和核查的标记	检查证明销售交易分类正确的原始证据
5. 销售交易的记录及时(营业收入:截止)	(1)采用尽量能在销售发生时开具收款账单和登记入账的控制方法 (2)每月末由独立人员对销售部门的销售记录、发运部门的发运记录和财务部门的销售交易入账情况作内部核查	(1)检查尚未开具收款账单的发货和尚未登记入账的销售交易 (2)检查有关凭证上内部核查的标记	比较核对销售交易登记入账的日期与发运凭证的日期
6. 销售交易已经正确地记入明细账,并经正确汇总 (营业收入:准确性 应收账款:计价和分摊)	(1)每月定期给客户寄送对账单 (2)由独立人员对应收账款明细账做内部核查 (3)将应收款明细账余额合计数与其总账余额进行比较	(1)观察对账单是否已经寄出 (2)检查内部核查标记 (3)检查将应收账款明细账余额合计数与其总账余额进行比较的标记	将主营业务收入明细账加总,追查其至总账的过账

(二)控制测试

内部控制程序和活动是企业针对需要实现的内部控制目标而设计和执行的,控制测试是注册会计师针对企业内部控制程序和活动而实施的,因此,在审计实务中,注册会计师可以考虑以被审计单位的内部控制目标为起点实施控制测试。前述我们已经以内部控制目标和相关认定为起点,列示了相应的关键内部控制和常用控制测试程序。下面再归纳一下销售与收款

循环主要的控制测试程序：

1. 对销售发票的控制测试

(1)检查销售发票是否连续编号，作废销售发票的处理是否正确。

(2)核对销售发票与销售订单、销售单、提货单所载明的品名、规格、数量、价格是否一致。

(3)检查销售单上是否有信用部门的有关人员核准赊销的签字。

(4)销售发票中所列的数量、单价和金额是否正确，主要包括：将销售发票中所列商品的单价与商品价目表的价格进行核对，验算发票金额的正确性等。

(5)从销售发票追查至有关的记账凭证、应收账款明细账及主营业务收入明细账，确定被审计单位是否正确、及时地登记有关的凭证、账簿。

2. 对出库单、提货单的控制测试

抽取一定数量的出库单和提货单，并与相关的销售发票相核对，检查已发出的商品是否均已向顾客开具发票。

3. 对主营业务收入的控制测试

从主营业务收入明细账中抽取一定的会计记录，并与有关的记账凭证、销售发票进行核对，以确定是否存在收入被高估或低估的问题。

4. 对销售退回、折让、折扣的控制测试

抽取一定数量销售调整业务的会计凭证，检查销售退回、折让、折扣的核准与会计核算，主要包括：

(1)确定销售退回和折让的批准与贷项通知单的签发职责是否分离。

(2)确定现金折扣是否经过适当授权，授权人与收款人的职责是否分离。

(3)检查销售退回和折让是否附有按顺序编号并经主管人员核准的贷项通知单。

(4)检查退回的商品是否具有仓库签发的退货验收报告(或入库单)，并将验收报告的数量、金额与贷项通知单等进行核对。

(5)确定退货、折扣、折让的会计记录是否正确。

5. 对记账凭证、应收账款明细账的控制测试

(1)从应收账款明细账中抽取一定的记录并与相应的记账凭证进行核对，比较两者登记的时间、金额是否一致。

(2)从应收账款明细账中抽查一定数量的坏账注销业务，并与相应的记账凭证、原始凭证进行核对，确定坏账的注销是否符合有关法规的规定、是否经过企业主管人员的核准等。

(3)确定被审计单位是否定期与顾客对账，在可能的情况下，将被审计单位一定期间的对账单与相应的应收账款明细账的余额进行核对，如有差异，应进行追查。

观察被审计单位工作人员获得或接触资产、凭证和记录(包括存货、销售单、提货单、销售发票、凭证与账簿、现金及支票)的途径，并观察被审计单位工作人员在执行授权、发货、开票等职责时的表现，确定被审计单位是否存在必要的职责分离，以及内部控制的执行过程中是否存在弊端。

在对被审计单位的内部控制进行了必要的了解与测试之后，注册会计师应当对其重大错报风险做出评估，并对实质性程序的内容做出相应的调整；同时，对测试过程中发现的问题，应当在工作底稿中做出记录，并以适当的形式告知被审计单位的管理层。

【课堂练习·多选题】审计人员对销售与收款循环进行内部控制测试的内容有(　　)。

A. 发函询证应收账款

B. 检查是否按期编制应收账款账龄分析表

C. 实地观察不相容职务划分情况

D. 审查销售发票是否经过授权批准

E. 抽查验证营业收入账务处理的正确性

【正确答案】 BCD

【审计实践】 注册会计师于2016年5月12日至18日对ABC公司销售与收款循环的内部控制进行了解和测试,并在相关的审计工作底稿中做了记录。现摘录如下:

(1)ABC公司的产成品发出时,由销售部填制一式四联的出库单。仓库发出产成品后,将第一联出库单留存登记产成品卡片,第二联交销售部留存,第三联和第四联交会计部人员登记库存商品总账和明细账。

(2)会计人员负责开具销售发票,在开具销售发票之前,先取得仓库的发货记录和销售商品价目表,然后填写发票的数量、单价和金额。

根据上述摘录,注册会计师指出ABC公司在销售与收款循环内部控制方面存在的缺陷,并提出改进建议:

(1)会计人员同时登记库存商品总账和明细账,不相容职务未进行分离,建议ABC公司应由不同的会计人员登记库存商品总账和明细账。

(2)会计人员开具销售发票不能只依据发货单和价目表,因为实际销售数量和结算价格可能会与发货单数量和价目表上的价格不一致。建议ABC公司会计人员应先核对装运凭证和相应的经批准的销售单,并根据已授权批准的商品价格填写销售发票的价格,根据装运凭证上的数量填写销售发票的数量,再根据数量和价格计算出金额。

第四节 营业收入审计

一、营业收入的审计目标

营业收入项目核算企业在销售商品、提供劳务等主营业务活动中所产生的收入,以及企业确认的除主营业务活动以外的其他经营活动实现的收入,包括出租固定资产、出租无形资产、出租包装物和商品、销售材料等实现的收入。营业收入的审计目标与财务报表认定之间的对应关系如表8—3所示。

表8—3 审计目标与财务报表认定之间的关系

审计目标	财务报表认定					
	发生	完整性	准确性	截止	分类	与列报和披露相关的认定
利润表中记录的营业收入已发生,且与被审计单位有关	√					
所有应当记录的营业收入均已记录		√				
与营业收入有关的金额及其他数据已恰当记录			√			
营业收入已记录于正确的会计期间				√		

续表

审计目标	财务报表认定					
	发生	完整性	准确性	截止	分类	与列报和披露相关的认定
营业收入已记录于恰当的账户					√	
营业收入已按照企业会计准则的规定在财务报表中做出恰当的列报						√

二、运用分析方法及监盘方法检查营业收入的完整性

分析性复核方法是将相关账户或项目进行研究、对比和分析。审计人员在评价被审计单位风险时有许多因素值得注意，这些因素包括：管理层对外报告及这些报告对其绩效评价的影响；企业经营业绩与行业内整体经营形势不一致；会计处理过于复杂；接近季度末或年末时，销售发生大幅度增加；等等。比率分析、趋势分析和合理性测试是三种常用的分析方法。

（一）比率分析

进行比率分析的目的在于判断财务指标是否存在异常变化。将企业年度内各期营业收入的实际数与计划数进行比较、分析，了解完成计划的情况；比较本期各月营业收入的波动情况，了解有无异常；将行业平均毛利与以前年度平均值进行比较；分析年末最后一个月销售额占总销售额的比例；销售折扣占赊销收入的比例；销售退回及折让占销售的比例；等等。

（二）趋势分析

企业在没有发生异常事项时，其经营业绩将会与以前业绩或行业趋势保持一致。

（三）合理性测试

审计人员通过审查账户与某些因素的相关关系，收集关于这一账户的相关信息。可以使用回归分析，评价与以前结果之间的关系。例如，依据营业收入和自变量（营业成本、销售费用或行业总营业收入增长等）之间的关系来估计生产线的月营业额。回归分析的另一种方法是联立分析，即用多个方面的结果进行交叉比较，例如，用每平方米营业额对不同地点商店的收入合理性进行评价。

（四）监盘法

如果被审计单位利润表中有净利润，但经营活动现金流量却是负值，审计人员应查找应收账款和存货虚增的可能性。通过监盘原材料、在产品、产成品等存货，对收入记录的完整性进行分析。

【课堂练习·分析应用题】审计人员针对营业收入采取了如下审计程序：比较各月营业收入的变动情况，了解有无异常变化；计算主要产品的毛利率并与上年进行对比，分析有无明显变化；抽取12月开具的发货凭证，审查相关业务是否全部登记入账；抽取金额较大的销货发票，与销售合同和主营业务收入明细账相核对。上述资料中，属于分析性复核方法的有（　　）。

A. 比较各月营业收入的变动情况，了解有无异常变化

B. 计算主要产品的毛利率并与上年进行对比，分析有无明显变化

C. 抽取12月开具的发货凭证，审查相关业务是否全部登记入账

D. 抽取金额较大的销货发票，与销售合同和主营业务收入明细账相核对

【正确答案】AB

三、验证营业收入入账的正确性

索取产品出库存根、销售发票副本和各种收入明细账，相互核对，检查有无混淆营业收入与其他收入、营业外收入界限的现象。

审阅一定数量的产品发运凭证、销售发票副本、各种结算单据、有关明细账以及大型产品的生产进度表，核实企业是否遵循了权责发生制原则，并根据生产经营与结算方式的不同特点，真实完整地计入营业收入、结转营业成本。

第一，审查企业销售商品收入是否满足确认收入的条件。

第二，审查企业提供劳务获得的收入，是否满足确认收入的条件。

第三，审查企业完工进度确认的方法的合理性。

第四，审查企业收入确认和成本结转的正确性。

对于售后回购、售后租回、以旧换新销售，审计人员应特别注意审查其收入的确认、计算是否符合规定，关注是否存在附有回购协议或日后租回协议的销售按照收到货款计入收入，从而虚增收入和利润的问题。

四、核查营业收入的真实性和账务处理的正确性

审计人员应抽取部分销售发票，追查销货合同、营业收入明细账、分类账，检查其记录、过账、加总是否正确一致，并与“应收账款”“应收票据”以及“银行存款”等账户核对是否相符。

（一）发票和销货合同的审查

发票和销货合同是审查营业收入的主要原始依据，但因其数量大，只宜抽查。

取部分发票与发货记录相核对，检查仓库发出商品的品名、规格、数量、购货单位等与发票的相符性。应注意售给关联方或关系密切的客户产品计价是否合理，有无以高价或低价结算转移利润的问题。重点审查分期收款销售、以旧换新、委托代销、售后回购、出口销货合同及其履行情况。

（二）营业收入记账正确性的审查

实施审查时可采用时间抽样，即选取审计期内某几个时间段落，对全部产品的营业收入账表进行检查。对营业收入账目进行检查时，可按结算方式的不同选用不同的方法与相关账户进行对比、核查。由于营业收入发生数取决于销售数量和销售单价两个因素，应进一步审查销售数量与发货数量的一致性，查明有无退货；审查销售单价是否符合有关规定。取得产品价格目录，抽查销售价格是否符合价格政策，并且注意售给关联单位的产品价格是否合理，有无高价或低价结算以转移利润的问题。同时，还要注意有无下列问题：

第一，只计算营业收入，不计算联产品、副产品的营业收入。

第二，只计算合格产品营业收入，不计算残次品营业收入。

第三，只计算基准价部分收入，不计算附加价部分收入。

第四，将营业收入列入往来账户长期挂账，不通过“营业收入”账户核算。

第五，违背配比原则，只记收入，不转成本；或少记、不记收入，只转成本。

（三）核实营业收入交易的截止期

检查决算日前后一周或十天的有关收入记录，核对、比较有关的发票、运单以及收据，确认收入的截止期是否正确。

对营业收入项目实施截止测试，其目的主要在于确定被审计单位主营业务收入的会计记录归属期是否正确。在审计中应该注意把握三个与营业收入确认有着密切关系的日期：一是发票开具日期或者收款日期；二是记账日期；三是发货日期（服务业是提供劳务的日期）。检查三者是否归属于同一适当会计期间是营业收入截止测试的关键所在。这三个日期在同一会计期间则表明记录是正确的。

如果发货运单显示货物是在本报告期发运的，而相应的收入是在下一报告期计入的，就属于低估收入；如果已计入本期的收入是"应收账款"账户的日期，而相应的产品出库单存根与运单或提货单日期在下一会计期间，则表明高估了收入。

对不正当的收入记录要进行调整，在确定了正确的截止期基础上再进行有关方面的进一步审查。审查时可以明细账为起点追查决算日前后会计凭证，也可以决算日前后销售发票为起点追查发运单和明细账，或者以发运单为起点追查销售发票和明细账。

【课堂练习·单选题】 审计人员审查年度资产负债表日前后的营业收入记录，并核对相关销售发票、运单等原始凭证，其主要目的是（　　）。

A. 证实营业收入的合理性　　　　B. 证实营业收入的完整性

C. 证实营业收入的合法性　　　　D. 证实营业收入的截止期

【正确答案】 D

五、审查销售退回、折让及折扣

企业在销售交易中，往往会因产品品种不符、质量不符合要求以及结算方面的原因发生销售折扣、销售退回与折让。尽管引起销售折扣、退回与折让的原因不尽相同，其表现形式也不尽一致，但都是对收入的抵减，直接影响收入的确认和计量。如果企业把退回的商品重新作为新商品销售，就表明存在舞弊的可能。

（一）销售退回的审查

存在销售退回的，审查销售退回原因的合理性，检查手续是否符合规定，结合原始销售凭证检查其会计处理是否正确。发生并确认销售退回时，不论属于本年度还是属于以前年度销售的，都应冲减本期营业收入，同时冲减营业成本，增加库存产成品，发生的销售退回费用应作为期间费用处理。

通过"营业收入明细账"与退货凭证、退货入库凭证的核对，如果存在退货凭证，而在"营业收入明细账"中未予以记录，说明有可能存在虚增营业收入、调高利润水平的问题；如果在"营业收入明细账"中有销售退回的记录，而无相关退货的原始凭证，则说明有可能存在隐匿营业收入、调低利润水平的问题。

还应当注意审查期末及下期期初发生的销售退回业务的真实性。有的企业为追求本期销售计划的完成，往往采用期末虚构销售，开出"空头发票"，下期期初再冲回的不当手法弄虚作假。结合应收账款函证程序，检查是否存在未经认可的大额销售。

（二）销售折让与折扣的审查

第一，获取或编制折扣与折让明细表，复核加计正确，并与明细账合计数核对相符。

第二，取得被审计单位有关折扣与折让的具体规定和其他文件资料，并抽查较大的折扣与折让发生额的授权批准情况，与实际执行情况进行核对，检查其是否经授权批准，是否合法、真实。

第三，销售折让与折扣是否及时、足额提交对方，有无虚设中介、转移收入、私设账外“小金库”等情况。

第四，检查折扣与折让的会计处理是否正确。

【课堂练习·分析应用题】审计人员在审查主营业务收入明细账时，发现有多笔销售退回业务，追查至记账凭证，未发现相关退货的原始凭证。经审计人员进一步查实，相关销售业务实际并未发生。针对上述资料，审计人员认为可能存在的问题有（　　）。

A. 隐匿营业收入　　B. 虚增利润　　C. 偷逃税金　　D. 虚增营业收入

【正确答案】AC

【阅读材料】

对大智慧销售与收款业务审计的异常事项执行必要的审计程序

2013 年 12 月，大智慧将不满足收入确认条件的软件产品销售确认为当期销售收入，导致 2013 年提前确认收入 87 446 901.48 元。

注册会计师在审计工作底稿中记录，大智慧 2013 年 12 月确认收入占全年的比重达 37.74%，并对在 2014 年 1 月 1 日至 2 月 26 日财务报表批准报出日间发生销售退回的 22 422 913.77元收入进行了审计调整，调减了 2013 年收入。

针对临近资产负债表日软件产品销售收入大增、期后退货显著增加的情况，立信会计师事务所在审计过程中未对退货原因进行详细了解。

注册会计师仅执行了查验公司合同，抽样检查，并获取软件开通权限查验销售收款单、退款协议、原始销售凭证等常规审计程序，并没有根据公司销售相关的财务风险状况，采取更有针对性的审计程序，以获取充分的审计证据以支持审计结论。在面对客户数量较多、无法函证的情况下，注册会计师也没有采取更有效的替代程序以获取充分适当的审计证据。

中国证监会在 7 月 22 日发布中国证监会行政处罚决定书〔2016〕88 号和 89 号文件，对大智慧的违规信息披露，上市公司的高管与治理层，以及立信会计师事务所与签字注册会计师姜某、葛某做出行政处罚：对于立信会计师事务所处以没收收入 70 万元、罚款 210 万元的处罚；对于签字注册会计师处以警告，罚款 10 万元。

第五节　应收账款审计

应收账款是指企业因销售商品、提供劳务而形成的债权，即由于企业销售商品、产品或提供劳务等原因，应向购货客户或接受劳务的客户收取的款项或代垫的运杂费，是企业在信誉活动中所形成的各种债权性资产。

企业的应收账款是在销售商品或提供劳务过程中产生的，因此，应收账款的审计应结合销售交易来进行。一方面，收入的“发生”认定直接影响应收账款的“存在”认定；另一方面，由于应收账款代表尚未收回货款的收入，通过审计应收账款获取的审计证据也能够为收入提供审计证据。

一、应收账款的审计目标

应收账款的审计目标与财务报表认定之间的对应关系如表 8—4 所示。

表 8－5　　审计目标与财务报表认定的对应关系

审计目标	财务报表认定				
	存在	完整性	权利和义务	计价和分摊	与列报和披露相关的认定
资产负债表中记录的应收账款是存在的	√				
所有应当记录的应收账款均已记录		√			
记录的应收账款由被审计单位拥有或控制			√		
应收账款以恰当的金额包括在财务报表中，与之相关的计价调整已恰当记录				√	
应收账款已按照企业会计准则的规定在财务报表中做出恰当列报					√

二、应收账款的审计

（一）取得应收账款明细表

应收账款明细表上应包括客户名称、欠款金额、拖欠时期等内容。取得或编制应收账款明细表，复核加计是否正确，并与总账数和明细账合计数核对是否相符。由于该明细表是由企业内部自行编制的，因此对其独立性、可信性要加以证实。

应收账款报表数反映企业因销售商品、提供劳务等应向购货单位收取的各种款项，减去已计提的相应的坏账准备后的净额。因此，其报表数应同应收账款总账数和明细账数分别减去与应收账款相应的坏账准备总账数和明细账数后的余额核对相符。

【课堂练习·分析应用题】审计人员对财会部门编制的应收账款明细表进行了复算，并与应收账款总账和报表进行了核对。上述资料中，审计人员使用的审计取证方法有（　　）。

A. 检查　　B. 计算（重新计算）　　C. 观察　　D. 分析性复核

【正确答案】AB

（二）运用分析方法加以分析

审计人员应运用分析程序，分析应收账款、营业收入的变动，验证其是否合理。具体做法是：分析应收账款周转率（赊销额与平均应收账款净额的比率）或应收账款周转天数、每个主要客户的平均余额、应收账款占流动资产的百分比、应收账款账龄、坏账准备占应收账款的百分比、坏账费用占赊销净额的百分比；将本期应收账款的余额与上年度相比，了解其变动趋势；将本期期末应收账款占本期销售额的比例，与上年度期末应收款项占上年度销售额的比率相比较；或将本期赊销收入净额占平均应收账款金额的比率与上年相比。通过分析比较，根据其比率及其趋势变化，找出不符合正常变动规律的情况，从而抓住进一步审核的重点。

（三）函证应收账款

函证是指注册会计师为了获取影响财务报表或相关披露认定的项目的信息，通过直接来自第三方对有关信息和现存状况的声明获取和评价审计证据的过程。函证应收账款的目的在于证实应收账款账户余额的真实性、正确性，防止或发现被审计单位及其有关人员在销售交易中发生的错误或舞弊行为。通过函证应收账款，可以比较有效地证明被询证者（即债务人）的存在和被审计单位记录的可靠性。

函证数的多少、范围是由诸多因素决定的，主要有：

第一,应收账款在全部资产中的重要性。

第二,被审计单位内部控制的强弱。

第三,以前期间的函证结果。若以前期间函证中发现过重大差异,或欠款纠纷较多,则函证范围应相应扩大些。

第四,函证方式的选择。若采用积极的函证方式,则可以相应地减少函证量;若采用消极的函证方式,则要相应地增加函证量。

一般情况下,注册会计师应选择以下项目作为函证对象:大额或账龄较长的项目;与债务人发生纠纷的项目;关联方项目;主要客户项目;交易频繁但期末余额较小甚至余额为零的项目;可能产生重大错报或舞弊的非正常的项目。

函证方法有两种:一种为肯定式或称积极式函证(见参考格式 8—1),即向债务单位发函后,请债务单位必须向审计人员回函,答复询证函上所列示的金额是否正确;另一种为否定式或称消极式函证(见参考格式 8—2),即向债务单位发函后,请债务单位仅在结欠金额有错误的情况下回函审计人员。

在采用积极的函证方式时,只有收到回函,才能为财务报表认定提供审计证据。没有收到回函,可能是由于被询证者根本不存在,或是由于被询证者没有收到询证函,也可能是由于询证者没有理会询证函,因此,无法证明所函证信息是否正确。

参考格式 8—1

企业询证函

编号:

××(公司):

本公司聘请的××会计师事务所正在对本公司××年度财务报表进行审计,按照中国注册会计师审计准则的要求,应当询证本公司与贵公司的往来账项等事项。下列数据出自本公司账簿记录,如与贵公司记录相符,请在本函下端“信息证明无误”处签章证明;如有不符,请在“信息不符”处列明不符金领。回函请直接寄至××会计师事务所。

回函地址:

邮编:　　　　电话:　　　　传真:　　　　联系人:

1. 本公司与贵公司的往来账项列示

单位:元

截止日期	贵公司欠	欠贵公司	备　注

2. 其他事项

本函仅为复核账目之用,并非催款结算。若款项在上述日期之后已经付清,仍请及时函复为盼。

(公司盖章)

年　月　日

结论：1. 信息证明无误。

(公司盖章)
年　月　日
经办人：

2. 信息不符，请列明不符的详细情况：

(公司盖章)
年　月　日
经办人：

在采用消极的函证方式时，如果收到回函，能够为财务报表认定提供说服力强的审计证据；未收到回函可能是因为被询证者已收到询证函且核对无误，也可能是因为被询证者根本就没有收到询证函。因此，积极的函证方式通常比消极的函证方式提供的审计证据可靠。

参考格式 8—2

企业询证函

编号：

××(公司)：

本公司聘请的××会计师事务所正在对本公司××年度财务报表进行审计，按照中国注册会计师审计准则的要求，应当询证本公司与贵公司的往来账项等事项。下列数据出自本公司账簿记录，如与贵公司记录相符，则无须回复；如有不符，请直接通知会计师事务所，并请在空白处列明贵公司认为是正确的信息。回函请直接寄至××会计师事务所。

回函地址：

邮编：　　　　电话：　　　　传真：　　　　联系人：

1. 本公司与贵公司的往来账项列示

单位：元

截止日期	贵公司欠	欠贵公司	备　注

2. 其他事项

本函仅为复核账目之用，并非催款结算。若款项在上述日期之后已经付清，仍请及时核对为盼。

(公司盖章)
年　月　日

××会计师事务所：

上面的信息不正确，差异如下：

(公司盖章)
年　月　日
经办人：

未收到回函的处理：在采用积极式函证方法时，如未能收到对方的回函，则应继续发函或派专人前往调查；如果债务单位的复函与账面列示欠款额有重大差异的，应做进一步调查。

当审计人员收到所有调查回函后，应编制应收账款调查汇总表，将表中数据与应收账款明细账、总账核对，以查明应收账款余额的真实性和正确性。对于有些债务单位，由于其单位性质、地点或其他原因不宜函证的，也可以采取其他验证方式，如审查合同、订货单、货运单据、销货发票以及其他单据，以证实应收账款确因实际销货而发生。

（四）分析询证函及应收账款余额

审计人员函证后，必须编制函证汇总分析表，注明被函证客户名称、金额、询证函签发日期、收回日期、认可金额、原因分析等内容，作为审计工作底稿。

分析不同函证结果并做相应处理：

第一，函证回函认可函证金额，说明原账面记录的应收账款期末余额是真实、正确的。将函证回函编入工作底稿，作为审计证据。

第二，当函证回函认可的金额与函证金额有差异时，审计人员应对此进行分析，并查明产生差异的原因。产生差异的原因可能有三种情况：

一是购销双方登记入账的时间不同。其表现形式如下：询证函发出时，债务人已经付款，而被审计单位尚未收到货款；询证函发出时，被审计单位的货物已发出并已做销售记录，但货物仍在途中，债务人尚未收到货物；债务人由于某种原因将货物退回，而被审计单位尚未收到；债务人对收到货物的数量、质量或价格等有异议而全部或部分拒付货款。

二是一方或双方记账错误。审计人员应核实相关货运单据、销售发票和其他单据，查实被审计单位的账面记录是否正确。

三是存在弄虚作假或舞弊行为。被审计单位通过虚增应收账款从而达到虚增营业收入和虚增利润的目的，或低估应收账款以达到低估营业收入、低估利润和少交税金的目的，审计人员应核实销货合同、发票和发货单位等并加以证实。

第三，积极式询证函若未能在规定时期内回复，应再寄出第二次询证函。

在审计实务中经常会遇到采用积极的函证方式实施函证而未能收到回函的情况。对此，应当考虑与被询证者联系，要求对方做出回应或再次寄发询证函。

二次发出后仍一直不回复就要做具体分析与调查，可能有几种情况：一是账款已还，不愿再回复；二是坏账损失发生，即顾客发生重大财务困难或已破产清算；三是根本不存在该顾客；四是询证函邮寄丢失。

如果多次发函后仍未能得到被询证者的回应，应当实施替代审计程序。所实施的替代程序因所涉及的账户和认定而异，但替代审计程序应当能够提供实施函证所能够提供的同样效果的审计证据。例如，检查与销售有关的文件，包括销售合同或协议、销售订单、销售发票副本及发运凭证等，以验证这些应收账款的真实性。

【课堂练习·单选题】对某应收账款账户进行函证，积极式询证函多次发出后均未收到回复时，审计人员应该（　　）。

A. 审查相关合同、订单、销货发票等文件

B. 认定该账户对应的客户不存在

C. 放弃对该账户余额的审查

D. 认定该账户余额全额为坏账

【正确答案】A

【课堂练习·多选题】审计人员通过直接向应收账款债务人进行积极式函证，可以证实的

内容有(　　)。

A. 应收账款债务人是否存在

B. 应收账款业务内部控制是否健全

C. 应收账款余额是否正确

D. 应收账款在财务报表附注中的披露是否恰当

E. 应收账款收账政策是否合理

【正确答案】 AC

【课堂练习·多选题】 下列对函证结果的处理方法中,正确的有(　　)。

A. 对由于寄送地址不详导致函证退回的应收账款,全额确认为坏账

B. 对函证回函认可的金额予以确认

C. 积极式函证若未能在规定时间内答复,则放弃函证

D. 函证回函认可的金额与账面金额有差异的,应查明产生差异的原因

E. 积极式函证若未能在规定时期内答复,应进行第二次函证

【正确答案】 BDE

【例题·分析应用题】 审计人员对应收账款进行了函证,根据回函内容,编制了应收账款函证汇总分析表。上述资料中,审计人员编制的应收账款函证汇总分析表按来源进行分类应该属于(　　)。

A. 实物证据　　B. 口头证据　　C. 亲历证据　　D. 环境证据

【正确答案】 C

【例题·多选题】 应收账款函证回函确认的金额与函证的金额有差异,可能存在的原因有(　　)。

A. 购销双方登记入账的时间不同

B. 一方或双方记账错误

C. 被审计单位弄虚作假

D. 函证方式不恰当

E. 购销双方存在争议

【正确答案】 ABCE

(五)取得或编制应收账款账龄分析表

取得或编制应收账款账龄分析表,确定应收账款的可实现价值。应收账款的账龄,是指资产负债表中的应收账款从销售实现、产生应收账款之日起至资产负债表日所经历的时间。编制应收账款账龄分析表时,可以考虑选择重要的顾客及其余额列示,而将不重要的或余额较小的汇总列示。应收账款账龄分析表的合计数减去已计提的相应坏账准备后的净额,应该等于资产负债表中的应收账款项目余额。

审计人员可以通过财会部门取得或编制应收账款账龄分析表来分析应收账款的账龄,以便了解应收账款的可收回性。账龄越长,发生坏账的可能性越大。对于账龄较长,超过一定时间的,应建议被审计单位一方面要加以催收,另一方面经确认确实无法收回的,应及时转坏账处理,以便确定资产估价的正确性,以及促进企业加速资金的周转和进行经营决策。应收账款账龄分析表如表 8—5 所示。

表 8—5

应收账款账龄分析表

年　月　日　　　　货币单位：

顾客名称	期末余额	账龄			
		1 年以内	1～2 年	2～3 年	3 年以上
合　计					

（六）审查应收账款账务处理的正确性

重点审查应收账款与其他应收款分类是否正确，有无将其他应收款混淆记入应收账款，并对其他应收款进行检查。

（七）审查应收账款在财务报表上披露的正确性

【课堂练习·案例分析题】 注册会计师负责对 Y 公司 2016 年度财务报表的审计工作。Y 公司按账龄分析法计提坏账准备：账龄 1 年（含 1 年，以下类推）以内的，按其余额的 6%计提；账龄 1～2 年的，按其余额的 30%计提；账龄 2～3 年的，按其余额的 50%计提；账龄 3 年以上的，按其余额的 80%计提。Y 公司应收账款各明细账余额情况如表 8—6 所示。

表 8—6

Y 公司应收账款情况

账龄 / 客户名称	1 年以内	1～2 年	2～3 年	3 年以上
应收账款——a 公司	20 150 000			
应收账款——b 公司	—2 000 000			
应收账款——c 公司	600 000		25 760	78 000
应收账款——d 公司	10 000 000	2 160 240	932 000	
应收账款——e 公司		54 000		
小　计	28 750 000	2 214 240	957 760	78 000

要求：分析 Y 公司对于应收账款的处理有无不当之处，如有，注册会计师应建议 Y 公司如何进行调整。

【分析提示】 将应收账款中的贷方余额部分通过会计报表重分类调整至预收款项项目。

借：应收账款——b 公司　　　　2 000 000

　　贷：预收款项——b 公司　　　　2 000 000

补提坏账准备金额=2 000 000×6%=120 000（元）

借：资产减值损失——坏账准备　　　　120 000

　　贷：坏账准备——应收账款　　　　120 000

三、坏账准备的审计

根据有关规定，企业应当定期或至少于年度终了，按照备抵法计提坏账准备，计入资产减值损失。注册会计师对被审计单位的坏账准备进行审查的实质性程序可从以下几个方面进行：

（一）核对坏账准备报表数与总账数、明细数账是否相符

注册会计师应首先核对坏账准备的财务报表数与明细账、总账的余额是否相符；如不符，应查明原因，作审计记录并提出必要的审计调整建议。

（二）审查坏账准备的计提

注册会计师主要应查明坏账准备的计提方法和比例是否符合会计制度的规定，计提的数额是否恰当，会计处理是否正确，前后期是否一致。

按照企业会计制度的规定，企业只能用备抵法核算坏账损失，计提坏账准备的具体方法由企业自行确定。企业应当列出目录，具体注明计提坏账准备的范围、提取方法、账龄的划分和提取比例，按照管理权限，经股东大会或董事会或经理（厂长）会议或类似机构批准，并且按照法律、行政法规的规定报有关各方备案，并备置于企业所在地，以供投资者查阅。坏账准备提取方法一经确定，不得随意变更。如需变更，仍然应按上述程序经批准后报经有关各方备案，并在财务报表附注中说明变更的内容和理由、变更的影响等。

在确定坏账准备的计提比例时，企业应当根据以往的经验、债务单位的实际财务状况和现金流量的情况及其他相关信息合理地估计。

（三）审查坏账损失

对于被审计期间发生的坏账损失，注册会计师应检查其原因是否清楚，是否符合有关规定，有无授权批准，有无已做坏账损失处理又重新收回的应收账款，相应的会计处理是否正确。

（四）审查长期挂账应收账款

注册会计师应审查应收账款明细账及相关原始凭证，查找有无财务报表日后仍未收回的长期挂账应收账款，如有，应提请被审计单位做适当处理。

（五）审查函证结果

对债务人回函中反应的例外事项及存在争议的余额，注册会计师应查明原因并做记录。必要时，应建议被审计单位做相应调整。

（六）执行分析性复核程序

通过计算坏账准备余额占应收账款余额的比例，并与以前期间的相关比例核对，检查分析其重大差异，以发现有重要问题的审计领域。

（七）确定坏账准备是否已在资产负债表上恰当披露

【课堂练习·案例分析题】 兴旺公司采用应收账款年末余额的3%计提坏账准备，“坏账准备——应收账款”账户年初贷方余额为60 000元，借方发生额为30 000万元，另收回上年已注销的坏账15 000元。其会计分录为（单位：元）：

借：银行存款	15 000	
贷：其他应付款		15 000

年末应收账款余额为700 000元，会计人员计提坏账准备金，其会计分录为：

借：资产减值损失	15 000	
贷：坏账准备——应收账款		15 000

要求：指出存在的问题并提出调整建议。

【分析提示】

1. 存在问题

(1)收回已注销的坏账应增加坏账准备,该公司记入其他应付款为私设小金库或贪污舞弊提供了条件。

(2)年末公司应冲销坏账准备 24 000 元(60 000－30 000＋15 000－700 000×3%),该公司反而又提了 21 000 元,虚增资产减值损失 45 000 元。

2. 审计调整分录

(1)调整其他应付款和应收账款。

借:其他应付款　　15 000

　　贷:应收账款　　15 000

(2)调整坏账准备和资产减值损失。

借:坏账准备——应收账款　　45 000

　　贷:资产减值损失　　45 000

同时调整财务报表的其他项目。

【知识链接】

审计调整分录与会计调整分录

审计调整分录由注册会计师编制,注册会计师把被审计单位提交的财务报表当作未结账对待,根据审计中发现的问题,建议被审计单位调整财务报表(常称之为“调表”,所以调整的科目一般使用报表的项目名称,如“存货”),而被审计单位除了调整财务报表之外,不应调整下期的相关会计账簿记录。这就会涉及会计账项的调整,即会计调整(常称之为“调账”)。

会计调整分录是由被审计单位编制的,由于会计调整分录主要是针对上年的会计问题调整,而上年账簿已结账,不可能再增加相关记录,因此只能在下年度账簿中调整。但调整时不能直接利用注册会计师的审计调整分录,这样做可能会影响下年度账簿的恰当反映。由于涉及资产负债表的科目具有反映“截止报告日的资产、负债和所有者权益的累计数”的特性,如果以前年度少计(多计)资产、负债和所有者权益的,就可直接在下年度账中记录增加(减少)业务,不影响下年度账簿的恰当反映,因为经过调整后该项目已在账目中恰当反映,但涉及利润表的科目具有“记录某个期间的收入、费用等”的特性,如果直接记录到下年度账簿中,就会影响下年度账簿的恰当反映,因此专门使用“以前年度损益调整”科目来调整。凡涉及调整上年度利润表项目(收入、费用等科目)就用“以前年度损益”科目代替。

在审计中一般要求掌握审计调整分录的编制,所调整的对象直接针对存在错报的财务报表项目,即错报所造成的最后结果。所以审计调整分录不针对经济业务的处理过程,一般通过分析的方法确定调整分录的借贷双方,多计什么就相应减少什么,相反,少计就增加。

第六节　其他相关项目审计

一、应收票据的审查

应收票据是以书面形式表现的债权资产,其款项具有一定的保证,经持有人背书后可以提交银行贴现,具有较大的灵活性。由于应收票据是在企业赊销业务中产生的,因此,对应收票据的审计也必须结合企业赊销业务一起进行。企业通过应收票据进行赊销时，一般要进行销货、收取票据、计息、贴现、收款等活动，在此过程中要涉及一些凭证和账簿，这些都是应收票据审计的范围。具体如下：

第一，获取或编制应收票据明细表，复合加计正确，并核对其期末余额合计数与报表数、总账数和明细账合计数是否相符。

第二，监盘库存票据。库存应收票据的清点工作与库存现金的监盘工作基本相同，应同时进行。对于存放在其他处所的应收票据，如作为抵押、提交银行贴现、交由律师代收的也应查实。

第三，函证应收票据。必要时，抽取部分票据向出票人函证，证实其存在性和可收回性，编制函证结果汇总表。

第四，对应收票据发生和收回的审查。根据内部控制的要求，企业应设立“应收票据备查簿”，由出纳员以外的专人负责登记；对于兑现的含息票据，应注意是否将收到的利息收入贷记“财务费用——利息收入”科目；检查有疑问的商业票据是否曾经更换或转期，或向出票人函询以确定其兑现能力；验明应收票据的利息收入是否均已正确入账。

第五，对票据贴现的审查。对于已贴现的应收票据，审计人员应审查其贴现额与利息额的计算是否正确，会计处理方法是否适当；票据贴现的款项是否及时足额入账；票据拒付是否及时转账。复核、统计已贴现以及已转让但未到期的应收票据的金额。

第六，分析评价应收票据可兑现程度。应收票据同应收账款一样，存在着一定的风险。

第七，应收票据在会计报表上的披露是否恰当。审计人员应检查被审计单位资产负债表中应收票据项目的数额是否与审定数相符，是否剔除了已贴现票据，是否将贴现的商业承兑汇票在报表下端补充资料内的“已贴现的商业承兑汇票”项目中加以反映。

【阅读材料】

注册会计师吴文在审计电子公司截至 12 月 31 日应收票据项目时，通过审阅公司财务提供的应收票据备查簿，发现以下问题：(1)存有 A 公司开具的于 11 月 20 日已到期的带息商业承兑汇票 300 万元，电子公司不仅未按规定将未到期的应收票据转入应收账款，并且于年度终了时按票面利率计提应收利息。(2)存有 B 公司开具的带息银行承兑汇票 500 万元，票面利率月息为 3‰，出票日期为 7 月 20 日，到期日为次年的 2 月 20 日。电子公司年终未按规定计提应收利息。

根据现行会计制度的规定：

(1)到期不能收回的带息的应收票据，转入“应收账款”科目核算后，中期期末或年度终了时不再计提利息。注册会计师吴文根据上述规定，提请电子公司将“应收票据”中 A 公司开具的 300 万元到期未能支付的带息商业承兑汇票转入“应收账款”科目核算，并将计提的利息冲回进行调整。如果 A 公司拒绝调整，注册会计师吴文将根据重要性水平考虑发表何种类型的审计意见。

(2)带息应收票据，应于中期期末或年度终了按应收票据的票面价值和确定的利率计提利息，计提的利息增加应收票据的账面价值，借记“应收票据”科目，贷记“财务费用”科目。经注册会计师吴文审验，对 B 公司的带息承兑汇票，年末应计提利息为：$(30\times5+14)\times(3‰\div30)\times500=8.20$(万元)。对此，注册会计师吴文提请电子公司进行会计处理调整，如果电子公司拒绝调整，并超过审计重要性水平时，应考虑出具保留意见的审计报告。

(3)因付款人无力支付票款，收到银行退回的商业承兑汇票、委托收款凭证、未付票款通知或拒绝付款证明等资料时，按应收票据的账面价值，借记“应收账款”科目，贷记“应收票据”科目。

(4)对于电子公司已逾期的应收票据要查实情况，提请电子公司进行会计调整，并根据逾期原因和债务方信用情况，评价可收回性；如果电子公司拒绝调整，应根据审计重要性水平发表适当的审计意见。

【知识链接】

应收票据是以书面形式表现的债权资产，其款项具有一定的保证，经持有人背书后可以提交银行贴现，具有较大的灵活性。由于应收票据是在企业赊销业务中产生的，因此，对应收票据的审计也必须结合企业赊销业务一起进行。企业通过应收票据进行赊销时，一般要进行销货、收取票据、计息、贴现、收款等活动，在此过程中要涉及一些凭证和账簿，这些都是应收票据审计的范围。

注册会计师在进行应收票据审计时，应检查被审计单位资产负债表中应收票据项目的数额是否与审定数相符，是否剔除了已贴现票据。如果被审计单位是一般企业，其已贴现的商业承兑汇票应在报表下端补充资料的“已贴现的商业承兑汇票”项目中加以反映；如果被审计单位是上市公司，其会计报表附注通常应披露贴现或用作抵押的应收票据情况和原因说明，以及持有其5%(含5%)以上股份的股东单位欠款情况。

二、应交税费的审查

企业销售过程中涉及的税金包括增值税、消费税、城市维护建设税和教育费附加。这几种税的共同点是其计税依据都是营业收入，但其各自的征税范围、税目、税率、纳税环节、减免税规定条件又各具特点。因此在审查内容及要点方面也有区别，通过审查确定应计税金和已缴纳税金记录的完整性，确定期末余额正确性、确定在财务报表上反映的正确性。

(一)取得或编制应交税费明细表

注意印花税、耕地占用税等税金有无错误地记入“应交税费”科目。

(二)纳税范围、计税依据的审查

审查征收范围、税目、税率、纳税环节和纳税义务发生时间、计税依据、计算结果等的合规性和正确性。

(三)增值税的审查

1. 进项税额的审查

审查因货物改变用途、发生非常损失应计的进项税额转出数是否正确，如购进货物用于在建工程的增值税是否错误计入进项税额；审查出口货物退税的计算、记录是否正确。

2. 销项税额的审查

审查存货销售、存货对外投资、捐赠他人、分配给投资者应计的销项税额，以及将自产、委托加工的产品用于非应税项目的销项税额计算、记录是否正确，如将自产的货物用于集体福利却未视同销售计提销项税，以及视同销售处理却以产品成本为基数计算销项税额的问题。

3. 应纳税额的审查

主要审查计算是否正确。

三、其他相关账户的审查

其他相关账户的审查包括预收账款、营业成本与销售费用、其他营业收入与支出审查，这些审查内容均属于销售与收款循环审计的构成部分。

（一）预收账款的审查

这项审查包括：

第一，取得或编制预收账款明细表。

第二，检查已转销的预收账款。

第三，抽查有关凭证。

第四，函证预收账款。选择金额较大或账龄较长的项目、主要往来客户、关联单位等，进行函证。对于回函中出现的不符情况，需查明原因并在审计工作底稿中加以记录，建议做出调整；对于没有回函的，需再次函证或检查决算日后已冲销预收账款是否与发运凭证、销售发票相一致，检查其是否真实、正确。

第五，检查长期挂账的预收账款。

第六，审查预收账款在财务报表上反映的正确性。

（二）营业成本与销售费用的审查

通过审查确定销售费用的内容是否完整，确定销售费用分类、归属和账务处理是否正确。

第一，取得或编制营业成本与销售费用明细表。

第二，运用分析方法进行审查。

第三，分类正确性的审查。

一是混淆销售费用与营业成本的界限，把为生产产品领用的包装物费用和材料采购过程中支付的运输费、装卸费、包装费等计入销售费用；或者把应列入销售费用的上述费用计入生产成本或采购成本。

二是混淆销售费用与应收账款的界限，把为客户代垫的运杂费计入销售费用。

三是混淆销售费用与其他业务收支的界限，如将应计入营业收入的随同产品出售但单独计价的包装物销售收入错误地冲减销售费用。

四是混淆销售费用与营业外收支的界限，如将应计入营业外收入的没收逾期未退包装物押金冲减销售费用。

五是混淆销售费用与制造费用、管理费用的界限，将应计入制造费用、管理费用的有关人员的工资、应计福利费、差旅费、办公费等项费用计入销售费用；或者将属于销售部门经常性的上述费用计入管理费用或制造费用。

第四，营业成本审查。对商品发出的成本计价方法进行核实，检查不同期间的一致性。结合生产与存货审计业务对营业成本计算的正确性进行审查。

第五，费用开支合法性的审查。检查费用项目设置和开支标准是否符合有关规定。将本期销售费用与上期比较，本期各月销售费用进行比较，审查有无重大波动和异常现象。抽查重要的或异常的销售费用，审查原始凭证的合法性。注意有无将支付的回扣、提成计入销售费用；以广告样品的名义，变相向职工发放实物；将招待馈赠费用列入展览费用；等等。

（三）其他业务收支的审查

这项审查包括：

第一，取得或编制其他业务收入、支出明细表，复核其正确性，并与报表、总账、明细账核对，检查其是否相符。

第二，将本期其他业务收入、支出及其他业务利润与上期比较，分析有无重大波动，如发生重大变化，应查明原因。

第三，抽查金额较大的其他业务收入和支出项目，审查其原始凭证及相关审批授权手续，查明入账会计期间和账务处理的正确性。

第四，审查异常收支项目，查明其真实性与合法性。

第五，审查让渡资产使用权收入的确认。

第六，其他业务收支业务量较大时，要实施截止期审查。

本章小结

销售与收款循环是指企业通过宣传产品，将商品或劳务销售给购买者，收回货款等一系列的经营活动。这些活动包括选用广告、接受顾客订单、审查顾客信用、开具发货票据、包装和发运商品、处理销售退回与销售折让、计提坏账准备等。典型的销售与收款循环一般包括处理客户订货、批准赊销、发运商品、向客户开出账单并登记销货业务、定期对账和催收账款、收取货款并记录现金和银行存款收入、审批销售退回与折让、注销坏账、提取坏账准备等主要过程。

销售与收款循环审计是审计人员对被审计单位收入费用的真实性、合法性和正确性所进行的审计，包括收入费用审计的目标、审计范围、控制测试和实质性测试程序。首先，要掌握基本业务收入审计的一般程序，运用分析性复核的方法，分析企业基本收入变动的趋势，并做出初步判断；其次，审阅营业收入明细账及其对应账户，查明其对应关系是否正确，并抽查有关收入凭证；再次，验证企业收入数额计算是否正确；最后，发现问题或疑点并追踪审查。运用内部控制制度评审的基本原理，对营业收入的内部控制制度进行审查和评价，并在此基础上确定实质性审计的范围、重点、程序和方法。

企业销售过程中涉及的税金包括增值税、消费税、城市维护建设税和教育费附加，应通过审查确定应计税金和已缴纳税金记录的完整性，确定期末余额及财务报表中税金及附加、其他应交款等项目上反映的正确性。

思考与实训

一、思考题

1. 简述销售与收款循环涉及的主要业务流程。
2. 试述销售与收款循环的主要内部控制。
3. 列举被审计单位通常采用的收入确认的舞弊手段。
4. 哪些迹象通常表明被审计单位在收入确认方面可能存在舞弊风险？
5. 在收入确认领域，注册会计师可以实施的分析程序主要有哪些？
6. 说明营业收入的审计目标有哪些？
7. 试述应收账款的实质性程序。
8. 注册会计师在确定函证的对象和范围时应考虑哪些因素？
9. 比较积极式函证和消极式函证的特点及适用范围。
10. 应收账款函证结果与被审计单位会计记录不一致的原因主要有哪些？
11. 注册会计师应如何对函证过程进行控制？如果得不到答复，应考虑采用哪些审计程序？

二、实训题

1. 注册会计师对主营业务收入的发生认定进行审计，编制了审计工作底稿，部分内容摘录如下（金额单位:万元)。

表 8—7　　审计工作底稿的部分内容

记账凭证日期	记账凭证编号	记账凭证金额	发票日期	出库单日期
20×8 年 1 月 5 日	转字 10	12	20×8 年 1 月 8 日	20×8 年 1 月 8 日
20×8 年 2 月 28 日	转字 45	7	20×8 年 2 月 27 日	20×8 年 2 月 27 日
20×8 年 3 月 20 日	转字 40	8	20×8 年 3 月 19 日	20×8 年 3 月 19 日
略				
20×8 年 11 月 3 日	转字 4	10	20×8 年 11 月 2 日	20×8 年 11 月 2 日
20×8 年 11 月 15 日	转字 28	200	20×8 年 11 月 14 日	20×8 年 11 月 14 日
20×8 年 12 月 10 日	转字 50	250	20×8 年 12 月 10 日	20×8 年 12 月 10 日
略				
审计说明: (1)根据销售合同的约定,在客户收到货物、验收合格并签发收货通知后,甲公司取得收取货款的权利。审计中已检查销售合同。 (2)已检查记账凭证日期、发票日期和出库日期,未发现异常。发票和出库单中的其他信息与记账凭证一致。 (3)11 月转字 28 号和 12 月转字 50 号记账凭证反映的销售额较高,财务经理解释是调整售价所致。				

要求:针对资料中的审计说明第(1)至(3)项,逐项指出注册会计师实施的审计程序中存在的不当之处,并简要说明理由。

2. A 注册会计师负责对甲公司 2016 年 12 月 31 日的财务报告内部控制进行审计。A 注册会计师了解到,甲公司将客户验货签收作为销售收入确认的时点,部分与销售相关的控制内容摘录如下:

(1)每笔销售业务均需与客户签订销售合同。

(2)赊销业务需由专人进行信用审批。

(3)仓库只有在收到经批准的发货通知单时才能供货。

(4)负责开具发票的人员无权修改开票系统中已设置好的商品价目表。

(5)财务人员根据核对一致的销售合同、客户签收单和销售发票编制记账凭证并确认销售收入。

(6)每月末,由独立人员对应收账款明细账和总账进行调节。

要求:

(1)针对上述(1)至(6)项所列控制,逐项指出是否与销售收入的发生认定直接相关。

(2)从所选出的与销售收入的发生认定直接相关的控制中,选出一项最应当测试的控制,并简要说明理由。

(3)指出甲公司下述业务中存在的问题,并编制审计调整分录。

注册会计师在审计甲公司 2016 年财务报表时,发现以前盈利的甲产品 12 月份却发生了亏损。注册会计师怀疑可能有问题,于是调阅了"主营业务收入"明细账、"主营业务成本"明细账与"库存商品"明细账等,发现 12 月有 7 台甲产品成本已结转,主营业务收入和应交增值税却未核算。为进一步查明此事,注册会计师抽查了 12 月份甲产品的发票存根、出库单,查明 12 月已销售给卓越公司的 7 台甲产品已开具发票,货于 12 月 20 日发出,货款为 100 000 元,增值税为 17 000 元。为了查明该款是否收到,注册会计师调阅了 12 月"银行存款日记账",发现 12 月 5 日摘要栏记录为"预收卓越公司的货款",检查其收款凭证,会计分录为:

借:银行存款　　117 000

　　贷:预收账款　　117 000

该收款凭证后附单据为进账单一张。甲公司所得税适用税率为 25%,法定盈余公积计提比例为 10%。

第九章　采购与付款循环审计

学习目标

知识目标

1. 熟悉采购与付款循环的主要业务活动及涉及的主要会计资料；
2. 熟悉影响采购与付款交易和余额的重大错报风险；
3. 了解采购与付款循环的相关内部控制制度及其测试；
4. 熟悉对应付账款、固定资产及相关账户实施的实质性程序；
5. 掌握对应付账款函证的方法及其对应付账款函证时应注意的事项；
6. 掌握对固定资产实施的分析程序的内容及固定资产折旧计提的正确性；
7. 熟悉对预付账款、工程物资、应付票据、无形资产等其他相关账户审计的实质性程序。

技能目标

掌握查证隐瞒应付账款、虚列固定资产和利用预付账款转移资产的技能。

引导案例

“蓝田神话”

湖北蓝田股份有限公司(简称“蓝田”)主要从事农副水产品养殖和加工，自1996年上市以来，业绩优良，创造了中国农业企业的“蓝田神话”，号称“中国农业第一股”。然而，2001年10月，有学者撰文揭露了蓝田造假行为，披露了该公司已经无力归还20亿元贷款的事实，“蓝田神话”彻底破灭。

对于蓝田历年的财务报表，注册会计师都出具了无保留意见审计报告。实际上种种迹象表明蓝田报表存在严重的错报风险，包括其偿债能力不足、收入和资产涉嫌造假等，其中比较典型的是“扔到水里的固定资产”。据蓝田解释，其巨额营业收入资金大部分转化为固定资产(如鱼塘工程改造)，造成固定资产大规模增加。但经专家分析，蓝田2000年底固定资产占总资产的76.4%，高于同业平均值1倍多，作为农业企业固定资产如此高的比重很不正常。而且，由于农业行业的特殊性，资产无法盘点，如在湖里打了几根桩，鱼池里还有多少只甲鱼，注册会计师是无法审计的。

思考：结合上述资料谈谈与固定资产有关的造假会对会计报表产生怎样的影响？在采购与付款循环审计中注册会计师除了要关注应付账款的审计外，是否还要关注固定资产的存在、所有权以及账务处理的正确性？

第一节　采购与付款循环概述

采购与付款循环是审计工作中的重要内容之一。采购与付款循环所涉及的会计报表项目主要是资产负债表项目，因此，会计报表项目与采购与付款循环的关系非常密切，它在会计报表中的列示顺序一般为预付账款、固定资产、累计折旧、固定资产减值准备、工程物资、在建工程、固定资产清理、应付票据和应付账款等。

一、采购与付款循环所涉及的主要业务活动

企业应将各项职能活动指派给不同的部门或员工来完成。以采购商品为例，采购与付款循环中的业务活动如图 9－1 所示。

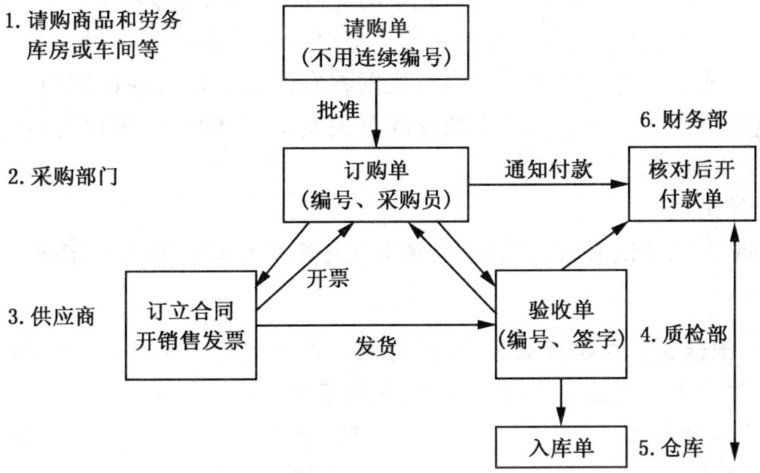

图 9－1　采购与付款循环所涉及的主要业务活动

采购与付款循环主要包括以下几个环节：

(一)处理请购单

由使用商品和劳务的被授权人提出采购申请并填制请购单是本循环的起点，通常由仓库或其他部门对所需要购买的商品填写请购单。适当的授权审批是这一环节控制的关键。对正常经营所需要请购的物资可实施一般授权控制，而对资本支出和租赁合同应采取特定授权控制。

(二)编制订购单

订购单应预先连续编号，并经过被授权的采购人员签名，正联送交供应商，副联送至企业内部的验收部门、应付凭单部门和编制请购单的部门。另外，还应由独立于请购、采购部门之外的其他部门检查订购单的合理性，如对每张订货单确定最佳的供货来源，充分考虑货物的价格、质量、及时性等问题。

(三)验收商品和劳务

由验收部门检查收到的商品是否与订购单上的项目一致，盘点及检查物品的数量、质量和规格有无问题。验收合格后填制一式多联、预先编号的验收单，其中一联交仓库或其他请购部

门作为入账凭证，一联送财会部门作为记录债务的依据。

（四）存货储存

将已验收的物品妥善储存，存货储存区应相对独立，并限制无关人员接近；另外，物品保管与物品采购的其他职责应该分离。

（五）编制付款凭证

货物验收后，应核对购货单、验收单和供货发票的一致性，确认负债，编制付款凭单，将经审核的付款凭单，每日汇总后送会计部门，以编制记账凭证及登记有关分类账。

（六）确认债务

应付款项记账人员在收到卖方发票时将发票上所列商品的名称、规格、价格、数量、运费等与订单、验收单等相关凭证核对，并对合计加以复核。审核发票之后，就要登记采购日记账和应付款项明细账，再汇总、过账。

（七）处理和记录价款的支付

订购单、验收单、供应商发票作为付款凭单的支持性凭证，经审核无误，并检查货币资金的充足性后，由被授权的财会部门人员签署支票。支票一经签署就要在付款凭单和支持性凭证上加盖印鉴或以其他方式将其注销。出纳员根据签发的支票及时登记银行存款日记账，会计人员登记应付款项明细账。已签发的支票连同有关发票、合同凭证等送交有关负责人审核签字，并将支票送交供应商。

（八）形成会计记录

根据付款凭单支票登记簿、付款日记账和有关记账凭证登记有关日记账、明细分类账和总分类账。

【课堂练习·单选题】在购货业务中，采购部门在收到请购单后，只能对经过批准的请购单发出订购单。订购单一般为一式四联，其副联无须送交（　　）。

A. 编制请购单的部门　　B. 验收部门

C. 应付凭单部门　　D. 供应商

【正确答案】D

二、采购与付款循环所涉及的主要凭证和会计记录

采购与付款循环所涉及的主要凭证和会计记录有：

（1）请购单。请购单是由商品制造、资产使用等部门有关人员填写，送交采购部门，申请购买商品、劳务或其他资产的书面证明。

（2）订购单。订购单是由采购部门填写，向另一企业购买订购单上所标定商品、劳务或其他资产的书面证明。

（3）订货合同。

（4）验收单。验收单是收到商品或资产时所填制的原始凭证，主要内容包括从供应商处收到的商品、劳务或其他资产的种类、数量、价格和规格等。

（5）卖方发票。卖方发票是供应商出具的，交给买方以载明发运的物品或提供的劳务、应付金额和付款条件等内容的凭证。

（6）退货或折让通知单。

（7）付款凭证。

付款凭证是载明已收到商品、劳务或其他资产的厂商，以及应付金额和付款日期的凭证。它是由商品采购企业的应付凭单部门编制的，是企业内部记录和支付负债的授权证文件。

(8)支票。

(9)转账凭证。转账凭证是根据除现金和银行存款业务以外的有关转账业务的原始凭证编制的凭证，是记录转账业务的转账凭证。

(10)付款凭证。

付款凭证是用来记录现金和银行存款支出业务的记账凭证，包括现金付款凭证和银行存款付款凭证。

(11)采购日记账。

(12)现金和银行存款日记账。

(13)材料采购明细账和总账。

(14)原材料、包装物、低值易耗品明细账和总账。

(15)应付账款明细账和总账。

(16)应付票据明细账和备查簿。

(17)预付账款明细账和总账。

(18)卖方对账单。卖方对账单是由供货方按月编制的标明期初余额、本期购买、本期支付给卖方的款项和期末余额的凭证。

卖方对账单由供应商按月编制，标明期初余额、本期购买、本期支付款项和期末余额。它是供应商对有关业务的陈述，除了对有争议的事项和时间上的差异，被审计单位的应付款项明细账余额应与卖方对账单的余额一致。

【课堂练习·单选题】在内部控制良好的情况下，收到商品时，负责验收人员应当与商品进行核对的原始凭证为(　　)。

A. 供应商发运文件及订货单　　B. 验收报告与供应商发运文件

C. 请购单及订货单　　D. 验收报告与订货单

【正确答案】A

第二节　采购与付款循环的重大错报风险

一、采购与付款循环的相关交易和余额存在的重大错报风险

注册会计师基于在了解被审计单位及其环境的整个过程中所识别的相关风险，结合对采购与付款循环中拟测试控制的了解，考虑在采购与付款循环中发生错报的可能性以及潜在错报的重大程度是否足以导致重大错报，从而评估采购与付款循环的相关交易和余额存在的重大错报风险，以为设计和实施进一步审计程序提供基础。

影响采购与付款交易和余额的重大错报风险可能包括：

(一)低估负债或相关准备

在承受反映较高盈利水平和营运资本的压力下，被审计单位管理层可能试图低估应付账款等负债或资产相关准备，包括低估对存货应计提的跌价准备。重大错报风险常常集中体现

在以下几个方面：

第一，遗漏交易，例如，不计提已收取货物但尚未收到发票的采购相关的负债或不计提尚未付款的已经购买的服务支出等；

第二，采用不正确的费用支出截止期，例如，将本期的支出延迟到下期确认。

第三，将应当及时确认损益的费用性支出资本化，然后通过资产的逐步摊销予以消化等。这些将对完整性、截止、发生、存在、准确性和分类认定产生影响。

（二）管理层错报负债费用支出的偏好和动因

被审计单位管理层可能为了完成预算、满足业绩考核要求、保证从银行获得资金、吸引潜在投资者、误导股东、影响公司股价等，通过操纵负债和费用的确认控制损益。例如，平滑利润，通过多计准备或少计负债和准备，把损益控制在被审计单位管理层希望的程度。利用特别目的实体把负债从资产负债表中剥离，或利用关联方间的费用定价优势制造虚假的收益增长趋势。被审计单位管理层把私人费用计入企业费用，把企业资金当作私人资金运作。

（三）费用支出的复杂性

例如，被审计单位以复杂的交易安排购买一定期间的多种服务，管理层对于涉及的服务受益与付款安排所涉及的复杂性缺乏足够的了解，这可能导致费用支出分配或计提的错误。

（四）不正确地记录外币交易

当被审计单位进口用于出售的商品时，可能由于采用不恰当的外币汇率而导致该项采购的记录出现差错。此外，还存在未能将诸如运费、保险费和关税等与存货相关的进口费用进行正确分摊的风险。

（五）舞弊和盗窃的固有风险

如果被审计单位经营大型零售业务，由于所采购商品和固定资产的数量及支付的款项庞大，交易复杂，容易造成商品发运错误，员工和客户发生舞弊和盗窃的风险较高。如果那些负责付款的会计人员有权接触应付账款主文档，并能够通过在应付账款主文档中擅自添加新的账户来虚构采购交易，风险也会增加。

（六）存在未记录的权利和义务

这可能导致资产负债表分类错误以及财务报表附注不正确或披露不充分。

如前所述，为评估重大错报风险，注册会计师应详细了解有关交易或付款的内部控制，这些控制主要是为预防、检查和纠正前面所认定的重大错报的固有风险而设置的。注册会计师可以通过审阅以前年度审计工作底稿、观察内部控制执行情况、询问管理层和员工、检查相关的文件和资料等方法加以了解。对相关文件和资料的检查可以提供审计证据，例如，通过检查供应商对账表和银行对账单，能够发现差错并加以纠正。

在评估重大错报风险时，注册会计师之所以需要充分了解被审计单位对采购与付款交易的控制活动，目的在于使得计划实施的审计程序更加有效。也就是说，注册会计师必须对被审计单位的重大错报风险有一定认识，在此基础上设计并实施进一步审计程序，才能有效应对重大错报风险。

【课堂练习·单选题】注册会计师在测试乙公司与采购交易相关的内部控制时发现下列情况，其中最可能表明采购交易发生认定存在重大错报风险的是（　　）。

A. 订购单与验收单金额和数量不符

B. 缺失连续编号的验收单

C. 处理采购或付款的会计期间出现差错

D. 验收单重复

【正确答案】D

二、根据重大错报风险的评估结果设计进一步审计程序

针对评估的财务报表层次重大错报风险，注册会计师应计划进一步审计程序的总体方案，包括确定针对相关认定计划采用综合性方案还是实质性方案，以及考虑审计程序的性质、时间安排和范围。当存在下列情形之一时，注册会计师应当设计和实施控制测试：(1)在评估认定层次重大错报风险时，预期控制的运行是有效的(即在确定实质性程序的性质、时间安排和范围时，注册会计师拟信赖控制运行的有效性)；(2)仅实施实质性程序并不能够提供认定层次充分、适当的审计证据。

在综合控制测试及实质性程序中，注册会计师需要评价获取的审计证据是否足以应对识别出的认定层次重大错报风险。

表9－1列示了采购及付款循环的重大错报风险及进一步审计程序的总体审计方案。

表9－1　　采购及付款循环的重大错报风险及进一步审计程序的总体审计方案

重大错报风险描述	相关财务报表科目及认定	风险程度	是否信赖控制	进一步的审计程序的总体方案	拟从控制测试中获取的保证程度	拟从实质性程序中获取的保证程度
确认的负债及费用并未实际发生	应付账款/其他应付款：存在 销售费用/管理费用：发生	一般	是	综合性方案	高	低
不计提采购相关的负债或不计提尚未付款的已经购买的服务支出	应付账款/其他应付款：完整 销售费用/管理费用：完整	特别	是	综合性方案	高	中
采用不正确的费用支出截止期，例如，将本期的支出延迟到下期确认	应付账款/其他应付款：存在/完整 销售费用/管理费用：截止	一般	否	实质性方案	无	高
发生的采购未能以正确的金额记录	应付账款/其他应付款：准确性 销售费用/管理费用：计价和分摊	一般	是	综合性方案	高	低

需要说明的是，上面的计划示例是根据注册会计师对重大错报风险的初步评估安排的，如果在审计过程中注册会计师了解的情况或获取的证据导致需要更新相关风险的评估，则注册会计师需要执行的进一步审计程序也需要相应更新。例如，如果注册会计师通过控制测试发现被审计单位针对计价认定的相关控制存在缺陷，导致其需要提高对相关控制风险的评估，则注册会计师可能需要提高相关重大错报风险的评价，并进一步修改实质性审计程序的性质、时间安排和范围。

第三节　采购与付款循环的内部控制和控制测试

一、内部控制目标、内部控制与审计测试的关系

内部控制目标、内部控制与审计测试之间的关系如表9—2所示。

表9—2　　采购交易的控制目标、关键内部控制和审计测试一览

内部控制目标	关键内部控制	常用的控制测试	常用的交易实质性程序
1. 所记录的采购都确已收到物品或已接受劳务 (管理费用:发生存货/存在 固定资产:存在 应付账款:存在)	(1)请购单、订购单、验收单和卖方发票一应俱全,并附在应付凭单后 (2)采购经适当级别批准 (3)注销凭证以防止重复使用 (4)对卖方发票、验收单、订购单和请购单做内部核查	(1)查验应付凭单后是否附有完整的相关单据 (2)检查批准采购标记 (3)检查注销凭证的标记 (4)检查内部核查的标记	(1)复核采购明细账、总账及应付账款明细账,注意是否有大额或异常的金额 (2)检查卖方发票、验收单、订购单和请购单的合理性和真实性 (3)追查存货的采购至存货永续盘存记录 (4)检查取得的固定资产
2. 已发生的采购交易均已记录 (管理费用:完整性 存货:完整性 固定资产:完整性 应付账款:完整性)	(1)订购单均经事先连续编号并将已完成的采购登记入账 (2)验收单均经事先连续编号并已登记入账 (3)应付凭单均经事先连续编号并已登记入账	(1)检查订购单连续编号的完整性 (2)检查验收单连续编号的完整性 (3)检查应付凭单连续编号的完整性	(1)从验收单追查至采购明细账 (2)从卖方发票追查至采购明细账
3. 所记录的采购交易估价正确 (管理费用:准确性 存货:计价 固定资产:计价 应付账款:计价)	(1)对计算准确性进行内部核查 (2)采购价格和折扣的批准	(1)检查内部核查的标记 (2)检查批准采购价格和折扣的标记	(1)将采购明细账中记录的交易同卖方发票、验收单和其他证明文件比较 (2)复算包括折扣和运费在内的卖方发票填写的准确性
4. 采购交易的分类正确 (分类)	(1)采用适当的会计科目表 (2)分类的内部核查	(1)检查工作手册和会计科目表 (2)检查有关凭证上内部核查的标记	参照卖方发票,比较会计科目表上的分类
5. 采购交易按正确的日期记录(截止)	(1)要求收到商品或接受劳务后及时记录采购交易 (2)内部核查	(1)检查工作手册并观察有无未记录的卖方发票存在 (2)检查内部核查的标记	将验收单和卖方发票上的日期与采购明细账中的日期进行比较
6. 采购交易被正确记入应付账款和存货等明细账中,并被正确汇总 (管理费用:准确性 存货:计价 固定资产:计价 应付账款:计价)	应付账款明细账内容的内部核查	检查内部核查的标记	通过加计采购明细账,追查记入采购总账和应付账款、存货明细账的数额是否正确,用以测试过账和汇总的正确性

二、采购与付款循环的内部控制

采购与付款循环的内部控制主要包括以下方面：

（一）职责分离控制

购货与付款循环是会计循环中非常重要的环节，它是会计循环诸环节的基础，它涉及的内容极其广泛和复杂。购货业务环节中所需处理的主要业务有确定生产和销售需要，寻求能满足这些需求的供应商和最低价格，向供应商发出购货订单，检验收到的货物，确定是否接受货物，向供应商退回货物，储存或使用货物，进行会计记录，核准付款等。在这些业务中，需要职务分离的有：(1)提出采购申请与批准采购申请相互独立，以便加强对采购的控制；(2)批准请购与采购部门相互独立，以防止采购部门购入过量或不必要物资而对企业整体利益产生损害；(3)采购审批、合同签订、合同审核相互独立，防止虚列支出；(4)验收部门与财会部门相互独立，保证按真实收到的商品数额登记入账；(5)应付款项记账员不能接触现金、有价证券和其他资产，以保证应付款项记录的真实性、正确性；(6)内部检查与相关的执行和记录工作相互独立，以保证内部检查的独立性和有效性。

（二）信息传递程序控制

建立健全采购与付款循环相关的内部控制，要求管理层对与此循环相关的信息传递程序实施严格有效的控制。这些控制包括：

1. 授权程序

(1)企业内部建立分级采购批准制度。

(2)只有经过授权的人员才能提出采购申请。

(3)采购申请经独立于采购和使用部门以外的被授权人的批准，以防止采购部门购入过量或不必要的商品，或者为取得回扣等个人私利而牺牲企业利益。

(4)签发支票要经过被授权人的签字批准，保证货款是以真实金额向特定债权人及时支付。

2. 文件和记录的使用

为了满足业务审批、财产保管、便于记录的要求，要合理设计并使用各种文件和记录。

收到购货发票时，财会部门应将发票上所记的商品规格、数量、价格、条件及运费与订购单、验收单上的有关资料核对相符后入账；对关键性凭证要预先编号，由经手人按编号归档保存，并由独立人员定期检查存档文件的连续性；订购单中要有足够的栏目和空间，详细反映订货要求；建立付款凭单制，以付款凭单作为支付货款的依据；设置采购日记账，及时、完整地记录所有采购业务；对每一供应商设立应付款项明细账，并与总账平行登记。

3. 独立检查

由独立于业务经办的人员对卖方发票、验收单、订购单、请购单进行独立检查，确保实际收到的商品符合订购要求。

（三）实物控制

采购与付款业务中的实物控制包括两个方面：一方面加强对已验收入库的商品的实物控制，限制非授权人员接近存货。验收部门人员应独立于仓库保管人员，同时加强对发生的退货的实物控制，货物的退回要有经审批的合法凭证。另一方面限制非授权人员接近各种记录和文件，防止伪造和篡改会计资料。特别应注意对支票的实物控制，不得让核准或处理付款的人员接触；未签发的支票应予以安全保管；作废的支票予以注销或另加控制，防止重复开具支票。

【课堂练习·单选题】审计人员在审查被审计单位采购与付款循环的职责分工时，发现批准请购与采购职责未能相互分离，这种情况可能导致（　　）。

A. 采购部门购入过量或不必要的物资

B. 未按实际收到的商品数额登记入账

C. 应付账款记录不正确

D. 未及时向特定债权人支付货款

【正确答案】A

【课堂练习·多选题】下列各项中，符合采购与付款循环内部控制要求的有（　　）。

A. 应付款项记账员不能接触现金、有价证券和其他资产

B. 签发支票支付货款要经过被授权人的签字批准

C. 货物验收部门与财会部门相互独立

D. 采购部门负责提出采购申请并办理采购业务

E. 收到购货发票后，及时交财会部门确认其与订货单、验收单的一致性

【正确答案】ABCE

三、采购与付款循环的控制测试

采购与付款循环的控制测试程序主要包括以下内容：

（一）采购交易的控制测试

第一，查验付款凭单后是否附有单据，检查批准采购、注销凭证和内部核查的标记。

第二，检查订购单、验收单和应付凭单连续编号的完整性。

第三，检查内部核查的标记和批准采购价格和折扣的标记。

第四，检查工作手册和会计科目表，并检查有关凭证上内部核查的标记。

第五，检查工作手册并观察有无未记录的购货发票存在，检查内部核查的标记。

第六，检查应付账款明细账内容的内部核查标记。

【课堂练习·案例分析题】注册会计师在检查ABC公司材料采购业务时，发现本年内一笔业务的处理如下：从外地购进原材料一批，共8 500千克，计价款300 000元，运杂费3 000元。财会部门将材料采购价款计入原材料成本，运杂费计入管理费用。材料入库后，仓库转来材料入库验收单，发现材料短缺40千克，查明是运输途中的合理损耗。

要求：分析ABC公司上述业务中相关内部控制存在的缺陷，并做出相应的调整。

【分析提示】

(1)上述资料反映出ABC公司材料采购业务相关内部控制存在缺陷，表现在：财会部门记账在前而仓库部门验收在后，财会部门并不以验收单作为记账依据，这样不但采购业务容易出错，而且账簿记录也容易混乱或造成账实不符。

(2)注册会计师可做如下处理：

第一，注册会计师可以向ABC公司管理部门提出改进原材料采购方法的建议。

第二，财会部门对材料采购成本的处理有误，外地运杂费应计入材料采购成本，而不应计入期间费用。建议被审计单位做出调整。审计调整分录为：

借：原材料	3 000	
贷：管理费用		3 000

对于运输途中的合理损耗的短缺，不需要调整入库材料总金额(按规定，材料合理损耗应计入材料采购成本)，但应调整材料明细账的入库材料的数量和单价。

(二)付款交易的控制测试

第一，抽取付款凭证，检查其是否经由会计主管复核和审批，款项支付是否得到适当人员的复核和审批，并检查内部核查标记

第二，检查银行对账单和银行存款余额调节表，并检查内部核查标记。

(三)固定资产的控制测试

第一，选取固定资产投资预算和投资可行性项目论证报告，检查是否编制预算并进行论证，以及是否经适当层次审批。

第二，对实际支出与预算之间的差异以及未列入预算的特殊事项，检查其是否履行特别的审批手续，并检查与观察分工的恰当性。

第三，检查授权批准制度本身是否完善，并关注授权批准制度是否得到切实执行。

第四，检查明细账与登记卡设置的完善性，固定资产增减变化时原始凭证的充分性，以及标准制定的合理性与执行的有效性。

第五，关注是否建立了有关固定资产处置的分级申请报批程序。

第六，抽取固定资产盘点明细表，检查账实之间的差异是否经审批后及时处理。

第七，抽取固定资产报废单，检查是否经适当批准和处理。

第八，抽取固定资产内部调拨单，检查调入、调出是否已进行适当处理。

第九，抽取固定资产增减变动情况分析报告，检查是否经复核。

第十，注册会计师应了解和评价企业固定资产盘点制度，并注意查询盘盈、盘亏固定资产的处理情况，以及检查制度的合理性与实际执行情况。

第十一，抽取固定资产保险单盘点表，检查是否已办理商业保险。

第十二，注册会计师应根据执行控制测试的结果，确定对相关控制的信赖程度，制定实质性程序的方案。

第四节　应付账款审计

应付账款是企业在正常生产经营过程中，因购买材料、商品或接受劳务供应而应付给供应单位的款项。它是资产负债表上一项重要的流动负债。由于应付账款受众多交易的影响，很容易发生错弊，而且企业往往利用低计负债来“美化”其财务状况，因此，应付账款具有较高的固有风险。对于大多数企业而言，应付账款的内部控制制度远不如应收账款，它们有时可能完全依赖供货商提供的对账单来核对和控制应付账款。因此，应付账款的控制风险通常较高。所以，应付账款的审计目标一般包括确定资产负债表中记录的应付账款是否存在；确定所有应当记录的应付账款是否均已记录；确定资产负债表中记录的应付账款是否为被审计单位应当履行的现时义务；确定应付账款是否以恰当的金额包括在财务报表中，与之相关的计价调整是否已恰当记录；确定应付账款是否已按照企业会计准则的规定在财务报表中做出恰当的列报；等等。注册会计师一般特别关注应付账款的低计和漏记，即重点审查应付账款的“完整性”目标。由于应付账款是随着企业赊购交易的发生而发生的，注册会计师应结合购货业务进行应付账款的审计。

一、应付账款的审计范围

应付账款是由于企业的赊购业务而产生的，审查应付账款时必须结合购货业务进行。因此，在购货业务中经过的请购、订货、验收、付款等一系列程序，以及在购货程序中所涉及的凭证和账簿都是应付账款的审计范围。其主要凭证和记录包括请购单、订货单、验收单、购货发票、付款凭证、现金及银行存款日记账、应付账款明细账及总账、银行对账单、卖方对账单、支票等。

二、应付账款的内部控制测试

（一）调查应付账款控制制度

调查应付账款控制制度时主要应注意以下几个问题：

第一，有无编制应付账款试算表，并是否与主要明细分类账核对相符。

第二，有无从供货方按月取得对账单，并与应付账款余额及未付凭单相调节。

第三，在发票价格、数量或计算上的差异，有无向供货方复核查对。

第四，预付供货方的款项是否已记入相关账户，是否已从应付款项中扣除。若是对被审计单位连续审计，审计人员的重点应放在内部控制变动的部分，并注意上年审计提出的管理建议是否落实。

（二）抽查应付账款明细账

为了进一步查明应付款项期末余额的真实性，可运用抽样方法进行核实。应用抽样审计技术时，测试的样本量在很大程度上取决于应付款项的重要性、未清偿账户数量、以前年度的审计结果以及内部控制的健全性和有效性。

在应付账款明细账中抽取一定数量的样本，对抽取的或重点审查的应付款项明细账与其原始凭证及有关附件进行核对，如从账面记录追查至请购单、验收单、购货发票、支票等原始凭证，并与银行存款日记账及应付凭单登记簿进行核对等，以查明应付款项的真实性、正确性，从而验证内部控制是否执行有效，保证过账、记录和汇总的正确性。

【课堂练习·多选题】审计人员运用抽样方法对应付款项期末余额的真实性进行核实，决定样本量大小的因素有（　　）。

A. 应付款项的付款条件

B. 应付款项的重要性

C. 以前年度的审计结果

D. 应付款项的明细账户数量

E. 内部控制的健全性及有效性

【正确答案】BCDE

（三）审查现金折扣

审查时应注意两种情况：一是有关人员在现金折扣期内是否按发票原价付款，然后从供货方取得退款支票和现金；二是企业是否丧失了本应获得的折扣。

（四）评价购货与付款的内部控制

审计人员在执行上述测试程序后，应做出分析和评价，针对薄弱环节提出建议并确定其对以后实质性测试的影响。

三、应付账款的实质性程序

（一）获取和编制应付账款明细表

获取或编制应付账款明细表，复核加计数是否准确，并与明细账和总账余额核对相符。若出现差异，应查明原因，并做出相应调整，如表 9－3 所示。

表 9－3　应付账款明细表

债权人名称	交易日期	购货数量	购货金额	应付账款金额	备　注

（二）向债权人函证应付款项数额

一般情况下，如果内部控制健全有效，卖方对账单齐备，应付账款不需要函证，由于多数企业对应付款项舞弊的目的是低估应付款项，手段以漏记赊购业务为主，因此，进行函证不能完全查明未入账的应付款项。审计人员在收到债权人函证回函时，应将其反映在审计工作底稿上，并与企业应付款项数额核对，如果不相等，就应查明原因。因此，应付账款函证不是实质性测试的必需程序。但如果控制风险较高，某些应付账款明细账户金额较大或被审计单位处于财务困难时期，则应进行应付账款的函证。

在选择函证对象时，如果付款内部控制无缺陷，应选择金额较大的债权人；在资产负债表总金额不大，甚至为零，但为企业重要供货人的债权人；未寄账单的供应商；异常交易账户等。如果付款内部控制有缺陷，又无卖方对账单可供审核，则应对应付款项金额较大、欠账时间较长，核对时发现账证不符、余额为零、往来频繁、变动很大的账户以及其他有代表性的账户进行函证。

函证一般采用积极式，并具体说明应付金额。注册会计师对函证的过程进行控制，要求债权人直接回函，并根据回函情况编制与分析函证结果汇总表，对未回函的，应考虑是否再次函证。如果存在未回函的重大项目，审计人员应采用替代程序，通常可以审查决算日后的应付账款明细账及现金和银行存款日记账，核实其是否支付，同时检查该笔债务的相关凭证，核实交易事项的真实性，从而确定应付账款是否真实。

【课堂练习 · 案例分析题】 审计人员在审计某公司会计报表时，决定对某些应付账款进行函证。考虑从下列客户中选取两个函证对象：

表 9－4　供应商信息

供应商	年末应付账款余额（元）	本年度进货金额（元）
A 公司	0	2 938 700
B 公司	89 000	129 000
C 公司	37 000	564 000
D 公司	48 000	643 000

要求：试选出两个最重要的供应商作为函证对象，并说明理由。

【分析提示】应选择A公司和D公司为函证对象。选择重要供应商进行函证时，应以年度内交易金额大小作为选择依据。尽管A公司年末应付账款余额为零，但其年度内交易金额最大，因此是最重要的供应商。

（三）查找未列报或未入账的应付款项

为了防止企业低估负债，审计人员必须执行这一程序，以检查被审计单位有无故意漏记应付账款的行为。审查的内容主要有以下几个方面：

第一，审查决算日以后货币资金支出的主要凭证。审查决算日之后数周内的支出业务，目的在于查明会计期间结束后的支出业务，是否确实为了偿付决算日的负债，某项支出业务是否为了付清当期货款。

第二，追踪决算日后若干天的购货发票，关注购货发票的日期，审查相应的收货记录，查明其入账时间是否正确，有无推后截止期的情况。

第三，追踪决算日之前发出的验收单。审计人员从年末前发出的验收单追踪到应付款项账户，可以查明该项负债是否反映在应付款项中。

第四，审核卖方对账单，追查应付款项明细表。

第五，审核决算日后数周内应付款项账单及原始凭证，查明是否属于本期应计负债。

第六，结合材料、物资和劳务费用业务进行审查，确定有无未入账负债。如果审计人员通过这些审计程序发现某些未入账的应付账款，应将有关情况详细记入审计工作底稿，然后根据重要性确定是否需要建议被审计单位进行相应的调整。

【课堂练习·多选题】为查找资产负债表日未入账的应付款项，审计人员可实施的审计程序有（　　）。

A. 审查资产负债表日后货币资金支出的凭证

B. 追踪资产负债表日后若干天的购货发票，审查相应的收货记录

C. 取得卖方对账单，并与应付款项明细表核对

D. 核对应付款项明细账与总账

E. 追踪资产负债表日之前签发的验收单

【正确答案】ABCE

【课堂练习·单选题】审计人员审查应付账款时，发现应付某公司账款210万元，账龄已有2年。但通过审阅凭证、询问有关人员，均未能取得证据来证实该项应付账款的存在性。审计人员应（　　）。

A. 做出账实不符结论　B. 核对账表　C. 函证债权人　D. 直接调整账项

【正确答案】C

【课堂练习·单选题】为了证实被审计单位应付账款期末余额的真实性，审计人员应实施的审计程序是（　　）。

A. 检查订购单是否连续编号

B. 计算当年应付账款占流动负债的比率，并与上年相比较

C. 抽查应付账款明细账并追查至相关的原始凭证

D. 抽查请购单是否经过适当审批

【正确答案】C

【课堂练习·多选题】下列各项中，有利于审计人员查找未入账应付账款的审计程序有（　　）。

A. 抽查应付账款明细账并追踪到原始凭证

B. 追踪资产负债表日后货币资金支出的主要凭证

C. 从临近年末编制的验收单追踪到应付账款明细账

D. 审核卖方对账单，追查应付账款明细表

E. 核对应付账款明细账与总账期末余额是否相符

【正确答案】BCD

【课堂练习·案例分析题】审计人员对某公司进行审计，该公司资产总额为21 000 000元，当年净利润为500 000元。在对结账日后一段时间的交易进行审查时发现下列问题：

(1)2016年12月30日收到货物一批，当日验收入库，记入存货账户，发票开出日期为2016年12月28日，但于2017年1月6日才收到，金额为180 000元，因此，记入1月份账目。

(2)购入的空调设备于2016年12月30日安装完毕，发票也于当日开出，金额为700 000元，但公司在2017年1月15日才收到，并记入1月份账目。

(3)欠某广告公司第四季度广告费计12 000元，发票开出日期为2016年12月31日，但直到2017年1月20日付款时才入账。

要求：根据以上情况，审计人员应如何提出审计意见。

【分析提示】审计人员在确定遗漏是否重要时，主要应看该遗漏事项对利润及财务比率的影响程度。影响程度大的，则进行调整；影响程度小的，则可不调整。

(1)该笔业务，因存货已记账，负债未入账，则会使营运资本、流动资产和所有者权益虚增，应进行调整。

(2)该笔业务少计流动负债，金额较大，影响流动比率，应进行调整。

(3)该笔业务既影响当期损益，也影响营运资本和流动比率，应进行调整。

【课堂练习·分析应用题】阅读以下资料，回答问题：

某公司2016年生产经营状况和所处经济环境相对稳定，但年末应付账款余额与上年末相比下降幅度较大，审计人员怀疑该公司可能存在未入账的应付账款。

(1)根据前述资料，为证实乙公司是否存在未入账的应付账款，审计人员可使用的方法有（　　）。

A. 抽查应付账款明细账并与会计凭证相核对

B. 审查年度资产负债表日后的货币资金支出凭证

C. 审核供应商对账单，追查应付账款明细表

D. 结合材料、物资和劳务费用业务进行审查

【正确答案】BCD

(2)续前例，该公司2016年度财务报表反映，应付账款年末余额为5 400万元。经查，该公司应付账款明细账中共设置25个账户。有关账户的情况如下：

①账户A的期末贷方余额为1 000万元。

②账户B的期末贷方余额为500万元，该余额已连续结转2年，其间一直无业务发生。

③账户C的期末借方余额为250万元。

④账户D的期末贷方余额为50万元。

其他21个账户均为50万元以下的贷方余额，共计4 100万元。若不考虑其他因素的影响，该公司2016年度财务报表应付账款的期末余额应为(　　)万元。

A. 5 400　　B. 4 650　　C. 5 150　　D. 5 650

【正确答案】 D

【答案解析】 应付账款的期末余额=1 000+500+50+4 100=5 650(万元)

(四)审查应付账款是否存在借方发生额

被审计单位可能因为重复付款、付款后退货、预付账款等业务导致某些应付账款明细账出现较大金额的借方余额，审计人员应做重分类分录进行调整，以便在资产负债表上将这些借方余额列示为资产项目，而不是以其抵消其他应付账款明细账的贷方余额。

(五)分析长期挂账的应付账款

分析长期挂账的应付账款的原因，做记录，要求被审计单位做出解释，注意其是否可能无须支付，判断被审计单位是否缺乏偿债能力或利用应付账款隐瞒利润；确认无法支付的应付账款，应转为营业外收入。

(六)审查现金折扣处理是否合理、合规

现金折扣是销货单位为尽早收回款项而允许购货单位在一定的还款期限内给予规定的折扣优惠。审查时主要注意两方面的问题：一是是否按发票上记载的全部应付金额入账，待实际获得现金折扣时再冲减财务费用项目；二是企业丧失本应得的折扣。

(七)验明应付账款在资产负债表上的披露是否恰当

一般来说，"应付账款"项目应根据"应付账款"和"预付账款"科目所属明细科目的期末贷方余额的合计数填列。

【课堂练习·案例分析题】 审计人员审查某企业"应付账款"项目时发现该企业一笔金额为12 000元的应付账款因债权单位撤销，无法支付，经领导批准予以核销。企业所做会计处理为：

借：应付账款　　12 000

　　贷：应付职工薪酬——职工福利　　12 000

要求：指出上述处理存在的问题，说明对报表的影响，并做账务调整。

【知识拓展】

常见的应付账款错弊

其一，虚列应付账款，调节成本费用。企业的分支机构为了控制其利润的实现情况，往往采取虚列应付账款的形式，设置虚假费用项目，从而达到挤占利润、控制利润实现金额的目的。这些应付账款账户往往是与一些费用支出账户相联系的。

其二，多列应付账款，将多余款项私吞。企业内部人员，如会计，可以在做账时多列应付账款，在企业还款时，可以多拿到一部分款项。会计人员有时在账簿上直接改动；有时，将原始凭证进行修改。

其三，隐匿销售收入。企业利用产品或者商品抵顶应付账款，隐瞒收入。此外，不法分子为了达到贪污的目的，也会利用"应付账款"隐匿销售收入，将企业的资金转移出去。

其四，购货退回不冲减应付账款，从而贪污货款。有的人利用职务之便，没有冲减相应的欠款，到支付货款时，还按当初购货时支付，从中贪污公司的钱款。

其五，应付账款长期挂账。企业会有一些应付账款长期挂账，查账人员要引起注意。应付账款一般是在短期内归还的款项，如果长期挂账，可能是由于归还能力有限，或者有人利用该账户弄虚作假，但由于没有找到合适的机会，一直没有冲减该账户。

（八）调节应付款项

如果企业未进行调节，审计人员应执行这一程序，亲自进行调节。

被审计单位应每月从各供应商处取得对账单，与应付款项各明细账调节。调节供应商对账单时，常见的差异是供应商已经入账并发出的货物，但企业没有收到，也没有入账。审计人员应将这些在途货物单独列表反映，不得与那些已验收入库而为了低估负债未做记录的货物相混淆。

第五节　固定资产审计

固定资产是指使用年限在1年以上，单位价值在规定标准以上，并在使用过程中保持原有物质形态的资产，包括房屋及建筑物、机器设备、运输设备、工具器具等。固定资产的审计目标一般包括：确定固定资产是否存在；确定固定资产是否归被审计单位所有；确定固定资产及其累计折旧增减变动的记录是否完整；确定固定资产的计价和折旧政策是否恰当；确定固定资产的期末余额是否正确。

对于固定资产的审计，一方面由于固定资产使用期长、价值大、更新慢，增减变化发生的频率较流动资产要小得多，相对来说，发生数量上的差错或弊端也较少；另一方面，由于固定资产单位价值高，且其价值总额在企业资产总额中一般占有较大的比重，固定资产的安全与完整性对企业的生产经营影响极大，所以，对固定资产审计的重要性又必须予以高度重视。

一、固定资产的审计范围

固定资产的审计范围较广，根据会计报表项目及相关业务来看，主要包括：固定资产的原价、累计折旧数额、固定资产增加的入账金额及相关账户会计处理、固定资产减少的原因及相关账户会计处理、按月计提的固定资产折旧额及会计处理等。

二、固定资产内部控制测试

（一）索取或编制固定资产内部控制的书面说明

了解固定资产的内部控制制度可采用书面说明，也可采用调查表法。重点调查的问题包括：固定资产的业务是否事先列入预算和经过批准，是否存在有关职能部门的书面批准文件；固定资产总账和明细账是否定期互相核对，固定资产是否进行定期盘点，并与账簿记录对照，做到账实一致；是否存在资本性支出和收益性支出区分标准的书面文件；固定资产的业务是否明确划分责任；固定资产是否进行投保。

（二）测试固定资产取得、处置业务

测试时的重点主要体现在以下几个方面：固定资产的取得与预算是否相符，有无存在重大差异；固定资产的取得和处置是否确实经过授权批准；在实际执行时是否严格遵守划分资本性支出和收益性支出的规定；对于固定资产的增减变动是否真实、完整地予以记录。

（三）评价固定资产的内部控制制度

评价的重点主要包括两个方面：固定资产内部控制的有效执行，能在多大程度上保证被审单位会计记录的可靠性和正确性;固定资产内部控制的有效执行,能在多大程度上保护固定资产的完整性。

三、固定资产审查的实质性程序

(一)获取或编制固定资产及累计折旧分类汇总表

检查固定资产的分类是否正确,复核加计是否正确,并与报表数、总账数和明细账合计数核对是否相符。

固定资产和累计折旧分类汇总表是审计固定资产累计折旧的重要工作底稿,其格式如表9—5所示。

表9—5 固定资产和累计折旧分类汇总表

年 月 日

被审单位: 编制人: 日期: 索引号:

会计部门: 复核人: 日期:

固定资产类别	固定资产				累计折旧					
	期初余额	本期增加	本期减少	期末余额	折旧方法	折旧率	期初余额	本期增加	本期减少	期末余额
合 计										

分类汇总表包括固定资产与累计折旧两部分,应按照固定资产类别分别填列。需要解释的是"期初余额"栏,注册会计师对其审计应分三种情况:一是连续常年审计情况下,应注意与上期审计工作底稿中的固定资产和累计折旧的期末余额审定数核对相符;二是在变更会计事务所时,后任注册会计师应借调、参阅前任注册会计师有关工作底稿,如果以前期间均由具有良好信誉的会计事务所审计,则后任注册会计师的审核范围通常仅限于一般性复核;三是如果被审计单位未经注册会计师审计,即在初次审计情况下,注册会计师应对期初余额进行较为全面的审计,尤其是当被审计单位的固定资产数量多、价值大、占资产总额比重大时,最理想的方法是彻底审计自被审计单位设立起的"固定资产"和"累计折旧"账户中的所有重要的借方记录。这样既可以核实期初余额的真实性,又可以从中加深对被审计单位固定资产管理和会计核算工作的了解。

(二)运用分析方法检查固定资产变动的合理性

通过对固定资产及累计折旧分类汇总表进行分析,确定固定资产和折旧业务是否真实、账务处理是否正确、固定资产和折旧变动是否合理。常用的比率和变动项目分析如下:

第一,固定资产总值除以全年总产量,将该比率与以前年度相比较,目的在于查明有无已减少的固定资产未在账面上注销或查明有无闲置的固定资产等问题。

第二,比较本年度与以前各年度固定资产增加额和减少额。因被审计单位的生产经营情况不断变化,各个会计年度固定资产增加和减少数额可能会有很大差异。审计人员通过深入分析差异原因,同时根据企业过去和未来的生产经营趋势确定产生差异的原因是否合理。

第三,比较本年度各个月份、本年度与以前各年度的修理费用,目的在于确定资本性支出和收益性支出的区分是否正确，有无混淆这两类支出的错误。

第四，将本年度计提折旧额除以固定资产总值的比率与上年度计算数比较，目的在于确定本年度折旧额的计算有无错误。

第五，分析比较各年度固定资产保险费，查明变动有无异常。

【课堂练习·多选题】审计人员运用分析性复核方法，对丙公司固定资产变动的合理性进行检查。发现用20×9年末的固定资产原值除以全年总产量所得的比率与以前年度相比大大提高。针对上述资料，审计人员初步判断所计算比率发生较大变动的原因有（　　）。

A. 当年折旧额的计算不准确

B. 本年新增大量固定资产

C. 当年报废的固定资产未在账面上注销

D. 当年存在闲置的固定资产

【正确答案】BCD

（三）固定资产入账价值的审查

按照企业会计准则的规定，企业的固定资产应当按成本进行初始计量。对固定资产入账价值的审查，就是对固定资产取得的实际成本是否真实、正确的审查。

第一，对于购入的固定资产，审计人员应审查其入账价值是否按实际支付的买价、相关税费（不包括购买固定资产的进项税，因为自2009年1月1日起，在全国实施增值税转型改革，增值税纳税人允许抵扣购买固定资产的进项税额），以及使固定资产达到预定可使用状态前所发生的可归属于该项资产的运输费、装卸费、安装费和专业人员服务费等记账，有无将包装费、运杂费或安装成本挤入生产成本或管理费用中，混淆固定资产成本与生产成本界限的情况。

第二，对于自行建造的固定资产，审计人员应审查其入账价值是否按照建造过程中实际发生的全部支出记账。

第三，对于其他单位投资转入的固定资产，审计人员应审查其入账的价值是否按评估确认或者按合同、协议约定的价格记账，合同、协议约定价值有无不公允的情况，从而影响固定资产价值的正确性以及投入资本的真实性的情况。

第四，对于融资租入的固定资产，审计人员应审查其入账价值是否按租赁协议确定的设备价款、运输费、途中保险费、安装调试等支出记账，有无将规定的费用项目漏记、错记或多记，以及混淆经营租赁与融资租赁界限的情况。

第五，对于在原有固定资产基础上进行改建、扩建的固定资产，审计人员应审查其入账价值是否按原有固定资产账面原值，减去改建、扩建过程中发生的变价收入，加上由于改建、扩建而增加的支出记账，有无将改建、扩建期间发生的料、工、费与生产成本或管理费用相混，或将改建、扩建中发生的固定资产变价收入不入账的情况。

第六，对于接受捐赠的固定资产，审计人员应审查其入账价值是否按照同类资产的公允价值或根据所提供的有关凭证记账，同时包括在接受固定资产时发生的各项费用，有无未按同类资产的市场价格或所提供的有关凭证记账，而是人为估计，同时将接受固定资产时发生的一些费用记入管理费用，或反之，把企业的一些其他开支也混入到接受捐赠的固定资产价值中的情况。

第七，对于盘盈的固定资产，审计人员应审查其入账价值是否合理估价，有无随意估计价值的情况。

第八，对于企业为取得固定资产而发生的借款利息支出和有关费用，以及外币借款的折合差额，审计人员应注意审查，在固定资产达到预定可使用状态之前发生的是否计入了固定资产的价值，在此之后发生的是否计入了当期损益。如果这部分处理不正确，对固定资产入账价值的影响也很大。

【课堂练习·分析应用题】审计人员发现丙公司于20×9年6月对一建筑物进行了改扩建。该建筑物的账面原值为2 000万元，已提折旧800万元，减值准备为0。在改扩建过程中，取得变价收入50万元，领用工程物资300万元，发生其他支出100万元，丙公司确认改扩建后的建筑物入账价值为2 400万元。针对上述资料，对于改扩建后建筑物的入账价值，假定不考虑相关税费，审计人员应建议丙公司调减(　　)万元。

A. 固定资产800　　B. 固定资产850　　C. 固定资产750　　D. 固定资产50

【正确答案】B

【答案解析】2 400－(2 000－800－50＋300＋100)＝850(万元)

【课堂练习·分析应用题】审计人员发现丙公司20×9年固定资产核算中存在以下事项：将为建造厂房购买土地使用权的费用计入在建工程；将与尚未办理竣工决算但已投入使用的职工宿舍相关的借款费用计入财务费用；对市价持续下跌导致可收回金额低于账面价值的固定资产计提了减值准备；对于融资租赁取得的设备未做任何账务处理。针对上述资料，审计人员认为丙公司账务处理正确的有(　　)。

A. 将为建造厂房购买土地使用权的费用计入在建工程

B. 将与尚未办理竣工决算但已投入使用的职工宿舍相关的借款费用计入财务费用

C. 对市价持续下跌导致可收回金额低于账面价值的固定资产计提了减值准备

D. 对于融资租赁取得的设备未做任何账务处理

【正确答案】BC

【课堂练习·分析应用题】20×8年1月至5月，该公司对旧厂房进行改扩建，有关情况如下：

(1)20×7年初该公司会计记录反映旧厂房固定资产原值2 500万元，净值1 300万元。

(2)改扩建过程中，该公司支付改造施工款2 000万元、装修费用800万元。

(3)该公司将改扩建过程中拆下的废旧物资出售，取得收入100万元。

(4)该公司派出5辆车专门用于改扩建，共发生费用20万元，已在生产成本中列支。

针对上述资料，该公司旧厂房改扩建后的固定资产入账价值应为(　　)万元。

A. 4 100　　B. 5 220　　C. 4 020　　D. 2 800

【正确答案】C

【答案解析】1 300＋2 000＋800－100＋＝4 020(万元)

(四)固定资产增减、结存的审查

被审计单位如果不能正确核算固定资产的增加，将对资产负债表和利润表产生长期的影响，因此，审计固定资产的增加是固定资产实质性程序中的重要内容。固定资产的增加有购置、自制、投资者投入、更新改造增加、债务人抵债增加等多种途径。审计人员的审计要点如下：

1. 审查固定资产计价是否符合规定

固定资产计价的正确与否影响折旧的提取和成本的计算。固定资产应该按照成本进行初始计量，即企业为取得某项固定资产按其全新状态所应支付的全部货币金额。但固定资产增加的途径不同，其原始价值计算方法也不同。因此，注册会计师在审核固定资产计价时，应区分不同的情况，逐项审阅取得固定资产的相关文件，并与明细账相核对，以确定其计价是否正确，是否符合会计准则和有关法规。

【课堂练习·案例分析题】审计人员对某公司固定资产进行审查时，发现下列问题：20×6年9月购入专用设备一台，买价300 000元，共发生运杂费2 000元和设备安装费2 500元，两笔费用都计入管理费用。专用设备于该年9月投入使用(该设备预计净残值为0，采用直线法折旧，年折旧率为10%)。

要求：指出上述处理存在的问题，并做账务调整。

【分析提示】存在固定资产的计价错误。购入固定资产的原值包括买价、运杂费和安装调试费。由于计价错误，将会影响本年度损益及资产负债表上的资产项目及折旧额，现调整如下：

应补提的折旧数＝4 500×10%×3/12＝112.5(元)

借：固定资产	4 500	
贷：累计折旧		112.50
以前年度损益调整		4 387.50

2. 核查固定资产的真实性

法律意义上归属于企业的各项固定资产是否确实存在，需通过监盘加以证实。一般对房屋、建筑物等无移动性的固定资产，可以重点抽查验证；对安装使用设备，可以在小范围内抽查验证；对可移动的固定资产，需在较大范围内抽查验证。

实物监盘前，应先将固定资产明细账与固定资产卡片进行核对，做到账卡相符。清查时，一方面注意固定资产是否完整存在，如主机、辅机、应有的备件是否齐全；另一方面应注意审查固定资产的维护保养情况，鉴定其新旧程度与账面记录是否一致，必要时请专家对其实际价值进行估价。

监盘后，对于盘盈、盘亏的固定资产进行深入的调查，如发现因凭证手续不全所造成的账外资产应补记入账，对盘亏的固定资产要查明原因，并进行必要的账务处理。

3. 查验固定资产的所有权

对实存于企业的固定资产，审计人员需收集各种凭证，如契约、产权证明书、财产税单、发票等，以确定固定资产确实属企业所有。当再次审计时，审计人员仍要查验固定资产的所有权，所采用的方法可以与初次审计有所不同，可视内部控制情况，抽取一部分资产记录与资产本身进行查对，特别对记录中的一些增减项目进行查对。

【课堂练习·单选题】为了验证固定资产的所有权，审计人员应当采取的审计程序是(　　)。

A. 对固定资产进行监盘

B. 检查固定资产购买合同、发票和产权证明等文件

C. 检查固定资产入账价值是否正确

D. 检查固定资产计提折旧的范围是否符合规定

【正确答案】B

【课堂练习·单选题】为了证实实存于被审计单位的固定资产的所有权，审计人员应重点

审查(　　)。

A. 固定资产总账　　B. 固定资产明细账

C. 契约、产权证明书、发票等凭证　　D. 固定资产和累计折旧分类汇总表

【正确答案】C

4. 审查本年度减少的固定资产

固定资产的减少主要包括:出售、向其他单位投资转出、向债权人抵押转出、报废、毁损、盘亏等。为了保护固定资产的安全性和完整性,必须对固定资产的减少进行严格的审查,从而确定固定资产减少的合理性、合法性。审计人员应分别不同情况,抓住审计重点,对各种固定资产减少的审计,审查的重点主要有:(1)检查减少固定资产的授权批准文件;(2)检查因不同原因减少的固定资产的会计处理是否符合有关规定,验证其数额计算的准确性;(3)结合固定资产清理和“待处理财产损溢——待处理固定资产损溢”科目,抽查固定资产账面转销额是否正确;(4)检查是否存在未做会计记录的固定资产减少业务。

5. 融资租赁固定资产的审查

审查要点主要有:(1)租赁合同是否合法、合规,手续是否完备;(2)融资租入的固定资产计价是否正确,买价、运杂费、途中保险费、安装费、竣工验收前利息费等是否按规定计入固定资产价值;(3)是否按合同规定,按期支付租金,支付租金时的账务处理是否正确;(4)是否按期计提折旧,折旧计算是否正确;(5)合同到期,所有权转移是否按原定条件执行。

6. 审查固定资产披露的正确性

会计报表附注通常应说明固定资产的标准、分类、计价方法和折旧方法,各类固定资产的预计使用年限、预计净残值和折旧率,分类别披露固定资产在本期的增减变动情况,并应披露用作抵押、担保和本期从在建工程转入数、本期置换固定资产数等情况。

【课堂练习·多选题】20×7 年 12 月,其公司接受客户捐赠价值 50 万元的大客车一辆,当月投入使用。审计人员发现该公司未对这辆大客车做任何会计处理。这种做法会造成该公司 20×7 年度财务报表不实的项目有(　　)。

A. 固定资产　　B. 累计折旧　　C. 应付账款　　D. 利润总额

【正确答案】AD

四、固定资产累计折旧的审计

企业计提固定资产折旧,是为了把固定资产的成本分配于各个受益期,实现期间收入与费用的正确配比,折旧核算是一个成本分配过程。固定资产折旧主要取决于企业的折旧政策,具有一定程度的主观性。

(一)累计折旧审计的目标

固定资产折旧的特性决定累计折旧审计的主要目标在于:确定折旧政策和方法是否符合国家有关法律法规政策,是否一贯遵循;确定累计折旧的增减变动记录是否完整;确定折旧费用的计算、分摊是否正确、合理和一贯;确定累计折旧的期末余额是否正确;确定累计折旧在会计报表上的披露是否恰当。

(二)累计折旧的实质性程序

1. 编制或索取固定资产及累计折旧分类汇总表

审计人员应通过编制或索取固定资产及累计折旧分类汇总表概括了解被审计单位固定资

产折旧的计提情况，在此基础上，对表内有关数据进行加计复核，并与报表数、总账数和明细账进行核对。

2. 确定企业所使用折旧方法的适当性

按照企业会计准则的规定，固定资产折旧方法可以采用年限平均法、工作量法、年数总和法、双倍余额递减法等，且折旧方法一经确定，不允许任意变动，否则它将直接影响成本、利润的真实性。如需变更，应当在财务报表附注中予以说明。审计人员应检查折旧计算单和累计折旧账户，检查企业是否遵循一贯性原则。

3. 计提折旧范围的审查

按规定，固定资产的折旧是按月初固定资产原值为基础进行计提。审查时应注意，应计提折旧的固定资产是否都已计提，不应计提折旧的固定资产有无计提折旧的情况。如已提足折旧继续使用的固定资产和按规定估价单独入账的土地等不计提折旧。

4. 对累计折旧实施分析程序

首先，注册会计师应对本期增加和减少的固定资产、使用年限长短不一和折旧方法不同的固定资产做适当调整。如果总的计算结果与被审计单位的折旧总额相近，且固定资产及累计折旧的内部控制较健全时，就可以适当减少累计折旧和折旧费用的其他实质性程序工作量；其次，注册会计师计算本期计提折旧额占固定资产原值的比率，并与上期比较，分析本期计提折旧额的合理性和准确性；再次，注册会计师计算累计折旧占固定资产原值的比率，评估固定资产的老化率，并估计因闲置、报废等原因可能发生的固定资产损失，结合固定资产减值准备，分析其是否合理。

【课堂练习·多选题】审计人员运用分析性复核对该公司固定资产折旧计提的合理性进行审查时，可采用的方法有(　　)。

A. 将20×1年度的折旧费用与上年度的折旧费用相比较

B. 将20×1年固定资产原值除以全年总产量，将该比率与以前年度相比较

C. 计算20×1年度计提折旧额占固定资产原值的比例，并与上年度相比较

D. 将20×1年度应计提折旧的固定资产乘以本期折旧率，并与本期计提的折旧额相比较

【正确答案】ACD

5. 折旧额计算的审查

检查已计提部分减值准备的固定资产，是否按照该固定资产的账面价值以及尚可使用年限重新计算确定折旧率和折旧额；检查已全额计提减值准备的固定资产，是否已停止计提折旧；因更新改造而停止使用的固定资产是否已停止计提折旧，因大修理而停止使用的固定资产是否照提折旧；未使用、不需用和暂时闲置的固定资产是否按规定计提折旧。同时，应注意折旧率是否正确，是否符合各类固定资产使用年限的规定，审计人员应该核实年限平均法的折旧率以及其他的折旧率，并复核折旧额计算的正确性。

【课堂练习·多选题】审计人员在检查该公司固定资产租赁业务时发现以下事项：

(1)以经营租赁方式租入的固定资产记入备查账簿。

(2)以经营租赁方式租入的固定资产未计提折旧。

(3)以融资租赁方式租入生产线一条，租赁期5年，预计尚可使用年限6年，该公司未计提折旧。

(4)以经营租赁方式租出固定资产未计提折旧。针对以上资料，审计人员认为该公司做法

正确的有(　　)。

A. 以经营租赁方式租入的固定资产记入备查账簿

B. 以经营租赁方式租入的固定资产未计提折旧

C. 以融资租赁方式租入生产线未计提折旧

D. 以经营租赁方式租出的固定资产未计提折旧

【正确答案】AB

【课堂练习·多选题】审计人员发现被审计单位对下列固定资产计提了折旧，其中违反相关规定的有(　　)。

A. 以融资租赁方式租入的固定资产

B. 以经营租赁方式租出的固定资产

C. 已提足折旧还在继续使用的固定资产

D. 因大修理而停止使用的设备

E. 按照规定单独估价入账的土地

【正确答案】CE

【课堂练习·案例分析题】审计人员在审查20×6年11月基本生产车间设备计提折旧情况，在审阅固定资产明细账和制造费用明细账时发现以下情况：

(1)10月末车间计提折旧额为14 000元，年折旧率为6%。

(2)10月末购入设备一台，原值20 000元，已安装交付使用。

(3)10月份将原来未使用的一台设备投入车间使用，原值为10 000元。

(4)10月份交外单位大修设备一台，原值50 000元。

(5)10月份技术改造设备一台，当月交付使用，该设备原值为200 000元，技术改造支出50 000元，变价收入20 000元。

(6)11月份该车间设备计提折旧21 000元。

要求：该企业10月份计提折旧无误，验证11月份计提折旧数是否正确。

【分析提示】审计人员依据固定资产折旧的计提范围，验算该车间20×6年11月份应提折旧额：

14 000+[20 000+10 000+(200 000+50 000−20 000)]×6%/12=15 300(元)

该企业多提折旧额=21 000−15 300=5 700(元)

审计人员对有关会计人员询问后证实，多提折旧系会计人员计算差错所致，建议企业将多提折旧予以冲回，账务调整如下：

借：累计折旧	5 700	
贷：制造费用		5 700

6. 检查累计折旧的披露是否恰当

如果被审计单位是上市公司，应在其会计报表附注中按固定资产类别分项列示累计折旧期初余额、本期计提额、本期减少额和期末余额。

【课堂练习·案例分析题】注册会计师在审计B公司20×1年度固定资产折旧时，发现上年度12月已投入管理使用的设备一台，原价1 000 000元，预计净残值为100 000元，预计使用年限5年，使用年数总和法对该项固定资产进行折旧，其余各项固定资产均用直线法折旧，且该公司对这一事项在会计报表附注中未做列示。

要求：根据上述情况，注册会计师应确定这一事项对被审计单位资产负债表和损益表的影响，并提请被审计单位在会计报表附注中做充分揭示。

【分析提示】注册会计师认为该公司的固定资产折旧方法本期出现不一致，且未充分揭示，这是违反现行会计制度的。由此计算的该事项对资产负债表的影响如下：

$$\text{该机床使用年数总和法计算的年折旧额}=(1\ 000\ 000-100\ 000)\times\frac{5}{15}=300\ 000(\text{元})$$

$$\text{该机床使用直线法计算的年折旧额}=(1\ 000\ 000-100\ 000)\div 5=180\ 000(\text{元})$$

由于折旧方法的改变，本年度多提折旧额 120 000 元，致使资产负债表中“累计折旧”项目增加 120 000 元，损益表中的利润总额减少 120 000 元。

对此，注册会计师要求被审计单位在会计报表附注中做这样的揭示：本公司由于对原值为 1 000 000 元，预计净残值 100 000 元，预计使用年限 5 年的机床采用年数总和法进行折旧，与采用直线法相比，使本年度的折旧额增加 120 000 元，利润总额减少 120 000 元，特此予以揭示。

五、固定资产减值准备的审查

企业会计准则要求，企业应在期末或者至少在每年年度终了，逐项检查固定资产。如果由于市价持续下跌，或技术陈旧、损坏、长期闲置等原因导致可收回金额低于账面价值，应将可收回金额低于其账面价值的差额作为固定资产减值准备。

（一）固定资产减值准备的审计目标

固定资产减值准备的审计目标一般包括：确定计提固定资产减值准备的方法是否恰当，固定资产减值准备的计提是否充分；确定固定资产减值准备的增减变动的记录是否完整；确定固定资产减值准备的期末余额是否正确；确定固定资产减值准备的披露是否恰当。

（二）固定资产减值准备的实质性程序

资产只产生较少的现金流量，这是资产存在潜在减值的标志，或通过现场观察可以发现资产是否被充分利用。固定资产减值准备的实质性程序一般包括：

第一，获取或编制固定资产减值准备明细表，复核加计正确，并与总账数和明细账合计数核对相符。

第二，检查固定资产减值准备计提和核销的批准程序，取得书面报告等证明文件。

第三，检查被审计单位计提固定资产减值准备的依据是否充分及会计处理是否正确。

第四，检查资产组的认定是否恰当，计提固定资产减值准备的依据是否充分，会计处理是否正确。

第五，实施实质性分析程序，计算本期末固定资产减值准备占期末固定资产原值的比率，并与期初该比率比较，分析固定资产的质量状况。

第六，检查被审计单位处置固定资产时原计提的减值准备是否同时结转，会计处理是否正确。

第七，检查是否存在转回固定资产减值准备的情况。按照企业会计准则的规定，固定资产减值损失一经确认，在以后会计期间不得转回。

第八，确定固定资产减值准备的披露是否恰当。

【课堂练习·多选题】下列各项中,应作为固定资产项目在财务报表中列报的有(　　)。
A. 经营性租出的固定资产　　B. 经营性租入的固定资产
C. 存放在其他企业的固定资产　　D. 代其他企业管理的固定资产
E. 抵押的固定资产
【正确答案】ACE

六、在建工程审计

在建工程是指企业在进行基建工程、安装工程、技术改造工程、大修理工程等时发生的实际支出。

(一)在建工程的审计目标

在建工程的审计目标一般包括:确定在建工程是否存在;确定在建工程是否归被审计单位所有;确定在建工程增减变动的记录是否完整;确定计提在建工程减值准备的方法和比例是否恰当;在建工程减值准备的计提是否充分;确定在建工程的期末余额是否正确;确定在建工程在会计报表上的披露是否恰当。

(二)在建工程的实质性程序

第一,获取或编制在建工程明细表,复核加计正确,并与报表数、总账数和明细账合计数核对是否相符。在建工程报表数反映企业期末各项未完工程的实际支出,包括交付安装的设备价值,未完建筑安装工程已经耗用的材料、工资和费用支出、预付出包工程的价款、已经建筑安装完毕但尚未交付使用的工程等可收回金额,应根据“在建工程”科目的期末余额减去“在建工程减值准备”科目的期末余额后的金额填列。因此,其报表数应与在建工程总账数和明细账合计数减去相应的在建工程减值准备总账数和明细账合计数后的余额核对相符。

第二,检查本期在建工程的增加数和减少数。对于重大建设项目,取得有关工程项目的立项批文、预算总额和建设批准文件,以及施工承包合同、现场监理施工进度报告等业务资料;对于支付的工程款,应抽查其是否按照协议、合同、工程进度或监理进度报告分期支付,付款授权批准手续是否齐备,会计处理是否恰当;对于借款费用、工程管理费用资本化问题,应检查资本化的起止日的界定、计算方法、计算过程、会计处理等是否合理与正确;对于完工转销的在建工程,应检查转销额的计算支付是否正确,是否存在将已交付使用的固定资产仍挂在在建工程账上的问题;检查已完工项目的竣工决算报告、验收交接单等相关凭证以及其他转出的原始凭证,检查会计处理是否正确。

第三,检查在建工程期末余额的构成内容,并实地观察工程现场,确定在建工程是否存在,了解工程项目的实际完工进度,对在建工程累计发生额进行技术测定,并将其与账内数进行核对,检查其是否差距较大,判断其有无多计、虚计或少计、漏计工程费用的问题。

第四,检查在建工程减值准备的计提。主要应查明在建工程减值准备的计提方法是否符合制度规定,计提的依据是否充分,计提的数额是否恰当,相关的会计处理是否恰当,前后期是否一致。

【课堂练习·案例分析题】审计人员审查F公司自营建造的厂房时,发现其账面所列投资额与现实状况存在较大出入,怀疑该公司可能将工程支出挤入了生产成本或期间费用。审计人员查阅了本年度的产品成本及管理费用,发现该公司某产品1月至6月的单位成本水平高于以往任何时期,同期的管理费用也高于正常情况。根据这一线索,审计人员详细审阅了该期间的生产领料单，发现领料单中所记录的原材料20吨总额50万元实际用于在建工程。审计人员通过对照工资分配表上的姓名，发现在建工程人员的工资列入了同期管理费用，共计100 000元。

要求：指出F公司在建工程上存在的问题，并提出相应的审计意见。

【分析提示】审计人员认为该公司将在建工程支出列入生产成本和管理费用，混淆了资本性支出和收益性支出的界限。虚增当期费用，影响了当期损益，也造成在建工程成本计算不真实。建议F公司冲回多计的生产成本及管理费用，调整在建工程成本。调整分录如下：

借：在建工程	685 000	
贷：库存商品		500 000
管理费用		100 000
应交税费——应交增值税（进项税额转出）		85 000

【课堂练习·案例分析题】某企业本年10月份购进设备一台，价款50 000元，支付运输费500元，装卸费200元，安装调试费800元。该企业对此项业务所做的账务处理如下：

借：固定资产——生产用固定资产	50 000	
管理费用	1 500	
贷：银行存款		51 500

要求：指出上述处理中存在的问题，说明对报表的影响并做账务调整。

七、固定资产清理审计

（一）固定资产清理的审计目标

固定资产清理的审计目标一般包括：确定固定资产清理的记录是否完整；确定反映的内容是否正确；确定固定资产清理的期末余额是否正确；确定固定资产清理在会计报表附注中的披露是否恰当。

（二）固定资产清理的实质性程序

第一，获取或编制固定资产清理明细表，复核加计正确，并与报表数、总账数和明细账合计数核对相符。

第二，检查固定资产清理的发生是否有正当理由，是否经有关技术部门鉴定，固定资产清理的发生和转销是否经授权批准，相应的会计处理是否正确。结合固定资产等账项的审计，检查固定资产、累计折旧等的账面转入额是否正确。检查固定资产清理收入和费用的发生是否真实、准确，清理结果的计算是否正确，与施工有关的，是否计入工程成本；属于筹建期间的，是否计入长期待摊费用；属于生产经营期间的，是否计入营业外收支；属于清算期间的，是否计入清算损益；因债务重组发生的，清理净收益是否计入资本公积，清理净损失是否计入营业外支出；因非货币性交易发生的，收到补价方确认的收益是否计入营业外收入；属于出售职工住房的，是否计入营业外收支。

第三，检查固定资产清理是否长期挂账，如有，应做出记录，必要时建议做适当调整。

第四，检查固定资产清理是否在资产负债表上恰当披露。

【课堂练习·案例分析题】审计人员对某公司固定资产进行审查时，发现20×6年度经批准出售车床一台，原价57 000元，已提折旧12 840元，净值44 360元，出售所得价款35 560元，会计处理为：

借:银行存款　　35 560
　贷:营业外收入　　35 560
借:累计折旧　　12 840
　营业外支出　　44 360
　贷:固定资产　　57 200

要求:根据上述资料,分析所存在的问题,并根据审计结果编制调整分录。

【分析提示】 固定资产清理会计处理错误。出售固定资产业务,均应通过"固定资产清理"账户核算。正确的会计分录为:

借:固定资产清理　　44 360
　累计折旧　　12 840
　贷:固定资产　　57 200
借:银行存款　　35 560
　贷:固定资产清理　　35 560
借:营业外支出　　8 800
　贷:固定资产清理　　8 800

该公司会计处理错误,但不影响资产和收益,不必进行调整。

【知识拓展】

常见固定资产错弊

固定资产的常见错弊主要有以下几种情况:

(1)未按标准和原则划分固定资产与低值易耗品。

(2)固定资产分类不正确。

(3)固定资产计价错弊,包括:①计价方法错误;②价值构成错误;③任意变动固定资产的账面价值。

(4)固定资产修理业务及其支出不真实、不合理。

(5)企业不按照国家有关财务制度规定提取折旧,以通过扩大或缩小折旧费用最终达到减少或扩大利润的目的。这点主要表现为:①未按规定的范畴计提折旧;②未按规定选用折旧方法;③未按规定确定折旧年限;④折旧方法与折旧年限随意变动;⑤固定资产的净残值预计不符合规定;⑥月折旧额的计算不真实、不正确。

第六节　其他相关项目审计

在购货与付款循环中,除以上介绍的会计报表项目以外,还有预付账款、固定资产减值准备、工程物资、在建工程、固定资产清理和应付票据等项目。对这些项目审计的阐述,一般只直接列示其审计目标和相应的实质性程序。但是,这些审计目标和实质性程序的审计程序并不是一成不变的,也不是完整无缺的。注册会计师在审计工程中,应视具体情况,运用专业的判断,做出最合理的审计。

一、预付账款审计

预付账款是企业按购货合同的规定,预先支付给供货单位的货款,会计上通过"预付账款"

或“应付账款”科目(借方)进行核算。预付账款是企业的一项流动资产,它在企业的购货环节产生。因此,预付账款的审计应结合购货与付款循环的审计进行。

(一)预付账款的审计目标

预付账款的审计目标一般包括:确定预付账款是否真实存在;确定应付账款是否归被审计单位所有;确定应付账款增减变动的记录是否完整;确定应付账款期末余额是否正确;确定应付账款在会计报表中的披露是否恰当。

(二)预付账款的实质性程序

第一,获取或编制预付账款明细分类表,复核加计正确,并与报表数、总账数和明细账合计数核对相符;同时请被审计单位协助,在预付账款明细表上标注截止审计日已收到货物并冲销预付账款项目,抽查符合其真实性和正确性。

第二,分析程序。将期末预付账款余额与上期期末余额进行比较,分析波动原因;计算预付账款与主营业务成本的比率,与以前各期进行比较,分析异常变动的原因;将预付账款余额的增减幅度与主营业务成本的增减幅度进行比较,分析异常变动的原因。

第三,选择大额或异常的预付账款重要项目(包括零账户),函证其余额是否正确,并根据回函情况编制函证结果汇总表;对回函金额不相符的,要查明原因,做出记录或建议做适当调整;对未回函的,可再次复函,也可采用替代方法进行检查,如检查该笔债权的相关凭证资料,或抽查报表日后预付账款明细账及存货明细账,核实是否已收到货物并转销,并根据替代程序检查结果判断其债权的真实性或出现坏账的可能性。对未发询证函的预付账款,应抽查有关原始凭证。

第四,结合应付账款明细账,查核有无重复付款或将同一笔已经付清的账款在预付账款和应付账款这两个项目同时挂账的情况。

第五,分析明细账余额,对于出现贷方余额的项目,应查明原因,必要时建议做重新分类调整。

第六,检查预付账款长期挂账的原因。

第七,检查预付账款是否已在资产负债表上恰当披露。

二、工程物资的审计

工程物资是企业为核算基建工程、更新改造工程、大修理工程准备的各种物资。

(一)工程物资的审计目标

工程物资的审计目标一般包括:确定工程物资是否存在;确定工程物资是否归被审计单位所有;确定工程物资增减变动的记录是否完整;确定工程物资的期末余额是否正确;确定工程物资在会计报表上的披露是否恰当。

(二)工程物资的实质性程序

第一,获取或编制工程物资明细表,复核加计正确,并与报表数、总账数和明细账合计数核对是否相符;如不符,应查明原因,做审计记录并进行审计调整。

第二,对工程物资实施监盘程序,确定其是否存在。账实是否相符,并检查有无积压、呆滞工程物资。

第三,检查“预付大型设备款”明细科目,确定是否存在与资本性支出有关的财务承诺。

第四,抽查若干工程物资采购合同、发票、货物验收单等原始凭证,检查其内容是否齐全,是否经过授权批准,会计处理是否恰当。

第五，检查工程物资领用手续是否齐全、使用是否合理、会计处理是否恰当。

第六，检查被审计单位对工程物资有无定期盘点制度，对盘盈、盘亏、报废、毁损的，是否将减去保险公司和过失人赔偿部分的净额，正确地冲减了在建工程成本或计入营业外支出。

第七，检查工程完工后剩余工程物资转入存货的是否将其所含增值税进项税额进行了正确的分离；对外销售的，是否先结转进项税额，待出售时再结转相应成本。

第八，检查工程物资在资产负债表上的披露是否恰当。如果被审计单位是上市公司，应在其会计报表附注中分项列示各类工程物资的期初、期末余额。

三、应付票据审计

应付票据是指企业因购买材料、商品和接受劳务等，为延期付款而开出的并承兑的商业汇票，包括银行承兑汇票和商业承兑汇票。随着商业活动的票据化，企业票据业务越来越多，应付票据也将成为一个重要的审计领域。并且由于应付票据大多是指向供货单位购入材料、商品和劳务是所开出的商业承兑票据，因此，对应付票据的审计需结合购货与付款业务一起进行。

（一）应付票据的审计目标

应付票据的审计目标一般包括：确定应付票据的发生和偿还记录是否完整；确定应付票据期末余额是否正确；确定应付票据在会计报表上的披露是否恰当。

（二）应付票据的实质性程序

第一，获取或编制应付票据明细表。为了确定被审计单位应付票据账户、金额是否正确无误，本期应付利息是否正确，注册会计师在对应付票据进行审计时，应首先取得或编制应付票据明细表，并同有关明细账和总分类账相核对。一般而言，应付票据明细表应列示票据类别及编号、出票日期、面额、到期日、收款人名称、利息率、付息条件、抵押品名称、数量、金额等。在进行核对时，注册会计师应注意被审计单位有无漏报或错报票据，有无漏列作为抵押的资产，有无属于应付账款的票据，有无漏计、多计或少计应付利息费用等情况。

第二，函证应付票据。进行函证时，注册会计师应选择应付票据的重要项目（包括零账户）进行函证。对于应付银行的重要票据，应结合银行存款余额一起函证。凡是当年度与客户单位有往来的银行均应成为函证对象，因为可能某一银行的存款虽已结清，但客户开给的应付票据仍未销案。询证函也要求银行列示借款抵押券，如用有价证券、应收账款或其他资产做担保时，应在询证函中详细列明这些项目。应付其他债权人的重要票据，应以客户单位名义，由注册会计师直接向债权人发函。对未回函的，可再次函证，或采用其他替代审计程序以确定应付票据的真实性。

询证函应包括出票日、到期日、票面金额、未付金额、已付息期间、利息率以及票据的抵押品担保等项内容。

第三，实施分析程序，以证实应付票据的完整性和合理性及发现需要加以特别关注的方面。

第四，复核带息应付票据利息是否足额计提，其会计处理是否正确。

第五，检查逾期未付票据。注册会计师应审查有关会计记录和原始凭证，检查被审计单位有关到期仍未偿付的应付票据。如有逾期未付票据，应查明原因，是否已转入应付账款项目，其中带息应付票据是否已停止计息，确定是否存在抵押票据情形，必要时，提请被审计单位予以披露。

第六，确定应付票据是否已在资产负债表上恰当披露。

四、无形资产审计

无形资产是指企业拥有或者控制的没有实物形态的可辨认非货币性资产，包括专利权、非专利技术、商标权、著作权、土地使用权等。

（一）无形资产的审计目标

无形资产的审计目标一般包括：确定无形资产是否存在；确定无形资产是否归被审计单位所有；确定无形资产增减变动及其摊销的记录是否完整；确定无形资产的使用寿命是否合理；确定无形资产的摊销政策是否恰当；确定无形资产减值准备计提是否充分、完整，方法是否恰当；确定无形资产减值准备发生和转销的记录是否完整；确定无形资产、累计摊销及减值准备的期末余额是否正确；确定无形资产、累计摊销及减值准备的披露是否恰当。

（二）无形资产账面余额审计

第一，获取或编制无形资产明细表，复核加计正确，并与总账数和明细账合计数核对相符，结合累计摊销、无形资产减值准备科目与报表数核对相符。

第二，检查无形资产科目的核算内容是否符合规定，特别关注土地使用权的核算是否正确。

第三，检查无形资产的权属证书原件、非专利技术的持有和保密状况等，并获取有关协议和董事会纪要等文件、资料，检查无形资产的性质、构成内容、计价依据、使用状况和受益期限，确定无形资产的所有权和存在性。

第四，检查无形资产的增加。

一是检查投资者投入的无形资产是否按投资各方确认的价值入账，并检查确认价值是否公允，交接手续是否齐全；涉及国有资产的，是否有评估报告并经国有资产管理部门评审备案或核准确认。

二是对自行研发取得、购入或接受捐赠的无形资产，检查其原始凭证，确认计价是否正确，法律程序是否完备（如依法登记、注册及变更登记的批准文件和有效期）；会计处理是否正确。

三是对债务重组或非货币性资产交换取得的无形资产，检查有关协议等资料，确认其计价和会计处理是否正确。

四是检查本期购入土地使用权相关税费计缴情况，与购入土地使用权相关的会计处理是否正确。

第五，检查无形资产的减少。

一是取得无形资产处置的相关合同、协议，检查其会计处理是否正确。

二是检查房地产开发企业取得的土地用于建造对外出售的房屋建筑物，相关土地使用权是否转入所建造房屋建筑物的成本。在土地上自行开发建造厂房等建筑物的。土地使用权和地上建筑物是否分别进行摊销和计提折旧。

三是当土地使用权用于出租或增值目的时，检查其是否转为投资性房地产核算，会计处理是否正确。

第六，检查被审计单位确定无形资产使用寿命的依据，分析其合理性。

第七，检查无形资产的后续支出是否合理，会计处理是否正确。

第八，对于使用寿命有限的无形资产，应逐项检查是否存在减值迹象，做出详细记录；对于使用寿命不确定的无形资产，无论是否存在减值迹象，都应进行减值测试。若某项无形资产预计不能为被审计单位带来经济利益的，是否将其账面价值予以转销，计入当期营业外支出。

第九，结合长、短期借款等项目审计，了解是否存在用于债务担保的无形资产；如有，则应取证和记录，并提请被审计单位做恰当披露。

第十，确定无形资产的披露是否恰当。

（三）无形资产累计摊销审计

第一，获取或编制无形资产累计摊销明细表，复核加计正确，并与总账数和明细账合计数核对相符。

第二，检查无形资产各项目的摊销政策是否符合有关规定，是否与上期一致，若改变摊销政策，检查其依据是否充分。注意使用期限不确定的无形资产不应摊销，但应当在每个会计期间对其使用寿命进行复核。

第三，检查被审计单位是否在年度终了，对使用寿命有限的无形资产的使用寿命和摊销方法进行复核，其复核结果是否合理。

第四，检查无形资产的应摊销金额是否为其成本扣除预计残值和减值准备后的余额。检查其预计残值的确定是否合理。

第五，复核本期摊销是否正确，与相关科目核对是否相符。

第六，确定累计摊销的披露是否恰当。

（四）无形资产减值准备审计

第一，获取或编制无形资产减值准备明细表，复核加计正确，并与总账数和明细账合计数核对相符。

第二，检查无形资产减值准备计提和转销的批准程序，取得书面报告等证明文件。

第三，检查被审计单位计提无形资产减值准备的依据是否充分，计算和会计处理是否正确。

第四，检查无形资产转让时，相应的减值准备是否一并结转，会计处理是否正确。

第五，通过检查期后事项，以及比较前期无形资产减值准备数与实际发生数，评价无形资产减值准备的合理性。

第六，确定无形资产减值准备的披露是否恰当。

本章小结

本章介绍了对被审计单位采购与付款循环进行审计的基本要求及审查要点。注册会计师首先应明确采购与付款循环涉及的主要业务、使用的主要凭证和会计记录；然后应考虑被审计单位在采购与付款循环中发生错报的可能性以及潜在错报的重大程度是否足以导致重大错报，从而评估被审计单位采购与付款循环的相关交易和余额存在的重大错报风险，并在此基础上设计并实施进一步审计程序，才能有效应对重大错报风险。

在采购与付款循环中实施的进一步审计程序包括对采购与付款循环内部控制的测试和实质性审查。被审计单位采购与付款循环的内部控制主要包括职责分离控制、信息传递程序控制和实物控制几个方面，要求注册会计师从采购交易、付款交易和固定资产几个方面进行控制测试，并根据控制测试的结果设计实质性程序。

采购与付款循环的实质性程序主要从应付账款审计和固定资产审计两个方面展开，主要介绍了应付账款的审计范围、内部控制测试、实质性程序，固定资产的审计范围、内部控制测试、实质性程序、固定资产累计折旧的审计、固定资产减值准备的审查、在建工程审计和固定资产清理审计等；同时，介绍了预付账款、工程物资、应付票据和无形资产等相关内容的审计。

思考与实训

一、思考题

1. 简述购货与付款循环的主要业务活动。
2. 简述购货与付款循环涉及的凭证。
3. 简述影响采购与付款交易和余额的重大错报风险有哪些。
4. 简述采购与付款循环的内部控制包括的内容。
5. 采购与付款循环的控制测试主要包括哪几个方面的内容？
6. 简述应付账款实质性审查的要点。
7. 在应付账款的实质性程序中，如何应用函证程序？
8. 在应付账款的实质性程序中，如何查找未入账的应付账款？
9. 简述固定资产审计的实质性程序。
10. 简述固定资产累计折旧的实质性程序。
11. 简述固定资产减值准备的实质性程序。
12. 简述应付票据的实质性程序。

二、实训题

1. 注册会计师在审查某公司 20×6 年度“主营业务收入”明细账时，发现该企业在下半年至年末正值销售旺季之时，销售收入下滑幅度较大。注册会计师怀疑该公司利用“应付账款”账户隐匿收入，故决定做进一步审查。注册会计师查阅了 20×6 年 11 月与 12 月的“应付账款”明细账，发现下列会计分录：

借：银行存款　　　　180 000

　　贷：应付账款——甲公司　　　　180 000

所附原始凭证为银行进账单回单和向甲公司开出的发货票。发货票上注明货款为 153 846 元，增值税税额为 26 154 元，合计 180 000 元。

该公司适用的增值税税率为 17%，假定该笔业务的销售利润为 100 000 元，所得税税率为 25%。

要求：指出该公司存在的问题，并提出处理意见。

2. 某注册会计师在对×公司的应付账款账户进行审计。根据需要，该注册会计师决定对×公司下列四个明细账中的两个进行函证（如表 9－6 所示）：

表 9－6　　应付账款年末余额与本年度进货总额　　单价：元

单位名称	应付账款年末余额	本年度进货总额
A 公司	32 650	56 100
B 公司	—	1 880 000
C 公司	75 000	85 000
D 公司	189 000	2 032 000

要求：(1) 该注册会计师应选择哪两位供货人进行函证？为什么？

(2) 假定上述四家公司均为×公司的购货人，上表中两栏分别是应收账款年末余额和本年销货总额，该注册会计师应选择哪两家公司进行函证？为什么？

3. 注册会计师对某公司20×6年度的财务决算进行审计，发现固定资产购入业务中有下列疑点：

20×6年3月购入不需安装的设备一台，取得的增值税专用发票上注明的设备价款为800 000元，增值税税额为136 000元，发生的保险费为5 000元，包装费为300元，运输费为700元，以银行存款转账支付。经查，该厂已按下列会计分录入账：

借：固定资产　　800 000
　应交税费——应交增值税（进项税额转出）　　136 000
　　贷：银行存款　　936 000
借：管理费用　　6 000
　　贷：银行存款　　6 000

在清查该公司房屋建筑物时，发现固定资产上记录的两层楼办公室现在已是一幢三层楼房，系该厂利用本厂材料委托农村基建队扩建，共计开支工料费600 000元（其中料款400 000元），均作为本期成本和制造费用处理。

要求：(1)根据上述资料，分析并指出所查明的各个问题的性质；

(2)根据审计结果，分别编制调整会计分录。

4. 20×7年1月，注册会计师审查了某企业上年12月份基本生产车间设备计提折旧情况，在审阅固定资产明细账和制造费用明细账时，发现如下记录：

(1)11月末该车间设备计提折旧额为12 000元，年折旧率为6%。

(2)11月份购入设备一台，原值2 000元，已安装完毕并交付使用。

(3)11月份将原来未使用的一台设备投入车间使用，原值10 000元。

(4)11月份交外单位大修设备一台，原值50 000元。

(5)11月份进行技术改造设备一台，当月交付使用，该设备原值200 000元，技术改造支出50 000元，变价收入20 000元。

(6)12月份该车间设备计提折旧21 000元。

要求：假定该企业20×6年11月末计提折旧数正确，验证该企业当年12月份计提折旧数是否正确。如不正确，请编制调整分录。

第十章　生产与存货循环审计

学习目标

知识目标

1. 掌握生产与存货循环中的主要内部控制措施；
2. 熟悉生产与存货循环的主要业务活动；
3. 理解一般制造类企业影响生产与存货循环交易和余额的风险因素；
4. 熟悉一般制造类企业的存货重大错报风险包含的内容；
5. 熟悉各种具体存货相关账户的实质性测试程序；
6. 掌握对存货监盘程序的使用；
7. 掌握存货成本和存货截止审计；
8. 熟悉期间费用的审查要点。

技能目标

1. 掌握生产与存货循环审计的要点；
2. 能分析、判断生产与存货循环审计中发现的问题，具备一定处理问题的能力。

引导案例

存货通常是被企业用来调节利润的手段之一，一些企业往往通过虚构存货等手段达到提高利润的目的，美国法尔莫公司就是其中的一个。该公司拥有 299 家药店，采用仿造购货发票、制造增加存货并减少销售成本的虚假记账凭证、确认购货却不同时确认负债、多计或加倍计算存货数量等手段高估存货，同时在审计人员审计时，将虚假的存货分配于注册会计师不打算进行观察盘点的连锁店内，而对于注册会计师可能会监盘的连锁店，法莫尔公司没有进行欺诈性调整，同时审计人员允许公司管理人员跟随他们并记录下何处已经抽点过存货，之后，经理们对审计人员未抽点过的存货项目的数量进行了篡改，致使审计人员没有查出有 5 000 万美元的高估存货。事实上，法莫尔公司已经濒临破产。为其提供审计服务的会计师事务所也因未发现这一重大舞弊行为而损失了数百万美元。

第一节　生产与存货循环概述

一、生产与存货循环的主要业务活动

生产与存货循环是将原材料加工制造成为产成品的过程。该循环包括制订生产计划，控制、保持存货水平以及与制造过程有关的交易和事项，涉及的主要业务活动包括：计划和安排生产、发出原材料、生产产品、核算产品成本、储存产成品、发出产成品等(如图 10－1 所示)。上述业务活动涉及生产计划部门、仓储部门、生产部门、人事部门、销售部门和会计部门等。

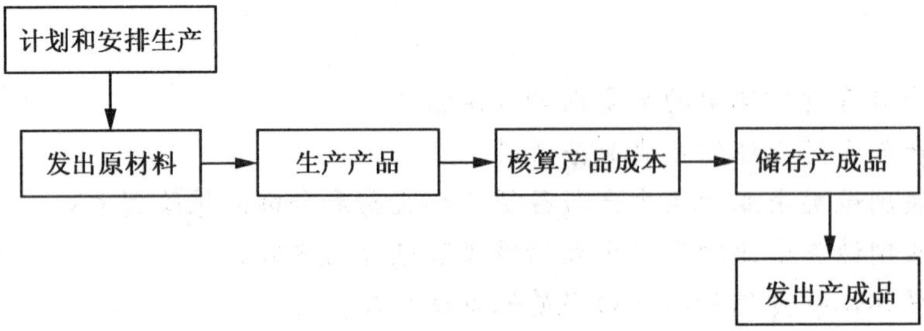

图 10－1　生产与存货循环涉及的主要业务活动

(一)制订、安排和批准生产计划

计划和安排生产的职责是由生产计划部门来完成的。该部门根据顾客订单或销售预测及存货需求的分析来制订生产计划，交被授权人员审批。被授权人员决定授权生产，签发预先编号的生产通知单以通知生产部门生产或执行。生产计划部门还要编制材料需求报告，列示所需要的材料和零件及其库存情况。

(二)申请和发出材料

生产部门根据需要填制领料单，并向仓储部门领料。仓储部门根据从生产部门收到的领料单发出原材料。领料单可以一料一单，也可以多料一单。一般领料单一式三联，并且已经事先连续编号，但必须列示所需的材料数量和种类。在手工系统中，领料单通常一式三联，仓库发料后登记材料明细账留用一联，领料单位保存一联，财会部门进行材料收发核算、成本计算使用一联。

(三)生产加工产品

完成生产任务后，将完工产品交生产单位清点并交验收员检验合格后入库，或将产品交下一工序继续加工。

(四)核算产品成本

随着生产的进行，成本会计人员要汇集生产过程的各种凭证，逐步登记、汇总材料费、人工费和制造费用，对产品成本进行核算。

(五)储存产成品

产成品入库，需由仓储部门先行点验和检查，然后签收。签收后，将实际入库数量通知会计部门。此外，仓储部门还应根据产成品的品质特征分类存放，并填制标签。

（六）产成品销售出库

销售部门接到客户订单，商定品种规格、数量、质量、价格、交货期、结算方式后，报主管人员批准，再签订销售合同、开出销货单，交由独立的发运部门装运产品。依据经批准的发运通知单编制出库单，并根据出库单登记产成品永续盘存记录。出库单至少一式四联，一联交仓库，一联发运部门留存，一联送交顾客，一联作为给顾客开具发票的依据。

（七）存货的报废核销

经部门主管审批后交由财会部门、管理部门、存储部门、技术部门组成的“资产报废审核小组”审核，出具鉴定意见后，送被授权人批准。

【课堂练习·单选题】 关于被审计单位储存产成品，下列说法中错误的是(　　)。

A. 产成品的保管由验收部门负责

B. 仓储部门在签收产成品后，将实际入库数量通知会计部门

C. 根据签收记录，仓储部门确立了本身应承担的责任，并对验收部门的工作进行验证

D. 仓储部门应根据产成品的品质特征分类存放，并填制标签

【正确答案】 A

二、生产与存货循环涉及的主要凭证和会计记录

生产与存货循环涉及的主要账户及其关系如图 10－2 所示。

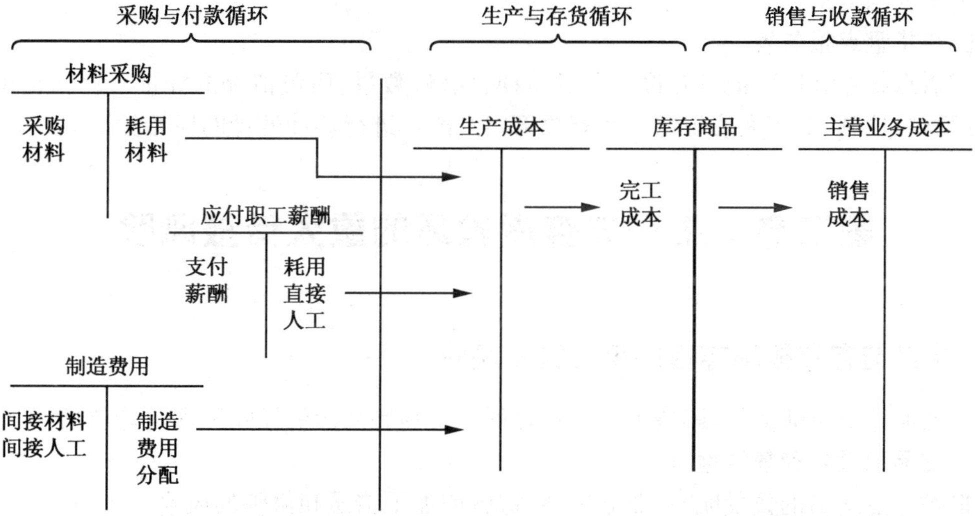

图 10－2　生产与存货循环涉及的主要账户及其关系

（一）生产任务通知单

生产任务通知单是生产管理部门下达制造产品等生产任务的书面文件，用以通知生产车间组织生产制造、供应部门组织材料发放，会计部门组织成本核算。广义的生产任务通知单还包括有助于指导产品加工的工艺过程，如机械加工企业的“路线图”等。

（二）领发料凭证

领发料凭证是企业为控制材料收发所使用的各种凭证，包括材料发出汇总表、领料单、限

额领料单、领料登记簿、退料单等。

(三)产量和工时记录

产量和工时记录是登记工人或生产班组在出勤内完成的产品数量、质量和生产这些产品所耗费工时数量的原始记录。产量和工时记录的格式有多种,生产类型不同可能会使用不同的产量和工时记录。常见的产量和工时记录主要有工作通知单、工序进程单、工作班组产量报告、产量通知单、产量明细表和废品通知单等。

(四)工薪费用汇总表及工薪费用人工费用分配表

工薪费用汇总表反映企业全部职工薪酬的结算情况,并据以进行职工薪酬结算总分类核算和汇总整个企业职工薪酬费用,它是企业进行工薪费用分配的依据。工薪费用人工费用分配表是反映各车间各产品应负担的职工薪酬和福利费的记录表。

(五)材料费用分配表

材料费用分配表是用来反映各车间、各产品应负担的职工薪酬和福利费的记录表。

(六)制造费用分配表

制造费用分配表是用来反映各车间各产品应负担的制造费用的记录表。

(七)成本计算单

成本计算单是用来归集某一类成本计算对象的总成本和单位成本的记录。

(八)存货明细账

存货明细账反映了从原材料、在产品到产成品,几乎所有存货增减变动情况、期末库存存货数量等重要的信息。

(九)存货盘点报告表

存货盘点报告表用以记录并报告存货品种、规格、数量、质量情况的凭证。该凭证由存货清查小组据实填制,并作为按规定报经有关部门批准后进行会计处理的原始凭证。

第二节　生产与存货循环的重大错报风险

一、生产与存货循环存在的重大错报风险

以一般制造类企业为例,影响生产与存货循环交易和余额的风险因素可能包括:

(一)交易的数量和复杂性

制造类企业交易的数量庞大、业务复杂,这就增加了错误和舞弊的风险。

(二)成本核算的复杂性

制造类企业的成本核算比较复杂。虽然原材料和直接人工等直接成本的归集和分配比较简单,但间接费用的分配可能较为复杂,并且同一行业中的不同企业也可能采用不同的认定和计量基础。

(三)产品的多元化

这可能要求聘请专家来验证其质量、状况或价值。另外,计算库存存货数量的方法也可能是不同的。例如,计量煤堆、筒仓里的谷物或糖、黄金或贵重宝石、化工品和药剂产品的存储量的方法可能不一样。这并不是要求注册会计师每次清点存货都需要专家配合,如果存货容易辨认、存货数量容易清点,就无须专家帮助。

（四）某些存货项目的可变现净值难以确定

例如，价格受全球经济供求关系影响的存货，由于其可变现净值难以确定、其采购价格和销售价格的确定就会受影响，并将影响注册会计师对与存货计价和分摊认定有关的风险进行的评估。

（五）将存货存放在很多地点

大型企业可能将存货存放在很多地点，并且可能在不同的地点配送存货，这将增加商品途中毁损或跌的风险，或者导致存货在两个地点被重复列示，也可能产生转移定价的错误或舞弊。

（六）寄存的存货

有时候存货虽然还存放在企业，但可能已经不归企业所有；反之，企业的存货也可能被寄存在其他企业。

由于存货与企业各项经营活动紧密联系，存货的重大错报风险往往与财务报表其他项目的重大错报风险紧密相关。例如，收入确认的错报风险往往与存货的错报风险共存；采购交易的错报风险与存货的错报风险共存；而存货成本核算的错报风险与营业成本的错报风险共存等。

综上所述，一般制造型企业生产与存货循环存在的重大错报风险通常包括：(1)存货实物可能不存在（存在认定）；(2)属于被审计单位的存货可能未在账面反映（完整性认定）；(3)存货的所有权可能不属于被审计单位（权利和义务认定）；(4)存货的单位成本可能存在计算错误（计价和分摊认定/准确性认定）；(5)存货的账面价值可能无法实现，即跌价损失准备的计提可能不充分（计价和分摊认定）。

二、根据重大错报风险评估结果设计进一步审计程序

注册会计师基于生产与存货循环的重大错报风险评估结果，制订实施进一步审计程序的总体方案（包括综合性方案和实质性方案），如表10－1所示，继而实施控制测试和实质性程序，以应对识别出的认定层次的重大错报风险。注册会计师通过控制测试和实质性程序获取的审计证据综合起来应足以应对识别出的认定层次的重大错报风险。

注册会计师根据重大错报风险的评估结果初步确定实施进一步审计程序的具体审计计划，因为风险评估和审计计划都是贯穿审计全过程的动态活动，而且控制测试的结果可能导致注册会计师改变对内部控制的依赖程度，因此，具体审计计划并非一成不变，可能需要在审计过程中进行调整。

表10－1　　生产和存货循环的重大错报风险和进一步审计程序的总体方案

重大错报风险描述	相关财务报表项目及认定	风险程度	是否信赖控制	进一步审计程序的总体方案	拟从控制测试中获取的保证程度
存货实物可能不存在	存货：存在	特别	是	综合性	中
存货的单位成本可能存在计算错误	存货：计价和分摊 营业成本：准确性	一般	是	综合性	中
已销售产品的成本可能没有准确结转至营业成本	存货：计价和分摊 营业成本：准确性	一般	是	综合性	中
存货的账面价值可能无法实现	存货：计价和分摊	特别	是	实质性	无

无论是采用综合性方案还是实质性方案，获取的审计证据都应当能够从认定层次应对所识别的重大错报风险，直至针对该风险所涉及的全部相关认定均已获取足够的保证程度。

【课堂练习·单选题】如果将与存货相关的内部控制评估为高风险，注册会计师应考虑（　）。

A. 询问与存货相关的管理人员

B. 在期末对存货实施监盘程序

C. 在期末前或期末后实施存货监盘程序，并测试盘点日至期末发生的存货交易

D. 检查购货、生产、销售的记录和凭证，以确定期末存货余额

【正确答案】B

第三节　生产与存货循环的内部控制和控制测试

一、生产与存货循环的内部控制目标、内部控制与审计测试的关系

（一）存货的内部控制

通常情况下，存货内部控制目标、关键的控制程序以及常用的控制测试程序如表10－2所示。

表10－2　　存货内部控制目标、关键的控制程序以及常用的控制测试程序

内部控制目标	关键的控制程序	常用的控制测试程序
列示在资产负债表中的存货实际存在（存在）	职责分离（存货的采购、保管与记录等职务进行分离）	观察并确认相关职责是否适当分离
	凭证与记录控制（存货入库要取得经审核的、事先连续编号的验收单）	观察存货的入库程序；检查验收单编号的连续性
	凭证与记录控制（存货的发出只能依据经授权审批、事先连续编号的领料凭证进行）	观察存货的发出程序；检查领料凭证编号的连续性
	凭证与记录控制（只能依据经审批的、事先连续编号的领料记录原材料的减少）	检查有关记账凭证是否附有合规的领料凭证
	存货定期盘点	检查企业编制的存货盘点表
	对存货实物及记录实施限制接近措施	观察存货的保护措施；观察存货和记录的接触及相应的审批程序
资产负债表日存货项目包括所有应该包括的存货，没有遗漏（完整性）	凭证与记录控制（验收单、应付凭单和领发料凭证事先连续编号）	检查有关凭证编号的连续性
	存货定期盘点	检查企业编制的存货盘点表
存货增减业务及时、准确地记入正确的会计期间（及时性）	存货验收入库或发出的当日，将验收单、领发料凭证等单证送交会计部门进行处理	检查有无尚未处理的相关凭证，查明原因

续表

内部控制目标	关键的控制程序	常用的控制测试程序
账面存货与实存存货核对相符（计价与分摊）	存货进行定期盘点	询问相关人员；检查企业编制的存货盘点表
	原材料根据经过审核的供应方发票入账；半成品、产成品根据经审批的成本计算单入账	检查有关凭证上的审核标志、已记账标记
	妥善保管存货，定期盘点；对价值发生贬损的存货计提存货低价准备	观察易损存货的保管措施；检查存货跌价准备的计提方法
存货增减变动业务均及时地过入相关的明细账和总账（过账与汇总）	由独立的人员定期核对永续盘存记录与存货明细分类账	检查内部核查标志
	由独立的人员定期核对存货明细账合计数与总账	检查内部核查标志

存货本身应该制定具体的控制目标，被审计单位应实施相应的控制措施，合理保证控制目标的实现。

（二）成本会计制度的内部控制

在生产与存货循环环节，一方面要对存货这项实物本身实施相应的内部控制，另一方面要对形成存货价值的成本会计制度实施相应的内部控制，这部分内部控制涉及对整个生产过程与成本计算相关的内部控制，以具体控制目标为思路展开，如表10－3所示。

表10－3　　成本会计控制、关键的控制程序以及常用的控制测试程序

内部控制目标	关键的控制程序	常用的控制测试程序
生产任务是根据管理层一般授权或特别授权进行的（发生）	对以下几个关键的控制点，应当履行恰当的手续，经过一般审批或特别审批：(1)生产指令的授权批准；(2)领料单的授权批准；(3)工薪的授权批准	检查凭证中是否包括这三个关键控制点的适当审批
记录的成本为实际发生而非虚构的（发生）	成本的核算以经过审核的生产任务通知单、领发料凭证、产量和工时记录、人工费用分配表、材料费用分配表和制造费用分配表为依据	检查有关成本的记账凭证是否附有生产通知单、领发料凭证、产量和工时记录、工薪费用分配表、材料费用分配表、制造费用分配表等。检查原始凭证的顺序编号是否完整
所有耗费和物化劳动均已经反映在成本中（完整性）	生产任务通知单、领发料凭证、产量和工时记录、人工费用分配表、材料费用分配表和制造费用分配表均已事先连续编号并全部登记入账	审查生产任务通知单、领发料凭证、产量和工时记录、人工费用分配表、材料费用分配表和制造费用分配表的顺序编号是否完整
成本以正确的金额，在适当的会计期间及时记录于适当的会计账户（发生、完整性、准确性、计价和分摊）	采用适当的成本费用分配方法并且前后期一贯执行；采用适当的成本核算方法并一贯执行；采用适当的成本核算流程和账务处理流程；内部稽核	选取适当的样本，检查费用的归集和分配及成本的计算；进行穿行测试，确定是否按照规定的成本核算流程和账务处理流程进行核算和账务处理
账面存货与实际存货定期核对相符（存在、完整性、计价和分摊）	定期进行存货的实地盘点	询问和观察存货盘点程序

二、生产与存货循环的内部控制

生产与存货循环的内部控制主要包括以下几个方面：

（一）职责分工

第一，采购部门与验收、保管部门相互独立，防止购入不合格材料。

第二，存储部门与生产或使用部门相互独立，防止多领材料或存货被盗。

第三，生产计划的制订与审批相互独立，防止生产计划不合理。

第四，产成品生产与检验相互独立，防止不合格产品入库和售出。

第五，存货的保管与会计记录相互独立，防止篡改会计记录、财产流失。

第六，存货盘点由独立于保管人员之外的其他部门人员定期进行，保证盘点的真实性。

（二）信息传递程序控制

1. 授权程序

企业生产与存货管理业务都必须经过授权，各项业务都要经过严格的批准手续方可办理。

2. 成本控制

成本控制包括制订成本计划、费用预算或控制目标，严格审核原始凭证，设置生产与存货总账及明细账并进行核算，选择适当的成本计算方法科学计算产品成本，进行生产与存货成本分析，建立成本和费用的归口分级管理控制制度等。

3. 永续盘存记录

永续盘存记录由财会部门而不是仓储部门负责，以使管物与管账两个不相容职责分离。

（三）实物控制

实物控制的主要措施有：限制非授权人员接近存货，定期盘点、检查存货管理情况，保管与记录严格分工等。

【课堂练习·单选题】关于生产与存货循环，下列各项中不属于生产成本控制措施的是（　　）。

A. 审核领料凭证　　　　B. 控制厂部办公经费开支

C. 制订成本计划　　　　D. 编制成本预算

【正确答案】B

【课堂练习·案例分析题】2017 年 6～8 月，由于会计人员休假，存货明细账由仓库保管员代记。前述情况违反了存货内部控制的要求，具体是（　　）。

A. 业务批准与执行相分离　　　　B. 资产保管与账实核对相分离

C. 各种会计责任之间相分离　　　　D. 资产保管与会计记录相分离

【正确答案】D

【课堂练习·多选题】下列职责中，应当相互分离的有（　　）。

A. 原材料的采购与保管　　　　B. 原材料的保管与盘点

C. 产成品的生产与验收　　　　D. 生产计划的制订与审批

E. 原材料的保管与发出

【正确答案】ABCD

三、生产与存货循环的内部控制测评

整体来看,生产与存货循环与企业的其他业务循环具有交叉性,在该循环中某些审计测试与其他相关业务循环的相关审计测试是同时进行的。生产与存货循环的内部控制主要包括存货的内部控制、成本会计控制与工薪的内部控制三项内容。

(一)调查了解生产与存货内部控制

经过调查了解,运用文字报告、内部控制调查表、流程图等方式,将内部控制情况描述记录于审计工作底稿。

(二)检查各部门、各业务环节不相容职责的分离

观察、审查生产与存货管理的各个环节上,采购与保管部门、计划与生产部门、存货保管与盘点、生产与验收、存货保管与记录、存储与销售是否独立,对企业控制环境、会计准则的应用进行评价。各单位和岗位严格分工,职责明确分离、相互牵制,使每个环节都按规定的程序、标准和方法进行,则内部控制风险相对较低。

(三)抽查部分存货入库、出库业务,追踪其业务处理

审计人员根据重要性原则,抽取部分业务文件,测试各控制环节的执行情况,授权、审核、计量、记录等控制环节是否真正发挥了作用。

(四)抽查盘点记录

审查盘点的范围、组织方式、盘点结果与账面金额是否一致,盘点是否由企业内部审计人员或仓库保管员以外的人员监督执行。

(五)产品生产、成本管理制度执行情况的审查

采用询问法、实地观察法检查企业是否编制生产计划或进行预算控制,检查生产通知单是否连续编号,成本的归口分级管理制度执行情况如何,对有关原始凭证进行检查,判明其完备性、及时性和正确性。

(六)对成本核算和会计入账环节的审查

检查生产与存货业务会计科目是否健全,成本会计核算是否合理,抽查材料费用、工薪费用、制造费用分配的合理性,抽查成本计算单,检查其记录的正确性,选择若干标准成本与实际成本差异较大的账户,检查其差异调整有无差异分析记录和被授权人批准,观察有无独立人员检查账簿记录的正确性,对企业会计准则的应用进行评价。

(七)评价生产与存货业务内部控制

有很多危险信号是生产和存货循环独有的,审计人员应当进行评价。这些危险信号包括:存货的增长率高于销售增长率;生产费用明显高于或低于行业平均水平;各种“准备”明显减少;生产费用账户发生重大的贷方记录;对审计人员建议的必要内部控制缺乏后续措施。

【课堂练习·案例分析题】 注册会计师对ABC公司的存货进行审计时,进行了控制测试,发现有以下事项:

(1)以前年度没有对存货实施盘点,但有完整的存货会计记录和仓库记录。

(2)销售发出的彩电未全部按顺序记录。

(3)生产彩电所需的零星材料由其他公司代管,故该公司没对这些材料的变动进行会计记录。

(4)公司每年12月25日会计结账后发出的存货在仓库明细账上记录,会计部门没做账务处理。

要求：分析ABC公司的处理存在的问题。

【分析提示】

事项(1)有严重缺陷。保证存货账实相符是其内控的重要目标，定期盘点是实现该目标的重要控制措施。

事项(2)有缺陷。发出产品的原始凭证不连续编号，会导致销售业务记录不完整；没按顺序记录可能出现销货业务提前或推后入账。

事项(3)有缺陷。只要是公司的存货，就应在账上记录，该公司不做记录则不能反映材料的购入和发出，会导致存货成本不正确，也不能保证材料的安全、完整。

事项(4)有缺陷。在一个会计期间，实物保管明细账应与财务部门的会计记录完全相符，12月25日后发出的存货在仓库记录而财务部门不入账，会使账账、账实不符，且会计记录不及时、不完整。会计部门提前结账会导致截止认定错误。

第四节　存货审计

一、存货审计概述

存货是指企业在日常活动中持有以备出售的产成品或商品、处在生产过程中的在产品、在生产加工过程中或提供劳务过程中使用的材料和物料等，主要包括商品、产成品、半成品和在产品，以及各类原材料、燃料和辅助材料、包装物，低值易耗品等。其特点主要有：(1)流动性强，周转快；(2)存货存在于企业生产经营的全过程，形式经常发生变化，但总可以通过实地盘点和计量确认其数量；(3)存货在会计上可采用多种计价方法，存货的计价将直接影响销售成本，与当期损益的计算有重大关系。

通常情况下，存货对企业经营特点的反应强于其他资产项目。审计中许多复杂和重大的问题都与存货有关。存货、产品生产和销售成本构成了会计、审计乃至企业管理中的普遍、重要和复杂的问题。存货的审计目标一般有：(1)证实存货的真实性、所有权与完整性；(2)证实存货计价的正确性；(3)证实存货采购和销售业务的合法性；(4)证实存货账务处理和存货记录截止期的正确性；(5)证实财务报表中存货披露的正确性。

存货审计，尤其是对年末存货的测试，通常是审计中最复杂也最费时的部分。对存货存在性和存货价值的评估常常十分困难。导致存货审计复杂的主要原因包括：(1)存货通常是资产负债表中的一个主要项目，通常也是构成营运成本的最大项目；(2)企业必须将存货放置于便于产品生产和销售的地方，这使得对它的实物控制和盘点都比较困难，也给审计带来了很大的困难；(3)存货项目的多样性给审计带来了困难；(4)存货本身的陈旧以及存货成本的分配也使得存货的估价出现困难；(5)现行准则对存货发出的计价方法的多样性给审计带来了困难。

由于存货对企业的重要性、存货问题的复杂性以及存货项目与其他项目密切的关联度，要求审计人员必须对存货项目给予特别的关注，相应地也就要求审计师具备较高的专业素质和相关业务知识，运用多种有针对性的审计程序。

二、与存货相关的内部控制

审计人员应该了解存货会计系统及其他相关的内部控制。存货的内部控制几乎涉及企业产品的所有生产与销售环节，包括采购、验收入库、仓储、领用、加工（生产）、运输等方面，还包括存货数量的盘存制度。需要说明的是，与存货内部控制相关的措施有很多，其有效程度也存在差异。

（一）采购

与采购相关的内部控制的总体目标是所有交易都已经获得适当的授权与批准。使用购货订单是一项基本的内部控制措施。购货订单应当事先连续编号，事先确定采购价格并获得批准，此外，还应定期清点购货订单。

（二）验收

与存货验收相关的内部控制的总体目标是所有收到的货物都已经得到记录。使用验收报告单是一项基本的内部控制措施。被审计单位应当设置独立的部门负责验收货物，该部门具有验收存货实物、确定存货数量、编制验收报告、将验收报告传送至会计核算部门以及运送货物至仓库等一系列职能。

（三）仓储

与仓储有关的内部控制的总体目标是确保与存货实物的接触必须得到管理层的指示和批准。被审计单位应当采取事务控制措施，使用适当的存储设施，以使存货免受意外的毁损、盗窃或破坏。

（四）领用

与领用有关的内部控制的总体目标是所有存货的领用均应该得到批准和记录，使用存货领用单是一项基本的内部控制措施。对存货领用单，应当定期进行清点。

（五）加工（生产）

与加工（生产）有关的内部控制的总体目标是对所有生产过程做出适当的记录。使用生产报告是一项基本的内部控制措施，在生产报告中，应当对产品质量缺陷和零部件使用及报废情况及时做出说明。

（六）装运出库

与装运出库有关的内部控制的总目标是所有装运都得到了记录，使用发运凭证是一项基本的内部控制措施。发运凭证应该预先编号，定期进行清点，并作为日后开具收款账单的依据。

（七）存货的盘存制度

存货的盘存制度一般可分为实地盘存制和永续盘存制。存货的盘存制度不同，对存货数量的控制程度的影响程度也就不同。因此，被审计单位应制订合理的存货盘点计划，确定合理的存货盘点程序，每年至少应当对存货进行一次全面盘点，并配备相应的监督人员，对存货进行独立的内部验证，将盘点结果与永续存货记录进行独立的调节，对盘点表和盘点标签进行充分的控制。

三、审计时需要特别注意的问题

在存货监盘过程中无论是观察程序还是检查程序，审计人员都应当特别关注存货的移动情况、存货的状况以及存货的截至情况。

（一）存货的移动

在存货监盘过程中，审计人员要特别关注存货的移动情况，防止遗漏或重复盘点。盘点存货时尽管要求保持存货不发生移动，但在某些情况下存货的移动还是不可避免的，所以审计人员应该特别关注存货的移动情况，防止出现遗漏或重复盘点。如果在盘点过程中被审计单位的生产经营仍将进行，审计人员应通过实施必要的检查程序，确定被审计单位是否已经对此设置了相应的控制程序，确保在适当的期间内对存货做出了准确的记录。

（二）存货的状况

审计人员要特别关注存货的状况，观察被审计单位是否已经恰当地区分所有毁损、陈旧、过时及残次的存货。存货的状况是被审计单位管理当局对存货计价认定的一部分，存货的状况影响到存货的计价，审计人员在存货监盘过程中应当特别关注存货的状况，了解并观察被审计单位是否识别除所有毁损陈旧、过时及残次外的存货。除了对存货的状况予以特别关注之外，审计人员还应当把所有毁损、陈旧、过时及残次存货的详细情况记录下来，以便事后追查这些存货的处置情况以及为测试被审计单位存货跌价准备计提的准确性提供证据。

（三）存货的截止

审计人员应当获取盘点日前后存货收发及移动的凭证，检查库存记录与会计记录期末截至是否正确。注册会计师在对存货进行期末截止测试时，通常应当关注：

第一，所有在截止日以前入库的存货项目是否均已包括在盘点范围内，并已反映在截止日以前的会计记录中，任何在截止日期以后入库的存货项目是否均未包括在盘点范围内，也未反映在截止日以前的会计记录中。

第二，所有在截止日以前装运出库的存货项目是否均为包括在盘点范围内，且未包括在截止日的存货账面余额中，任何在截止日期以后入库的存货项目是否均已包括在盘点范围内，并已经包括在截止日的账面余额中。

第三，所有已确认为销售但尚未装运出库的商品是否均为包括在盘点范围内且未反映在账簿之中。

第四，所有已记录为购货但尚未入库的存货均已包括在盘点范围内并已反映在账簿之中。

第五，在途存货和被审计单位直接向其顾客发运的存货均已得到适当的会计处理。

在存货监盘过程中，审计人员应当获取存货验收入库、装运出库以及内部转移截止等信息，以便将来追查至被审计单位的会计记录。审计人员通常可观察存货的验收入库地点和装运出库地点截至测试。当被审计单位在存货入库和装运过程中均采用连续编号的凭证时，审计人员应当关注截止日期前的最后编号以及未使用的编号凭证。如果被审计单位没有使用连续编号的凭证，审计人员应当列出截止日期以前的最后几笔装运和入库记录。如果被审计单位使用运货车厢或拖车进行存储、运输或验收入库，审计人员应当详细列出存货场地上满载和空载的车厢或拖车，并记录各自的存货状况。

四、存货计价审计和截至测试

（一）存货计价审计

存货监盘程序只能对存货的结存数量予以确认，为验证会计报表上存货余额的真实性，还需要对存货的计价进行审计测试，即确定存货实物数量和永续盘存记录中的数量是否经过正确的计价和汇总。存货计价测试主要是针对被审计单位所使用的存货单位成本是否正确所做的测试。

存货计价审计表如表 10—4 所示。

表 10－4　　存货计价审计表

日期	品名及规格	购入			发出			余额		
		数量	单价	金额	数量	单价	金额	数量	单价	金额
1. 存货计价方法说明： 2. 情况说明及审计结论：										

1. 选取一定的样本

进行存货计价审计时，应当从已经盘点确认的数量、单价，以及总金额已经记入存货汇总表的结存存货中选择。选择样本时应注重选择结存余额较大且价格变化比较频繁的项目，同时还要考虑选取样本的代表性。

2. 确认计价方法

存货计价方法有先进先出法、月末一次加权平均法、移动加权平均法和个别计价法，企业可以根据自身实际情况选择适合的计价方法。审计人员应了解企业对存货的计价方法，并对该计价方法的合理性以及其一贯性进行关注。

3. 计价测试

进行计价审计时，审计人员应对存货价格的组成内容予以审核，按照所了解到的计价方法对所选择的存货样本进行计价审计。审计结果出来后与企业账面记录进行比较，并编制对比分析表，对于其中的差异应进行分析。如果差异过大，应扩大样本范围继续审计，并根据审计结果考虑是否提出审计调整建议。

由于企业对期末存货采用成本与可变现净值孰低进行计量，因此审计人员应当特别关注企业对存货可变现净值的确定以及存货跌价准备的计提。企业在确定存货的可变现净值时，应取得确凿的证据作为基础，并且考虑持有存货的目的、资产负债表日后事项的影响等因素。

【课堂练习·案例分析题】审计人员对某企业原材料进行审计，有关资料如下：

(1)11 月 31 日甲材料明细账如表 10－5 所示。

表 10－5　　原材料明细账

品名：甲材料　　单位：元

年		摘　要	凭证号	增　加		减　少		结　存		
月	日			数量	单价	数量	单价	数量	单价	金额
11	1	期初余额	略					100	50	5 000
11	8	购货		2 000	48			2 100		101 000
11	15	购货		4 000	58.5			6 100		335 000
11	18	生产领用				3 000	58.5	3 100		159 000
11	20	生产领用				2 000	48	1 100		63 500
		……								

(2)该企业为增值税一般纳税人,存货按移动加权平均法计价。

11月8日购入甲材料,总金额为96 000元,未取得增值税专用发票;外地运杂费2 000元,已记入“管理费用”账户。

11月15日购入甲材料,取得增值税专用发票上注明价税合计数为234 000元。

要求:指出存货业务中存在的问题,并提出处理意见。

【分析提示】

(1)存货入账价值错误:11月8日购货的外地运杂费应计入存货成本,单价应为49元;11月15日购货,其入账价值不应包括向对方支付的增值税34 000元,其购入成本应为200 000元[234 000/(1+17%)],单价50元。

(2)存货计价方法运用错误,导致发出材料成本错误,期末结存材料成本错误,调整如下:

11月8日购入甲材料,单价为49元,结存栏金额为103 000元,单价49.05元。

11月15日购入甲材料,单价为50元,结存栏金额为303 000元,单价49.67元。

11月18日生产领用甲材料,单价49.67元,结存栏金额为153 977元。

11月20日生产领用甲材料,单价49.67元,结存栏金额为54 637元。

经调整后,期末存货余额应减少8 863元(63 500−54 637)。

(二)存货的截止测试

存货的截止测试就是检查截至12月31日,购入并已经包括在12月31日存货盘点范围内的存货,关键在于确定存货实物纳入盘点范围的时间与存货引起的借贷双方会计科目的入账时间是否处于同一会计期间。如果当年12月31日购入货物,并已包括在当年12月31日的实物盘点范围内,购货发票是在次年1月份才收到,并已记入次年1月份的账簿中,当年12月份的账上并无进货和对应的负债记录,这样就少计了存货和应付账款;相反,如果在当年12月31日收到一张购货发票,并记入当年12月份的账内,而这张发票所对应的存货实物却是在次年1月份才收到,未包括在当年12月份的盘点范围内,这样就可能虚减了本年的利润。因此,对存货截止的审查方法主要是抽查存货盘点日前后的购货发票和入库单,核对发票与入库单的日期,以确认购入货物的入账期间。如果仅有入库单而无购货发票,应注意审核入库单上是否加盖暂估入库的印章,并以暂估价记入本年存货账内,待次年年初以红字冲销。

五、存货的盘点

审计人员实地监盘存货是存货审计的必需程序,审计人员对存货的实际存在和实际结存数量的正确性负有验证责任,但其责任不是直接盘点,而是监督盘点的过程,以确定存货是否全部进行了盘点。如果审计人员无法做到这点,则应采取相应的替代程序。在具体实施监盘时,主要步骤如下:

(一)编制存货监盘计划

被审计单位应指定专人负责实地盘点,并拟订盘点计划,提高盘点的效率和效果。审计人员应事先检查并评价拟订的盘点计划,提出建议以供修订。在编制存货盘点计划时,审计人员应着重注意以下几点:

第一,盘点的时间。盘点的时间应尽可能地接近年终结账日。

第二,盘点人员。盘点应由供应、存储、财务及生产部门的有关人员参与。

第三,存货应停止流动,并分类摆放。

第四，编制连续编号的盘点标签或盘点清单（如表10－6所示），如有可能应绘制存货摆放示意图，并规划盘点路线。

表10－6　　　　　　　　　　　　**盘存单**

单位名称：　　　　　　　　　　　　　　　　　　　　　编号：

盘点时间：　　　　　　　　　　存货类别：　　　　　　存放地点：

编　号	名　称	计量单位	数　量	单　价	金　额	备　注

（二）实施存货监盘

盘点开始时，审计人员应到现场观察和监督盘点人员的操作程序和盘点过程。监盘时应注意以下几个方面的问题：

第一，确定存货的摆放是否有序，每种存货是否都附有盘点标签，盘点标签或清单填制是否符合要求，有无重记、漏记的情况。对于未纳入盘点范围的存货应查明原因。

第二，观察盘点人员的盘点和记录是否符合要求，计点数量是否准确，存货中有无混进废料或空箱、空包等物。

第三，关注存货的状况，被审计单位是否已将毁损、陈旧、过时及残次的存货恰当地予以区分。

第四，审计人员应将盘点日前后存货收发的凭证号码摘录下来，便于确定存货库存记录和截止日的正确性。

第五，对于企业寄存或寄销在外地的存货，应选择恰当的方式进行盘点。比如，委托当地会计师事务所或派人前往进行盘点；若存货量不大，也可向保管单位进行函证。

（三）复盘抽点

被审计单位盘点完毕之后，审计人员应根据观察的情况进行复盘抽查。通常选择重点存货项目进行抽点，抽查的样本不少于被抽存货的10%。若抽查发现差异，应督促企业更正；若发现差异较大，应扩大抽查范围，或要求企业重新盘点。

（四）盘点记录

盘点工作结束后，审计人员应根据存货盘点情况，编制实存账存对比表（如表10－7所示）将盘点程序、盘点中的重大问题与处理意见、盘点结果予以记载，并连同被审计单位的盘点计划、盘点表等其他资料一起整理成审计工作底稿，形成存货盘点的审计档案。

表10－7　　　　　　　　　　**实存账存对比表**

单位名称：　　　　　　　　　　　年　　月　　日

编号	类别及名称	计量单位	单价	实存		账存		差异				备注
								盘　盈		盘　亏		
				数量	金额	数量	金额	数量	金额	数量	金额	

【课堂练习·案例分析题】审计人员在查阅某制造企业"材料采购"明细账时,查阅了当月几笔采购材料业务的记账凭证。其中当月6日第13号记账凭证的会计分录为(单位:元):

借:材料采购　　65 520
　管理费用　　3 200
　贷:银行存款　　68 720

该记账凭证所附的原始凭证为1张增值税专用发票和2张费用发票。专用发票上注明该批材料价款56 000元,税额9 520元,增值税税率17%。费用发票上注明,运费3 000元、包装费200元。

要求:指出上述记录存在的问题并做调整分录。

【分析提示】按采购材料计价范围的规定,购入材料所发生的运杂费和包装费在扣除运费的进项税额后应计入材料采购成本,不应列作管理费用。企业如此处理,一方面使该批材料的实际成本少计,会影响以后月份经营成果的准确性;另一方面扩大了当月管理费用的列支,影响了企业当期损益的计算。建议企业做如下调整分录(单位:元):

借:材料采购　　2 790
　应交税费——应交增值税(进项税额)　　210
　贷:管理费用　　3 000

六、主要存货账户的审计

存货在企业财务报表中占有很重要的位置,进行存货审计是财务报表审计的一个重要的内容。为实现对存货的审计目标,审计人员需要实施相应的审计程序,包括前面已经介绍的存货监盘、存货计价和存货截止测试,但仅仅实施这些程序往往难以达到存货的全部审计目标。下面介绍除生产成本、制造费用、劳务成本、营业成本以外的主要存货账户的实质性审计程序。

(一)材料采购或在途物资审计

第一,应获取或编制材料采购明细表,复核加计正确,与总账数、明细账合计数核对是否相符。

第二,检查材料采购或在途物资:

一是应检查期末材料采购,核对有关凭证,对大额材料采购,追查至相关的购货合同及购货发票,复核采购成本的正确性,并抽查期后入库情况。

二是检查期末材料采购或在途物资,核对有关凭证,查看是否存在不属于材料采购(在途物资)核算的交易或事项。

三是检查月末转入原材料等科目的会计处理是否正确。

第三,审计人员应查阅资产负债表日前后若干天内的材料采购(在途物资)增减变动的有关账簿记录和收料报告单等资料,检查有无跨期现象,如有,则应做出记录,必要时提出调整建议。

第四,如采用计划成本核算,审计人员应审核材料采购账项有关材料成本差异发生额的计算处理是否正确。

第五,审计人员还应审核有无长期挂账事项,如有,应查明原因,必要时提出调整建议。

(二)原材料审计

第一,应获取或编制原材料明细表,复核加计是否正确,并与总账、明细账合计数核对相符;同时抽查核对明细账是否与仓库台账、卡片账记录相符。

第二,实施分析性程序。具体如下:

一是针对已识别的需要运用分析性程序的有关项目,并基于对被审计单位及其环境的了解,通过进行以下比较,同时考虑有关数据间关系的影响,以建立审计人员对有关数据的期望值:(1)比较当年度与以前年度原材料成本占生产成本百分比的变动,并对异常情况做出解释;(2)比较原材料的实际用量与计划用量的差异,并分析其合理性;(3)核对仓库记录的原材料领用量与生产部门记录的原材料领用量是否相符,并对异常情况进行分析,确定其变动的合理性;(4)核对标准单耗指标,将原材料收发情况与投入产出结合比较,以分析本期材料领用、消耗、结存的合理性。

二是确定可接受的差异额。

三是将实际情况与期望值进行比较,识别需要进一步调查的差异。

四是如果其差额超过了可接受的差异额,调查并获取对此差异额的充分恰当的佐证证据(如检查相关凭证)。

五是评估分析程序的测试结果。

第三,实施原材料监盘程序。

选取有代表性的样本,抽查原材料明细账的数量与盘点记录的原材料数量是否一致,以确定原材料明细账的数量的准确性和完整性:

一是从原材料明细账中选取具有代表性的样本,与盘点报告(记录)的数量核对;

二是从盘点报告(记录)中抽取有代表性的样本,与原材料明细账的数量进行核对。

第四,原材料计价方法的测试。具体如下:

一是检查原材料的计价方法前后期是否一致。

二是检查原材料的入账基础和计价方法是否正确,从原材料明细表中选取适量品种:(1)以实际成本计价时,将其单位成本与采购发票进行核对,并确认原材料成本中不包括增值税;(2)以计划成本计价时,将其单位成本与材料成本差异明细账及购货发票核对,同时关注被审计单位计划成本制定的合理性;(3)检查进口原材料的外币折算是否正确,检查相关的关税、增值税及消费税的会计处理是否正确。

三是检查原材料发出的计价是否正确:(1)了解被审计单位原材料发出的计价方法,前后期是否一致,并抽取主要材料复核其计算是否正确。若原材料以计划成本计价,还要检查材料成本差异的发生和结转的金额是否正确;(2)编制本期发出材料汇总表,与相关科目钩稽核对,并复核若干月份发出材料汇总表的正确性。

四是结合期末原材料市场采购价,分析主要原材料期末结存单价是否合理。

五是结合原材料监盘,检查期末有无料到单未到的情况,如有,应查明是否暂估入账,确定其暂估价是否合理。

第五,对于通过非货币性资产交换、债务重组、企业合并以及接受捐赠等取得的原材料,检查其入账的有关依据是否真实、完备,入账价值和会计处理是否符合相关规定。

第六,检查投资者投入的原材料是否按照投资合同或协议约定价值入账,其约定价值是否公允,相关交接手续是否完备。

第七,检查与关联方的购销业务是否正常,关注交易价格、交易金额的真实性及合理性,检查对合并范围内购货记录应予合并抵消的数据是否正确。

第八,审核有无长期挂账的原材料,如有,应查明原因,必要时提出调整建议。

第九，截止测试。截止测试包括两个方面的测试：

一是原材料入库的截止测试：(1)在原材料明细账的借方发生额中选取资产负债表日前后若干天的凭证，并与入库记录(如入库单、购货发票或货运单据等)核对，以确定原材料入库被记录在正确的会计期间；(2)在入库记录(如入库单或购货发票或货运单据等)中选取资产负债表日前后若干天的凭证，与原材料明细账的借方发生额进行核对，以确定原材料入库被记录在正确的会计期间。

二是原材料出库的截止测试：(1)在原材料明细账的贷方发生额中选取资产负债表日前后若干天的凭证，并与出库记录(如出库单、销货发票或运输单据等)核对，以确定原材料出库被记录在正确的会计期间；(2)在出库记录(如出库单、销货发票或运输单据等)中选取资产负债表日前后若干天的凭证，与原材料明细账的贷方发生额进行核对，以确定原材料出库被记录在正确的会计期间

第十，结合长短期借款等项目，了解是否有用于债务担保的原材料，如有，则应取证并做出相应的记录，同时提请被审计单位做恰当的披露。

第十一，确定原材料的披露是否充分恰当。

(三)材料成本差异审计

第一，获取或编制材料成本差异明细表，复核加计正确，并与总账数、明细账合计数核对是否相符。

第二，对本期各月材料成本差异率执行分析程序，检查是否有异常波动，注意是否存在调节成本现象；抽查若干月发出材料汇总表，检查材料成本差异的分配是否正确，并注意分配方法前后期是否一致。

第三，结合以计划成本计价的原材料、包装物等的入账基础测试，比较计划成本与供货商发票或其他实际成本资料，检查材料成本差异的发生额是否正确。

第四，抽查若干月发出材料汇总表，检查材料成本差异是否按月分摊，使用的差异率是否为当月实际差异率，差异的分配是否正确，分配方法前后期是否一致。

第五，检查材料成本差异的披露是否恰当。

(四)库存商品审计

第一，获取或编制库存商品明细表，复核加计正确，并与总账数、明细账合计数核对是否相符。

第二，实施实质性分析程序：

一是针对已识别的需要运用分析性程序的有关项目，并基于对被审计单位及其环境的了解，通过进行以下比较，同时考虑有关数据间关系的影响，以建立审计人员对有关数据的期望值：(1)按品种分析库存商品各月单位成本的变动趋势，以评价是否有认为调节生产成本或销售成本的因素；(2)比较前后各期的主要库存商品的毛利率(按生产线、地区等)、库存商品周转率和库存商品账龄等，评价其合理性并对异常波动情况做出解释，查明异常情况的原因；(3)比较库存商品库存量与生产量及库存能力的差异，并分析其合理性；(4)核对仓库记录的库存商品入库量与生产部门记录的库存商品生产力是否一致，并对差异做出解释；(5)核对发票记录的数量与发货数量、订货量、主营业务成本记录的销售量是否一致，并对差异做出解释；(6)比较库存商品销售量与生产量或采购量的差异，并分析其合理性；(7)比较库存商品销售量和平均单位成本之积与账面库存商品销售成本的差异，并分析其合理性。

二是确定可接受的差异额。

三是将实际情况与期望值进行比较，识别需要进一步调查的差异。

四是如果其差额超过了可接受的差异额，调查并获取对此差异额的充分恰当的佐证证据（如检查相关凭证）。

五是评估分析程序的测试结果。

第三，实施库存商品的监盘程序。

选取有代表性的样本，抽查库存商品明细账的数量与盘点记录的库存商品数量是否一致，以确定库存商品明细账的数量的准确性和完整性：

一是从库存商品明细账中选取具有代表性的样本，与盘点报告（记录）的数量核对。

二是从盘点报告（记录）中抽取有代表性的样本，与库存商品明细账的数量进行核对。

第四，库存商品计价方法的测试。

一是检查库存商品的计价方法前后期是否一致。

二是检查库存商品的入账基础和计价方法是否正确，自库存商品明晰表中选取适量的品种：

(1)对于自制库存商品，以实际成本计价时，将其单位成本与成本计算单核对；以计划成本计价时，将其单位成本与相关成本差异明细账及成本计算单核对。

(2)对于外购库存商品，以实际成本计价时，将其单位成本与购货发票核对；以计划成本计价时，将其单位成本与相关成本差异明细账及成本计算单及购货发票核对。

(3)抽查库存商品入库单，核对库存商品品种、数量与入账记录是否一致；并将入库库存商品的实际成本与相关科目（如生产成本）的结转额核对并做交叉索引。

三是检查外购库存商品的发出计价是否正确：了解被审计单位对库存商品发出的计价方法，并抽取主要库存商品，检查其计算是否正确，若库存商品以计划成本计价，还应检查产品成本差异的发生和结转金额是否正确；编制本期库存商品发出汇总表，与相关科目钩稽核对，并复核若干月库存商品发出汇总表的正确性。

四是结合库存商品的盘点，检查期末有无库存商品已到但相关单据未到的情况，如有，应查明是否暂估入账，其暂估价是否合理。

第五，对于通过非货币性资产交换、债务重组、企业合并以及接受捐赠等取得的库存商品，检查其入账的有关依据是否真实、完备，入账价值和会计处理是否符合相关规定。

第六，检查投资者投入的库存商品是否按照投资合同或协议约定价值入账，其约定价值是否公允，相关交接手续是否完备。

第七，检查与关联方的购销业务是否正常，关注交易价格、交易金额的真实性及合理性，检查对合并范围内购货记录应予合并抵销的数据是否正确。

第八，审核有无长期挂账的库存商品，如有，应查明原因，必要时提出调整建议。

第九，截止测试。

一是库存商品入库的截止测试：在库存商品明细账的借方发生额中选取资产负债表日前后若干天的凭证，并与入库记录（如入库单、购货发票或货运单据等）核对，以确定库存商品入库被记录在正确的会计期间；在入库记录（如入库单、购货发票或货运单据等）中选取资产负债表日前后若干天的凭证，与库存商品明细账的借方发生额进行核对，以确定库存商品入库被记录在正确的会计期间。

二是库存商品出库的截止测试：在库存商品明细账的贷方发生额中选取资产负债表日前后若干天的凭证，并与出库记录（如出库单、销货发票或运输单据等）核对，以确定库存商品出库被记录在正确的会计期间；在出库记录（如出库单、销货发票或运输单据等）中选取资产负债表日前后若干天的凭证，与库存商品明细账的贷方发生额进行核对，以确定库存商品出库被记录在正确的会计期间。

第十，结合长短期借款等项目，了解是否有用于债务担保的库存商品，如有，则应取证并做出相应的记录，同时提请被审计单位做恰当的披露。

第十一，确定库存商品的披露是否充分恰当。

（五）发出商品审计

第一，获取或编制发出商品明细表，复核加计正确，并与总账数、明细账合计数核对是否相符。

第二，检查与发出商品有关的合同、协议和凭证，分析交易实质，检查其会计处理是否正确。

第三，检查发出商品的品种、数量和金额是否与库存商品的结转额一致，并做交叉索引。

第四，了解被审计单位对发出商品结转的计价方法，并抽取主要发出商品检查其计算是否正确；若发出商品以计划成本计价，还应检查产品成本差异的发生额和结转额是否正确。

第五，编制本期发出商品发出汇总表，与相关科目钩稽核对，并抽查复核月度发出商品发出汇总的正确性。

第六，必要时，对发出商品的期末余额进行函证核实。

第七，检查发出商品的退回，确定其会计处理的正确性。

第八，查阅资产负债表日前后若干天发出商品增减变动的有关账簿记录和相关合同、协议、凭证、出库单等资料，检查有无跨期现象，如有，应做出记录，必要时建议进行审计调整。

第九，审核有无长期挂账的发出商品，如有应查明原因，必要时进行调整。

第十，检查发出商品的披露是否恰当。

（六）存货跌价准备审计

存货跌价准备是指在年度终了，对存货进行全面清查，如由于存货遭受毁损、全部或部分陈旧过时或销售价格低于成本等原因，使存货成本不可收回的部分，应当提取的准备金。存货跌价准备的实质性程序一般包括：

第一，获取或编制存货跌价准备明细表，复核并加计正确，并与报表数、总账数和明细账合计数核对是否相符。

第二，检查被审计单位存货跌价准备计提和存货损失的转销批准手续，取得书面报告、销售合同或劳务合同等证明文件。

第三，检查分析存货是否存在减值迹象，以判断存货跌价准备的计提依据和计提方法是否合理，是否充分考虑了持有存货的目的及资产负债表日后事项的影响因素：

一是将存货余额与现存的订单、资产负债表日后各期的销售额和下一年度的预测销售额进行比较，以评估存货滞销和跌价的可能性。

二是比较当年度与以前年度存货跌价准备在存货余额的比例，并查明异常情况的原因。

三是结合存货监盘，对存货的外观形态进行检视，以了解其物理形态是否正常；检查期末结存库存商品和在产品，针对型号陈旧、产量下降、生产成本和售价波动、技术或市场需求的变化情形，以及期后销售情况考虑是否需要进一步计提跌价准备：对于残次、呆滞的存货查看永续盘存记录、销售分析等资料，分析当年实际使用情况，确定是否已经合理计提低价准备；将上年度残次、呆滞存货清单与当年存货清单进行比较，确定是否需要抵补跌价准备。

第四，根据成本与可变现净值孰低的计价方法，评价存货跌价准备所依据的资料、假设及其计提方法，考虑是否有确凿证据为基础计算确定存货的可变现净值，检查其合理性及方法是否前后期一致。

第五，考虑不同存货的可变现净值的确定原则，复核其可变现净值计算的正确性(即充分但不过度)：

一是对于用于生产而持有的原材料，检查是否以所生产的产成品的估计售价减去至完工时估计将要发生的成本、估计的销售费用和相关税费后的金额作为其可变现净值确定的基础。

二是对于库存商品和用于出售而持有的原材料等直接用于出售的存货，检查是否以该存货的估计售价减去估计的销售费用和相关税费后的金额作为其可变现净值的确定基础。

三是检查为执行销售合同而持有的库存商品等存货，是否以合同价格作为其可变现净值的确定基础；如果被审计单位持有库存商品的数量多于销售合同订购的数量，超出部分的库存商品可变现净值是否以一般销售价格作为计量的基础。

第六，对从合并范围内部购入存货计提的跌价准备，关注其在合并时是否已作抵销。

第七，检查债务重组、非货币性资产交换和企业合并等设计存货跌价准备的会计处理是否正确。

第八，若被审计单位为建造承包商，对其执行中的建造合同，应检查预计总成本是否超过合同总收入，如果超过，跌价准备计提是否合理，会计处理方法是否正确。

第九，如果被审计单位出售或核销已经计提跌价准备的存货，应检查相应的跌价准备的会计处理是否正确。

第十，已计提跌价准备的存货价值又得以恢复的，检查是否已在计提的跌价准备的范围内转回，依据是否充分，并记录转回金额。

第十一，检查本期存货跌价准备的计提或转销是否与有关损益科目金额核对一致。

第十二，抽查计提存货跌价准备的项目，确定其期后售价是否低于原始成本。

第十三，检查被审计单位是否于期末对存货进行了检查分析，检查存货跌价准备的计算和会计处理是否正确。

第十四，检查存货跌价准备在资产负债表中的披露是否充分。

按照《企业会计准则第 1 号——存货》的规定，企业应当在财务报表附注中披露存货可变现净值的确定依据、存货跌价准备的计提方法、当期计提的存货跌价准备的金额、当期转回的存货跌价准备的金额以及计提和转回的有关情况。

【课堂练习·案例分析题】 S公司是一家上市公司，注册会计师在进行年度会计报表审计时了解到该公司对存货的期末计价采用成本与可变现净值孰低法，20×6 年公司经年末盘点，认定有关存货及其会计处理的信息资料如下：

(1)库存商品 A：账面余额 10 万元，已提取跌价准备 5 000 元，该商品市价持续下跌，并且在可预见的未来无回升的希望。公司对该商品全额补提跌价准备。

(2)库存商品 B：账面余额 6 万元，无跌价准备，该商品不再为消费者所偏爱，从目前情况分析，其市价将会持续下跌。公司全额提取跌价准备。

(3)库存商品 C：账面余额 20 万元，已提取跌价准备 2 万元，由于此类商品的更新换代，该商品已经落伍，目前已经形成滞销。公司全额补提跌价准备。

(4)库存商品 D：账面余额 50 万元，无跌价准备，目前该商品供销两旺，未发现减值情况。公司按 10%提取跌价准备 5 万元。

(5)库存商品E:账面余额20万元,无跌价准备,该商品市价持续下跌,并且在可预见的未来无回升的希望。公司未计提跌价准备。

(6)库存原材料F:账面余额15万元,无跌价准备,现有条件下使用该原材料生产的产品成本大于产品的销售价格。公司未计提跌价准备。

要求:指出上述处理中存在的问题,并提出相应建议。

【分析提示】依据上述认定资产减值准备的基本条件进行分析:

(1)~(3)库存商品A、B、C均不应全额计提跌价准备。A商品只是市价下跌、价值减少,但仍有一定的使用价值和转让价值;B商品虽然不为消费者所偏爱,但也只是价值下跌,还未到完全丧失价值的程度;C商品虽然已经滞销,但还有转让价值。应建议公司首先根据各种存货的物理状况及减值情况,推断其期末应提足的跌价准备数额,然后与已提取的跌价准备比较,按其差额补提存货跌价准备。

(4)库存商品D,由于没有任何减值的迹象,公司按10%的比例计提了5万元的跌价准备,这是没有根据的。应建议公司调账,冲回所提取的跌价准备。

(5)~(6)库存商品E和原材料F实际上已经发生了减值,而公司却未计提相应的跌价准备。应建议公司根据具体情况确定计提减值准备的数量,并做相应的调账处理。

【课堂练习】

审计人员在审查某企业20×6年6月份"管理费用"明细账时,发现6月6日13#账簿记录中摘要含糊不清,调阅6月6日13#凭证,内容如下:

借:管理费用——其他　　8 500

　　贷:银行存款　　8 500

所附原始凭证是一张原材料运费清单,计8 500元。

要求:说明上述处理中存在的问题,并做账务调整。

【知识拓展】　　**常见存货错弊**

1. 存货收入中的常见错弊

(1)将应计入外购材料成本中的有关进货费用计入当期损益,或将应计入当期费用的有关进货费用计入商品采购成本。

(2)有些企业对购货折扣的处理不正确或前后各期不一致,影响商品购进成本的真实性和可比性。

(3)在存货购进过程中对增值税的处理不正确,有些企业对增值税的处理不够规范,如将增值税计入存货成本,造成成本虚增,利润不实,加大消费者负担;有意将存货购进成本中的内容反映在"进项税额"专栏;或在进货退出的情况下,有意将本应冲销"应交税金——应交增值税(进项税额)"的退回增值税款作为"应付账款"或"营业外收入",或"其他业务收入"处理;或在所购材料或商品改变用途或发生非常损失时,有意不将其在购进环节支付的进项税额转出,从而达到多抵扣少缴税的目的。

(4)任意虚列自制存货和委托加工存货的成本,达到少缴税的目的。还有些当事人有意加大加工费用,虚增加工商品的成本,取得现金回扣,私分公款。

(5)接受捐赠的存货不入账,形成账外财产或有意将其出售后存入"小金库"。

(6)对存货购进过程中发生的溢缺、毁损的会计处理不正确、不合理。

(7)对包装物、低值易耗品等存货的购进核算不够严密,形成账外财产。

(8)存货有关账户设置不科学、不合理。

对于存货，既要设置总账账户进行总分类核算，也要设置明细分类账户进行明细核算，必要时还应设置备查簿进行辅助核算。

2. 存货发出中的常见错弊

(1)随意变更存货的计价方法。企业人为地通过变更计价方法来调节生产或销售成本，调节当期利润；个人做假一般与盗窃财物、转移出售、贪污钱款有关。

此类错弊的特点是作案点多，账面与实物两处做假(有时是联系起来，有时则单独进行)，涉及的部门和人员复杂，它可能波及财会部门、保管部门、采购部门、生产部门、运输部门等，这些部门的业务人员都可能直接或间接介入其中。

(2)人为地多计或少计存货发出的成本。为了达到隐匿或虚报收益的目的，采用各种不正当的手段，多计或少计发出存货的成本，主要表现在以下几个方面：

①材料按计划成本核算的工业企业，有意确定较高的计划成本，使计划成本远远高于实际成本，表现为“材料成本差异”贷方余额，领用材料时按计划成本数额转入“生产成本”等账户，但月末结转材料成本差异时，故意以较低的成本差异率调整发出材料的计划成本，隐匿利润；有些企业则相反，有意确定较低的计划成本，并以较低的成本差异率调整发出材料的计划成本，达到虚报利润的目的，造成企业虚盈实亏。

②对产成品、商品采用实际成本计价的工商企业，计算产成品及商品销售成本时，不按照规定的程序和方法采用正确的计价方法，而是故意多转或少转销售成本。例如，采用加权平均法计价时，故意按高于或低于正确的加权平均单价的价格计算发出商品或产成品的成本。再如，根据企业的需要来确定每批商品的单价，以达到人为调节成本水平的目的，而不是根据账面记录，按规定的程序和方法确定应采用的单价。

③通过虚转成本的方法达到隐匿利润的目的。例如，按实际成本核算材料的工业企业，月末虚拟领料业务。再如，有些工商企业在结转商品销售成本时，采用虚转的方法，使当期销售成本虚增，隐匿利润，少交税款。

(3)存货改变用途或发生非常损失时，在注销相应存货的同时，有意不结转相应的进项税额，以达到多抵扣、少缴增值税的目的。

(4)以报销样品、材料、商品或产成品报损的方式发出存货，将其私分或出售后存入“小金库”，造成国家财产流失，增加了当期费用。

3. 存货管理中的常见错弊

(1)采购人员图谋私利，在物资采购供应中营私舞弊。例如，签订假合同以骗取企业货款，或以假合同骗取预付款；购买假冒伪劣商品，从中捞取好处；内外勾结，拿“回扣”“佣金”；舍近求远，舍优取劣，舍廉求贵，舍企业求个人，谋求个人实惠；等等。

(2)以物易物，不结算不划账，截留利润，偷税逃税。例如，以生产资料串换生活资料，以生产资料对换其他生产资料，以生产或生活资料调换劳务和服务(如培训、旅行等)；以生产的产品换取某些生活福利(如解决职工的子女人学、入托、住房、交通费用)等。

(3)在账外设置物资“小金库”，即将账内的一定比例的物资材料转移到账外，置于企业生产经营体之外，作为随时可供自己调用的物资“蓄水池”。主要的手法有：购进存货时即作为生产费用，未使用便计入成本费用；回收的边角、废料不入账；盘盈、捐赠的物资不做账；自制材料不入账；外发加工退回材料的余料不入账；领用材料即计入成本费用，假退料和退库不记账；等等。

(4)监守自盗,虚报损失。保管人员利用职务之便,涂改账目,盗窃财物,或者虚报和夸大损失,将报损材料转移或贪污私分;冒领或用假领料单和发料单,盗窃物资,转移出售;或盗窃财产物资,将所窃物资成本通过短斤少两、克扣打折等手法,记入正常领料发料业务之中。

(5)移花接木,实施"调包计"。将采购或库存的物资进行调换,以次等品换优等品,以廉价物品换贵重物资,以劣质商品换优质商品,以旧商品换新商品,以坏商品换好商品,有计划、有预谋地对不同商品、产品串档串规,混淆不同批次、不同型号、不同产地、不同价格的物资,偷梁换柱,瞒天过海,以达到其违法乱纪之目的。

(6)虚列多报。虚列盘盈盘亏,隐藏盘盈,多报盘亏;或将盘盈盘亏长期挂账不做处理;或者按违法乱纪行为人的需要,随意做账,如计入营业外收入、其他业务收入等;或者将盘盈盘亏与物资储备中发生的非常损失或溢出金额相互冲销,不转出其相应的"进项税额",以增加增值税的抵扣数。

第五节　存货成本审计

一、直接材料成本的审计

直接材料费用在产品成本中所占份额较大,核算过程较复杂。在审查中应结合被审计单位的领退料单、材料费用分配表、材料成本差异计算分配表等有关经济业务中所涉及的原始凭证,从材料的耗用数量和计价方面进行审查。直接材料费用实质性测试的主要内容如下:

(一)直接材料耗用量的审查

主要应查明直接材料耗用量是否为构成产品实体或有助于产品形成的实际耗用数量。抽查的产品成本计算单,应追查核对领退料凭证、材料费用分配表,以查明直接材料耗用中有无非生产用料,必须剔除如在建工程、行政福利部门等其他非生产部门的领料,同时也应剔除退回材料及回收废料的数量;同时还应注意比较当期的产品产量,以确定企业投料有无脱离实际,有无虚增、隐瞒直接材料耗用量的情况。

(二)直接材料计价的审查

直接材料的计价包括实际成本计价和计划成本计价两种方法。按实际成本计价的企业,发出材料的计价可以采用先进先出法、加权平均法、移动加权平均法、个别计价法等,新准则已取消后进先出法,在审查时应加以注意。不同材料可采用不同的计价方法,一经确定,不得随意变更。审查时主要查明被审计单位发出材料的计价方法是否合理,前后期是否一致,计算是否正确,有无利用计价方法的变更来调节材料成本的情况。对于按计划成本核算的企业,主要审查其计划成本的制定是否合理,材料成本差异的期初余额及本期发生额是否真实、准确,材料成本差异率的计算是否正确,分摊的材料成本差异是否合规。着重应防止被审计单位任意调节材料成本差异的分配来调节生产成本进而影响当期利润的情况。

(三)审查直接材料费用分配的合理性

审查多种产品共同负担的材料费用,应注意其分配依据是否合理、计算是否正确,防止被审计单位在不同产品之间分配时弄虚作假的情况。特别应防止合格品与不合格品、盈利产品与亏损产品、可比产品与不可比产品之间人为任意调节成本高低的情况。

【课堂练习・案例分析题】审计人员在20×6年11月份对某企业审计时发现,该企业6

月份生产费用明显高于以前各月，而材料成本差异则较以前各期低，因此做进一步调查。审查人员调阅了“材料计划成本单价表”及“物资采购”“原材料”等明细账和“材料成本差异”账户，发现该企业的材料计划成本高于实际成本，“材料成本差异”账户为贷方余额。其中，6 月份“材料成本差异”账户的期初余额为贷方 120 650 元，本月收入材料结转的差异为贷方 450 000 元；6 月份“原材料”账户期初余额为 3 016 250 元，本月收入材料 9 000 000 元，本月发出材料为 8 500 000 元。本月发出材料结转差异 180 650.50 元。

要求：分析甲企业上述处理存在的问题，并进行调整。

【分析提示】 经过计算，该月材料成本差异率为－4.749%，发出材料结转的差异应为 403 665元，该企业实际结转 180 650.50 元，从而使当月生产成本虚增 223 014.50 元。

由于该材料生产的产品已售出并结转了成本，因此，在查明上述问题后，应做如下调整：

借：材料成本差异　　　　223 014.50
　　贷：本年利润　　　　　　223 014.50
借：本年利润　　　　　　66 904.35
　　贷：应交税费——应交所得税　　66 904.35

【课堂练习】 审计人员在审查某企业甲产品直接材料成本项目时发现：该企业 20×6 年 6 月计划生产甲产品 800 件，消耗定额每件 15 千克，计划价格每千克 5 元，实际生产甲产品 900 件，单耗每件 16 千克，单价每千克 4.5 元。

要求：根据以上资料指出审查该企业直接材料项目的重点。

【知识拓展】　　直接材料费业务中常见的弊端

(1)领料单中“用途”一项不填或填写不明确，从而造成生产用料与非生产用料、各种产品生产用料界限不清。

(2)不按材料消耗定额或实际需要领料，缺乏严格的审批手续，从而造成材料的浪费，甚至公料私用。

(3)期末已领未用材料不退库也不作“假退库”而留作下月使用，导致两个会计期间直接材料费失真。

(4)生产车间的边角料和废料不退库，或者退库后不做记录，造成直接材料费和产品成本虚增。

(5)在采用实际成本计价时，任意调整发出材料的计价方法，人为调节产品成本。

(6)在采用计划成本计价时，常采用以下手法人为调节成本：不依照规定按材料类别或品种计算成本差异率，而采用综合成本差异率；不依照规定按本月成本差异率计算分配成本差异而根据调节成本的需要任意分配成本差异等。

(7)对不能直接计入某种产品成本的材料费未按规定的原则选用合理的分配方法进行分配，而是根据需要任意分配。

(8)分配方法选用不当，分配结果不正确。

(9)任意改变材料费的分配方法，造成前后期产品成本不可比、不真实等。

二、直接人工成本的审计

直接人工成本审计的内容主要包括：(1)抽查成本计算单，检查直接人工成本的计算是否正确，人工费用的分配标准与分配方法是否合理和适当，是否与人工费用分配汇总表中该产品分摊的直接人工费用相符;(2)将本年度直接人工成本与前期进行比较,确定有无异常波动并查明原因;(3)分析比较本年度各月份的人工费用发生额,如有异常波动,应查明原因;(4)结合应付职工薪酬的审查,抽查人工费用会计记录及会计处理是否正确;(5)对采用标准成本法的企业,应查明直接人工成本差异的计算、分配及其会计处理是否正确,并确定直接人工的标准成本在本年度内无重大变更。

按新会计准则规定,直接人工费用是指企业直接从事产品生产人员的各种报酬以及其他相关支出,包括职工在职期间和离职后提供的全部货币性薪酬和非货币性福利。企业提供给职工配偶、子女或其他被赡养人的福利等,也属于职工薪酬。由此可见,现行会计准则规定的人工费用范围、核算方法不一样了。应通过对职工考勤表、职工工薪等级、工资计算表、工资费用分配表以及有关薪酬标准的批文的审查进行测试,其主要测试内容如下:

第一,抽查产品成本计算单,审查直接人工的内容是否合规。首先应审查直接人工费用的具体项目是否符合有关规定,其次应注意有无混淆生产人员和非生产人员的工资界限。

第二,审查直接人工的计算是否正确。首先应结合被审计单位的计时工资和计件工资分别进行审查。对于计时工资,应审查出勤工时、工资率和工资额,注意加班加点工资是否符合规定,事假工资和病假工资是否计算准确;对于计件工资,应结合被审计单位的产量记录、工资标准及劳动定额等资料,从数量和单价两个方面进行审查。其次,应审查奖金、津贴、补贴的计算和发放是否合规,有无滥发奖金,任意增加津贴、补贴的情况。

第三,审查直接人工分配的合理性。直接人工费用由几种产品共同负担时,应编制工资费用分配表,合理确定工资费用分配率,正确进行工资费用的分配。

【课堂练习·案例分析题】一家彩电生产企业甲公司,有职工 200 名,其中一线生产工人 170 名,总部管理人员 30 名。审计人员审查时发现,20×6 年 2 月,甲公司决定将其生产的液晶电视作为福利发放给职工。该电视单位成本为 10 000 元,单位计税价格(公允价值)14 000 元,适用的增值税税率为 17%,本月成本尚未结转。该公司账务处理如下:

借:管理费用	2 000 000	
贷:库存商品		2 000 000

要求:分析甲公司上述处理中存在的问题,并编制调整分录。

【分析提示】甲公司将产品作为非货币性福利,应根据受益对象,计入有关成本或当期损益,而该公司全部计入损益,显然是错误的,而且将自产的产品作为福利,应作为视同销售,计算增值税销项税额。

调整分录如下:

借:生产成本	2 784 600	
管理费用	491 400	
贷:应付职工薪酬		3 276 000
借:应付职工薪酬	3 276 000	
贷:主营业务收入		2 800 000
应交税费——应交增值税(销项税额)		476 000
借:主营业务成本	2 000 000	
贷:库存商品		2 000 000

三、制造费用的审计

制造费用是指企业为生产产品或提供劳务而发生的间接费用，即生产单位为组织和管理生产而发生的费用。制造费用通常可分为三类：一是直接支付的费用，如车间管理人员工资、修理费、机物料消耗、办公费、差旅费、运输费等；二是按规定计算提取的费用，如职工福利费、固定资产折旧等；三是摊提费用，如低值易耗品摊销、保险费等。制造费用的审计要点主要包括：

第一，获取或编制制造费用汇总表，并与明细账、总账核对相符，抽查制造费用中的重大数额项目及例外项目是否合理。

第二，审查制造费用的组成项目是否合法。审阅制造费用明细账，检查其核算内容和范围是否正确，并应注意是否存在重大异常会计事项，对于重大异常项目应追查至记账凭证及原始凭证，重点检查企业有无将不属于成本费用的开支挤入制造费用，如投资支出、被没收的财物、罚款、违约金、技术改造支出等计入制造费用。

第三，检查制造费用的分配是否合理。查明制造费用的分配方法是否符合企业自身的生产技术条件，是否体现收益原则，分配方法一经确定，是否在相当长的时间内保持稳定，有无随意变更的情况；分配率和分配额的计算是否正确，有无以认为的估计数代替分配数的情况。对于按照预定分配率分配制造费用的企业，要查明计划与实际差异是否及时调整。

此外，审查时还应注意是否存在将辅助生产车间为福利部门、基建部门提供的产品和劳务混入基本生产车间和管理部门，或者不参加分配，而直接冲减辅助生产费用的问题。

【案例解析】甲股份有限公司所处行业为摩托车业，主营业务为摩托车、助力车及其零部件的自制与开发。审计项目组于20×7年2月15至3月5日对该公司20×6年度的会计报表进行了审计。本案例主要反映生产成本的审计过程及相关问题。其审计方法和过程如下：

(1)通过了解、调查、描述、测试与评价对被审计单位进行控制测试。

(2)编制了生产成本汇总明细表并将其与总账数、明细账合计数进行核对，对生产成本进行了分析性复核，检查了车间在产品盘存资料并将其与成本核算资料进行核对，检查了生产成本在完工产品与在产品之间的分配。

发现问题和疑点：审计人员对比了20×6年各月同一产品的单位成本，发现Q型摩托本年度产品单位成本较上年度有较大幅度增长，在本年度内，尤其是12月份产品单位成本比其他月份和以前年度金额大。审计人员了解到的情况排除了材料价格上涨的因素，进一步抽查成本计算单后发现，Q型摩托12月份成本计算单中直接材料的单位用量异常增高，需要进一步抽查凭证和进行材料盘点，以进一步确认是什么原因导致年末材料的用量较大。

疑点及其查证：审计人员重点抽查了20×6年12月份的有关成本归集与分配的凭证，发现了两笔凭证需要进行调整。一笔是在建工程领用的材料价值1 232 000元，记入了Q型摩托车的12月份成本计算单中；另一笔在建工程工人的工资及福利费用金额为592 800元，也记入了Q型摩托车的成本中。经进一步审计，审计人员了解到被审计单位在12月份新上马一项在建工程，有关该项工程的开支全部挤入Q型摩托产品成本开支中，经与有关人员询问，确认无误。

本案例涉及生产与费用循环中生产成本的有关内容，生产成本是审计的重要内容。生产成本核算中，料、工、费的归集和分配过程，涉及大量的相互有钩稽关系的单证和账表，对于这些证据的收集和复核是实质性测试环节的重要程序之一。

四、在产品和产成品的成本审计

(一)在产品结存量的审计

由于审计期与在产品盘点期的不一致,在产品的数量已发生了变化。为了确认在产品盘存的数量是否真实、正确,应做如下调整计算:

盘存期在产品应存数量=审计期在产品实存数量+盘存期至审计期产品完工数量
-盘存期至审计期产品投产数量

将计算出的盘存期在产品应存数量同期末计算在产品成本时的盘存记录进行比较,如果基本一致,即可确认盘存期在产品数量基本正确;反之,即可推断存在一定错误或弊端。

(二)在产品计价方法的审计

在产品的计价方法有多种,而且每种计价方法均有其适用条件。计价方法选用不当或任意改变都会影响在产品成本和完工产品成本。审查的重点在于计价方法的合理性。

除审查在产品计价方法外,还应当审查计价方法在一定期间有无变化。

(三)产成品成本的审计

1. 产成品数量的审计

审查中应注意有无下列现象存在:无视产品质量标准或产品质量检验不严格,将不合格产品混入合格产品;有意将废品充当合格产品虚报产量或隐瞒不报等;同时还应注意以下问题:(1)产成品的所有权;(2)产成品的等级与质量;(3)账实是否相符。

2. 产成品成本计算的审计

审查所选用计算方法的合理性以及产成品成本计算的正确性可综合采用审阅、核对、复算、函证等方法进行。产成品计算方法主要有:品种法、分批法、分步法、定额法等。

【课堂练习·多选题】下列各项中,属于产成品成本实质性测试程序的有( )。

A. 对产成品成本的总体合理性进行分析性复核

B. 审查有关凭证是否经过适当审批

C. 检查不相容职责是否分离

D. 询问被审计单位是否制订成本计划和费用预算

E. 抽查复核产品成本计算的正确性

【正确答案】AE

【课堂练习·案例分析题】审计人员审查某企业乙产品生产成本,发现以下情况:该企业乙产品按约当产量法计算在产品成本,基本生产车间月初在产品成本中,直接材料费用36 000元,直接人工费用9 000元,制造费用13 500元。本月发生直接材料费用165 600元,直接人工费用22 500元,制造费用58 500元。本月完工产品120台,月末在产品60台,在产品投料率90%,完工率60%。经查实,本月账面月末在产品实际成本118 500元,其中直接材料费用87 600元,直接人工费用10 500元,制造费用20 400元。本月完工产品成本已结转。

要求:(1)验算在产品实际成本;(2)指出存在的问题;(3)提出处理意见。

【分析提示】

(1)验算在产品实际成本:

在产品直接材料费用=(36 000+165 600)÷(120+60×90%)×60×90%=62 566(元)

在产品直接人工费用=(9 000+22 500)÷(120+60×60%)×60×60%=7 269(元)

在产品制造费用＝(13 500＋58 500)÷(120＋60×60％)×60×60％＝16 615(元)

在产品实际成本＝62 566＋7 296＋16 615＝86 450(元)

少转的完工产品成本＝118 500－86 450＝32 050(元)

(2)该企业少转的完工产品成本为 32 050 元。

(3)少转的完工产品成本应予以结转。

借:库存商品　　32 050

　　贷:基本生产成本——乙产品　　32 050

【课堂练习】审计人员在审查某公司 20×6 年 12 月份产品成本时,发现下列情况:(1)12 月 31 日曾以假投料办法多转直接材料 22 500 元;(2)12 月份直接人工多计 2 260 元;(3)12 月份多摊低值易耗品 4 400 元;(4)根据账面资料,12 月份生产 A 产品 2 000 千克,月末在产品盘存 100 千克,在产品投料程度为 100％,加工程度为 20％,据此计算的产品成本计算单如表 10－8所示。

表 10－8　　产品成本计算单

产品名称:A 产品　　20×6 年 12 月　　单位:元

成本项目	月初在产品成本	本月生产费用	生产费用合计	产成品成本	月末在产品成本
直接材料	30 000	180 000	210 000	200 000	10 000
直接人工	3 200	23 060	26 260	26 000	260
制造费用	4 800	35 600	40 400	40 000	400
合　计	38 000	238 660	276 660	266 000	10 600

经审查 12 月底在产品盘存数应为 500 千克,加工程度应为 80％,在产品投料程度和产成品数量上没什么问题。

要求:(1)分析上述资料中存在的错误,指出应如何纠正;(2)分析该公司这样做的动机并重新编制产品成本计算单。

第六节　营业成本审计

一、营业成本的审计

营业成本是指企业对外销售商品、产品以及对外提供劳务等业务活动和销售材料、出租固定资产、出租无形资产、出租包装物等其他经营活动所发生的实际成本。营业成本的审计包括主营业务成本审计和其他业务成本审计。

营业成本的审计目标主要包括:确定利润表中记录的营业成本是否已经发生,且与被审计单位有关;确定所有应当记录的营业成本是否均已记录;确定与营业成本有关的金额及其他数据是否已经恰当记录;确定营业成本是否已记录于正确的会计期间;确定营业成本是否已记录于恰当的账户;确定营业成本是否按照企业会计准则的规定在财务报表中恰当列报。

(一)主营业务成本审计

对主营业务成本进行审查的主要内容有:

第一，获取或编制主营业务成本明细表，复核加计是否正确，与总账和明细账核对相符，结合其他业务成本科目营业成本报表数核对是否相符。

第二，取得或编制生产成本倒轧表，与库存商品等相关科目总账核对相符。表 10—9 是生产成本及销售成本倒轧表的示例。

表 10—9　　生产成本与销售成本倒轧表

被审计单位名称：　　编制者：　　日期：　　页次：

会计期间或截止日：　　复核者：　　日期：　　索引号：

项　目	说明	数据来源	未审数	调整数	审定数
原材料期初余额	1	总账“材料”期初数			
其中：上期查账调整数	2	审计报告调整说明			
加：本期购入材料净额	3	“材料”借方购入额扣退货折让金额			
加：其他增加额	4	“材料”借方其他发生额			
减：期末材料余额	5	总账“材料”期末数			
减：其他发出额	6	“材料”贷方其他发生额			
直接材料成本	7＝1＋3＋4－5－6	“生产成本”明细账			
直接人工成本	8	“生产成本”明细账			
制造费用	9	“生产成本”明细账			
其中：材料费用	10	“材料”转入“制造费用”借方金额			
产品生产成本	11＝7＋8＋9	“生产成本”借方发生额			
加：在产品期初余额	12	“生产成本”期初数			
减：在产品期末余额	13	“生产成本”期末数			
产成品成本	14＝11＋12－13	“生产成本”转入“库存商品”借方金额			
加：产成品期初余额	15	“库存商品”期初数			
加：产成品盘盈数	16	“库存商品”盘盈会计记录			
加：退货收回产成品成本	17	用户退货会计记录			
减：产成品期末余额	18	“库存商品”期末数			
减：自制自用产品成本	19	“库存商品”转入“生产成本”借方金额			
减：内部领用产品成本	20	“库存商品”转入其他有关科目借方金额			
减：产成品折价、盘亏、废损	21	库存商品折价、盘亏、废损记录			
产品销售成本	22＝14＋15＋16＋17＋18－19－20－21				
审计说明					
审计结论					

第三，审查主营业务成本计算方法是否前后期一致。检查主营业务成本的内容和计算方法是否符合会计准则的相关规定，前后期是否一致。审查时一般应查阅收付较为频繁的库存商品，复核结转销售成本的方法是否符合规定。若存在问题，应提请被审计单位调整。

第四，审查主营业务成本与主营业务收入是否配比。抽取若干月份主营业务成本结转明细清单，结合生产成本的审计，检查销售成本结转数额的正确性，比较计入主营业务成本的商品品种、规格、数量与计入主营业务收入的口径是否一致，是否符合配比原则。

第五，审查非常规情况下主营业务成本的计算、分配和会计处理的正确性。针对主营业务成本明晰表中重大调整事项（如销售退回）、非常规项目，检查相应的原始凭证，评价其真实性和合理性，检查其会计处理是否正确。在采用计划成本、定额成本、标准成本或售价核算存货的情况下，需检查铲平成本差异以及商品进销差价的计算、分配和会计处理的正确性。

第六，审查主营业务成本结转的正确性。结合期间费用的审计，判断被审计单位是否存在将应计入生产成本的项目计入期间费用，或将应计入期间费用的项目计入生产成本，以达到认为调节主营业务成本进而调节企业利润的目的。

第七，检查主营业务成本在财务报表中的列报是否符合企业会计准则的相关规定。

【课堂练习】甲企业采用先进先出法计算结转发出产品成本，审计人员审阅"库存商品"明细账时发现，年初结存产品500件，单价100元；当年第一批完工入库500件，单价110元；第二批入库1 250件，单价120元；第三批入库750件，单价105元；第四批入库1 250件，单价110元。共销售3 100件，结转成本356 250元，截止审计日结存1 150件，结存产成品成本115 000元。

要求：验证结转主营业务成本的数额是否正确。

【课堂练习】审计人员在审查某工业企业20×7年度损益表时发现，该企业于5月8日销售10台冰箱，采用分期收款结算方式，每台售价4 000元，分四期收款，按合同约定，第一期收取55%的价款，于当月收款，以后三期每期收取15%的价款。每台冰箱成本为2 400元。该企业在6月5日收到第一期贷款时的会计处理为：

(1)借：银行存款	23 400	
贷：主营业务收入		20 000
应交税费——应交增值税(进项税额)		3 400
(2)借：主营业务成本	12 000	
贷：库存商品		12 000

要求：指出该单位会计处理中存在的错误。

(二)其他业务成本审计

其他业务成本是指企业除产品销售以外的其他销售或其他业务所发生的支出，包括其他销售、提供劳务而发生的相关成本、费用等。对其他业务成本的审计要点主要有：

第一，获取或编制其他业务成本明细表，复核加计数是否正确，与总账数和明细账合计数进行核对确定是否相符；结合主营业务成本科目与营业成本报表数核对是否相符。

第二，复核其他业务成本明细表的正确性，并与其他相关科目进行交叉核对。

第三，检查其他业务成本是否有相应的收入，并与上期其他业务收入、其他业务成本比较，检查是否有重大波动；如有，应查明原因。

第四，检查其他业务成本内容是否真实，计算是否正确，会计处理是否正确，配比是否适当，并配合适当抽查相关原始凭证予以核实。例如，材料销售结转的成本、出租固定资产结转的成本费用、出租包装物结转的成本费用、包装物摊销、计算结转的运输劳务的成本费用、其他业务收入应交税金的计算和结转等是否真实、正确。

第五，对异常项目，应追查入账依据及有关法律文件是否充分。

第六，检查其他业务成本是否已经按照企业会计准则的规定在财务报表中进行恰当列报。

【课堂练习·案例分析题】审计人员对A企业进行年度审计，发现该企业在年初曾和B公司签订一项租赁合同。B公司租用A企业的6间办公室，租期为5年，年租金为24 000元，该办公室的年折旧额为6 000元。A企业在收到第一年租金时，做了如下账务处理：

借：银行存款	24 000	
贷：累计折旧		6 000
其他业务收入		18 000

要求：通过查验租赁合同，明确出租业务的情况；审阅其他业务成本明细，抽查有关会计凭证。

【分析提示】A企业对出租业务的账务处理不恰当。将折旧费6 000元冲减其他业务收入，明显不符合配比原则，与其他业务收入对应的有关支出应计入其他业务成本。

【课堂练习】审计人员在审计某公司的会计报表时，发现该公司对外转让专利权时的会计处理为：

借：银行存款	600 000	
贷：其他业务收入		600 000
借：税金及附加	30 000	
贷：应交税费——应交增值税(销项税额)		30 000

要求：指出该会计处理是否有问题；如果错误，说明应如何调整。

二、税金及附加的审计

税金及附加是指企业经营活动负担的相关税费，包括消费税、城市维护建设税、教育费附加、资源税、房产税、城镇土地使用税、车船税、印花税和矿产资源补偿费等。

对税金及附加的实质性测试，应在查明企业应缴纳的税种基础上结合"税金及附加"总账及其明细账与有关原始凭证，以及与该账户对应的"主营业务收入""其他业务收入""应交税费""其他应交款"等账户进行审查，必要时，应向有关部门和单位、人员进行查询，重点查明计税范围、计税依据、计税标准及账务处理的正确性。

税金及附加的审计要点主要有：

第一，根据审定的应税消费品销售额(销售量)，按规定的适用税率计算复核本年度应纳消费税税额。

第二，根据审定的应纳资源税产品的课税数量，按规定的适用税率计算复核本年度应纳资源税税额。

第三，检查城市维护建设税、教育费附加的计算是否正确。

第七节　期间费用审计

期间费用，是指企业日常活动发生的不能直接计入特定核算对象的成本，而应计入发生当期损益的费用，主要包括销售费用、财务费用、管理费用。审查时的重点是费用发生的真实性与合规性的审查。

一、销售费用审计

销售费用是指企业在销售商品和材料、提供劳务的过程中发生的各项费用，包括企业在销售商品过程中发生的保险费、包装费、展览费和广告费、商品维修费、预计产品质量保证损失、运输费、装卸费等以及为销售本企业商品而专设的销售机构（含销售网点、售后服务网点等）的职工薪酬、业务费、折旧费等经营费用。企业发生的与专设销售机构相关的固定资产修理费用等后续支出也属于销售费用。

（一）销售费用的审计目标

销售费用的审计目标有三项：(1)确定销售费用的记录是否完整；(2)确定销售费用的分类、归属及会计处理是否正确；(3)确定销售费用在会计报表上的披露是否恰当。

（二）销售费用的审查要点

销售费用的审查要点主要有：

第一，获取或编制销售费用明细表，复核加计正确，与总账、明细账核对相符。还应审查其明细项目的设置是否符合规定的核算内容及范围，是否划清销售费用与其他费用的界限。

第二，审查销售费用各项目开支标准是否符合有关规定，开支内容是否与被审计单位的产品销售活动有关，计算是否正确。

第三，将本年度销售费用与上年度销售费用进行比较，并将本期各月的销售费用进行比较，如有重大波动和异常变动应查明原因，并做适当处理。

第四，选择重要或异常的销售费用，审查其原始凭证是否合法，会计处理是否正确。必要时，对销售费用实施截止测试，审查有无跨期入账的现象，对于重大跨期项目应建议做必要的调整。

第五，核对销售费用有关项目金额与累计折旧、应付职工薪酬等项目相关金额的钩稽关系，如有不符，应查明原因，并进行适当处理。

第六，审查销售费用的结转是否正确、合规，查明有无多转、少转或不转销售费用，人为调节利润的情况。

第七，审查销售费用是否已在利润表上恰当披露。

【课堂练习·案例分析题】审计人员在对某公司销售费用进行审查时，发现 12 月份的销售费用增幅较大。于是详细审查了该公司 12 月份的销售费用，发现：

(1)该公司 12 月 27 日一次性支付以后三个年度的销售机构的房屋租赁费 180 000 元并将其全部作为当期销售费用处理。

(2)该公司下设的 5 个销售机构的职工工资、福利费开支 120 万元，处理如下：

借：销售费用	1 200 000	
贷：银行存款		1 200 000

要求：说明上述事项存在的问题，并提出处理意见。

【分析提示】(1)根据权责发生制原则，一次性支付以后三个年度的销售机构的房屋租赁费不能作为当期费用处理。

借：长期待摊费用　　　　180 000

　　贷：销售费用　　　　180 000

(2)专设销售机构职工的工资及福利费，是可以计入销售费用，但其会计处理应通过“应付职工薪酬”科目核算，审计人员应做出记录，以备以后与应付职工薪酬相关内容进行索引核对。

【课堂练习】审计人员在审计甲企业20×6年度销售费用明细账时，发现每月销售费用明细账中包装物所占比例很大。

分析：根据每月的产品销售数量，推算所领包装物的数量，再乘以包装的单价，所得金额达不到明细账所列的金额，这说明有把不应列入销售费用的支出错列入销售费用中的问题。审计人员到包装物仓库审阅包装物明细账，从领用包装物的品种看，生产过程中使用的包装物和销售过程中使用的包装物是截然不同的，然而领用生产过程中使用的包装物费用却没有记入生产成本中的直接材料项目中，而是有意计入销售费用中。审计人员进一步审阅仓库的发出材料汇总表和材料费用分配表，发现直接材料费用中没有包装费用支出，从而证实了问题存在。

就上述查证的问题，财务主管承认问题存在并且声称：“生产过程用包装物，销售过程也用包装物，品种确实不同。将两种包装物都列入销售费用，一是在核算上省力；二是可以多计期间费用，调整各会计期间的经营利润，缓缴所得税，为单位谋利。

审计人员通过盘点证实了甲企业产品的库存数量为3 000件，通过计算确认每件产成品应负担生产过程中使用的包装物费用为16元。

要求：指出甲企业存在的问题，并提出处理意见。

二、财务费用审计

财务费用是指企业为筹集生产经营所需资金等而发生的筹资费用，包括利息支出(减利息收入)、汇兑损益以及相关的手续费、企业发生的现金折扣等。

(一)财务费用的审计目标

财务费用的审计目标有以下三项：一是确定财务费用的记录是否完整；二是确定财务费用的计算及会计处理是否正确；三是确定财务费用在会计报表上的披露是否恰当。

(二)财务费用的审查要点

财务费用的审查要点主要有：

第一，获取或编制财务费用明细表，复核加计正确，与总账、明细账核对相符；还应审查其明细项目的设置是否符合规定的核算内容及范围，是否划清财务费用与其他费用的界限。

第二，审查财务费用各项目开支标准是否符合有关规定，开支内容是否是允许列入财务费用的项目，计算是否正确。审查时应注意以下几点：

一是财务费用是否为生产经营筹资活动发生。按规定为生产经营筹集资金而发生的筹资费用记入“财务费用”科目；为购建或生产满足资本化条件的资产发生的应予资本化的借款费用，在“在建工程”“制造费用”等科目核算。

二是财务费用是否为抵减相关收入后的净支出。利息支出应抵减利息收入后列支，汇兑损失应抵减汇兑收益后列支。

三是财务费用计算是否正确。即审查利息的预提数计算是否正确，实际数与预提数之间的差异是否进行调整；汇兑损益计算采用的折算汇率是否合规，计算是否正确。

第三，将本年度财务费用与上年度财务费用进行比较，并将本期各月的财务费用进行比较，如有重大波动和异常变动应查明原因，并进行适当处理。

第四，选择重要或异常的财务费用，审查其原始凭证是否合法，会计处理是否正确。必要时，对财务费用实施截止测试，审查有无跨期入账的现象，对于重大跨期项目应建议进行必要调整。

第五，审查财务费用的结转是否正确、合规，查明有无多转、少转或不转财务费用，以及人为调节利润的情况。

第六，审查财务费用是否已在利润表上恰当披露。

【知识拓展】　　私设"小金库"，应如何追查？

有些单位常常利用隐瞒收入、虚列支出的手段，私设"小金库"，一般来说追查"小金库"可用以下几种方法：

1. 账面查疑法

一是查账时要注意两种倾向的账目。一种是记录混乱，账证不符，加总有误，记录不完整，收支凭证内容不合法，手续不健全，甚至有涂改、挖补、仿造的凭证等。可运用核对法进行账实核对、明细账与总账核对，看"小金库"是否存在。另一种是记载过于规范的账目，账目上毫无违纪，甚至连一笔招待费都没有。有的是笔迹笔画一致的誊抄账。这类账可能是假账，假账背后就有"账外账"或"小金库"问题。检查方法与查混乱账目相同，但重点是对账外收支项目的检查。二是账面查疑还要注意账面上违反常规的奇异问题，包括奇异的金额、奇异的时间/地点、奇异的收支事项等。例如，账面上有司机工资支出而没有车辆购置、维修费、油料费，没有生产经营项目的单位出现了生产经营费用。奇异问题的背后可能就隐藏着"小金库"。

2. 层层剖析法

仅仅从被审计单位账目上难以发现"小金库"，一定要对有疑点的收支项目分类排队，要用抽样延伸的方法，从可疑科目到其下属单位、被管理单位、被收费罚款单位以及发生业务较多的单位，层层剖析，使被审计单位存在的收入不入账、虚列支出、虚拨款项的问题"原形毕露"。

3. 突击盘库法

在被审计单位未做准备的情况下，用突击方式盘点金库，并与现金日记账、银行存款日记账及总账核对。发现库存现金与账面余额不符，应当查明原因。若库存现金数大于账面余额，又不能说明正当来源，就是账外"小金库"。若库存现金数小于账面余额，查询去向不明，则可能为贪污挪用。此外，还要注意检查充抵库存现金的借条、现金支票、支票手续是否健全，内容是否合法，时间编号是否顺序相连。若在这些环节上发现账外资金的证据，则说明可能存在"小金库"。

4. 处置及出租资产追踪法

单位处置淘汰的办公用具、家具、设备、交通通信工具及其他废料、残次品、包装物、副产品、低值易耗品、更新替换下的固定资产处理残值、出租闲置的固定资产等收入往往容易被忽视，或因疏于管理而流入个人腰包，或因单位故意作弊，收入不入账，充填"小金库"。因此，这类资产应作为检查的主要内容，从购进使用追踪到处置、出租，一追到底。发现收入不入账，就说明存在"小金库"或贪污问题。

5. 票据抽查法

单位的收支票据凭证应全部记账，有存根联、发票联，有的还有出、入库联，并按顺序编号。抽查票据时若发现收入不入账、各联数额不一致、大头小尾、缺页少号等问题，就可能有隐瞒收入、设“小金库”或虚报冒领等问题。

6. 银行对账法

要求被审计单位提供基本存款账户、专用存款账户、临时存款账户等。结合银行存款项、银行对账单进行查询核对。若发现银行存款款项与实际存款数有差异，应进一步追查原因。实际存款大于账面余额又不能说明正当理由的，就可能是“小金库”。此外，查询时，还应特别注意以单位财务人员、法定代表人的名义或奇异代名代号的存款，若其收支频繁、数额较大，也可能是公款私存的“小金库”。

7. 成本分析法

成本被称作企业调整利润的“蓄水池”，隐瞒收入的“避风港”，为谋取本单位利益，截留收入，填充“小金库”资金，其手段之一就是多摊乱挤成本。因此，应进行成本分析，检查企业是否严格按照规定核算产品成本、正确计算收入，看其是否存在用收入填充“小金库”或舞弊贪污等问题。分析采购成本时，要注意企业在原、辅料采购中，有无舍近求远、舍优求劣、高价购劣、多支付运杂费和包装费等问题；分析生产成本时，重点是检查固定资产折旧的计提方法是否一致，计算是否正确，原辅料费、燃料动力费、工资福利费、企业管理费等支出是否合法合理，各期配比是否大体一致，如某项费用某一时期畸高，则应检查销售折扣、折让是否真实合法，销售退货是否验收入库和进行账务处理等。

8. 产量推算法

有的生产性企业以少报产量、做假账等手法，隐瞒收入、偷漏税、设“小金库”。对于这类企业可根据其生产规模、生产能力、开工时间、原材料消耗、电力动力消耗以及管理费用消耗等指标，比照同类企业和被审计企业不同年度的生产情况，这些指标的配比应在一定的合理范围内。若被查企业账面反映的产量与实际产量差异较大，指标配比异常，就说明该企业可能存在少报产量隐瞒收入、偷漏税、私设“小金库”等问题，应进一步查证核实。

三、管理费用审计

管理费用是指企业为组织和管理生产经营发生的各项费用，包括企业在筹建期间发生的开办费、董事会和行政管理部门在企业的经营管理中发生的或者应由企业统一负担的公司经费（包括行政管理部门职工薪酬、物料消耗、低值易耗品摊销、办公费和差旅费）、行政管理部门负担的工会经费、董事会费（包括董事会成员津贴、会议费和差旅费）、聘请中介机构费、咨询费（含顾问费）、诉讼费、业务招待费、技术转让费、研究费用、排污费等。企业生产车间（部门）和行政管理部门发生的固定资产修理费等后续支出，也作为管理费用核算。

（一）管理费用的审计目标

管理费用的审计目标有三项：一是确定管理费用的记录是否完整；二是确定管理费用的分类、归属及会计处理是否正确；三是确定管理费用在会计报表上的披露是否恰当。

（二）管理费用的审查要点

管理费用的审查要点主要有：

第一，获取或编制管理费用明细表，复核加计正确，与总账、明细账核对相符；还应审查其明细项目的设置是否符合规定的核算内容及范围，是否划清管理费用与其他费用的界限。

第二，审查管理费用各项目开支标准是否符合有关规定，开支内容是否是允许列入管理费用的项目，计算是否正确。例如，应关注业务招待费的列支限额。

第三，将本年度管理费用与上年度管理费用进行比较，并将本期各月的管理费用进行比较，如有重大波动或异常变动，应查明原因并进行适当的处理。

第四，选择重要或异常的管理费用，审查其原始凭证是否合法，会计处理是否正确。必要时，对管理费用实施截止测试，审查有无跨期入账的现象，对于重大跨期项目应建议进行必要的调整。

第五，核对管理费用有关项目金额与其他相关账户金额的钩稽关系，如有不符，应查明原因，并进行适当处理。

第六，审查管理费用的结转是否正确、合规，查明有无多转、少转或不转管理费用，以及人为调节利润的情况。

第七，审查管理费用的列支范围。

第八，审查管理费用是否已在利润表上恰当披露。

【课堂练习·案例分析题】 审计人员对某企业20×4年6月份“管理费用”明细账进行审查时，发现账面包括下列内容：

(1)支付驾驶员违章罚款50元。

(2)支付未按期缴纳税款的滞纳金450元。

(3)房屋大修理领用水泥1 000元。

(4)支付推销产品广告费12 000元。

(5)提取本月应计流动资金借款利息36 000元。

(6)由于非常损失毁损材料10 000元。

要求：

(1)指出上述各项目存在的问题，按规定应在哪列支；

(2)计算多计的管理费用；

(3)指出上述事项对利润总额的影响。

【分析提示】

(1)各项目按规定处理如下：

①驾驶员违章罚款应由个人负担。

②未按期缴纳税款的滞纳金应由税后利润列支。

③房屋大修理领用水泥应计入在建工程。

④支付推销产品广告费应计入销售费用。

⑤提取本月应计流动资金借款利息应计入财务费用。

⑥非常损失毁损材料应计入营业外支出。

(2)多计的管理费用＝50＋450＋1 000＋12 000＋36 000＋10 000＝59 500(元)

(3)利润总额将减少＝50＋450＋1 000＝1 500(元)

【课堂练习】

审计人员在审阅某单位管理费用明细账时，发现该单位1～6月份业务招待费开支25 000元，正好与国家规定的税前列支标准相符。而6月份后，管理费用账中却没有一笔业务招待费开支。

要求：对于这种明显有悖常理的现象，是否值得怀疑？可能存在什么问题？为什么会有这样的情况发生？怎样查证？

本章小结

生产与存货循环是企业处理有关生产成本计算和存货管理等业务的工作程序的总称。该循环涉及的主要业务活动有：集合和安排生产、发出原材料、生产产品、核算产品成本、储存产成品、发出产成品等。由于存货存在交易数量大且复杂、成本核算复杂、产品多元化、可变现净值难以确定、存放地点多等情况，存货可能在存在性、完整性、权利和义务、计价和分摊等方面存在重大错报风险，因此，应根据重大错报风险评估结果设计进一步审计程序。其内部控制主要包括存货的内部控制、成本的内部控制。

产品成本审计包括对直接材料成本、直接人工成本、制造费用、在产品和产成品成本、营业成本以及税金及附加等成本项目进行的实质性测试，一般包括对用量、计价和成本分配合理性的审查。

期间费用是指企业日常经营活动发生的不能直接计入特定核算对象的成本，而应计入发生当期损益的费用，主要包括销售费用、管理费用和财务费用。审查时的重点是费用发生的真实性与合规性的审查。

存货是指企业在日常活动中持有以备出售的产成品或商品、处在生产过程中的在产品、在生产加工过程中或提供劳务过程中使用的材料和物料等，包括商品、产成品、半成品和在产品，以及各类原材料、燃料和辅助材料、包装物、低值易耗品等。存货的特点主要有：流动性强，周转快；形式多样；计价方法多样。存货监盘是一种复核程序，是观察程序和检查程序的结合运用，在审计人员实际执行过程中主要是制订存货监盘计划和监盘程序的具体运用。此外，本章针对该循环不同的业务环节，对材料采购或在途物资、原材料、材料成本差异、库存商品、发出商品和存货跌价准备等账户设计了不同的控制措施和实质性测试程序。

思考与实训

一、思考题

1. 生产与存货循环的主要业务活动有哪些？
2. 生产与存货循环涉及的主要凭证和会计记录有哪些？
3. 一般制造型企业的存货的重大错报风险通常包括哪些内容？
4. 生产与存货循环内部控制测评需要考虑哪些内容？
5. 与存货相关的内部控制有哪些。
6. 注册会计师在对存货进行期末截止测试时，通常应当关注哪些事项？
7. 简述直接材料费用实质性测试的主要内容。
8. 简述注册会计师对主营业务成本进行审查的主要内容。

二、实训题

1. 某房地产企业A于20×4年1月将一幢已开发完成的房产销售给B企业，售价为9 000 000元，款已收到。该房地产成本为6 000 000元，合同规定，2年后A企业将这幢房产重新购回，回购价为10 000 000元。A企业已确认收入。

要求:该笔交易是否该确认收入?如不能,如何调账?

2. 甲公司产成品发出时由销售部填制一式四联的销售单,仓库发出产品后将第一联留存登记产成品卡片,第二联交销售部留存,第三联和第四联交会计人员乙来登记产品总账和明细账。

要求:这种内部控制有没有问题?总账和明细账能不能由同一个人来登记?

3. 注册会计师于20×7年2月15日审查某公司20×6年度产品销售业务时,发现该公司于12月27日售给外地某厂A产品700件,每件售价800元,共计560 000元。公司已向银行办理了托收手续,但尚未作为产品销售收入入账。该产品成本为每件650元。

要求:注册会计师应怎样审查上述业务?请针对出现的问题提出审计意见。

4. 注册会计师对某贸易公司20×6年12月份的生产费用和生产成本进行了审计,发现生产成本计算中存在下述情况:

(1)在审查领料单的过程中发现,公司内部理发店翻修时用料800千克、计16 000元的费用计入甲产品的成本中,而甲产品生产用料700千克、计26 000元的费用计入在建工程支出。

(2)12月份甲产品假退料50千克、计10 000元,经盘点查明,实际并无余料。

(3)12月份应当由甲产品负担的低值易耗品摊销额800元,实际未摊销。

(4)12月份末进行费用分配时,将由甲产品负担的水电费用1 500元,实际分配给了乙产品。

(5)炊事人员的工资及提取的应付福利费共计300元作为直接工资计入生产成本。

要求:根据查出的问题,对本期发生的费用进行调整。

第十一章　货币资金审计

学习目标

知识目标

1. 理解货币资金涉及的业务活动及与各交易循环的关系；
2. 理解与货币资金相关的重大错报风险；
3. 理解货币资金内部控制的内容及其内部控制测试；
4. 掌握库存现金的实质性程序；
5. 掌握银行存款的实质性程序；
6. 掌握其他货币资金的实质性程序。

技能目标

1. 熟悉现金收付业务的审查要点和程序，并能独立地进行现金收付业务的审查；
2. 熟悉银行存款的审查要点和程序，并能独立地进行银行存款的审查。

引导案例

某技术公司是一家软件制造商，创建于1989年，主营半导体软件的个性化开发、销售以及售后咨询等业务，2001年7月31日在纳斯达克上市交易，在此后的连续三次季报中均报告了优异的业绩，股价也一度攀升。然而，好景不长，其上市一年后于2002年7月29日被纳斯达克摘牌。根据调查，在其首发股票的前后5个季度内，其创始人、董事会主席兼首席执行官虚构了逾2 800万美元的销售收入。与安然、世通等财务舞弊案相比，其造假规模似乎微不足道，但在公司上市第一年就采用各种手段虚构了80%的销售收入，其胆大妄为令人震惊。其造假手法主要有：伪造顾客订货单、伪造发运凭证、修改销售合同、篡改银行对账单和伪造询证回函等。这些手法既无新意也不高明，但却轻易欺骗了某知名会计师事务所。其实，该会计师事务所在对其销售收入进行审计的过程中，对应收账款和银行存款实施了询证程序，但却因其提供了精心伪造的客户地址和银行地址而没察觉问题。结果客户及开户行均未收到会计师事务所的询证函。会计师事务所收到的回函实际上是其蓄意伪造并通过修改了程序的传真机发回的函件。

思考：这个案例对于货币资金审计有哪些启示呢？

第一节　货币资金审计概述

货币资金是企业资产的重要组成部分，是流动性最强的一种资产，它包括库存现金、银行存款和其他货币资金。一般来说，只要企业保持健康的、正的现金流，就能够继续生存；而如果出现现金流逆转现象，产生了不健康的、负的现金流，长此以往，企业必将陷入财务困境，并导致企业的持续经营能力受到损害。

货币资金审计是指对企业的现金、银行存款和其他货币资金收付业务及其结存情况的真实性、正确性和合法性所进行的审计。加强货币资金审计，评审货币资金内部控制制度的健全性和有效性，审查货币资金结存数额的真实性和货币资金收付业务的合法性，对于保护货币资金的安全性和完整性，揭示违法犯罪行为，维护财经法纪，以及如实反映被审计单位的即期偿债能力等，都具有十分重要的意义。

一、货币资金审计的目标

（一）证实货币资金余额的真实性和所有权

通过对货币资金有关账户记录的审查，核实其各项收入与支出项目，监盘库存现金，核对银行存款，确定其账面金额是否真实存在并为被审计单位所拥有，找出核算工作中的差错或故意高估账面余额的舞弊行为。

（二）证实货币资金余额的完整性

注册会计师要核实企业与货币资金有关的经济业务是否全部被记录在有关账户中，财务报表中的货币资金项目与各有关账户的余额是否一致。

（三）证实货币资金收付业务的合法性

货币资金业务的风险性大，其收支频繁并易于转让和被盗用，注册会计师应核查货币资金的收、付业务有无违反国家有关法规、制度以及会计原则的现象，揭露贪污、盗窃、挪用等舞弊行为，并及时提请有关方面加强管理。

（四）证实外币计价的正确性

有外币交易的企业要根据有关规定，在编制财务报表时，将外币现金、外币银行存款的账户余额，按照月末的外汇市场价格正确折合为记账本位币金额，注册会计师通过审查对其正确性加以证实，并揭露在外币折算中的舞弊行为。

（五）证实货币资金分类的正确性、过账和汇总的正确性

注册会计师在核实货币资金收、付业务与期末金额的基础上，要审查货币资金项目是否按规定进行分类，并及时、正确地记录在有关账户中，在财务报表上的列示是否符合会计准则的要求。

二、货币资金业务循环

从资金流入企业形成货币资金开始到销售后收回货币资金，经过成本补偿确定利润、部分资金以利润或股利形式流出企业为止，构成了一个不断循环、不断流动的企业货币资金周转系统，如图 11—1 所示。在这个系统中，货币资金与各业务循环均直接相关，如图 11—2 所示。

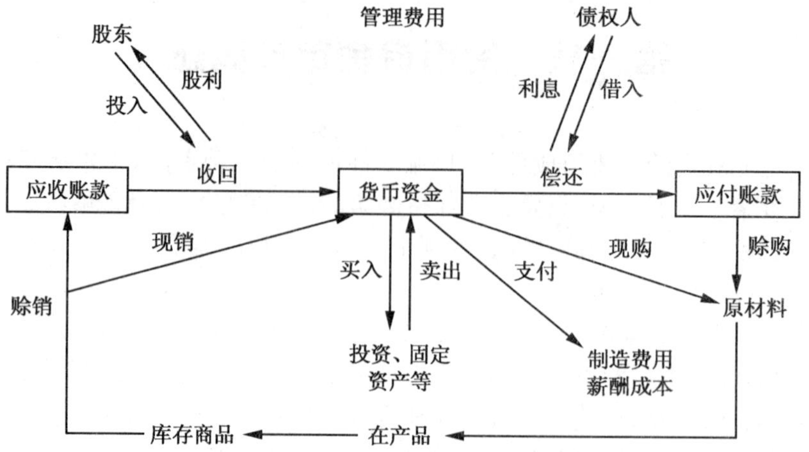

图 11－1　企业货币资金的流转

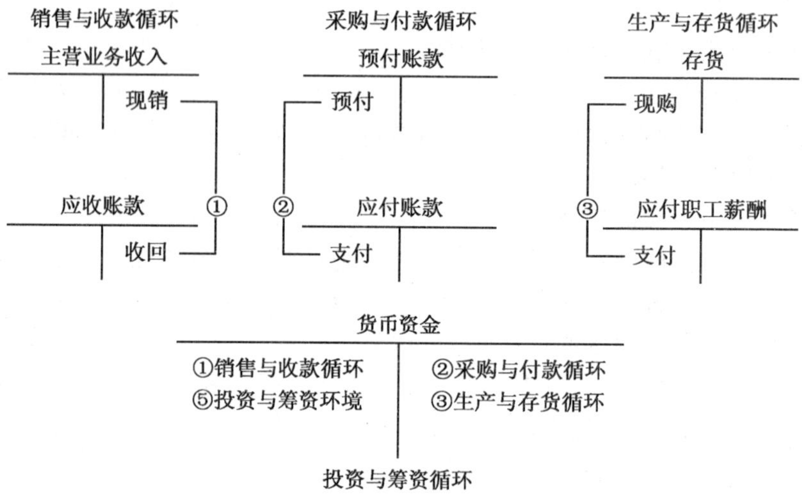

图 11－2　货币资金与各交易循环的关系(部分)

【课堂练习·多选题】影响货币资金的循环包括(　　)。

A. 销售与收款循环　　　　B. 采购与付款循环

C. 投资与筹资循环　　　　D. 生产与存货循环

【正确答案】ABCD

三、货币资金的审计范围

货币资金的审计范围,从其直观存在上来讲是指企业货币资金存在的范围与分布的领域及其表现形式。就此而言,货币资金的审计范围,不仅包括企业库存的人民币和外币,企业存入银行或其他金融机构的人民币及外币存款,还应包括企业由于各种经营活动所形成的外埠存款、银行汇票存款、银行本票存款、在途货币资金、信用证存款等其他货币资金。

而就货币资金审计范围的具体内容来说,凡是涉及货币资金的经济活动、内部控制制度及其会计事项账务处理均属于其审计范围，主要包括：

第一，被审单位有关货币资金的内部控制制度。

第二，证实货币资金余额的账簿、资料，包括库存现金、银行存款、其他货币资金的总分类账、现金日记账、银行存款日记账、其他货币资金明细账、库存现金盘点记录、结账日的全部银行对账单及相应的银行存款余额调节表等。

第三，证实货币资金所有权的资料，如与被审计单位开户银行的银行往来询证函、银行存款利息清单等。

四、货币资金涉及的主要凭证与会计记录

货币资金涉及的主要凭证与会计记录主要有以下几个方面：(1)库存现金盘点表；(2)银行对账单；(3)银行存款余额调节表；(4)收款凭证与付款凭证；(5)库存现金、银行存款日记账和总账；(6)其他相关原始凭证与账簿(如支票及支票存根簿等)。

【课堂练习·单选题】货币资金审计不涉及的凭证与记录是(　　)。

A. 库存现金盘点表　　B. 银行对账单

C. 银行存款余额调节表　　D. 库存现金对账单

【正确答案】D

五、涉及的主要业务活动

这里以工业企业为例，介绍本书其他业务循环中没有讲解的与货币资金业务相关的主要业务活动。

(一)现金管理

出纳员每天对库存现金自行盘点，编制现金报表，计算当日现金收入、支出、及时结出余额，并将结余额与实际库存额进行核对，如有差异及时查明原因。会计主管应不定期检查现金日报表。

每月末，会计主管应指定出纳员以外的人员对库存现金进行盘点，编制库存现金盘点表，将盘点余额与现金日记账余额核对。对冲抵库存现金的借条、未提现支票、未做报销的原始票证，在库存现金盘点报告表中予以注明。会计主管复核库存现金盘点表，如果盘点金额与现金日记账余额不一致，则需查明原因并报经财务经理批准后进行账务处理。

(二)银行存款管理

1. 银行账户管理

企业银行账户的开立、变更及注销必须经财务经理审核，报总经理批准。

2. 编制银行存款余额调节表

每月末，会计主管应指定出纳员以外的人员核对银行存款日记账与银行对账单，编制银行存款余额调节表，使银行存款账面余额与银行对账单调节相符；如调节不符，应查明原因。会计主管应复核银行存款余额调节表，对需要调整的调节项目及时进行调节。

3. 票据管理

财务部门设置银行票据登记簿，防止票据遗失或盗用。出纳员登记银行票据的购买、领用、背书转让及注销等事项。空白票据应存放在保险柜中。每月末，会计主管指定出纳员以外的人员对空白票据、未办理收款和承兑的票据进行盘点，编制银行票据盘点表，并与银行票据

登记簿进行核对。会计主管复核库存银行票据盘点表，如果存在差异，需查明原因。

4. 印章管理

企业的财务专用章应由财务经理保管，办理相关业务中需使用的个人名章应由出纳员保管。

第二节 货币资金的重大错报风险

库存现金虽然在企业资产总额中所占的比例不大，但企业的舞弊大多与现金有关。因此，注册会计师应充分重视对库存现金的审计。

按照国家有关规定，凡是独立核算的企业都必须在企业所在地的银行开立账户，且除了在规定的范围内可以用现金直接支付款项外，在经营过程中发生的一切货币收支业务都必须通过银行存款账户进行结算。

一、货币资金可能发生错报的环节

货币资金可能发生错报的环节通常包括以下情况：

第一，被审计单位资产负债表的货币资金项目中的库存现金和银行存款在资产负债表日不存在。（存在性认定）

第二，被审计单位所有应当记录的现金收支业务和银行存款收支业务未得到完整记录，存在遗漏。（完整性认定）

第三，被审计单位的现金收款通过舞弊手段被侵占。（完整性认定）

第四，记录的库存现金和银行存款不为被审计单位所拥有或控制。（权利和义务认定）

第五，库存现金和银行存款的金额未被恰当地包括在财务报表的货币资金项目中，与之相关的计价调整未得到恰当记录。（计价和分摊认定）

第六，库存现金和银行存款未按照企业会计准则的规定在财务报表中做出恰当列报。（列报）

二、识别应对可能发生错报环节的内部控制

为评估与货币资金的交易、余额和列报相关的认定层次的重大错报风险，注册会计师应了解与货币资金相关的内部控制，这些控制主要是为了防止、发现并纠正相关认定发生重大错报的固有风险（即可能发生错报环节）而设置的。注册会计师可以通过审阅以前年度审计工作底稿、观察内部控制执行情况、询问管理层和员工、检查相关的文件和资料等方法对这些控制进行了解，此外，对相关文件和资料进行检查也可以提供审计证据。例如，通过检查财务人员编制的银行存款余额调节表，也可以发现差错并加以纠正。

需要强调的是，在评估与货币资金的交易、余额和列报相关的认定层次的重大错报风险时，注册会计师之所以需要充分了解被审计单位对货币资金的控制活动，目的在于使得计划实施的审计程序更加有效。也就是说，注册会计师必须恰当评估被审计单位的重大错报风险，在此基础上设计并实施进一步审计程序，才能有效应对重大错报风险。

（一）库存现金内部控制

由于现金是企业流动性最强的资产，因此，加强现金管理对于保护企业资产安全完整具有重要意义。在良好的现金内部控制下，企业的现金收支记录应及时、准确、完整；全部现金支出均按经批准的用途进行；现金得以安全保管。一般而言，良好的现金内部控制应该做到以下几

点:(1)现金收支与记账的岗位分离;(2)现金收支要有合理、合法的凭据;(3)全部收入及时、准确入账,并且现金支出应严格履行审批、复核制度;(4)控制现金坐支,当日收入现金应及时送存银行;(5)按月盘点现金,以做到账实相符;(6)对现今收支业务进行内部审计。

注册会计师通常通过内部控制流程图来了解企业对现金的内部控制。编制现金内部控制流程图是了解企业对库存现金内部控制的重要步骤。注册会计师在编制之前应该通过询问、观察、检查、重新执行等程序收集必要的资料,然后根据所了解的情况编制流程图。对中小企业,也可采取编写现金内部控制说明的方法。

若以前年度审计时已经编制了现金内部控制流程图,注册会计师可根据本年了解的情况对以前年度的内部控制流程图加以更新,以供本年度审计之用。一般地,了解现金内部控制时,注册会计师应当注意检查库存现金内部控制的建立和执行情况,重点包括:(1)库存现金的收支是否按规定的程序和权限办理;(2)是否存在与被审计单位经营无关的款项收支情况;(3)出纳与会计的职责是否严格分离;(4)库存现金是否妥善保管,是否定期盘点、核对;等等。

(二)银行存款内部控制

一般而言,良好的银行存款内部控制与库存现金内部控制类似,应做到以下几点:(1)银行存款收支与记账的岗位分离;(2)银行存款收支要有合理、合法的凭据;(3)全部收支及时准确入账,全部支出要有核准手续;(4)按月编制银行存款余额调节表,以做到账实相符;(5)加强对银行存款收支业务的内部审计。

按照我国现金管理的有关规定,超过规定限额以上的现金支出一律使用支票。因此,企业应建立相应的支票申领制度,明确申领范围、申领批准及支票签发、支票报销等。

对于支票报销和现金报销,企业应建立报销制度。报销人员报销时应当有正常的报批手续、适当的付款凭据,有关采购支出还应具有验收手续。会计部门应对报销单据加以审核,出纳员见到加盖核准戳记的支出凭据后方可付款。

付款应及时登记入账,相关凭证应按顺序或内容编制并作为会计记录的附件。

注册会计师对银行存款内部控制的了解一般与了解现金的内部控制同时进行。注册会计师应当注意的内容包括:(1)银行存款的收支是否按规定的程序和权限办理;(2)银行账户的开立是否符合《银行账户管理办法》等相关法律法规的要求;(3)银行账户是否存在与本单位经营无关的款项收支情况;(4)是否存在出租、出借银行账户的情况;(5)出纳与会计的职责是否严格分离;(6)是否定期取得银行对账单并编制银行存款余额调节表;等等。

三、与货币资金相关的重大错报风险

在评价货币资金业务的交易、账户余额和列报的认定层次的重大报错风险时,注册会计师通常运用职业判断,依据因货币资金业务的交易、账户余额和列报的具体特征而导致重大错报风险的可能性(即固有风险),以及风险评估是否考虑了相关控制(即控制风险),形成对与货币资金相关的重大报错风险的评估,进而影响进一步审计程序。

货币资金业务交易、账户余额和列报的认定层次的重大错报风险可能包括:

第一,被审计单位存在虚假的货币资金余额或交易,因而导致银行存款余额的存在性或交易的发生存在重大错报风险。

第二,被审计单位存在大额的外币交易和余额,可能存在外币交易或余额未被准确记录的风险。例如,对于有外币现金或外币银行存款的被审计单位,企业有关外币交易的增减变动或年底余额可能因未采用正确的折算汇率而导致计价错误(计价和分摊/准确性)。

第三，银行存款的期末收支存在大额的截止性错误（截止）。例如，被审计单位期末存在金额重大且异常的银付企未付、企收银未收事项。

第四，被审计单位可能存在未能按照企业会计准则的规定对货币资金做出恰当披露的风险。例如，被审计单位期末持有使用受限制的大额银行存款，但在编制财务报表时未在财务报表附注中对其进行披露。

在实施货币资金审计的过程中，如果被审计单位存在以下事项或情形，注册会计师需要保持警觉：(1)被审计单位的现金交易比例较高，并与其所在的行业常用的结算模式不同；(2)库存现金规模明显超过业务周转所需资金；(3)银行账户开立数量与企业实际的业务规模不匹配；(4)在没有经营业务的地区开立银行账户；(5)企业资金存放于管理层或员工个人账户；(6)货币资金收支金额与现金流量表不匹配；(7)不能提供银行对账单或银行存款余额调节表；(8)存在长期或大量银行未达账项；(9)银行存款明细账存在非正常转账的“一借一贷”；(10)违反货币资金存放和使用规定（如上市公司未经批准开立账户转移募集资金、未经许可将募集资金转作其他用途等）；(11)存在大额外币收付记录，而被审计单位并不涉足外贸业务；(12)被审计单位以各种理由不配合注册会计师实施银行函证。

除上述与货币资金项目直接相关的事项或情形外，注册会计师在审计其他财务报表项目时，还可能关注到其他一些也需保持警觉的事项或情形。例如：(1)存在没有具体业务支持与交易不相匹配的大额资金往来；(2)长期挂账的大额预付款项；(3)存在大额自有资金的同时，向银行高额举债；(4)付款方账户名称与销售客户名称不一致、收款方账户名称与供应商名称不一致；(5)开具的银行承兑汇票没有银行承兑协议支持；(6)银行承兑票据保证金余额与应付票据余额比例不合理；(7)当被审计单位存在以上事项或情形时，可能表明存在舞弊风险。

【课堂练习·单选题】如果被审计单位存在以下事项或情形，注册会计师不需要保持警觉的是(　　)。

A. 银行账户开立数量与企业实际的业务规模不匹配

B. 在没有经营业务的地区开立银行账户

C. 货币资金收支金额与现金流量表相匹配

D. 存在长期或大量银行未达账项

【正确答案】C

四、拟实施的进一步审计程序的总体方案

注册会计师基于以上识别的重大错报评估结果，制订实施进一步审计程序的总体方案（包括综合性方案和实质性方案），继而实施控制测试和实质性审计程序，以应对识别出的重大错报风险。注册会计师通过综合性方案获取的审计证据应足以应对识别出的认定层次的重大的错报风险。

第三节　货币资金的内部控制和控制测试

一、货币资金业务中的内部控制

企业为确保经营目标的实现，保护财产安全、完整，保证会计信息及其他信息的真实、可

靠，维护国家各项经济法规，促使企业内部各业务环节协调、有序、有效地运转，必须建立健全货币资金内部控制。货币资金内部控制，是指企业为了管好用好货币资金，针对货币资金收入、支出的特点，事先制定的一套互相牵制、互相稽核以及互相验证的内部控制。

（一）职责分工

单位应当建立货币资金业务的岗位责任制，明确相关部门和岗位的职责权限，确保办理货币资金业务的不相容岗位相互分离、制约和监督。出纳人员不得兼任稽核、会计档案保管和收入、支出、费用、债权债务账目的登记工作。单位不得由一人办理货币资金业务的全过程，应对不相容职务分离，达到相互制约的目的，具体如下：(1)采购、销售、劳动工资、其他零星收支与财会部门相互独立，防止作弊；(2)收入单据的开具与审核相互独立，防止贪污或挪用；(3)支出和报销单据的编制、审批、审核相互独立，防止虚列支出；(4)收付款结算办理与审核相互独立，防止差错和舞弊；(5)支票的签发与出纳相互独立，防止虚列支出、贪污或挪用；(6)出纳与会计相互独立分管货币资金收支和记录，防止收入不入账、虚列支出、贪污或挪用；(7)记账凭证的编制与审核相互独立，防止连贯性差错；(8)现金、银行存款日记账的登记与总账相互独立，防止连贯性差错；(9)由出纳员以外人员编制银行存款余额调节表并对现金进行稽核，防止连贯性差错；(10)支票与印章应由不同的人保管，防止管理失控。

（二）信息传递控制

建立必要的审批授权程序、使用文件和记录、业务独立监督检查。

1. 授权程序

单位应当对货币资金业务建立严格的授权批准制度，明确审批人对货币资金业务的授权批准方式、权限、程序、责任和相关控制措施，规定经办人办理货币资金业务的职责范围和工作要求。审批人应当根据货币资金授权批准制度的规定，在授权范围内进行审批，不得超越审批权限。经办人应当在职责范围内，按照审批人的批准意见办理货币资金。对于审批人超越权限审批的货币资金业务，经办人员有权拒绝办理，并及时向审批人的上级授权部门报告。

2. 文件和记录的使用

全部收支及时、正确地入账。出纳员与会计人员根据审核后的原始凭证填制连续编号的收、付款记账凭证，及时办理收、付款业务，并在原始凭证上加盖“收讫”或“付讫”戳记，签字盖章以示收付完成；同时，出纳员应及时按顺序登记现金与银行存款日记账，做到日清月结。计算机总额控制和设计测试，对货币资金实行预算管理，尽可能详细、周密地计划预期的收入和所需的支出，达到有效运用资金的目的，使货币资金产生最大经济效益。

3. 监督控制

建立严格的审核制度。单位应当建立对货币资金业务的监督检查制度，明确监督检查机构或人员的职责权限，定期或不定期地进行检查。会计人员在办理各项货币资金收付款业务，以及进行会计核算的时候，都要审核经济业务内容的合法性、业务处理手续的合规性、原始凭证内容的完整性和真实性，审核后要签字盖章。

通过对账，保证总账与日记账、企业账与开户银行账的一致性。会计与出纳要定期核对日记账与总账，保证账账一致；同时，主管会计要定期核对银行存款日记账与银行对账单，编制银行存款余额调节表，调整未达账项，保证企业的银行存款账与开户银行账相符。定期开展内部审计，内部审计人员或稽核员应定期或不定期地通过监督盘点库存现金，保证账实相符；抽查收付款业务账项和凭证，检查有无错误和弊端。

（三）实物控制

设置现金、支票、账簿保管设施，防止失窃。限制接近货币资金以进行实物控制，出纳员主管现金和银行单据的收付与保管，要限制其他人的接近。在企业内部，现金的收取和支付要尽可能集中办理，收到的现金要及时解缴银行，防止坐支现金。

【课堂练习·单选题】下列各项中，符合货币资金业务内部控制职责分工要求的是（　　）。

A. 出纳员编制银行存款余额调节表

B. 出纳员根据审核后的凭证登记现金日记账

C. 出纳员签发支票

D. 出纳员登记应收账款明细账

【正确答案】B

【课堂练习·单选题】每月末，由日常负责到银行取送单据的出纳员编制银行存款余额调节表。这一做法违反了货币资金内部控制的要求，具体是（　　）。

A. 实物控制　　B. 业务授权控制　　C. 职责分工控制　　D. 凭证与记录控制

【正确答案】C

【课堂练习·分析应用题】注册会计师在对货币资金业务相关内部控制进行调查时了解到：

（1）出纳员同时负责现金日记账和银行存款日记账的记录。

（2）为便于及时支付款项，支票和印章由出纳员统一保管。

（3）3万元以下的付款业务，会计人员可以直接办理，而3万元以上的付款业务，则需会计主管审批后方可办理。

（4）会计主管定期核对银行存款日记账与银行对账单，并编制银行存款余额调节表。

上述做法中，违反内部控制相关要求的有（　　）。

A. 出纳员同时负责现金日记账和银行存款日记账的记录

B. 支票和印章由出纳员统一保管

C. 会计人员直接办理3万元以下的付款业务

D. 会计主管定期编制银行存款余额调节表

【正确答案】BC

【课堂练习·分析应用题】注册会计师发现甲公司存在下列两种情况：

（1）以前年度从未对存货进行盘点，出库单也未连续编号。

（2）出纳员负责办理货币资金业务，同时保管支票和印章。

上述情况中，甲公司违反货币资金内部控制的相关控制是（　　）。

A. 职责分工控制　　B. 实物控制　　C. 业务授权控制　　D. 凭证与记录控制

【正确答案】A

二、货币资金内部控制测评

（一）调查了解货币资金内部控制

描述货币资金内部控制是测试企业货币资金内部控制的重要步骤。

在描述货币资金内部控制之前，注册会计师要通过询问、观察等调查手段来收集必要的资料。如果被审计单位是中小企业，可以编写一份货币资金内部控制的书面说明，但是，对于大企业，则需要编制内部控制流程图或者内部控制问卷，以说明内部控制情况。

一般情况下，注册会计师在编制货币资金内部控制流程图时，如果在年度审计工作底稿中已有以前年度的货币资金内部控制流程图，则可以根据调整结果加以修正，而不必重新编制。

（二）初步评价货币资金内部控制

初步评价货币资金内部控制的目的是确定内部控制是否应该依赖，如果准备依赖，则须对内部控制进行计划符合性测试；否则，应进行额外符合性测试，或直接进行实质性测试。注册会计师应重点从以下几个方面评价内部控制：(1)款项收支是否按规定的程序和权限办理；(2)是否存在与本单位经营无关的款项收支情况；(3)是否存在出租出借银行账号的情况；(4)出纳与会计的职责岗位是否严格分离；(5)现金是否妥善保管，是否定期盘点核对；等等。

（三）抽取并审查收款凭证

企业收款的来源主要为现销、赊销收回及其他应收款项结算。不同的收款来源可以有不同的内部控制。收款的内部控制目的是确保全部应收的货币资金已收进，并及时准确地予以记录。如果货币资金收款内部控制不力，就极有可能发生贪污舞弊或者挪用资金的情况。出纳员同时兼记应收账款明细账，很可能发生循环挪用的情况。

注册会计师为了对货币资金收款的内部控制进行测试，应当选取适当样本的收款凭证进行审查。审查收款凭证与存入银行账户的日期和金额是否相符；审查货币资金银行存款日记账的收入金额是否正确；审查收款凭证与银行对账单是否相符；审查收款凭证与应收账款等相关明细账的有关记录是否相符；审查实收金额与销货发票等相关凭据是否一致；等等。

（四）抽取并审查付款凭证

注册会计师为了测试货币资金付款内部控制，应当选取适当样本的货币资金付款凭证，进行相应的审查，验证各项货币资金的付款业务是否经过适当的审批、授权与审核。具体审查内容有：检查付款的授权批准手续是否符合规定；审查货币资金、银行存款日记账的付出金额是否正确；审查付款凭证与银行对账单是否相符；审查付款凭证与应付账款等相关明细账的记录是否一致；审查实付金额与购货发票等相关凭据是否相符；等等。

（五）抽查一定期间现金、银行存款日记账并与总账核对

注册会计师应首先抽取一定期间的日记账，审查其计算、加总的正确性；其次，根据日记账提供的线索，核对现金、银行存款、应收账款、应付账款等有关总分类账户。

（六）抽查银行存款余额调节表与库存现金盘点表

在内部控制测试时，注册会计师应当选取一定期间的银行存款余额调节表进行审查，以确定银行存款记录的真实性和正确性。

注册会计师将银行存款余额调节表，与银行存款日记账、银行对账单及总账进行核对，以核实被审计单位是否按月正确编制银行存款余额调节表，并定期复核。

（七）查阅制度

实地观察、检查账簿凭证，检查不相容职务的划分，主要有：(1)抽查银行存款余额调节表，了解编制人签章是否为出纳员以外的人员；(2)抽查日记账记录与相应的会计凭证，凭证上是否有会计人员的审核签章；(3)支票保管、登记与印章的保管是否分别由不同人员负责；(4)各项货币资金的收、付程序有无明确的制度规定，如差旅费报销手续、借支现金手续；等等。

【课堂练习·多选题】检查货币资金部分不相容职务划分情况时，审查内容包括(　　)。

A. 抽查收付款凭证上有无审批授权人的签章
B. 抽查银行存款调节表,检查编制人签章是否为出纳员以外人员
C. 抽查现金及银行存款日记账与相应的记账凭证,检查是否由会计人员编制并审核记账凭证
D. 支票的保管和登记及印章的保管是否分别由两人负责
E. 各项货币资金的收付程序有无明确的制度规定

【正确答案】CD

(八)检查货币资金收付凭证的管理情况

检查货币资金收付凭证的管理情况主要是查看是否专人保管、是否按顺序使用、是否有发票签发登记簿、作废标记是否加盖、是否开具空头支票等。

(九)评价货币资金业务内部控制

注册会计师在完成上述测试程序后,就可以对货币资金的内部控制进行评价。评价时,注册会计师应该首先确定货币资金内部控制可信赖的程度,以及存在的薄弱环节和缺点,然后,据以确定在货币资金实质性程序中,对哪些环节可以适当减少审计程序,哪些环节应当增加审计程序,做重点审查,以减少审计风险。

【课堂练习·多选题】下列审计程序中,属于对货币资金业务内部控制测评的有(　　)。

A. 审阅被审计单位货币资金相关制度规定
B. 抽查银行存款余额调节表上编制人签章是否为出纳员以外的人
C. 检查货币资金收付凭证的管理情况
D. 向与被审计单位有业务往来的银行进行函证
E. 使用分析性复核方法检查货币资金总体合理性

【正确答案】ABC

【审计实践】

货币资金内部控制测评

中信会计师事务所自2017年开始接受蓝天集团的委托,对蓝天集团的年度财务报表进行审计。双方已经就年度报表审计签订了审计业务约定书,会计师事务所派以冯大江为项目经理,以林达、李辉为组员的项目组,于20×7年3月6日至3月20日,对该集团20×6年度的财务报表进行了审计。本案例主要反映货币资金的审计过程及相关问题。

蓝天集团是一家商业贸易类企业,主营建材批零销售业务,同时兼营装修业务。该集团对零售业务部分采取售价金额核算法,毛利率的计算结转采用分类毛利率法,定期对库存商品进行盘点。项目经理曾多次参与零售企业的审计业务,经验丰富,在零售企业因为现金流量比较大,因此,将货币资金审计作为重点项目来安排,重要性水平也确定得较低,定为4 500元,其亲自负责货币资金的审计工作,对货币资金项目进行了如下控制测试:

首先通过发放货币资金的内部控制调查表等形式,对该集团货币资金内部控制的情况进行调查了解,调查表如表11—1所示,并运用检查凭证法、复核法和实地观察法,对货币资金内部控制情况进行了测试;然后对货币资金的内部控制进行评价。除了就调查表的内容进行询问外,审计人员还走访了部分收款员和售货员,并观察了几笔现场售货、交款的过程。

经过观察后发现,该集团内设5个收款台,收款员每天下午四点后统一到财务部交款,并填制内部交款单,责任明确,由出纳将销货款送存银行,根据当天由银行退回交款单的回单联,

及时登记银行存款日记账和销售明细账；岗位划分明确，出纳与记账由两个以上的人负责，日记账与总账定期进行核对，并且，能够按月及时编制银行存款余额调节表。

但同时也发现该集团货币资金的内部控制尚存在一定的漏洞，主要表现在以下几个方面：(1)财务部稽核人员对收款台的现金盘点方面，坚持不甚理想；(2)通过审查支票登记簿发现，领用的票据号码不连续，存在一定程度的领用支票不登记的现象；(3)对当天收取的销货款，存在不能及时、足额送存银行的情况，现金坐支现象较严重；(4)对现金和银行存款的支付，基本上能够坚持审批制度，但是，在审批的职责权限划分上不够明确，从抽查的支付凭证来看，经常出现对相同业务的审批，有时是业务经理签字，有时是财务经理签字，有时是总经理签字，控制不够严格。

表 11—1　　　　**内部控制调查表**

被审计单位名称：红星股份有限公司　　注册会计师：冯大江　　日期：2017 年 3 月 7 日

调查内容：货币资金　　被调查人：宋毅　　日期：2017 年 3 月 7 日

索引号：GI　　页次：9

调查问题	调查结果				备注
	是	否		不适用	
		较轻	较重		
1. 出纳与会计岗位是否分离？	√				
2. 现金的收支是否有真实合法的凭证？	√				
3. 货币资金的支出是否有核准手续？		√			
4. 是否控制坐支现金？			√		
5. 出纳办理收付款手续后是否在收付款凭证上加盖“收讫”“付讫”戳记？		√			
6. 是否定期和不定期盘点库存现金？	√				
7. 是否对库存现金进行日清月借，做到账实相符？		√			
8. 库存现金日记账与总账是否定期核对？		√			
9. 有无防止白条支用现金的措施？		√			
10. 超过库存限额的现金是否及时解缴银行？		√			
11. 银行存款收付业务的授权是否与经办职务分离？	√				
12. 银行票据的领用是否经过批准？是否连续登记？			√		
13. 银行存款日记账与总账是否由不同的人负责？	√				
14. 现金与银行存款的支付是否坚持严格的审批制度？		√			
15. 签发银行票据者与保管银行票据印鉴者是否分离？	√				
16. 空白支票是否有购买、登记、保管、使用和收回的制度？	√				
17. 银行存款的日记账与总账是否定期核对？		√			
18. 卖场内是否设置收款台集中收款？	√				
19. 财务部门是否组织对各收款台现金进行突击盘点？			√		

续表

调查问题	调查结果				备注
	是	否		不适用	
		较轻	较重		
20. 销货退回业务是否经过授权、审批?	√				
21. 每天是否统一内部交款时间?当天的销货款是否能够及时送存银行?		√			
22. 是否按月编制银行存款余额调节表?	√				

第四节　库存现金审计

库存现金包括企业的人民币现金与外币现金。现金是企业流动性最强的资产,具有存量小、流动量大、易于被人侵占的特点,因此,现金尽管占资产总额的比重不大,但企业发生的舞弊事件大多与其有关。

一、库存现金的审计目标

库存现金的审计目标有:确定被审计单位资产负债表上的库存现金在财务报表日是否确实存在,是否为被审计单位所拥有;确定被审计单位在特定期间内发生的库存现金收支业务是否均已记录完毕,有无遗漏;确定库存现金的余额是否正确;确定库存现金在财务报表上的披露是否恰当。

二、库存现金常见错弊

被审计单位出于各种目的,或由于出纳人员的个人原因,导致在库存现金上可能存在表11—2列示的错弊。

表11—2　　现金错弊的常见类型

错弊类型		操作过程
贪污现金	隐瞒收入	(1)收入现金后,撕毁票据不报账或入账 (2)收入现金后,不开票据不报账或入账
	利用篡改、刮擦消退等手段涂改凭证金额	利用管理上的漏洞或工作上的便利,更改凭证上的金额,如将收入金额改小,或将支出金额改大
	支出的原始凭证重复报销	一证多报,多发生在财务部门
	"大头小尾"	多发生在费用报销环节,即利用假复写的办法,是现金存根金额多于实际支出金额
	向客户开出空白发票或收据	手法较高,轻松将收入据为己有
	冒充领导签字	在原始凭单上冒充领导签字进行业务报销

续表

错弊类型		操作过程
挪用现金	列错现金总额	(1)出纳将现金日记账中收入合计数少列 (2)出纳将现金日记账中支出合计数多列
	白条抵库	利用白条借出现金为自己或他人谋取私利
	收入不入账	出纳将收入的现金不制证入账挪作他用
	职工不正常借款	职工从单位借款后未办理正常业务，而是挪作他用
	侵吞银行借款	由于内部控制存在缺陷，经办银行借款的人员相互串通，借入款项不入账，并销毁借款存根
	应收账款收回不及时处理	应收账款收到现金后不入账，而将现金挪作他用，多发生在会计或出纳身上
坐支现金	收入现金不存入银行，直接支付使用	

三、库存现金的监盘

（一）组织安排库存现金监盘工作

明确出纳员和有关人员的责任，应适时组织安排库存现金监盘工作。首先应由出纳员将现金全部放入保险柜暂作封存，同时要求出纳员将全部凭证入账，结出当日现金日记账余额，填写“现金出纳报告书”。其次，注册会计师应充分了解企业除封存在保险柜的现金外，是否还有现金存入办理现金收付业务的其他部门或其他人员手中。对于所有库存现金，无论存放何处，都应同时全面地进行清点。

为了保证库存现金清点工作的顺利进行，不影响被审计单位正常的现金收付业务的处理，注册会计师应当确定适当的现金盘点时间，安排必要的现金清点人员。

一般情况下，应当先制定库存现金盘点程序，然后再实施突击性的检查。时间最好选择在某日下午下班后或次日上午上班前进行，盘点的范围一般应当包括企业各部门经管的现金。参加现金盘点的人员必须由出纳员、财会部门负责人或会计主管及注册会计师组成。现金清点应采取突击审计，以防走漏消息，给有关人员造成事先做手脚的机会，“拆东墙补西墙”。在正式清点现金之前，应当要求被审计单位有关人员将所有现金存入保险柜内。如果现金存放部门有两处或两处以上的，应同时进行盘点。

（二）监督盘点库存现金

出纳员填制“现金出纳报告书”或“现金余额表”后，应在会计主管人员和注册会计师在场的情况下清点现金，并做出记录。会计主管人员和注册会计师在旁观察监督，并注意有无不正常情况存在，必要时进行复查。

监盘库存现金工作应注意：在被审计单位的有关领导或主管会计、出纳员始终在场的情况下，由出纳员自点，注册会计师只是监盘。如果监盘揭示了库存现金短缺或溢余，注册会计师应要求再次清点，并要求被审计单位确认监盘数据的正确性。注册会计师应当将清点的全过程认真记录。对于企业金库存放私人货币或财物、现金短缺或溢余的情况，应当查明原因；同时要注意有无利用借条、收据抵库的现象。

库存现金清点表应当由注册会计师、出纳人员，以及其他有关人员签章，以明确责任。另外，对于实行定额备用金制度的企业，注册会计师应当查清使用备用金的部门，必要时应当与财务部门的现金清点同时进行，防止有关人员“移东补西”。

（三）填制“库存现金盘点表”

出纳员清点库存现金实存数以后，应由其填制“库存现金盘点表”，该表由出纳员、会计主管、注册会计师共同签字，作为审计工作底稿。库存现金盘点表应反映实际库存现金监盘数、当日现金日记账结余数、账实是否相符即有无溢缺等情况，查明现金短缺或溢余的原因。

【课堂练习·分析应用题】注册会计师在对某公司库存现金进行监盘时采取了以下程序：

(1)4 月 16 日临近下班时进行监盘。

(2)事先未通知财务部门。

(3)要求出纳员清点现金，会计主管和注册会计师在旁监督。

(4)“库存现金盘点表”由出纳员、会计主管和注册会计师共同签字后，作为审计工作底稿留存。前述注册会计师对库存现金进行监盘的程序正确的有(　　)。

A. 临近下班时进行监盘　　B. 采用突击方式

C. 出纳员清点现金　　D.“库存现金盘点表”的签字和留存

【正确答案】ABCD

【课堂练习·单选题】在对被审计单位库存现金实施监盘的过程中，负责清点现金的应当是(　　)。

A. 注册会计师　　B. 出纳员　　C. 会计主管　　D. 仓库保管员

【正确答案】B

【审计实践】

1. 注册会计师在通过对 M 公司的现金监盘时，审阅了现金日记账及有关收付款凭证，发现以下情况：(1)4 月 16 日现金日记账余额为 7 693.30 元，实际库存现金监盘数为 2 243.30 元。(2)注册会计师在保险柜中发现一些单据：一是职工王某差旅费借款单一张，金额为 3 000 元；二是已付款的报销凭证 3 张，金额合计 4 050 元；三是已经收到款的现金销售凭证 2 张，金额合计 2 200 元。

计算：该公司 4 月 16 日的现金日记账余额。

【分析提示】7 693.30－3 000－4 050＋2 200＝2 843.30(元)

2. 注册会计师审查库存现金时，发现账面结存 4 298.20 元，实际库存 3 028.20 元，另有已支付的 150 元劳务费和已报销的 520 元差旅费单据未入账。

计算：注册会计师由此可以得出的库存现金短缺。

【分析提示】4 298.2－150－520－3 028.20＝600(元)

四、现金收付业务的审查

注册会计师在对现金存在性审查的基础上，应当进一步审查现金收支业务是否存在违规违纪的行为。现金收支业务的审查，主要是对现金日记账和现金收支凭证的审查。鉴于现金收支业务频繁，收支凭证数量较多，在被审计单位现金内部控制健全有效的情况下，注册会计师可对现金收支业务采取抽查的方法，而对现金日记账则采取详细审查的方法。

（一）审查现金日记账记录

注册会计师应首先抽查至少 1～2 个月的现金日记账记录，审核以下几个方面的内容：

第一，验算加总额。为了查明被审计单位库存现金日记账记录的准确性和完整性，首先应当通过验算加总，复核收支总记录，并且适当核实单项经济业务的收支记录，注意库存现金日记账的记录中是否存在差错，有无隐瞒收入，虚列支出、贪污、挪用现金的问题。

第二，审阅现金日记账摘要栏，注册会计师应当审阅库存现金日记账摘要栏的记录，看其是否真实清晰，看其现金收付业务是否正常、合法，有无超出规定的结算范围和限额。

第三，审阅现金日记账金额栏，看其现金收付金额是否过大，是否超过了国家规定的限额。

第四，审阅对应科目栏，检查各项现金收付业务的账务处理是否正确，会计科目的使用是否正确。

第五，审阅库存现金每日余额，看其是否超过了规定的限额，对于超出部分，是否及时解缴银行。

第六，审查有无坐支现象。

第七，审查现金日记账的序时登记，注册会计师应审查现金日记账是否按日期序时登记，揭示前后日期颠倒、故意调剂，以掩饰错弊的情况。

（二）审查库存现金收款凭证

库存现金收款原始凭证的审查包括自制原始凭证审查和外来原始凭证审查两种。

审查自制收款原始凭证时，注册会计师应当审查凭证上填列的内容是否齐全；凭证和存根号码是否连续，有无缺号的情况；发票或收据存根上的日期是否与入账日期相符；凭证上的字迹是否清晰、有无涂改痕迹；未使用的发票或收据是否妥善保管，对作废的票证是否加盖“作废”戳记。

审查外来收款原始凭证时，注册会计师除了按照会计准则的有关规定审查应当具备的条件外，还应当查实凭证上所列单位名称是否为被审计单位；凭证上记录的经济事项是否与被审计单位经济业务有关；经济事项与反映的相关金额是否正常。

（三）审查库存现金付款凭证

企业现金付款凭证的审查也包括自制原始凭证审查和外来原始凭证审查。

注册会计师在审查自制现金付款凭证时，要注意被审计单位自制的原始凭证是否符合会计法规的要求；审查审批手续是否齐全；审查其记载的经济事项是否符合规定范围和规定标准。

注册会计师在审查外来付款凭证时，应当查看其是否符合会计准则和政府有关部门规定的条件及规定的格式，公章是否清晰，日期、单价、金额等是否正常；注意凭证上的抬头是否与被审计单位相符，业务发生日期与实际付款日期是否相近，同一单位开出的票证近期有无多次在被审计单位出现的情况；等等。

（四）现金收支截止期的审查

注册会计师应当对被审计单位结账日前后一段时期内的库存现金收支凭证进行审计，检查现金收支截止期的正确性，并确定是否存在跨期事项。

（五）现金溢缺的审查

如果企业存在现金溢缺事项，注册会计师应对所有现金溢缺情况给予关注；应审查现金溢缺的会计处理及相关凭证是否合法有效。

【课堂练习·分析应用题】通过调查了解内部控制并进行相关测试，注册会计师确定货币资金业务审计的重点为证实货币资金业务的真实性、截止期和收付业务的合法性。前述资料中，为了证实货币资金收支截止期的正确性，注册会计师应重点审查的收付款业务期间是

(　　)。

A. 整个会计期间　　　　　　B. 年度资产负债表日当天

C. 上一个会计期间　　　　　D. 年度资产负债表日前后数天

【正确答案】 D

【课堂练习·案例分析题】

案例1:2017年2月18日下午6点,注册会计师对甲企业库存现金、现金日记账及现金收付款凭证进行了审阅和盘点,审计结果如下:(1)当日库存现金日记账结存额为17 520元;(2)盘点库存现金的实际结存额为13 500元;(3)2017年1月16日现金已收但尚未入账的收款凭证2张,金额合计为580元;(4)2017年1月12日现金已付但尚未入账的付款凭证3张,金额合计为1 500元;(5)单位某职工与出纳员是好朋友,因临时急需写了一张白条,借款金额为1 000元;(6)该单位经银行核定的库存现金限额为5 000元。

要求:根据上述审计结果编制库存现金盘点表(如表11—3所示),指出被审计单位库存现金管理中存在的问题,并提出审计意见。

【分析提示】

表11—3　　　　　　　　库存现金盘点表

客户:甲企业　　　　编制人:　　　　日期:　　　　索引号:

项目:库存现金监盘　　复核人:　　　　日期:　　　　页次:

会计期间:　　　　　　　　　　　　盘点日期:2017年2月18日

检查盘点记录						实有现金盘点记录						
项　目		项次	人民币	美元	某外币	面额	人民币		美元		某外币	
							张	金额	张	金额	张	金额
上一日账面库存余额		1	17 520			1 000元						
盘点日未记账传票收入金额		2	580			500元						
盘点日未记账传票支出金额		3	1 500									
盘点日账面应有金额		4=1+2—3	16 600			100元						
盘点实有现金数额		5	13 500			50元						
盘点日应有与实有差异		6=4—5	3 100			10元						
差异原因分析	白条抵库(张)		1 000			5元						
						2元						
						1元						
						0.5元						
						0.2元						
						0.1元						
						合计						

续表

<table>
<tr><td colspan="6">检查盘点记录</td><td colspan="7">实有现金盘点记录</td></tr>
<tr><td colspan="2" rowspan="2">项 目</td><td rowspan="2">项次</td><td rowspan="2">人民币</td><td rowspan="2">美元</td><td rowspan="2">某外币</td><td rowspan="2">面额</td><td colspan="2">人民币</td><td colspan="2">美元</td><td colspan="2">某外币</td></tr>
<tr><td>张</td><td>金额</td><td>张</td><td>金额</td><td>张</td><td>金额</td></tr>
<tr><td rowspan="5">追溯调整</td><td>报表日至查账日现金付出总额</td><td></td><td></td><td></td><td></td><td colspan="7" rowspan="6">情况说明及审计结论：
盘点日库存现金短缺2 100元，应当进一步查明原因；白条抵库1 000元，违反现金管理制度；记账不及时2笔；超库存现金限额：13 500－5 000＝8 500元。
建议：加强库存现金内部控制。</td></tr>
<tr><td>报表日至查账日现金收入总额</td><td></td><td></td><td></td><td></td></tr>
<tr><td>报表日库存现金应有余额</td><td></td><td></td><td></td><td></td></tr>
<tr><td>报表日账面汇率</td><td></td><td></td><td></td><td></td></tr>
<tr><td>报表日余额折合本位币金额</td><td></td><td></td><td></td><td></td></tr>
<tr><td colspan="2">本位币合计</td><td></td><td></td><td></td><td></td></tr>
</table>

盘点人： 监盘人： 复核人：

案例2：2017年1月15日对某公司2016年12月31日的资产负债表审计中，“货币资金”项目中的库存现金为1 062.10元。该公司1月15日现金日记账余额是932.10元。1月16日上午7:30，对该公司的现金进行清点，结果如下：

(1)现金实有数为627.34元。

(2)存在下列未入账的单据：① 职工李某，预借差旅费300元，经领导批准；② 职工王某，借据金额140元，未经批准，也未说明用途；③ 另有2张收款凭证，金额135.24元。④ 银行核定该公司现金限额为800元。⑤ 核实该公司1月1日至15日的收入现金为2 350元，支出现金为2 580元。

要求：

(1)分析并核实库存现金实有数。

(2)确认2016年12月31日资产负债表所列数额是否公允。

(3)对现金收支、管理提出审计意见。

【分析提示】

(1)公司库存现金账实一致：

1月15日现金账面余额应为：982.10＋135.24－300＝767.34(元)

1月15日现金实有数为627.34元，加上职工王某白条140元与账面余额相等。

(2)2016年12月31日库存现金应存数为：767.34－2 350＋2 580＝997.34(元)。与资产负债表中“货币资金”项目的库存现金数额1 062.10元不相符，应调整为997.34元。

(3)公司库存现金收支、管理中存在不合法现象：

① 白条抵库140元，违反现金管理制度，应责成现金出纳退回。

② 库存现金超限额，2016年末超限额＝997.34－800＝197.34(元)。

第五节 银行存款审计

银行存款是指企业存放在银行或者其他金融机构的货币资金。

一、银行存款的审计目标

银行存款的审计目标有:确定被审计单位资产负债表的银行存款在财务报表日是否确实存在,是否为被审计单位所拥有;确定被审计单位在特定期间内发生的银行存款收支业务是否均已记录完毕,有无遗漏;确定银行存款的余额是否正确;确定银行存款在财务报表上的披露是否恰当。

二、银行存款常见错弊

(一)制造余额差错

这是指会计人员故意算错银行存款日记账的余额来掩饰利用转账支票套购商品或擅自提现等行为,也有的在月底银行存款日记账试算不平衡时,乘机制造余额差错,为今后贪污做准备。这种手法看起来非常容易被察觉,但如果本年内未曾复核查明,以后除非再全部检查银行存款日记账,否则很难发现。

(二)擅自提现

擅自提现手法,是指会计人员或出纳人员利用工作上的便利条件,私自签发现金支票后,提取现金,不留存根,不记账,从而将提取的现金占为己有。这种手法主要发生在支票管理制度混乱、内部控制制度不严的单位。

(三)混用“库存现金”和“银行存款”科目

会计人员利用工作上的便利,在账务处理中,将银行存款收支业务与现金收支业务混同起来编制记账凭证,用银行存款的收入代替现金的收入,或用现金的支出代替银行存款的支出,从而套取现金并占为己有。

(四)公款私存

这是指将公款转入自己的银行户头,从而侵吞利息或挪用单位资金。其主要手法有:将各种现金收入以个人名义存入银行,以“预付账款”名义从单位银行账户转汇到个人银行账户。虚拟业务而将银行存款转入个人账户,业务活动中的回扣、劳务费、好处费等不交公、不入账,以业务部门或个人名义存入银行等。

(五)出借转账支票

这是指会计人员利用工作上的便利条件,非法将转账支票借给他人用于私人营利性业务的结算,或将空白转账支票为他人做买卖充当抵押。

(六)转账套现

这是指会计人员或有关人员通过外单位的银行账户为其套取现金。这种手法既能达到贪污的目的,也能达到转移资金的目的。在这种手法下,外单位的账面上表现为“应收账款”受“银行存款”等科目以相同的金额“一收一付”,而本单位为外单位套取现金,从中牟取回扣。

(七)涂改银行对账单

涂改银行对账单上的发生额,从而掩饰从银行存款中套取现金的事实。在这种手法下,一般是将银行对账单和银行存款日记账上的同一发生额一并涂改,并保持账面上的平衡。为了使账证相符,有的还涂改相应的记账凭证。

(八)支票套物

这是指会计人员利用工作之便擅自签发转账支票套购商品或物资,不留存根,不记账,将所购商品据为己有。

（九）从银行提现不记现金账

这是指会计人员利用工作上的便利条件，在由现金支票提出现金时，只登记银行存款日记账，不登记现金日记账，从而将提出的现金占为己有。实际工作中，由于企业的现金日记账和银行存款日记账是分两个账本，如果不对照检查，这种手法极难被发现。

（十）截留银行存款收入

这是指会计人员利用业务上的漏洞和可乘之机，故意漏记银行存款收入账，伺机转出、转存、占为己有。这种手法大多发生在银行代为收款的业务中，银行收款后通知企业，会计人员将收账通知单隐匿后不记日记账，以后再开具现金支票提出存款。

（十一）重复登记银行存款支出款项

这是指会计人员利用实际支付款项时取得的银行结算凭证和有关的付款原始凭证，分别登记银行存款日记账，使得一笔业务两次报账，再利用账户余额平衡原理，采取提现不入账的手法，将款项占为己有。

（十二）出借账户

这是指本单位有关人员与外单位人员相互勾结，借用本单位银行账户转移资金或套购物资，并将其占为己有。也有单位通过对外单位或个人出借账户转账结算而收取好处费。在这种手法下，一般是外单位先将款项汇入本单位账户，再从本单位账户上套取现金或转入其他单位账户。这样收付相抵，不记入银行存款日记账。

（十三）涂改转账支票日期

会计人员先将以前年度已入账的转账支票收账通知上的日期，涂改为报账年度的日期，进行重复记账，再擅自开具现金支票提取现金不入账并将现金占为己有。在这种手法下，由于重复记账，银行存款日记账余额将大于银行对账单余额。

（十四）套取利息

会计人员利用账户余额平衡原理，采取支取存款利息不记账手法将其占为己有。企业的贷款利息，按规定应抵减存款利息后，计入财务费用。月终结算利息时，如果只记贷款利息而不计存款利息，银行存款日记账余额就会小于实有额，然后再支出利息部分款项不入银行存款日记账，银行存款日记账和银行对账单的余额就自动平衡，该项利息也就被贪污了。这种手法在对账单和调节表由出纳一人经管的单位很难被发现。

（十五）涂改银行存款进账单日期

会计人员利用工作上的便利条件，将以前年度会计档案中的现金送存银行的进账单日期涂改为本年度的日期，采取重复记账的手法侵吞现金。这样就能将现金占为己有，但由于与银行对账单不符，容易被发现，因此，有些会计人员为了保持与银行对账单余额一致，也相应地在银行对账单上填列借方余额；或采用收款不入账的手法掩饰真相，使银行存款日记账与银行对账单自动平衡。

（十六）其他错弊

其他错弊主要包括：(1)未将超过库存限额的现金全部、及时地送存开户银行；(2)通过银行结算划回的银行存款不及时、足额地入账；(3)违反国家规定进行预收货款业务；(4)开立"黑户"，截留存款；(5)签发空头支票、空白支票，并由此给单位造成经济损失；(6)银行存款账单不符。

三、银行存款的审查

审查时应核对银行存款日记账与总账余额的一致性，如发现不符应查明原因；分析定期存款占银行存款的比例,以及存放在非银行金融机构的存款占银行存款的比例,判断有无非法集资问题及存款的安全性。

(一)审核银行存款日记账记录

注册会计师必须抽取部分银行存款日记账记录加以审核,审核内容为:

第一,核对银行存款日记账与总账余额是否相符,如果不符,应查明原因。

第二,依次验算其加总额的正确性。

第三,抽查银行存款重要业务,验证其合法性。

第四,抽查与银行存款有关的往来账户。

(二)分析银行存款中定期存款占全部存款的比例

通过分析,判断被审计单位存在拆借、拆出资金的可能性以及拆出资金的安全性。审查长期定期存款或限定用途的存款,查明其所有权。

(三)检查银行存款账面余额和银行存款余额调节表

注册会计师应当抽取一定期间的银行存款余额调节表,将其与银行对账单、银行存款日记账和总账进行核对,确定被审计单位是否按月正确编制、复核银行存款余额调节表。

注册会计师一般应重点抽查收支业务较为频繁的银行账户,选择其 12 月和 1 月至 11 月中的任何一至两个月的银行存款余额调节表进行检查。

审查中可采取编制银行存款余额调节表或复核被审计单位自行编制的银行存款余额调节表的方法。如果企业的货币资金内部控制可以信赖,注册会计师可采取复核企业自编的银行存款余额调节表的方法。

1. 复核企业自编的银行存款余额调节表的步骤与要点

取得被审计单位保存的银行对账单的副本,确定其数据的正确性。将调节表上账面余额与银行存款日记账余额加以核对,确定是否一致。

2. 自行独立编制银行存款余额调节表的步骤与要点

要求会计人员将银行存款收付凭证全部登记入账,并结出余额。向所有在审计年度内存过款的银行或非银行金融机构函证期末银行存款余额,索取银行对账单。将银行对账单与银行存款日记账和总分类账上的余额加以核对。

调节未达账项并审阅企业编制的银行存款余额调节表。对于对账单与银行存款账余额不一致的情况,不仅要调节未达账项,而且要注意有无账务处理上的差错。

即使在余额一致的情况下,也应注意有无“一收一付”金额相等而一方遗漏入账的情况。注册会计师应重点检查银行已收而企业未收和银行已付而企业未付的未达账项。出纳员可能将这样的“一收一付”业务不登记入银行存款日记账,而贪污公款或出借账户。

注册会计师在上述审查基础上,自编银行存款余额调节表,证实银行存款日记账与对账单是否一致,同时对有关收付业务的合法性做进一步审查。

【课堂练习·分析应用题】注册会计师发现该公司 2016 年 12 月银行对账单余额与银行存款日记账余额不符,于是决定采取进一步审计程序进行追踪。前述资料中,注册会计师应进一步采取的最有效的审计程序是(　　)。

A. 重新调查了解相关内部控制

B. 对当年各月份银行存款余额进行趋势分析

C. 随机抽取部分银行存款日记账记录并加以审核

D. 审查被审计单位编制的银行存款余额调节表

【正确答案】D

【课堂练习·分析应用题】某该公司银行存款日记账的期末余额与银行对账单上的期末余额不一致，由该公司出纳员编制的银行存款余额调节表上反映二者调节相符。针对前述情况，注册会计师应实施的审计程序有（　　）。

A. 直接认定其银行存款余额正确

B. 向有关开户银行函证

C. 要求出纳员对其编制的银行存款余额调节表进行复核

D. 注册会计师自行独立编制银行存款余额调节表

【正确答案】BD

四、银行存款实质性程序

（一）取得并审查银行存款余额调节表

审查银行存款余额调节表是证实资产负债表上的银行存款是否存在的重要程序。取得银行存款余额调节表后，注册会计师应审查调节表中未达账项的真实性，以及资产负债表日后的进账情况，如果存在应于资产负债表日之前进账的应做相应的调整。

企业的银行存款余额应当与银行对账单核对相符，但是往往由于双方存在未达账项或者记账错误，需要由会计人员编制调节表进行调整后才能核对相符。审计时，注册会计师应向会计人员索取最近月份的调节表，分币种、分户头逐户逐笔核对，查明银行对账单的每笔收付金额是否与银行存款日记账相等，是否有收付同时增加或同时遗漏等情况，调整后余额是否相符，计算有无错误。要对银行已收或已付而企业尚未入账、企业已收或已付而银行尚未入账的金额逐笔查明原因，并检查是否于下月初自动调整。如发现差错或有意挪用款项或出借银行账户等违法行为，应认真做好记录。在审查调节表时应注意以下几个环节：

第一，验算调节表的数字计算。

第二，对于金额较大的未提现支票、可提现的未提现支票以及注册会计师认为重要的未提现支票，列示未提现支票清单，并注明开票日期和收票人的姓名或单位。

第三，追查截止日期银行对账单上的在途存款，并在银行账户调节表上注明存款日期。

第四，审查截止日仍未提现的大额支票和其他已签发一个月以上的未提现支票。

第五，追查截止日期银行对账单已收而企业未收的款项性质及款项来源。

第六，核对银行存款总账余额和银行对账单加总金额。

（二）函证银行存款余额

函证是指注册会计师在执行审计业务过程中，需要以被审计单位的名义向有关单位发函询证，以验证被审计单位的银行存款是否真实、合法、完整。函证一般最好采用积极式函证。

1. 函证的目的

函证银行存款余额是证实资产负债表所列银行存款是否存在的重要程序；向往来银行函证，使注册会计师不仅可以了解企业资产的存在，还可以了解欠银行的债务，可用于发现企业未登记的银行借款及未披露的或有负债。

2. 函证对象

注册会计师应向被审计单位在本年存过款（含外埠存款、银行汇票存款、银行本票存款、信用证存款）的所有银行发函，其中包括企业存款账户已结清的银行。因为有可能存款账户已结清，但仍有银行借款或其他负债存在。即使注册会计师已直接从某一银行取得了银行对账单和所有已付支票，但仍应向这一银行进行函证。

3. 函证的控制与评价

当实施函证程序时，注册会计师应当对询证函保持控制，当函证信息与银行回函结果不符时，注册会计师应当调查不符事项，以确定是否表明存在错报。

在实施银行函证时，注册会计师需要以被审计单位的名义向与企业有业务往来的银行发函询证，以验证被审计单位的银行存款是否真实、合法、完整。根据《关于进一步规范银行函证及回函工作的通知》(财会〔2016〕13 号)(以下简称《通知》)，各银行应对询证函列示的全部项目做出回应，并在收到询证函之日起 10 日内，将回函直接寄往会计师事务所。表 11－4 列示了通知中给出的银行询证函格式(通用格式)。

表 11－4　　审计业务银行询证函(通用格式)

编号：

××(银行)：

本公司聘请的××会计师事务所正在对本公司××年度(或期间)的财务报表进行审计，按照中国注册会计师审计准则的要求，应当询证本公司与贵行相关的信息。下列第 1～14 项信息出自本公司记录：

(1)如与贵行记录相符，请在本函"结论"部分签字、签章；

(2)如有不符，请在本函"结论"部分列明不符项目及具体内容，并签字和盖章。

本公司谨授权贵行将回函直接寄至××会计师事务所，地址及联系方式如下：

回函地址：

联系人：　　电话：　　传真：　　邮编：

电子邮箱：

本公司谨授权贵行可从本公司××账户支取办理本询证函回函服务的费用。

截至　　年　　月　　日止，本公司与贵行相关的信息列示如下：

1. 银行存款

账户名称	银行账号	币种	利率	账户类型	余额	起止日期	是否用于担保或存在其他使用限制	备注

除上述列示的银行存款外，本公司并无在贵行的其他存款。

注："起止日期"一栏仅适用于定期存款，如为活期或保证金存款，可只填写"活期"或"保证金"字样。"账户类型"一栏列示账户性质，如基本户、一般户等。

2. 银行借款

借款人名称	银行账号	币种	余额	借款日期	到期日期	利率	抵(质)押品/担保人	备注

除上述列示的银行借款外，本公司并无自贵行的其他借款。

注：如存在本金或利息逾期未付行为，在"备注"栏中予以说明。

3. 自______年______月______日起至______年______月______日期间内注销的账户

账户名称	银行账号	币种	注销账户日

除上述列示的注销账户外，本公司在此期间并未在贵行注销其他账户。

……

13. 本公司购买的由贵行发行的未到期银行理财产品

产品名称	产品类型	认购金额	购买日	到期日	币种

除上述列示的银行理财产品外，本公司并无购买其他由贵行发行的理财产品。

14. 其他

注：此项应填列注册会计师认为重大且应予函证的其他事项，如欠银行的其他负债或者或有负债、除外汇买卖外的其他衍生交易，贵金属交易等。

（预留印鉴）　　年　　月　　日

经办人：

职　务：

电　话：

结论：

经本行核对，所函证项目与本行记载相符。特此函复 年　　月　　日 经办人：　　职务：　　电话： 复核人：　　职务：　　电话： （银行盖章）
经本行核对，存在以下不符之处。 年　　月　　日 经办人：　　职务：　　电话： 复核人：　　职务：　　电话： （银行盖章）

说明：

(1)本询证函（包括回函）中所列信息应严格保密，仅用于注册会计师审计目的。

(2)注册会计师可根据审计的需要，从本函所列第1～14项中选择所需询证的项目，对于不适用的项目，应当将该项目中的表格用斜线划掉。

(3)本函应由被审计单位加盖骑缝章。

（三）审查银行存款收支业务的合法、合规性

注册会计师应当审查银行存款收支业务是否合法、合规，具体内容包括：

第一，审查银行存款的收支事项是否以规定的合法凭证为依据，应按规定审批的支款事项是否经过审批。

第二，对大额银行存款收支事项进行审查，看其是否有不符合规定的收入和支出；

第三，审查开发支票与加盖印鉴是否分别管理，是否按规定签发不填金额的空白支票，有否签发远期支票和收支跨期入账情况，有否出借账户的行为。

（四）核实货币资金收支的截止期

财务报表上所列示的银行存款余额，应包括当年最后一天下午所收到或付出的银行存款，而不应包括其后所发生的。如年终前未解缴银行的收入汇票与支票或在途存款列入银行存款，均属于提前入账、高估银行存款的错误。

第一，检查支票（包括汇票等各种单据）收入与送存记录，检查年终前未送存银行的支票其收入记录日期。

第二，检查期后银行对账单第一周的银行存款收入，核实银行存款日记账，揭露将期后收入提前入账的错误。

第三，查验被审计单位决算日签发的最后一张支票序号，并检查在此序号前的支票是否均已寄出并入账，揭露支票已发出而在决算日后才入账、人为控制截止期的不正当行为。

【课堂练习·多选题】注册会计师对被审计单位银行存款进行实质性测试时，可采用的审计程序有（　　）。

A. 抽查银行存款付款凭证

B. 函证银行存款余额

C. 检查银行对账单和银行存款余额调节表

D. 检查不相容职务是否分离

E. 检查资产负债表日前数天发生的银行存款收付业务是否及时入账

【正确答案】ABCE

（五）审查外币银行存款的折算是否正确

对于有外币业务的被审计单位，注册会计师应当审查被审计单位对外币银行存款的收支，是否按照所规定的汇率折合为记账本位币金额；外币银行存款期末余额是否按照期末市场汇率，折合为记账本位币金额；外币折合差额是否按照规定记入相关账户；等等。

（六）审查银行存款在财务报债表上的披露是否恰当

根据有关会计准则的规定，银行存款在资产负债表中的“货币资金”项目下反映，注册会计师应当在实施上述审计步骤后，确定银行存款账户的期末余额是否恰当，进而确定货币资金是否在资产负债表上得到恰当的披露。

【课堂练习·案例分析题】注册会计师在2016年12月14日检查了某企业11月份银行存款日记账的收支业务并与银行对账核对。11月30日银行对账单余额为224 577元，银行存款日记账为220 000元，核对后发现有下列不符情况：

(1)11月8日，银行对账单上收到外地汇款8 500元（查系外地某乡镇企业），但日记账上无此记录。

(2)11月22日，对账单上有存款利息4 600元，日记账上为4 800元（查系记账凭证写错)。

(3)11 月 25 日,对账单付出 8 500 元(查系转账支票),但日记账无此记录。

(4)11 月 26 日,日记账上付出 40 元,对账单上无此记录(查系记账员误记)。

(5)11 月 30 日,日记账上有存入转账支票 4 000 元,但对账单无此记录。

(6)11 月 30 日,日记账上有付出转账支票 2 000 元,但对账单无此记录。

(7)对账单有 11 月 30 日收到托收款 5 500 元,但日记账无此记录。

要求:(1)根据上述资料编制银行存款余额调节表。

(2)指出该企业银行存款管理上存在的问题。

【分析提示】

表 11—5　　银行存款余额调节表

2016 年 11 月 30 日

企业账项	金　额	银行账项	金　额
企业"银行存款"账户余额	220 000	银行"对账单"余额	224 577
加:银行已收企业未收	5 500	加:企业已收银行未收	4 000
记账差错调整	—200	减:企业已付银行未付	2 000
	+40		
调整后的余额	225 340	调整后的余额	226 577

存在的问题:银行存款余额调节表经调整未达账项及记账差错后,企业账面与银行对账单仍不相符,应进一步查明具体原因;第(1)、(3)笔经济业务有出租出借银行账户的问题;银行存款日记账有错记、漏记情况。

第六节　其他货币资金审计

其他货币资金是指企业货币资金中单独存储的有专门用途的款项,主要包括外埠存款、银行汇票存款、银行本票存款、信用证保证金存款、信用卡存款和存出投资款等。虽然它们均属于货币资金,但是由于它们与现金和银行存款的用途和存放地点不同,因此,在管理上也有不同的要求。

一、其他货币资金的审计目标

其他货币资金的审计目标主要包括:确定被审计单位资产负债表中的其他货币资金项目在财务报表日是否确实存在,是否为被审计单位所拥有;确定被审计单位在特定期间内发生的其他货币资金收支业务是否均已记录完毕,有无遗漏;确定其他货币资金的余额是否正确;确定其他货币资金在资产负债表上的披露是否恰当。

二、其他货币资金的内部控制

一个健全、科学的其他货币资金内部控制,应当包括以下内容:其他货币资金收支与记账的不相容职务是否分离;其他货币资金的收入、支出是否有真实、合法、合理的凭据;有关其他货币资金的全部收支是否及时准确入账,并且支出要有核准手续;是否有针对货币资金收支业务的内部审计。

三、其他货币资金的内部控制测试

一般情况下,企业的其他货币资金业务较少,注册会计师可以直接进行其他货币资金的实质性程序。如果注册会计师拟对被审计单位的其他货币资金内部控制进行测试,那么,测试的具体步骤包括以下两个方面:

(一)抽查其他货币资金的收支凭证及账簿

注册会计师应当选取适当的样本量,审查其他货币资金的授权批准手续是否符合规定;其原始凭证是否真实、可靠、恰当、充分;入账金额是否正确;入账时间是否及时;将其他货币资金的明细账与总账进行核对,看其计算有无错误,两账金额是否相符。

(二)对其他货币资金的内部控制进行评价

评价时,注册会计师首先应当确定其他货币资金内部控制的可信赖程度,以及存在的缺点和薄弱环节;然后,据以确定其他货币资金实质性程序中,对哪些环节可以适当减少审计程序,哪些环节应当增加审计程序,做重点审查,以减少审计程序。

四、其他货币资金实质性程序

(一)被审计单位存在定期存款时的审计程序

第一,向管理层询问定期存款存在的商业理由并评估其合理性。

第二,获取定期存款明细表,检查是否与账面记录金额一致,存款人是否为被审计单位,定期存款是否被质押或限制使用。

第三,在监盘库存现金的同时,监盘定期存款凭据。

第四,对未质押的定期存款,检查开户证实书原件,以防止被审计单位提供的复印件是未质押(或未提现)前原件的复印件。

第五,对已质押的定期存款,检查定期存单复印件,并与相应的质押合同核对。

第六,函证定期存款相关信息。

第七,结合财务费用审计测算利息收入的合理性,判断是否存在体外资金循环的情形。

第八,在资产负债表日后已提取的定期存款,核对相应的兑付凭证等。

第九,关注被审计单位是否在财务报表附注中对定期存款给予充分披露。

(二)其他应关注的事项

1. 外埠存款的审查

外埠存款审查的要点包括:验证外埠存款余额是否真实,可通过查证方法验证;审查外埠存款的使用是否符合规定的用途,有无擅自挪作他用的现象发生,外埠存款的各项支出是否定期及时报账;外埠存款的数量是否合理、有效;等等。

2. 银行汇票存款和银行本票存款的审查

银行汇票存款和银行本票存款审查的要点包括:验证银行汇票存款和银行本票存款账面余额的真实性,主要通过与银行对账单的核对来进行;审查银行汇票和银行本票的使用是否符合规定,对银行汇票发生转汇的,应当审查其用途与原先规定的用途是否一致,有无挪作他用的情况,审查退回余款是否及时入账。

3. 存出投资款的审查

存出投资款是指企业已存入证券公司但尚未进行投资的货币资金。在对存出投资款进行审查时，主要审查企业是否已向证券公司划出资金，以验证其真实性，有无中途挪作他用等；企业向证券公司划出资金时，是否按实际划出的金额，借记“其他货币资金——存出投资款”科目，贷记“银行存款”科目；购买股票、债券等时，是否按实际发生的金额，借记“交易性金融资产”或者“可供出售金融资产”科目，贷记“其他货币资金——存出投资款”科目。

总之，对其他货币资金的审计主要目标，是验证各类货币资金账面余额的真实性，审查各种货币资金收付业务的合法性、账务处理的正确性。

本章小结

货币资金审计是指对企业的现金、银行存款和其他货币资金收付业务及其结存情况的真实性、正确性和合法性所进行的审计。货币资金业务中的内部控制有职责分工、信息传递控制和实物控制。

货币资金存在可能发生错报的环节，注册会计师应基于识别的重大错报评估结果，制定实施进一步审计程序的总体方案，继而实施控制测试和实质性审计程序，以应对识别出的重大错报风险。

货币资金的内部控制测试包括描述货币资金内部控制，进行收款、付款及备用金内部控制审查，货币资金日记账与总账核对，银行存款余额调节表审查等环节。

现金舞弊的常见类型有坐支现金、套取现金、白条抵库、东挪西移、重复报销、变相报销、设“小金库”等；现金舞弊的常见操作有不开发票、阴阳发票、真票虚开、假票真开、出借账户、多头开户、空头支票等。其实质性程序包括：核查库存现金日记账与总账的余额是否一致；清点库存现金；审查库存现金收支业务的真实性和合法性；审查外币现金的折算；审查库存现金在资产负债表上的披露。

银行存款舞弊的常见类型有制造余额差错、擅自提现、混用“库存现金”和“银行存款”科目、公款私存、出借转账支票、转账套现、涂改银行对账单、支票套物、从银行提现不记现金账、截留银行存款收入、重复登记银行存款支出款项、出借账户、涂改转账支票日期、套取利息、涂改银行存款进账单日期等。其实质性程序包括：取得并审查银行存款余额调节表；函证银行存款余额；审查银行存款收支业务的合法及合规性；审查银行存款收支的正确截止；审查外币银行存款的折算是否正确；审查银行存款在资产负债表上的披露是否恰当。

对其他货币资金进行实质性审查时，除了关注对被审计单位定期存款的审查外，还应关注对外埠存款、银行汇票存款、银行本票存款和存出投资款的审查。

思考与实训

一、思考题

1. 货币资金涉及的主要凭证与会计记录有哪些？
2. 货币资金涉及的主要业务活动有哪些？
3. 如何识别与货币资金相关的重大错报风险？
4. 试述货币资金内部控制测试的主要内容。
5. 如何进行库存现金的监盘

6. 试述银行存款实质性程序的主要内容。

7. 函证银行存款的主要目的是什么？如何函证？

8. 为什么要对被审计单位银行存款账户余额为零或已结清的开户银行进行函证？

二、实训题

1. 某民间审计组织接受环天有限公司的委托，对其20×6年12月31日的资产负债表进行审计。在审查资产负债表“货币资金”项目时，发现该公司2016年12月31日的银行存款账面余额为32 000元，派注册会计师向开户银行取得对账单一张，2016年12月31日的银行对账单存款余额为41 000元；另外，查有下列未达账款和记账差错：

(1)12月23日公司送存转账支票6 000元，银行尚未入账。

(2)12月24日公司开出转账支票7 200元，持票人尚未到银行办理转账手续。

(3)12月25日委托银行收款10 500元，银行已收妥入账，但收款通知尚未到达该公司。

(4)12月30日银行代付水费3 200元，但银行付款通知单尚未到达该公司。

(5)12月15日收到银行收款通知单金额为4 000元，公司入账时将银行存款增加错记成3 500元。

要求：根据以上资料，编制银行存款余额调节表，核实2016年12月31日资产负债表上“货币资金”项目中银行存款数额的正确性。

2. 注册会计师审计ABC公司20×6年度的货币资金，根据以往经验及对内部控制的了解，决定信赖客户的货币资金内部控制，为此决定对相关内部控制进行控制测试，发现以下情况：

(1)财务处处长负责支票的签署，外出时其职责由副处长代为履行；副处长负责银行预留印鉴的保管和财务专用章的管理，外出时其职责由处长代为履行；财务人员乙负责空白支票的管理，仅在出差期间交由财务处长管理。负责签署支票的财务处长的个人名章由其本人亲自掌管，仅在出差期间交由副处长临时代管。

(2)部门或个人用款时，应提前向审批人提交申请，注明款项的用途、金额、支付方式、经济合同或相关证明；对于金额在10 000元以下的用款申请，必须经过财务处副处长的审批，金额在10 000元以上的用款申请，应经过财务处长的审批；出纳人员根据已经批准的支付申请，按规定办理货币资金支付手续，及时登记现金和银行存款日记账；货币资金支付后，应由专职的复核人员进行复核，复核货币资金的批准范围、权限、程序、手续、金额、支付方式、时间等，发现问题后及时纠正。

要求：指出上述内部控制存在的问题并提出改进建议。

3. 20×6年1月8日16时，注册会计师对ABC公司的库存现金进行突击盘点，相关记录如下：

(1)人民币：100元币11张，50元币9张，20元币5张，10元币16张，5元币19张，2元币22张，1元币25张，5角币15个，1角硬币17个。现钞总计1 983.20元。

(2)已收款尚未入账的收款凭证2张，计130元。

(3)已付款尚未入账的付款凭证3张，计820元，其中有500元白条。

(4)20×6年1月8日现金日记账余额为1 890.20元，20×6年1月1～8日收入现金4 560.16元，付出现金3 730元，2015年12月31日库存现金账面余额为1 060.04元。

假设开户银行核定的库存限额为1 000元。

要求：根据上述资料编制库存现金盘点表，指出该公司管理存在的问题。

第十二章　完成审计工作与出具审计报告

学习目标

知识目标

1. 理解审计差异表的编制；
2. 理解审计工作底稿与财务报表的复核；
3. 掌握管理层声明书的获取；
4. 理解审计报告的含义和作用，熟悉简式审计报告和详式审计报告的特点；
5. 掌握审计报告的分类与基本内容；
6. 理解并掌握标准审计报告与非标准审计报告；
7. 掌握保留意见的审计报告、否定意见的审计报告和无法表示意见的审计报告之间的区别与联系。

技能目标

1. 熟悉各种类型审计报告出具的条件；
2. 能够编制简单的审计报告。

引导案例

2010年1月29日，中国注册会计师协会发布2009年年报审计情况快报(第三期)，摘要如下：

1月23～29日，沪深两市共有15家上市公司披露了2009年年度报告，其中，沪市6家，深市主板3家，深市中小企业板5家，深市创业板1家。从审计意见类型看，15家上市公司均被出具了无保留意见的审计报告。

截至1月29日，会计师事务所共为28家上市公司出具了审计报告。其中，无保留意见审计报告26份，带强调事项段的无保留意见审计报告2份。

思考：审计报告是什么？无保留意见审计报告又是什么？

第一节　完成审计工作

审计完成阶段是审计的最后一个阶段。注册会计师按业务循环完成各财务报表项目的审计测试和一些特殊项目的审计工作后，在审计完成阶段应汇总审计测试结果，进行更具综合性的审计工作，如评价审计中的重大问题、汇总审计差异、评价独立性和道德问题、考虑被审计单位持续经营假设的合理性、关注或有事项和期后事项对财务报表的影响、撰写审计总结、复核审计工作底稿和财务报表等。在此基础上，应评价审计结果，在与客户沟通以后，获取管理层声明，确定应出具审计报告的意见类型和措辞，进而编制并致送审计报告，终结审计工作。

一、汇总审计差异

如果被审计单位的会计处理方法与企业会计准则的不一致，即为审计差异。注册会计师应根据审计重要性原则对审计差异予以初步确定和汇总，并建议被审计单位进行调整，使经审计的财务报表所载信息能够公允地反映被审计单位的财务状况、经营成果和现金流量。对审计差异内容的"初步确定并汇总"直至形成"经审计的财务报表"的过程，主要是通过编制审计差异调整表和试算平衡表得以完成的。

（一）编制审计差异调整表

审计差异内容按是否需要调整账户记录可分为核算错误和重分类错误。核算错误是因企业对经济业务进行了不正确的会计核算而引起的错误，用审计重要性原则来衡量每一项核算错误，又可以把这些核算错误区分为建议调整的不符事项和不建议调整的不符事项（即未调整不符事项）；重分类错误是因企业未按适用的财务报告基础列报财务报表而引起的错误。

无论是建议调整的不符事项、重分类错误还是未调整不符事项，在审计工作底稿中通常是以会计分录的形式反映的。编制账项调整分录汇总表（如表12—1所示）、重分类调整分录汇总表（如表12—2所示）、未更正错报汇总表（如表12—3所示）。

表12—1　　账项调整分录汇总表

序号	内容及说明	索引号	调整内容				影响利润表+（－）	影响资产负债表+（－）
			借方项目	借方金额	贷方项目	贷方金额		

与被审计单位的沟通：

参加人员：

被审计单位：______________________________

审计项目组：______________________________

被审计单位的意见：

____

结论：

是否同意上述审计调整：______________________________

被审计单位授权代表签字：______________________________　日期：__________

表 12—2　　　　　　　　　　　　　　重分类调整分录汇总表

序号	内容及说明	索引号	调整项目和金额			
			借方项目	借方金额	贷方项目	贷方金额

与被审计单位的沟通：

参加人员：

被审计单位：____

审计项目组：____

被审计单位的意见：____

结论：

是否同意上述审计调整：______________________________

被审计单位授权代表签字：______________　日期：______________

表 12—3　　　　　　　　　　　　　　未更正错报汇总表

序号	内容及说明	索引号	未调整内容				备注
			借方项目	借方金额	贷方项目	贷方金额	

未更正错报的影响：

项目	金额	百分比	计划百分比
1. 总资产			
2. 净资产			
3. 销售收入			
4. 费用总额			
5. 毛利			
6. 净利润			

结论：

被审计单位授权代表签字：____________________　日期：____________

注册会计师确定了建议调整的不符事项和重分类错误后，应以书面方式及时征求被审计单位对需要调整财务报表事项的意见。若被审计单位予以采纳，应取得被审计单位同意调整的书面确认；若被审计单位不予采纳，应分析原因，并根据未调整不符事项的性质和重要程度，确定是否在审计报告中予以反映，以及如何反映。

（二）编制试算平衡表

根据“账项调整分录汇总表”和“重分类调整分录汇总表”中接受调整的部分和未审计的财务报表编制试算平衡表，进而得到管理层对外公布的财务报表。试算平衡表是在未审财务报表的基础上，考虑调整分录、重分类分录等内容以确定已审数与报表披露数的表式，如表12—4、表12—5所示。

表 12—4(a) **资产负债表试算平衡表[左方]**

项　目	期末未审数	账项调整		重分类调整		期末审定数
		借方	贷方	借方	贷方	
货币资金						
交易性金融资产						
应收票据						
应收账款						
预付款项						
应收利息						
应收股利						
其他应收款						
存货						
一年内到期的非流动资产						
其他流动资产						
可供出售金融资产						
持有至到期投资						
长期应收款						
长期股权投资						
投资性房地产						
固定资产						
在建工程						
工程物资						
固定资产清理						
无形资产						
开发支出						
商誉						
长期待摊费用						
递延所得税资产						
其他非流动资产						
合　计						

表 12－4(b)　　**资产负债表试算平衡表[右方]**

项　目	期末未审数	账项调整		重分类调整		期末审定数
		借方	贷方	借方	贷方	
短期借款						
交易性金融负债						
应付票据						
应付账款						
预收款项						
应付职工薪酬						
应交税费						
应付利息						
应付股利						
其他应付款						
一年内到期的非流动负债						
其他流动负债						
长期借款						
应付债券						
长期应付款						
专项应付款						
预计负债						
递延所得税负债						
其他非流动负债						
实收资本(或股本)						
资本公积						
盈余公积						
未分配利润						
合　计						

表 12－5　　利润表试算平衡表工作底稿

项目		审计前金额	调整金额		审定金额
			借方	贷方	
一、	营业收入				
	减:营业成本				
	税金及附加				
	销售费用				
	管理费用				
	财务费用				
	资产减值损失				
	加:公允价值变动损益				
	投资收益				
二、	营业利润				
	加:营业外收入				
	减:营业外支出				
三、	利润总额				
	减:所得税费用				
四、	净利润				

二、复核审计工作底稿和财务报表

(一)对财务报表总体合理性进行总体复核

在审计结束或临近结束时,注册会计师运用分析程序的目的是确定经审计调整后的财务报表整体是否与对被审计单位的了解一致,是否具有合理性。注册会计师应当围绕这一目的运用分析程序。

在运用分析程序进行总体复核时,如果识别出以前未识别的重大错报风险,注册会计师应当重新考虑对全部或部分类别的交易、账户余额、列报评估的风险是否恰当,并在此基础上重新评价之前计划的审计程序是否充分,是否有必要追加审计程序。

(二)评价审计结果

评价审计结果是为了确定审计意见的类型以及在整个审计工作中是否遵循了审计准则。为此,必须完成两项工作:

1. 对重要性和审计风险进行最终的评价

该项工作是决定审计意见类型的必要过程。该过程可通过以下两个步骤来完成:

(1)确定可能的错报金额,包括已识别的具体错报和推断误差,也可能包括上期未更正错报。假如,上期未更正错报与本期未更正错报累计起来导致本期财务报表产生重大错报,则应包括上期未更正错报。

(2)根据报表层次重要性水平，确定汇总数对整个财务报表的影响程度。若认为审计风险处在可接受水平，可直接提出审计结果所支持的意见；若认为不能接受，应追加审计测试或者说服被审计单位做必要调整，以便将重要错报的风险降低到可接受的水平；否则，应慎重考虑该审计风险对审计报告的影响。

2. 对财务报表形成审计意见并草拟审计报告

项目经理应汇总所有成员的审计结果，项目合伙人负责综合考虑在审计过程中收集到的全部证据。有时，可先由审计项目经理初步完成，再逐级交给部门经理和项目合伙人复核。在对审计意见形成最后决定之前，会计师事务所通常要与被审计单位召开沟通会。如果达成一致意见，一般即可签发标准审计报告；否则，就得发表其他类型的审计意见。

(三)复核审计工作底稿

对审计工作底稿的复核可分为两个层次：项目组内部复核和项目质量控制复核。

1. 项目组内部复核

项目组内部复核又分为两个层次：项目负责经理的现场复核和项目负责合伙人的复核。

第一级复核：由项目负责经理在审计现场完成，以便及时发现和解决问题。

第二级复核：项目负责合伙人的复核既是对项目负责经理复核的监督，也是对重要审计事项的把关。

2. 项目质量控制复核

项目质量控制复核也称独立复核，在出具报告前，由项目组外的注册会计师对项目组做出的重大判断和在准备报告时形成的结论做出客观评价。对审计工作底稿进行独立复核有三层意义：一是对审计工作结果实施最后质量控制；二是确认审计工作已达到会计师事务所的工作标准；三是消除妨碍注册会计师判断的偏见。

很多会计师事务所备有详细的业务执行复核工作核对表。通过填列业务执行复核工作核对表来进行复核，不仅可以对容易被忽视的方面起到提醒作用，还有利于检查审计证据的充分性和适当性。

第二节 获取管理层声明书

管理层声明，是指被审计单位管理层向注册会计师提供的关于财务报表的各项陈述。管理层声明具有两个基本作用：一是明确管理层对财务报表的责任。被审计单位管理层在声明书中对提供给注册会计师的有关资料的真实性、合法性和完整性做出正面陈述，并明确承认对财务报表负责。二是提供审计证据。被审计单位管理层声明书把管理层对注册会计师的询问所做的答复以书面方式予以记录，可作为书面证据。

注册会计师应当获取审计证据，以确定管理层认可其按照适用的会计准则和相关会计制度的规定编制财务报表的责任，并且已批准财务报表。向管理层获取书面声明是获取此类审计证据的一种方法。注册会计师应当就下列事项获取书面声明：一是管理层认可其设计和实施内部控制以防止或发现并纠正错报的责任；二是管理层认为注册会计师在审计过程中发现的未更正错报，无论是单独还是汇总起来考虑，对财务报表整体均不具有重大影响。未更正错报项目的概要应当包含在书面声明中或附于书面声明后。

管理层声明包括书面声明和口头声明。书面声明作为审计证据通常比口头声明可靠。书面声明可采取下列形式:管理层声明书,即列示管理层所作声明的书面文件;注册会计师提供的列示其对管理层声明的理解并经管理层确认的函;董事会及类似机构的相关会议纪要,或已签署的财务报表副本。书面声明应当以声明书的形式致送注册会计师。

管理层声明书是列示管理层所作声明的书面文件,其要点如下:

一、总体要求

针对财务报表的编制,注册会计师应当要求管理层提供书面声明,确认其根据审计业务约定条款,履行了按照适用的财务报告编制基础编制财务报表并使其实现公允反映(如适用)的责任。如果未从管理层获取其确认已履行的责任,注册会计师在审计过程中获取的有关管理层已履行这些责任的其他审计证据就是不充分的。注册会计师可能还要求管理层在书面声明中再次确认其对自身责任的认可与理解。当要求管理层提供声明书时,注册会计师应当要求将声明书径送注册会计师本人。声明书应当包括要求列明的信息,标明适当的日期并经签署。

二、主要内容

管理层声明一般包括以下三个方面的内容:

(一)关于财务报表

第一,管理层认可其对财务报表的编制责任。

第二,管理层认可其设计、实施和维护内部控制以防止或发现并纠正错报的责任。

第三,管理层认为注册会计师在审计过程中发现的未更正错报,无论是单独还是汇总起来考虑,对财务报表整体均不具有重大影响。

(二)关于信息的完整性

第一,所有财务信息和其他数据的可获得性。

第二,所有股东会和董事会会议记录的完整性和可获得性。

第三,就违反法规行为事项,被审计单位与监管机构沟通的书面文件的可获得性。

第四,与未记录交易相关的资料的可获得性。

第五,涉及下列人员舞弊行为或舞弊嫌疑的信息的可获得性:管理层;对内部控制具有重大影响的雇员;对财务报表的编制具有重大影响的其他人员。

(三)关于确认、计量和列报

第一,对资产或负债的确认或列报具有重大影响的计划或意图。

第二,关联方交易,以及涉及关联方的应收或应付款项。

第三,需要在财务报表中披露的违反法规行为。

第四,需要确认或披露的或有事项,对财务报表具有重大影响的承诺事项和需要偿付的担保等。

第五,对财务报表具有重大影响的合同的遵循情况。

第六,对财务报表具有重大影响的重大不确定事项。

第七,被审计单位对资产的拥有或控制情况,以及抵押、质押或留置资产。

第八,持续经营假设的合理性。

第九,需要调整或披露的期后事项。

上述事项因其复杂程度和重要程度的不同,注册会计师可以将其全部列入管理层声明书中，也可以就其中某个事项向管理层获取专项声明。

三、签署日期

书面声明的日期应当尽量接近对财务报表出具审计报告的日期，但不得在审计报告日后。书面声明应当涵盖审计报告针对的所有财务报表和期间。书面声明是必要的审计证据，在管理层签署书面声明前，注册会计师不能发表审计意见，也不能签署审计报告。如果在审计报告提及的所有期间内，现任管理层均尚未就任，他们可能由此声称无法就上述期间提供部分或全部书面声明；这一事实不能减轻现任管理层对财务报表整体的责任，注册会计师仍然需要向现任管理层获取涵盖整个相关期间的书面声明。

四、签署人

管理层声明书通常由管理层中对被审计单位及其财务负主要责任的人员签署。在某些情况下，注册会计师也可以向管理层中的其他人员获取管理层声明书。

五、其他书面声明

如果注册会计师认为有必要获取一项或多项其他书面声明，以支持与财务报表或一项或多项具体认定相关的其他审计证据，注册会计师应当要求管理层提供这些书面声明。

(一)关于财务报表的额外书面声明

注册会计师除应当要求管理层提供基本书面声明外，可能认为有必要获取有关财务报表的其他书面声明。其他书面声明可能是对基本书面声明的补充，但不构成其组成部分。其他书面声明可能包括针对下列事项做出的声明：会计政策的选择和运用是否适当；是否按照适用的财务报告编制基础对相关事项进行了确认、计量、列报或披露。

(二)与向注册会计师提供信息有关的额外书面声明

注册会计师可能认为有必要要求管理层提供书面声明，确认其已将注意到的所有内部控制缺陷向注册会计师通报。

(三)关于特定认定的书面声明

在获取有关管理层的判断和意图的证据时，或在对判断和意图进行评价时，注册会计师可能认为有必要要求管理层提供有关财务报表特定认定的书面声明，尤其是支持注册会计师就管理层的判断或意图或者完整性认定从其他审计证据中获取了解。

下面列示了一种管理层声明书的范例：

管理层声明书

××会计师事务所并××注册会计师：

本公司已委托贵事务所对本公司20×1年12月31日的资产负债表，20×1年度的利润表、股东权益变动表和现金流量表以及财务报表附注进行审计，并出具审计报告。

为配合贵事务所的审计工作，本公司就已知的全部事项做出如下声明：

1. 本公司承诺，按照《企业会计准则》和《××会计制度》的规定编制财务报表是我们的责任。

2. 本公司已按照《企业会计准则》和《××会计制度》的规定编制20×1年度财务报表，财务报表的编制基础与上年度保持一致，本公司管理层对上述财务报表的真实性、合法性和完整性承担责任。

3. 设计、实施和维护内部控制，保证本公司资产安全和完整，防止或发现并纠正错报，是本公司管理层的责任。

4. 本公司承诺财务报表符合适用的会计准则和相关会计制度的规定，公允反映本公司的财务状况、经营成果和现金流量情况，不存在重大错报，包括漏报。贵事务所在审计过程中发现的未更正错报，无论是单独还是汇总起来，对财务报表整体均不具有重大影响。未更正错报汇总（见附件）附后。

5. 本公司已向贵事务所提供：

(1)全部财务信息和其他数据。

(2)全部重要的决议、合同、章程、纳税申报表等相关资料。

(3)全部股东会和董事会的会议记录。

6. 本公司所有经济业务均已按规定入账，不存在账外资产或未计负债。

7. 本公司认为所有与公允价值计量相关的重大假设是合理的，恰当地反映了本公司的意图和采取特定措施的能力；用于确定公允价值的计量方法符合《企业会计准则》的规定，并在使用上保持了一贯性；本公司已在财务报表中对上述事项做出恰当披露。

8. 本公司不存在导致重述比较数据的任何事项。

9. 本公司已提供所有与关联方和关联方交易相关的资料，并已根据《企业会计准则》和《××会计制度》的规定识别和披露了所有重大关联方交易。

10. 本公司已提供全部或有事项的相关资料。除财务报表附注中披露的或有事项外，本公司不存在其他应披露而未披露的诉讼、赔偿、承兑、担保等或有事项。

11. 除财务报表附注披露的承诺事项外，本公司不存在其他应披露而未披露的承诺事项。

12. 本公司不存在未披露的影响财务报表公允性的重大不确定事项。

13. 本公司已采取必要措施防止或发现舞弊及其他违反法规行为，未发现：

(1)涉及管理层的任何舞弊行为或舞弊嫌疑的信息。

(2)涉及对内部控制产生重大影响的雇员的任何舞弊行为或舞弊嫌疑的信息。

(3)涉及对财务报表的编制具有重大影响的其他人员的任何舞弊行为或舞弊嫌疑的信息。

14. 本公司严格遵守了合同规定的条款，不存在因未履行合同而对财务报表产生重大影响的事项。

15. 本公司对资产负债表上列示的所有资产均拥有合法权利，除已披露事项外，无其他被抵押、质押资产。

16. 本公司编制财务报表所依据的持续经营假设是合理的，没有计划终止经营或破产清算。

17. 本公司已提供全部资产负债表日后事项的相关资料，除财务报表附注中披露的资产负债表日后事项外，本公司不存在其他应披露而未披露的重大资产负债表日后事项。

18. 本公司管理层确信：

(1)未收到监管机构有关调整或修改财务报表的通知。

(2)无税务纠纷。

19. 其他事项

注册会计师认为重要而需声明的事项，或者管理层认为必要而声明的事项。如：

(1)本公司在银行存款或现金运用方面未受到任何限制。

(2)本公司对存货均已按照《××会计制度》的规定予以确认和计量;受托代销商品或不属于本公司的存货均未包括在会计记录内;在途物资或由代理商保管的货物均已确认为本公司存货。

(3)本公司不存在未披露的大股东及关联方占用资金和担保事项。

××有限责任公司（盖章）
法定代表人(签名并盖章)
财务负责人(签名并盖章)
20××年×月×日

附件:未更正错报汇总表(略)

本公司经考虑认为,上述差异对公司净利润不会产生重大影响,未予调整。

六、对书面声明可靠性的疑虑以及管理层不提供要求的书面声明

(一)对书面声明可靠性的疑虑

其一,对管理层的胜任能力、诚信、道德价值观或勤勉尽责存在疑虑时,注册会计师应当确定这些疑虑对书面或口头声明和审计证据总体的可靠性可能产生的影响。注册会计师可能认为,管理层在财务报表中做出不实陈述的风险很大,以至于审计工作无法进行。在这种情况下,除非治理层采取适当的纠正措施,否则注册会计师可能需要考虑解除业务约定(如果法律法规允许)。

其二,当书面声明与其他审计证据不一致时,注册会计师应当实施审计程序以设法解决这些问题。注册会计师可能需要考虑风险评估结果是否仍然适当。如果认为不适当,注册会计师需要修正风险评估结果,并确定进一步审计程序的性质、时间安排和范围,以应对评估的风险。如果认为书面声明不可靠,注册会计师应当采取适当措施,包括确定其对审计意见可能产生的影响。

(二)管理层不提供要求的书面声明

如果管理层不提供要求的一项或多项书面声明,注册会计师应当:(1)与管理层讨论该事项;(2)重新评价管理层的诚信,并评价该事项对书面或口头声明和审计证据总体的可靠性可能产生的影响;(3)采取适当措施,包括确定该事项对审计意见可能产生的影响。

如果存在下列情形,注册会计师应当对财务报表发表无法表示意见:注册会计师对管理层的诚信产生重大疑虑,以至于认为其做出的书面声明不可靠;管理层不提供审计准则要求的书面声明。

第三节　形成审计意见

一、形成审计意见

注册会计师应当评价根据审计证据得出的结论,以作为对财务报表形成审计意见的基础。在对财务报表形成审计意见时,注册会计师应当根据已获取的审计证据,评价是否已对财务报表整体不存在重大错报获取合理保证。注册会计师对审计结论的评价贯穿于审计的全过程。

第一,注册会计师应当根据实施的审计程序和获取的审计证据,评价对认定层次重大错报

风险的评估是否仍然适当。

第二，财务报表审计是一个累积和不断修正信息的过程。随着计划的审计程序的实施，如果获取的信息与风险评估时依据的信息有重大差异，注册会计师应当考虑修正风险评估结果，并据以修改原计划的其他审计程序的性质、时间和范围。

第三，在实施控制测试时，如果发现被审计单位控制运行出现偏差，注册会计师应当了解这些偏差及其潜在后果，并确定已实施的控制测试是否为信赖控制提供了充分、适当的审计证据，是否需要实施进一步的控制测试，或实施实质性程序以应对潜在的错报风险。

第四，注册会计师不应将审计中发现的舞弊或错误视为孤立发生的事项，而应当考虑其对评估的重大错报风险的影响。在完成审计工作前，注册会计师应当评价是否已将审计风险降至可接受的低水平，是否需要重新考虑已实施审计程序的性质、时间和范围。

第五，在形成审计意见时，注册会计师应当从总体上评价是否已经获取充分、适当的审计证据，以将审计风险降至可接受的低水平。注册会计师应当考虑所有相关的审计证据，包括能够印证财务报表认定的审计证据和与财务报表认定相矛盾的审计证据。

二、评价财务报表应当考虑的内容

（一）评价财务报表合法性应当考虑的内容

在评价财务报表是否按照适用的会计准则和相关会计制度的规定编制时，注册会计师应当考虑下列内容：

第一，选择和运用的会计政策是否符合适用的会计准则和相关会计制度，并适合于被审计单位的具体情况。

第二，管理层做出的会计估计是否合理，确定会计估计的重大错报风险是否是特别风险，是否采取了有效的措施予以应对。

第三，财务报表反映的信息是否具有相关性、可靠性、可比性和可理解性，是否符合信息质量特征。

第四，财务报表是否做出充分披露，使财务报表使用者能够理解重大交易和事项对被审计单位财务状况、经营成果和现金流量的影响。

（二）评价财务报表公允性应当考虑的内容

在评价财务报表是否做出公允反映时，注册会计师应当考虑下列内容：

第一，经管理层调整后的财务报表，是否与注册会计师对被审计单位及其环境的了解一致。在完成审计工作后，如果财务报表存在重大错报，注册会计师应当要求管理层进行调整。管理层做出调整或拒绝调整后，注册会计师可以确定已审计财务报表是否还存在重大错报，并形成恰当的审计意见。

第二，财务报表的列报、结构和内容是否合理。

第三，财务报表是否真实地反映了交易和事项的经济实质。

第四节　撰写审计报告

一、审计报告的含义及作用

审计报告是指注册会计师根据中国注册会计师审计准则的规定，在实施审计工作的基础上对被审计单位年度财务报表发表意见的书面文件。审计报告是审计工作和结果的综合反映，是审计工作的最终成果，具有法定证明效力。

签发审计报告是注册会计师完成约定审计业务的标志。审计报告是审计工作的总括性文件，是注册会计师表达审计意见的主要方式；是明确注册会计师审计责任，发挥注册会计师中介作用的重要手段；是审计档案的重要组成部分。由注册会计师签发的审计报告具有鉴证、保护和证明作用。

（一）鉴证作用

注册会计师签发的审计报告是以超然独立的第三者身份，对被审计单位财务报表的合法性、公允性发表意见。这种意见具有鉴证作用，得到了政府及其各部门和社会各界的普遍认可。

（二）保护作用

注册会计师通过审计对被审计单位财务报表出具不同类型审计意见的审计报告，以提高或降低财务报表信息使用者对财务报表的信赖程度，能够在一定程度上对被审计单位的财产、债权人和股东的权益及企业利害关系人的利益起到保护作用。

（三）证明作用

审计报告是对注册会计师审计任务完成情况及其结果所做的总结，它可以表明审计工作的质量并明确注册会计师的审计责任。因此，审计报告可以对审计工作质量和注册会计师的审计责任起证明作用。

二、审计报告的类型

（一）根据审计意见类型不同的分类

注册会计师根据审计结果和被审计单位对有关问题的处理情况，可形成不同的审计意见，出具不同意见类型的审计报告。

审计报告分为标准审计报告和非标准审计报告。当注册会计师出具的无保留意见的审计报告不附加说明段、强调事项段或任何修饰性用语时，该报告称为标准审计报告。标准审计报告包含的审计报告要素齐全，属于无保留意见，且不附加说明段、强调事项段或任何修饰性用语。无保留意见是指当注册会计师认为财务报表在所有重大方面按照适用的财务报告编制基础编制并实现公允反映时发表的审计意见。

非标准审计报告，是指标准审计报告以外的其他审计报告，包括带强调事项段的无保留意见的审计报告和非无保留意见的审计报告。非无保留意见的审计报告包括保留意见的审计报告、否定意见的审计报告和无法表示意见的审计报告，如表 12－6 所示。

表 12－6　　审计报告的类型

<table>
<tr><td rowspan="5">审计报告的类型</td><td colspan="3">标准审计报告（标准无保留意见审计报告）</td></tr>
<tr><td rowspan="4">非标准审计报告</td><td colspan="2">带强调事项段的无保留意见审计报告</td></tr>
<tr><td rowspan="3">非无保留意见的审计报告</td><td>保留意见的审计报告</td></tr>
<tr><td>否定意见的审计报告</td></tr>
<tr><td>无法表示意见的审计报告</td></tr>
</table>

通过对财务报表发表意见履行业务约定书约定的责任，注册会计师应当将已审计的财务

报表附于审计报告之后，以便于财务报表使用者正确理解和使用审计报告，并防止被审计单位替换、更改已审计的财务报表。

（二）根据内容详略程度不同的分类

根据内容详略程度，审计报告可以分为简式审计报告和详式审计报告。

1. 简式审计报告

简式审计报告又称短文式审计报告，是指审计人员用简练的语言扼要地说明审计过程、审计结果和简略地表达审计意见的审计报告。这种报告篇幅较短，内容概括，通常用于注册会计师实施的年度会计报表审计。这种审计报告一般适用于公布的目的。为了避免混乱，其报告的格式和措辞均由职业团体做出统一规范。

2. 详式审计报告

详式审计报告又称长文式审计报告，是指审计人员详细地叙述审计过程、审计结果和详细阐明审计意见的审计报告。这种报告的内容丰富、篇幅较长，通常用于国家审计和内部审计后出具的审计结果的报告。详式审计报告一般不向社会公布，其格式和措辞也不做统一规定。

三、审计报告的编制步骤

一般来说，编制审计报告须经过以下几个步骤：

（一）整理和分析审计工作底稿

在审计过程中，注册会计师所积累的审计工作底稿是分散的、不系统的。在编制审计报告时，注册会计师应根据委托审计的内容、范围和要求，对审计工作进行整理和分析，全面总结审计工作。注册会计师及其助理人员都应整理好自己的审计工作底稿，回顾是否有遗漏环节，着重列举审计中发现的问题。项目负责人应对全部审计工作底稿进行综合分析，并对注册会计师在审计过程中是否遵循了审计准则要求进行检查，对审计工作底稿做出综合结论，形成书面记录。

（二）提请被审计单位调整和披露

注册会计师在整理和分析审计工作底稿的基础上，向被审计单位通报审计情况、初步结论、应调整财务报表的事项以及应该在财务报表附注中予以披露的事项，提请被审计单位加以调整或披露。对于被审计单位会计记录或会计处理方法上的错误，注册会计师应提请被审计单位改正并相应调整财务报表的有关项目。注册会计师对于被审计单位会计处理不当、资产负债表日后事项或或有损失，有的应该提请被审计单位调整财务报表，有的应该提请被审计单位在财务报表附注中加以披露，有的应该在审计报告中加以说明。

（三）确定审计报告的意见类型

注册会计师以经过整理和分析的审计工作底稿为依据，并根据被审计单位是否接受其建议做了相应的调整和披露等情况，谨慎地运用专业判断，确定审计报告的意见类型和措辞。

（四）编制和出具审计报告

注册会计师在确定审计意见的类型后，应拟定审计报告提纲，概括和汇总审计工作底稿提供的资料，编制审计报告。审计报告一般由审计项目负责人编制，若由其他人员编制时，就必须由审计项目负责人复核、校对。审计报告完稿后，应经会计师事务所的业务负责人复核，并提出修改意见。经复核、修改定稿的审计报告，应当由注册会计师和会计师事务所签章后，径送审计业务委托人。

四、审计报告的基本要素

（一）标题

审计报告的标题统一规范为“审计报告”。

（二）收件人

审计报告的收件人是指注册会计师按照业务约定书的要求致送审计报告的对象，一般是指审计业务的委托人。审计报告应当载明收件人的全称。对整套通用目的财务报表出具的审计报告，审计报告的收件人如果是股份有限公司就应是“×××全体股东”；如果是有限责任公司就应是“×××董事会”。

（三）引言段

引言段是指审计报告中用于描述已审计会计报表的段落，其中应当说明被审计单位的名称和财务报表已经过审计，并包括下列内容：(1)被审计单位的名称；(2)财务报表已经审计；(3)构成整套财务报表的每一财务报表的名称；(4)财务报表附注（包括重要会计政策概要和其他解释性信息）；(5)构成整套财务报表的每一财务报表的日期或涵盖的期间。

例如：

“我们审计了后附的 ABC 股份有限公司（以下简称 ABC 公司）财务报表，包括 20×1 年 12 月 31 日的资产负债表，20×1 年度的利润表、所有者权益变动表和现金流量表以及财务报表附注。”

（四）管理层对财务报表的责任段

审计报告应当包含标题为“管理层对财务报表的责任”的段落，用以描述被审计单位中负责编制财务报表的人员的责任。管理层对财务报表的责任段应当说明编制财务报表是管理层的责任，这种责任包括：

第一，按照适用的财务报告编制基础编制财务报表，并使其实现公允反映；

第二，设计、执行和维护必要的内部控制，以使财务报表不存在由于舞弊或错误导致的重大错报。

例如：

“一、管理层对财务报表的责任

编制和公允列报财务报表是 ABC 公司管理层的责任，这种责任包括：(1)按照企业会计准则的规定编制财务报表，并使其实现公允反映；(2)设计、执行和维护必要的内部控制，以使财务报表不存在由于舞弊或错误导致的重大错报。”

（五）注册会计师的责任段

审计报告应当包含标题为“注册会计师的责任”的段落，并应当说明下列内容：

第一，注册会计师的责任是在实施审计工作的基础上对财务报表发表审计意见。注册会计师按照中国注册会计师审计准则的规定执行了审计工作。中国注册会计师审计准则要求注册会计师遵守职业道德规范，计划和实施审计工作以对财务报表是否不存在重大错报获取合理保证。

第二，审计工作涉及实施审计程序，以获取有关财务报表金额和披露的审计证据。选择的审计程序取决于注册会计师的判断，包括对由于舞弊或错误导致的财务报表重大错报风险的评估。在进行风险评估时，注册会计师考虑与财务报表编制相关的内部控制，以设计恰当的审计程序，但目的并非对内部控制的有效性发表意见。审计工作还包括评价管理层选用会计政策的恰当性和做出会计估计的合理性，以及评价财务报表的总体列报。

第三，注册会计师相信已获取的审计证据是充分、适当的，为其发表审计意见提供了基础。

例如：

“二、注册会计师的责任

我们的责任是在执行审计工作的基础上对财务报表发表审计意见。我们按照中国注册会计师审计准则的规定执行了审计工作。中国注册会计师审计准则要求我们遵守中国注册会计师职业道德守则，计划和执行审计工作以对财务报表是否不存在重大错报获取合理保证。

审计工作涉及实施审计程序，以获取有关财务报表金额和披露的审计证据。选择的审计程序取决于注册会计师的判断，包括对由于舞弊或错误导致的财务报表重大错报风险的评估。在进行风险评估时，注册会计师考虑与财务报表编制和公允列报相关的内部控制，以设计恰当的审计程序，但目的并非对内部控制的有效性发表意见。审计工作还包括评价管理层选用会计政策的恰当性和做出会计估计的合理性，以及评价财务报表的总体列报。

我们相信，我们获取的审计证据是充分、适当的，为发表审计意见提供了基础。”

【课堂练习·多选题】注册会计师的责任段应当说明（　　）等几项内容。

A. 注册会计师的责任是在实施审计工作的基础上对财务报表发表审计意见。注册会计师按照中国注册会计师审计准则的规定执行了审计工作。

B. 审计工作涉及实施审计程序，以获取有关财务报表金额和披露的审计证据。

C. 注册会计师相信已获取的审计证据是充分、适当的，为其发表审计意见提供了基础

D. 执行审计业务的收费标准

【正确答案】ABC

（六）审计意见段

审计报告应当包含标题为“审计意见”的段落，是审计报告中用于描述注册会计师对会计报表发表意见的段落。在意见段，审计人员提出的意见应当公正、客观、实事求是，并且对所出具报告内容的正确性、合法性负责。提出的意见应根据审计结果表示无保留意见、保留意见、否定意见和拒绝表示意见，使用的专业术语应符合独立审计准则的要求。

审计意见段应当说明，财务报表是否按照适用的会计准则和相关会计制度的规定编制，是否在所有重大方面公允反映了被审计单位的财务状况、经营成果和现金流量。

如果对财务报表发表无保留意见，除非法律法规另有规定，审计意见应当使用“财务报表在所有重大方面按照[适用的财务报告编制基础（如企业会计准则等）]编制，公允反映了……”的措辞。例如：

“三、审计意见

我们认为，ABC公司财务报表在所有重大方面按照企业会计准则的规定编制，公允反映了ABC公司20×1年12月31日的财务状况以及20×1年度的经营成果和现金流量。”

【课堂练习·多选题】审计意见段应当说明（　　）。

A. 财务报表是否按照适用的会计准则和相关会计制度的规定编制

B. 财务报表是否在所有重大方面公允反映了被审计单位的财务状况、经营成果和现金流量

C. 财务报表是否按照注册会计师的要求调整

D. 财务报表编制是否符合国家的财经政策、规规和制度

【正确答案】AB

（七）注册会计师的签名和盖章

审计报告应当由两名具备相关业务资格的注册会计师签名盖章并经会计师事务所盖章方为有效。注册会计师在审计报告上签名并盖章，有利于明确法律责任。

合伙会计师事务所由一名对审计项目负最终复核责任的合伙人和一名负责该项目的注册会计师签名并盖章。

有限责任会计师事务所由主任会计师或其授权的副主任会计师和一名负责该项目的注册会计师签名并盖章。

例如：

中国注册会计师：×××
（签名并盖章）
中国注册会计师：×××
（签名并盖章）

（八）会计师事务所的名称、地址和盖章

审计报告应当载明会计师事务所的名称和地址，并加盖会计师事务所公章。会计师事务所地址表明所在的城市即可。

例如：

××会计师事务所
（盖章）
中国××市

（九）报告日期

审计报告应当注明报告日期。审计报告的日期不应早于注册会计师获取充分、适当的审计证据（包括管理层认可对财务报表的责任且已批准财务报表的证据），并在此基础上对财务报表形成审计意见的日期。

【课堂练习·单选题】下列日期中，（　　）最应当是审计报告的日期。

A. 撰写审计报告日

B. 外勤审计工作结束日

C. 接受委托审计日

D. 已取得充分、适当证据形成审计意见日

【正确答案】D

注册会计师在确定审计报告日期时，注册会计师应当确信已获取下列两方面的审计证据：(1)构成整套财务报表的所有报表（包括相关附注）已编制完成；(2)被审计单位的董事会、管理层或类似机构已经认可其对财务报表负责。

审计报告的日期非常重要，至少有以下两方面的作用：(1)向审计报告使用者表明，注册会计师已考虑知悉的、截至审计报告日发生的事项和交易的影响；(2)注册会计师对不同时段的财务报表日后事项有着不同的责任，而审计报告的日期是划分时段的关键时点。

当出具非无保留意见的审计报告时，注册会计师应当在注册会计师的责任段之后、审计意见段之前增加导致非无保留意见事项段（简称说明段），清楚地说明导致所发表意见或

无法发表意见的原因，并在可能情况下，指出其对财务报表的影响程度。如果在符合出具强调事项段、其他事项段的情况下，应在审计报告的审计意见段之后增加强调事项段、其他事项段。

五、标准审计报告

(一)出具标准审计报告的条件

标准审计报告包含的审计报告要素齐全，属于无保留意见，且不附加说明段、强调事项段或任何修饰性用语；否则，不能称为标准审计报告。

当同时满足下列条件时，注册会计师应当出具标准审计报告：

第一，注册会计师已经按照独立审计准则的要求执行了审计业务，且未受任何限制和阻碍。

第二，被审计单位财务报表按照企业会计准则和企业会计制度的规定，在所有重大方面公允地反映了被审计单位的财务状况、经营成果和现金流量。

第三，没有必要对审计报告增加说明段。

当出具无保留意见的审计报告时，注册会计师应当以“我们认为”作为意见段的开头，并使用“在所有重大方面”“公允反映”等术语。

(二)标准审计报告参考格式

审计报告

ABC 股份有限公司全体股东：

我们审计了后附的 ABC 股份有限公司(以下简称 ABC 公司)财务报表，包括 20×1 年 12 月 31 日的资产负债表，20×1 年度的利润表、股东权益变动表和现金流量表以及财务报表附注。

一、管理层对财务报表的责任

按照企业会计准则和《××会计制度》的规定编制财务报表是 ABC 公司管理层的责任。这种责任包括：(1)设计、实施和维护与财务报表编制相关的内部控制，以使财务报表不存在由于舞弊或错误而导致的重大错报；(2)选择和运用恰当的会计政策；(3)做出合理的会计估计。

二、注册会计师的责任

我们的责任是在实施审计工作的基础上对财务报表发表审计意见。我们按照中国注册会计师审计准则的规定执行了审计工作。中国注册会计师审计准则要求我们遵守职业道德规范，计划和实施审计工作以对财务报表是否不存在重大错报获取合理保证。

审计工作涉及实施审计程序，以获取有关财务报表金额和披露的审计证据。选择的审计程序取决于注册会计师的判断，包括对由于舞弊或错误导致的财务报表重大错报风险的评估。在进行风险评估时，我们考虑与财务报表编制相关的内部控制，以设计恰当的审计程序，但目的并非对内部控制的有效性发表意见。审计工作还包括评价管理层选用会计政策的恰当性和做出会计估计的合理性，以及评价财务报表的总体列报。

我们相信，我们获取的审计证据是充分、适当的，为发表审计意见提供了基础。

三、审计意见

我们认为，ABC 公司财务报表已经按照企业会计准则和《××会计制度》的规定编制，在所有重大方面公允反映了 ABC 公司 20×1 年 12 月 31 日的财务状况以及 20×1 年度的经营成果和现金流量。

××会计师事务所　　　　　　　　　　中国注册会计师：×××
（盖章）　　　　　　　　　　　　　（签名并盖章）
　　　　　　　　　　　　　　　　　中国注册会计师：×××
　　　　　　　　　　　　　　　　　（签名并盖章）
中国××市　　　　　　　　　　　　20×2年×月×日

六、非标准审计报告

（一）带强调事项段的无保留意见的审计报告

1. 强调事项段的含义

审计报告的强调事项段是指审计报告中含有的一个段落，该段落提及已在财务报表中恰当列报或披露的事项，根据注册会计师的职业判断，该事项对财务报表使用者理解财务报表至关重要。强调事项段一般在审计意见段之后。强调事项段的过多使用会降低注册会计师沟通所强调事项的有效性，强调事项段应当仅提及已在财务报表中列报或披露的信息。

强调事项应当同时符合下列条件：(1)可能对财务报表产生重大影响，但被审计单位已进行了恰当的会计处理，且在财务报表中做了充分披露；(2)不影响注册会计师发表的审计意见。

如果在审计报告中增加强调事项段，注册会计师应当采取的措施有：(1)将强调事项段紧接在审计意见段之后；(2)使用“强调事项”或其他适当标题；(3)明确提及被强调事项以及相关披露的位置，以便能够在财务报表中找到对该事项的详细描述；(4)指出审计意见没有因该强调事项而改变。注册会计师应当在强调事项段中指明，该段内容仅用于提醒财务报表使用者关注，并不影响已发表的审计意见。

2. 增加强调事项段的情形

(1)对持续经营能力产生重大疑虑。当存在可能导致对持续经营能力产生重大疑虑的事项或情况，但不影响已发表的审计意见时，注册会计师应当在审计意见段之后增加强调事项段对此予以强调。

(2)重大不确定事项。当存在可能对财务报表产生重大影响的不确定事项(持续经营问题除外)，但不影响已发表的审计意见时，注册会计师应当考虑在审计意见段之后增加强调事项段，对此予以强调。

不确定事项有以下特征：(1)不确定事项的结果依赖于未来行动或事项；(2)不确定事项不受被审计单位的直接控制，在管理层批准财务报表日，不可能获得更多信息消除该不确定事项；(3)不确定事项可能影响财务报表，并且影响并不遥远，可以预计在未来时日得到解决。

例如，被审计单位受到其他单位起诉，指控其侵犯专利权，要求其停止侵权行为并赔偿造成的损失，法院已经受理但尚未审理。该诉讼事项是一种不确定事项。因为诉讼事项的结果依赖于法院的判决或原告采取的行动，不受被审计单位直接控制，也不以被审计单位的意志为转移。但该诉讼事项一旦被法院审理判决，可能给被审计单位带来损失。

3. 其他增加强调事项段的情形

(1)如果认为管理层选用的其他编制基础是适当的，且财务报表已做出充分披露，可以出具：无保留意见+强调事项。

(2)如果管理层修改了财务报表，应根据具体情况实施必要的审计程序，复核管理层采取的措施能否确保所有收到原财务报表和审计报告的人士了解这一情况。

(3)当以前期针对上期财务报表出具的审计报告为非无保留意见的审计报告时,如果导致非无保留意见的事项虽已解决,但对本期仍很重要。

(4)需要修改其他信息而被审计单位拒绝修改。

其他事项段是指审计报告中含有的一个段落,该段落提及未在财务报表中列报或披露的事项,根据注册会计师的职业判断,该事项与财务报表使用者理解审计工作、注册会计师责任或审计报告相关。

4. 带强调事项的无保留意见的审计报告格式

带强调事项段的无保留意见的审计报告的参考格式如下:

审计报告

ABC股份有限公司全体股东:

我们审计了后附的ABC股份有限公司(以下简称ABC公司)财务报表,包括20×1年12月31日的资产负债表,20×1年度的利润表、股东权益变动表和现金流量表以及财务报表附注。

一、管理层对财务报表的责任

按照企业会计准则和《××会计制度》的规定,编制和公允列报财务报表是ABC公司管理层的责任。这种责任包括:(1)设计、实施和维护与财务报表编制相关的内部控制,以使财务报表不存在由于舞弊或错误而导致的重大错报;(2)选择和运用恰当的会计政策;(3)做出合理的会计估计。

二、注册会计师的责任

我们的责任是在实施审计工作的基础上对财务报表发表审计意见。我们按照中国注册会计师审计准则的规定执行了审计工作。中国注册会计师审计准则要求我们遵守职业道德规范,计划和实施审计工作以对财务报表是否不存在重大错报获取合理保证。

审计工作涉及实施审计程序,以获取有关财务报表金额和披露的审计证据。选择的审计程序取决于注册会计师的判断,包括对由于舞弊或错误导致的财务报表重大错报风险的评估。在进行风险评估时,我们考虑与财务报表编制相关的内部控制,以设计恰当的审计程序,但目的并非对内部控制的有效性发表意见。审计工作还包括评价管理层选用会计政策的恰当性和做出会计估计的合理性,以及评价财务报表的总体列报。

我们相信,我们获取的审计证据是充分、适当的,为发表审计意见提供了基础。

三、审计意见

我们认为,ABC公司财务报表已经按照企业会计准则和《××会计制度》的规定编制,在所有重大方面公允反映了ABC公司20×1年12月31日的财务状况以及20×1年度的经营成果和现金流量。

四、强调事项

我们提醒财务报表使用者关注,如财务报表附注×所述,ABC公司在20×1年发生亏损××万元,在20×1年12月31日,流动负债高于资产总额××万元。ABC公司已在财务报表附注×充分披露了拟采取的改善措施,但其持续经营能力仍然存在重大不确定性。本段内容不影响已发表的审计意见。

××会计师事务所　　　　　　　　　　　　中国注册会计师：×××
（盖章）　　　　　　　　　　　　　　　（签名并盖章）
　　　　　　　　　　　　　　　　　　　中国注册会计师：×××
　　　　　　　　　　　　　　　　　　　（签名并盖章）
中国××市　　　　　　　　　　　　　　20×2 年×月×日

（二）确定审计报告类型与重要性水平

1. 错报金额与重要性水平的比较

注册会计师在出具保留意见、否定意见和无法表示意见的审计报告时，要判断财务报表错报金额或因审计范围受到限制的影响是否重大，往往离不开重要性水平。在其他条件相同的情况下，重要性水平是考虑审计报告类型的重要依据。如果某项错报金额或审计范围受到限制对被审计单位财务报表并不重要，预计也不会对未来各期财务报表产生重要影响，注册会计师就可出具无保留意见的审计报告。

下面将错报金额或审计范围受到限制的影响与重要性水平进行比较，以判断出具审计报告的类型。

（1）错报金额或审计范围受到限制的影响不重要。当被审计单位会计政策的选用、会计估计的做出或财务报表的披露不符合适用的会计准则和相关会计制度的规定，或因审计范围受到限制，无法获取充分、适当的审计证据，但所涉金额不大，远远低于重要性水平，不至于影响财务报表使用者的决策，可以出具无保留意见的审计报告。

（2）错报金额或审计范围受到限制的影响重要，但就财务报表整体而言是公允的。当被审计单位会计政策的选用、会计估计的做出或财务报表的披露不符合适用的会计准则和相关会计制度的规定，或因审计范围受到限制，无法获取充分、适当的审计证据，所涉金额超过重要性水平，在某些方面影响财务报表使用者的决策，但对财务报表整体仍然是公允的，注册会计师可以出具保留意见的审计报告。

【课堂练习·案例分析题】被审计单位在资产负债表日拥有的存货金额较大（超过重要性水平），已将其用作商业银行贷款抵押品，但没有在财务报表附注中进行披露。请指出注册会计师应该出具什么意见类型的审计报告？

【分析提示】如果其他商业银行利用该财务报表进行贷款决策，因不了解存货已作抵押就会受到一定影响。但这一错报并不影响现金、应收账款和其他财务报表项目以及整个财务报表，因此，注册会计师可以出具保留意见的审计报告。

（3）错报金额重要或审计范围受到重要限制且影响广泛，以至于财务报表整体公允性存在问题。当被审计单位会计政策的选用、会计估计的做出或财务报表的披露不符合适用的会计准则和相关会计制度的规定，或因审计范围受到限制，无法获取充分、适当的审计证据，金额超过重要性水平且影响广泛时，将会全面影响财务报表使用者的决策，注册会计师应当出具否定意见或无法表示意见的审计报告。

【课堂练习·案例分析题】被审计单位在资产负债表日拥有的存货项目错报金额很大，远远超过重要性水平。请指出注册会计师应该出具什么意见类型的审计报告？

【分析提示】如果存货出现错报，对财务报表许多项目乃至整个财务报表都会产生影响。因此，注册会计师需要考虑存货错报对净资产、流动资产、营运资本、资产总额、营业成本、利润总额、所得税、税后净利润的综合影响。

在判断综合影响时，必须考虑该项目对财务报表其他项目的影响程度，即牵扯性。现金和应收账款之间的分类不当只会影响这两个账户，因此并无牵扯性；而一项重要的销售业务没有入账则会影响应收账款、流动资产、资产总额、营业收入、所得税、利润总额、净利润、留存收益等，因此牵扯性很广。一项错报金额或审计范围受到限制所涉及的影响牵扯性越广，注册会计师出具否定意见或无法表示意见审计报告的可能性就越大。错报金额或审计范围受到限制与审计报告类型的关系如表12－7所示。

表12－7　错报金额或审计范围受到限制与审计报告类型的关系

导致非无保留意见的事项	对财务报表的影响程度	
	重要	重要且广泛
	意见类型	
错报金额	保留意见	否定意见
审计范围受到限制	保留意见	无法表示意见

2. 错报的性质

错报性质的不同对财务报表使用人的决策产生的影响也不一样，对注册会计师出具审计报告类型的影响也不一样。从性质上看，以下列举的错报通常被认为是严重的：(1)非法交易或舞弊；(2)对当期影响不大，但对将来各期影响重大；(3)具有心理效应（如小额利润相对于小额亏损）；(4)根据合同责任判断影响重大（如违反合同某一条款导致银行收回贷款）；(5)对遵守国家有关法律、法规和规章影响重大（如商业银行的资本充足率、首次发行股票公司的净资产收益率）。

（三）非无保留意见的审计报告

1. 影响发表非无保留意见审计报告的情形

(1)注册会计师与管理层的分歧

①在会计政策选用方面的分歧

该分歧主要体现在以下几个方面：一是管理层选用的会计政策不符合适用的会计准则和相关会计制度的规定；二是管理层选用的会计政策不符合具体情况的需要（相应地，财务报表整体列报与注册会计师获得的对被审计单位及其环境的了解不一致）；三是管理层选用了不适当的会计政策，导致财务报表在所有重大方面未能公允反映被审计单位的财务状况、经营成果和现金流量；四是管理层选用的会计政策没有按照适用的会计准则和相关会计制度的要求得到一贯运用，即没有一贯地运用于不同期间相同的或者相似的交易和事项。

②在会计估计方面的分歧

该分歧主要体现在以下几个方面：一是管理层没有对所有应当进行会计估计的项目做出会计估计；二是管理层没有识别出可能影响做出会计估计的相关因素；三是管理层没有充分收集做出会计估计所依赖的相关数据；四是没有正确提出会计估计依据的假设；五是管理层没有依据数据、假设和其他因素对事项的金额做出正确估计；六是管理层没有按照适用的会计准则和相关会计制度的规定做出充分披露。

③在财务报表披露方面的分歧

该分歧主要体现在：管理层没有按照适用的会计准则和相关会计制度的要求披露所有信

息，或者没有充分、清晰地披露所有信息，使财务报表使用者不能了解重大交易和事项对被审计单位财务状况、经营成果和现金流量的影响。

(2)审计范围受到限制

①客观环境造成的限制

例如，由于被审计单位存货的性质或位置特殊等原因导致注册会计师无法实施存货监盘等。在客观环境造成限制的情况下，注册会计师应当考虑是否可能实施替代审计程序，以获取充分、适当的审计证据。

②管理层造成的限制

例如，管理层不允许注册会计师观察存货盘点，或者不允许对特定账户余额实施函证等。在管理层造成限制的情况下，注册会计师应当提请管理层放弃限制。如果管理层不配合，注册会计师应当考虑这一事项对风险评估的影响以及是否可能实施替代审计程序，以获取充分、适当的审计证据。

【课堂练习·多选题】审计范围受到限制是指(　　)。

A. 客观环境选择的限制　　　　B. 审计成本过高造成的限制

C. 管理层造成的限制　　　　D. 审计抽样造成的限制

【正确答案】AC

2. 保留意见的审计报告

保留意见是指注册会计师对被审计单位的财务报表某些表达的公允性有所保留态度。它表达了对被审计单位财务报表大致和总体上的肯定，但由于某些或个别事项的存在，对报表产生较大的影响，使无保留意见的条件不完全具备，因而注册会计师对无保留意见加以修正，对影响事项提出保留意见。

如果认为财务报表整体是公允的，但还存在下列情形之一，注册会计师应当出具保留意见的审计报告：

第一，会计政策的选用、会计估计的做出或财务报表的披露不符合适用的会计准则和相关会计制度的规定，虽影响重大，但不具有广泛性，不至于出具否定意见的审计报告。

第二，因审计范围受到限制，注册会计师无法获取充分、适当审计证据以作为形成审计意见的基础，但认为未发现的错报(如存在)对财务报表可能产生的影响重大但不具有广泛性，不至于出具无法表示意见的审计报告。

当出具保留意见的审计报告时，注册会计师应于意见段之前另设说明段，以说明所持保留意见的理由，并在意见段中使用“除……的影响外”等术语。如果因审计范围受到限制，注册会计师还应当在注册会计师责任段中提及这一情况。

保留意见的审计报告的参考格式如下：

审计报告

ABC 股份有限公司全体股东：

我们审计了后附的 ABC 股份有限公司(以下简称 ABC 公司)财务报表，包括 20×1 年 12 月 31 日的资产负债表，20×1 年度的利润表、股东权益变动表和现金流量表以及财务报表附注。

一、管理层对财务报表的责任

按照企业会计准则和《××会计制度》的规定，编制和公允列报财务报表是ABC公司管理层的责任。这种责任包括：(1)设计、实施和维护与财务报表编制相关的内部控制，以使财务报表不存在由于舞弊或错误而导致的重大错报；(2)选择和运用恰当的会计政策；(3)做出合理的会计估计。

二、注册会计师的责任

我们的责任是在执行审计工作的基础上对财务报表发表审计意见。我们按照中国注册会计师审计准则的规定执行了审计工作。中国注册会计师审计准则要求我们遵守职业道德守则，计划和执行审计工作以对财务报表是否不存在重大错报获取合理保证。

审计工作涉及实施审计程序，以获取有关财务报表金额和披露的审计证据。选择的审计程序取决于注册会计师的判断，包括对由于舞弊或错误导致的财务报表重大错报风险的评估。在进行风险评估时，注册会计师考虑与财务报表编制和公允列报相关的内部控制，以设计恰当的审计程序，但目的并非对内部控制的有效性发表意见。审计工作还包括评价管理层选用会计政策的恰当性和做出会计估计的合理性，以及评价财务报表的总体列报。

我们相信，我们获取的审计证据是充分、适当的，为发表保留意见提供了基础。

三、导致保留意见的事项

ABC公司20×1年12月31日资产负债表中存货的列示金额为×元。管理层根据成本对存货进行计量，而没有根据成本与可变现净值孰低的原则进行计量，这不符合企业会计准则的规定。公司的会计记录显示，如果管理层以成本与可变现净值孰低来计量存货，存货列示金额将减少×元。相应地，资产减值损失将增加×元，所得税、净利润和所有者权益将分别减少×元、×元和×元。

四、保留意见

我们认为，除"三、导致保留意见的事项"段所述事项产生的影响外，ABC公司财务报表在所有重大方面按照企业会计准则和《××会计制度》的规定编制，在所有重大方面公允反映了ABC公司20×1年12月31日的财务状况以及20×1年度的经营成果和现金流量。

××会计师事务所　　　　　　　　　　　　中国注册会计师：×××
（盖章）　　　　　　　　　　　　　　　　（签名并盖章）
　　　　　　　　　　　　　　　　　　　　中国注册会计师：×××
　　　　　　　　　　　　　　　　　　　　（签名并盖章）
中国××市　　　　　　　　　　　　　　　20×2年×月×日

3. 否定意见的审计报告

注册会计师在获取充分、适当的审计证据后，如果认为财务报表没有按照适用的会计准则和相关会计制度的规定编制，未能在所有重大方面公允反映被审计单位的财务状况、经营成果和现金流量，注册会计师应当出具否定意见的审计报告，并应当在意见段之前增加说明段，说明发表否定意见的主要原因，并尽可能说明相关事项对被审计单位财务状况、经营成果和现金流量的影响。

出具否定意见的审计报告时，否定意见的审计报告应当在意见段中使用"由于上述问题造成的重大影响""由于受到前段所述事项的重大影响"等专业术语。

无论是注册会计师还是被审计单位都不希望发表此类意见的审计报告。

否定意见的审计报告的参考格式如下：

审计报告

ABC股份有限公司全体股东：

我们审计了后附的ABC股份有限公司(以下简称ABC公司)财务报表，包括20×1年12月31日的资产负债表，20×1年度的利润表、股东权益变动表和现金流量表以及财务报表附注。

一、管理层对财务报表的责任

按照企业会计准则和《××会计制度》的规定，编制和公允列报财务报表是ABC公司管理层的责任。这种责任包括：(1)设计、实施和维护与财务报表编制相关的内部控制，以使财务报表不存在由于舞弊或错误而导致的重大错报；(2)选择和运用恰当的会计政策；(3)做出合理的会计估计。

二、注册会计师的责任

我们的责任是在执行审计工作的基础上对财务报表发表审计意见。我们按照中国注册会计师审计准则的规定执行了审计工作。中国注册会计师审计准则要求我们遵守职业道德守则，计划和执行审计工作以对财务报表是否不存在重大错报获取合理保证。

审计工作涉及实施审计程序，以获取有关财务报表金额和披露的审计证据。选择的审计程序取决于注册会计师的判断，包括对由于舞弊或错误导致的财务报表重大错报风险的评估。在进行风险评估时，注册会计师考虑与财务报表编制和公允列报相关的内部控制，以设计恰当的审计程序，但目的并非对内部控制的有效性发表意见。审计工作还包括评价管理层选用会计政策的恰当性和做出会计估计的合理性，以及评价财务报表的总体列报。

我们相信，我们获取的审计证据是充分、适当的，为发表保留意见提供了基础。

三、导致否定意见的事项

如财务报表附注×所述，ABC公司的长期股权投资未按企业会计准则的规定采用权益法核算。如果按权益法核算，ABC公司的长期投资账面价值将减少××万元，净利润将减少××万元，从而导致ABC公司由盈利××万元变为亏损××万元。

四、审计意见

我们认为，由于“三、导致否定意见的事项”段所述事项的重要性，ABC公司的财务报表没有在所有重大方面按照企业会计准则和《××会计制度》的规定编制，未能在所有重大方面公允反映ABC公司20×1年12月31日的财务状况以及20×1年度的经营成果和现金流量。

××会计师事务所　　　　　　　　　　中国注册会计师：×××
（盖章）　　　　　　　　　　　　　　（签名并盖章）
　　　　　　　　　　　　　　　　　　中国注册会计师：×××
　　　　　　　　　　　　　　　　　　（签名并盖章）

中国××市　　　　　　　　　　　　　20×2年×月×日

4. 无法表示意见的审计报告

无法表示意见是由于某些限制而未对某些重要事项取得证据，没有完成取证工作，使得注册会计师无法判断问题的归属。如果审计范围受到限制可能产生的影响非常重大和广泛，注册会计师不能获取充分、适当的审计证据，以致无法对财务报表是否公允反映形成审计意见，应当出具无法表示意见的审计报告。

无法表示意见的审计报告不同于拒绝接受委托，它是注册会计师实施了必要的审计程序后表示意见的一种方式。如果在接受委托前,注册会计师已经知道审计范围将受到限制,且无法实施替代的审计程序,可能导致出具无法表示意见的审计报告时,注册会计师应拒绝接受委托。注册会计师出具无法表示意见的审计报告,也不是不愿发表意见。

无法表示意见不同于否定意见,它只能在注册会计师缺乏足够的了解时才可签发;而要表达否定意见,注册会计师则必须对财务报表没有公允反映有足够的了解。

当出具无法表示意见的审计报告时,注册会计师应当在意见段之前增加说明段,说明主要原因。还应删除注册会计师的责任段,并在意见段中使用"由于审计范围受到限制可能产生的影响非常重大和广泛""我们无法对上述财务报表发表意见"等专业术语。

无法表示意见的审计报告的参考格式如下:

审计报告

ABC股份有限公司全体股东:

我们接受委托,审计后附的ABC股份有限公司(以下简称ABC公司)财务报表,包括20×1年12月31日的资产负债表,20×1年度的利润表、股东权益变动表和现金流量表以及财务报表附注。

一、管理层对财务报表的责任

按照企业会计准则和《××会计制度》的规定编制财务报表是ABC公司管理层的责任。这种责任包括:(1)设计、实施和维护与财务报表编制相关的内部控制,以使财务报表不存在由于舞弊或错误而导致的重大错报;(2)选择和运用恰当的会计政策;(3)做出合理的会计估计。

二、注册会计师的责任

我们的责任是在按照中国注册会计师审计准则的规定执行审计工作的基础上对财务报表发表审计意见。但由于"三、导致无法表示意见的事项"段中所述的事项,我们无法获取充分、适当的审计证据以为发表审计意见提供基础。

三、导致无法表示意见的事项

我们于20×2年1月接受ABC公司的审计委托,因而未能对ABC公司20×1年初金额为×元的存货和年末金额为×元的存货实施监盘程序。此外,我们也无法实施替代审计程序获取充分、适当的审计证据。并且,ABC公司于20×1年9月采用新的应收账款电算化系统,由于存在系统缺陷,应收账款出现大量错误。截至审计报告日,管理层仍在纠正系统缺陷并更正错误,我们也无法实施替代审计程序,以对截至20×1年12月31日的应收账款总额×元获取充分、适当的审计证据。因此,我们无法确定是否有必要对存货、应收账款以及财务报表其他项目做出调整,也无法确定应调整的金额。

四、审计意见

由于"三、导致无法表示意见的事项"段所述事项的审计范围受到限制可能产生的影响非常重大和广泛,我们无法获取充分、适当的审计证据以为发表审计意见提供基础,因此,我们无法对ABC公司财务报表发表审计意见。

××会计师事务所　　　　中国注册会计师:×××
(盖章)　　　　(签名并盖章)

中国注册会计师:×××
(签名并盖章)

中国××市　　　　20×2年×月×日

5. 审计报告的说明段

当出具非无保留意见的审计报告时，注册会计师应当在注册会计师的责任段之后、审计意见段之前增加说明段，清楚地说明导致所发表意见或无法发表意见的所有原因，并在可能情况下，指出其对财务报表的影响程度。

【课堂练习·单选题】当财务报表已经按照适用的会计准则和相关会计制度的规定编制，在所有重大方面公允反映了被审计单位的财务状况、经营成果和现金流动状况，且注册会计师已按照审计准则的规定计划和实施了审计工作，审计范围未受到限制，则应出具（　　）。

A. 带强调事项段的无保留意见的审计报告

B. 无保留意见的审计报告

C. 保留意见的审计报告

D. 否定意见的审计报告

【正确答案】B

【课堂练习·单选题】如果认为财务报表没有按照适用的会计准则编制，未能在所有重大方面公允反映被审计单位的财务状况、经营成果和现金流量，审计人员应当发表的审计意见是（　　）。

A. 保留意见　　B. 无保留意见　　C. 无法表示意见　　D. 否定意见

【正确答案】D

【课堂练习·多选题】需要在意见段前增加说明段，以说明所持意见的理由的审计报告有（　　）。

A. 无保留意见审计报告　　B. 保留意见审计报告

C. 否定意见审计报告　　D. 无法表示审计报告

【正确答案】BCD

【阅读资料】

"渝钛白"公司审计案例

——中国证券市场的第一份否定意见的审计报告

重庆渝钛白粉股份有限公司（以下简称渝钛白公司）是在以吸收合并方式接受重庆化工厂后于1992年9月11日宣告成立的，以社会募集方式设立的公众股份有限公司。1993年7月12日，"渝钛白"在深圳证券交易所上市交易。从1996年开始，公司在经营中开始出现亏损（1996年亏损1 318万元，公司未予分配）。

重庆会计师事务所对渝钛白公司进行了1997年度的审计，并于1998年3月签发了颇有争议的中国证券史上第一份否定意见审计报告。

报告指出：1997年度应计入财务费用的借款即应付债券利息8 064万元。贵公司将其资本化计入了钛白粉工程成本；欠付中国银行常青市分行的美元借款利息898万元（折合人民币743万元）贵公司未计提入账，两项共影响利润8 807万元。

我们认为，由于本报告第二段所述事项的重大影响，贵公司1997年12月31日资产负债表、1997年度利润及利润分配表、财务状况变动表未能公允地反映贵公司1997年12月31日财务状况和1997年度经营成果及资金变动情况。

从上述内容来看，导致注册会计师出具否定意见审计报告的仅仅只有两个会计事项。那么这两个会计事项是否足以导致注册会计师出具这样的审计报告呢？

一、1997 年借款的应付债券利息 8 064 万元属于资本还是费用

渝钛白公司 1997 年度的亏损总额为 3 136 万元。而这笔引起争议的借款利息总额为 8 064万元，从重要性角度来说，这笔利息费用不管是否调整，渝钛白公司当年都属于亏损，只不过是亏多亏少的问题。可见，这一笔利息费用的处理对渝钛白公司来说表面上似乎不太重要，实际上，如果这笔 8 064 万元的会计事项按公司会计处理方法，最多只是一笔一般性的亏损，但如果按照会计师事务所的方法来处理，则整个公司就将资不抵债，而属于另一种性质的亏损了。可见，该笔业务处理非常重要。

根据企业会计准则，固定资产价值的构成是指固定资产价值包括的范围。从理论上来说，它应包括企业为购建某项固定资产达到可使用状态前所发生的一切合理、必要的支出，其中当然包括为购建某项固定资产所发生的借款利息。但是，一旦固定资产购建完毕并投入使用，为购建固定资产而发生的借款利息就应计入期间费用，予以资本化，这是有关会计准则重视而又非常明确规定的。不按规定处理，就会引起信息误导，产生不利的导向。

由于对 1997 年渝钛白公司的钛白粉工程究竟已进入投资回收前还是仍处于在建期不能确定，上述争议难以解决。

渝钛白公司的总会计师认为：一般的基建项目，建设完工即进入投资回收期，当年就开始产生效益。但钛白粉工程项目不同于一般的基建项目是基于两个方面的因素：一方面，钛白粉这种基础化工产品不同于普通商品，对各项技术指标的要求非常严格，需要通过反复试生产，逐步调整质量、消耗等指标，直到生产出合格的产品才能投放市场。而试生产期间的试产品性能不稳定，是不能投放市场的。另一方面，原料的腐蚀性很强。如生产钛 H 粉的主要原料硫酸一停工，则原料淤积于管道、容器中，再次开工前，就必须进行彻底的清洗、维护，并调试设备，年报中披露的 900 万元亏损中很大一笔就是设备整改费用。因此渝钛白公司的总会计师认为，钛白粉项目交付使用进入投资回报期、产生效益前，还有一个过渡期，即整改和试生产期间，这仍属于工程在建期。也就是说，公司在 1997 年度年报中将 8 064 万元的项目建设期借款的应付债券利息计入工程成本是有依据的。

渝钛白公司为了证实总会计师的说法，还以重庆市有关部门的批复文件为依据，坚持认为该工程为在建性质，而非完工项目。

在上述背景下，重庆会计师事务所坚持认为：应计利息 8 064 万元人民币应计入当期损益。因为，该公司钛白粉工程于 1995 年下半年就开始投产，1996 年已经可以生产出合格产品。这一工程虽曾一度停产，但 1997 年全年共生产 1 680 吨，这一产量尽管与设计能力 15 万吨还相差甚远，但主要原因是缺乏流动资金，而非工程尚未完工，该工程应认定已交付使用。

双方各执一词。重庆会计师事务所作为一个民间机构，它既无法定权力来命令上市公司改变其做法，也无理由表示沉默，为此不得不运用独立审计准则中否定意见的格式，将上述问题向所有报表使用者告示，以明确各自的责任。

二、欠付银行的借款利息 89.8 万美元(折合人民币 743 万元)是否应计提入账

截至 1997 年底，渝钛白公司欠付银行利息 898 万美元。对此，公司管理层的解释为：这是 1987 年 12 月原重庆化工厂为上 PVC 彩色地板生产线，向中国银行重庆分行借入的美元贷款 60 万元造成的。该项目自建成后，一直未正常批量生产。1992 年公司改制时，已部分作为未使用资产。但改制前，重庆化工厂已部分偿还了利息和本金。数年之后(1997 年)该行通知公司欠付利息 89.8 万美元。本年决算期间，公司未能和银行认真核对所欠本金数额，故未予转账。公司打算在 1998 年度核对清楚后再据实转账。而重庆会计师事务所则坚持认为这笔利

息已经发生，应予以确认并计提入账。注册会计师的依据是：确认费用应遵循权责发生制原则。按照权责发生制原则，凡应属于本期的收入和费用，不论其款项是否已收到或支付，均作为本期的收入和费用处理。由此可见，企业未与银行对账，这是公司内部的管理问题，它不能改变会计准则规定的确认标准。根据会计准则一笔费用肯定发生并可计算出确定的数额，应与收入配比，在当期予以确认。由于渝钛白公司坚持认为必须在核对账目之后再予以确认，注册会计师不得不以否定意见的方式否定上述做法。

三、以上两项会计事项是否重要，是否足以构成发表否定意见审计报告的依据

审计基本原则之一的重要性原则是影响签发审计报告的一个决定性因素。当未调整审计事项、未确定事项或违反一贯性原则的事项等对财务报表的影响程度在一定范围内时，注册会计师可以发表保留意见；但是如果其影响程度超过一定范围以致财务报表无法被接受，被审计单位的财务报表已失去其价值，则只能发表否定意见。因此，区分重要性指标，就成为注册会计师职业判断的一个重要内容。

根据我国《中国注册会计师审计准则第 1221 号——重要性》的规定，重要性取决于具体环境下对错报金额和性质的判断。如果一项错报单独或连同其他错报可能影响财务报表使用者依据财务报表做出的经济决策，则该项错报是重大的。可见，重要性可视为财务报表中包含的错误、漏报能否影响财务报表使用者对财务报表全面反映的整体理解的临界点，超过该临界点，就会影响其正确判断和决策。与此同时，准则还要求在考虑重要性标准时，有两个因素必须运用：(1)被审计单位特定环境；(2)财务报表使用者对信息的要求。

从会计规则看，重要性原则在理论上的表述是十分清晰的，但在实际中的运用还是比较抽象。这是因为，运用重要性原则更多的是需要注册会计师的职业判断。重庆会计师事务所正是根据上述两个重要因素，决定了这两个会计事项足以影响对报表的整体理解。首先，渝钛白公司是一家上市公司，1996 年已出现 1 000 多万元的亏损，而 1997 年在未调整的情况下，又出现了 3 000 多万元的亏损，加上这两个会计事项的调整，其亏损额已高达 11 943 万元，调整之后的股东权益仅为 3 290 万元。与其原有的注册资本 13 000 万元相比，仅剩下 25%左右，这样，其持续经营的能力就值得怀疑。其次，对财务报表使用者来说，作为证券市场的投资者，他们投资证券的意图是非常清楚的，即试图通过证券市场获得利益。如果上述两个会计事项不调整，就会严重误导依赖财务报表进行投资决策的证券买卖者。因此，从这两个因素来考虑，重庆会计师事务所的决定是合理的。

本章小结

本章主要介绍了完成审计工作和撰写审计报告两部分内容。审计完成阶段是审计的最后一个阶段。注册会计师按业务循环完成财务报表各项目的审计测试和一些特殊项目的审计工作后，在审计完成阶段应汇总审计测试结果，进行更具综合性的审计工作。如果被审计单位的会计处理方法与企业会计准则的规定不一致，即为审计差异。注册会计师应根据审计重要性原则对审计差异予以初步确定和汇总，并建议被审计单位进行调整，使经审计的财务报表所载信息能够公允地反映被审计单位的财务状况、经营成果和现金流量。管理层声明，是指被审计单位管理层向注册会计师提供的关于财务报表的各项陈述。管理层声明具有以下两个基本作用：一是明确管理层对财务报表的责任；二是提供审计证据。被审计单位管理层声明书把管理层对注册会计师的询问所做的答复以书面方式予以记录，可作为书面证据。

审计报告是整个审计过程的最后步骤，注册会计师应当在实施了必要的审计程序后，根据已获取的审计证据，依据审计准则出具标准审计报告或非标准审计报告。注册会计师根据审计结果和被审计单位对有关问题的处理情况，可形成不同的审计意见，出具不同意见类型的审计报告。审计报告意见的基本类型有四种，即无保留意见、保留意见、否定意见和无法表示意见。

思考与实训

一、思考题

1. 简述对审计工作底稿复核的两个层次的内容。
2. 简述管理层声明包括的主要内容。
3. 简述评价财务报表应当考虑的内容。
4. 试述审计报告的含义并分析其作用。
5. 简述审计报告的编制步骤。
6. 试述审计报告的基本构成要素。
7. 简述注册会计师出具保留意见、否定意见、无法表示意见的审计报告的条件。
8. 试述强调事项段的含义及强调事项应当符合的条件。
9. 分析错报金额或审计范围受到限制的影响与重要性水平间的关系，判断出具审计报告的类型。
10. 简述影响发表非无保留意见的情形。

二、实训题

1. A和B注册会计师首次接受委托，负责审计上市公司甲公司20×1年度财务报表，发现问题如下：

因主导产品不符合国家环保要求，政府部门于20×1年12月要求甲公司在20×2年9月30日前停止生产和销售该类产品。A和B注册会计师复核了管理层对持续经营能力做出的评估和拟采取的应对措施，认为在编制财务报表时运用持续经营假设是适当的，但可能导致对持续经营能力产生重大疑虑的事项或情况存在重大不确定性。甲公司已在财务报表附注中做出充分披露。

要求：假定只存在上述资料所述情况，请代为编制审计报告。

2. 某会计师事务所的注册会计师张扬和李敏，于2017年3月10日完成了对X股份有限公司（上市公司）2016年度财务报表的审计工作，下面是其草拟的一份审计报告：

财务审计报告

X股份有限公司董事长：

我们审计了后附的X股份有限公司（以下简称X公司）财务报表，包括资产负债表、利润表、股东权益变动表和现金流量表以及财务报表附注。

一、管理层对财务报表的责任

编制和公允列报财务报表是X公司管理层的责任。这种责任包括：按照企业会计准则的规定编制财务报表，并使其实现公允反映。

二、注册会计师的责任

我们的责任是在执行审计工作的基础上对财务报表发表审计意见。我们按照中国注册会计师独立审计准则的规定执行了审计工作。中国注册会计师独立审计准则要求我们遵守中国注册会计师职业道德守则，计划和实施审计工作以对财务报表是否不存在重大错报获取合理保证。

审计工作涉及实施审计程序，以获取有关财务报表金额和披露的审计证据。选择的审计程序取决于注册会计师的判断，包括对由于舞弊或错误导致的财务报表重大错报风险的评估。在进行风险评估时，我们考虑与财务报表编制和公允列报相关的内部控制，以设计恰当的审计程序，但目的并非对内部控制的有效性发表意见。审计工作还包括评价管理层选用会计政策的恰当性和做出会计估计的合理性，以及评价财务报表的总体列报。

三、审计意见

我们确认，X 公司财务报表在所有重大方面已经按照企业会计准则的规定编制，真实地表达了 X 公司 2016 年 12 月 31 日的财务状况以及 2016 年度的经营成果和现金流量。

中国××市　　　　　　　　　　　　　　　　　　　中国注册会计师：张扬（盖章）

2017 年 3 月 10 日

要求：根据编写财务报表审计报告的要求，指出上述审计报告中的不恰当之处。

参考文献

1. 傅凤阳、王群宇、吴让军:《审计》,湖南师范大学出版社 2017 年版。

2. 丁瑞玲、吴溪:《审计学》(第五版),经济科学出版社 2015 年版。

3. 刘明辉、史德刚:《审计》(第六版),东北财经大学出版社 2017 年版。

4. 审计署、人力资源和社会保障部:2017 年审计专业技术资格考试辅导教材(下册),《审计理论与实务》,中国时代经济出版社 2017 年版。

5. 中国注册会计师协会:2017 年注册会计师全国统一考试辅导教材,《审计》,中国财政经济出版社 2017 年版。

6. 王娜、李凌:《审计实务》,西北大学出版社 2017 年版。

7. 张立民、高莹、万里霜:《审计学原理与实务》,清华大学出版社 2017 年版。

8. 陈汉文:《审计》,中国人民大学出版社 2016 年版。

9. 中国注册会计师协会:《中国注册会计师执业准则应用指南(2017)》,中国财政经济出版社 2017 年版。

10. 盛永志:《审计学》(第二版),北京交通大学出版社 2014 年版。

11. 孟宪胜、冀锋昌:《审计学实务与案例》,中国财政经济出版社 2016 年版。

12. 郭艳萍:《审计学原理与案例》,清华大学出版社 2016 年版。

13. 杜建菊:《审计学基础》,南京大学出版社 2013 年版。